中国基层好中医——
当代优秀中医人物及案例选编

主　编　刘冠军　黄　付　胡彩凤　杨迪和
刘　波　彭中进　谭文剑

中医古籍出版社
Publishing House of Ancient Chinese Medical Books

图书在版编目（CIP）数据

中国基层好中医：当代优秀中医人物及案例选编 / 刘冠军等主编 .— 北京：中医古籍出版社，2021.12
ISBN 978-7-5152-2349-0

Ⅰ .①中…　Ⅱ .①刘…　Ⅲ .①中医学—医生—生平事迹—中国　Ⅳ .① K826.2

中国版本图书馆 CIP 数据核字（2021）第 226061 号

中国基层好中医——当代优秀中医人物及案例选编
主编　刘冠军等

策划编辑　郑　蓉
责任编辑　王　梅
封面设计　吴瑞婷
出版发行　中医古籍出版社
社　　址　北京市东城区东直门内南小街 16 号（100700）
电　　话　010-64089446（总编室）010-64002949（发行部）
网　　址　www.zhongyiguji.com.cn
印　　刷　廊坊市靓彩印刷有限公司
开　　本　787mm×1092mm　1/16
印　　张　24
字　　数　440 千字
版　　次　2021 年 12 月第 1 版　2021 年 12 月第 1 次印刷
书　　号　ISBN 978-7-5152-2349-0
定　　价　198.00 元

编委会

济华夏苍生
扬岐黄之术

唐祖宣

唐祖宣印

二〇二一年十月

简介

唐祖宣 国医大师

全国先进工作者

国家级有突出贡献的中青年专家

中医药学术发展终身成就奖获得者

中华中医药学会常务理事

中国中医药研究促进会仲景医学分会会长

中国中医药信息研究会名老中医薪火传承分会会长

中华中医药学会血栓病分会副主任委员

全国老中医药专家学术经验继承指导老师

河南中医药大学终身教授

第七、九、十、十一、十二届全国人大代表

序言

一根银针，通筋脉之阻塞。三根手指，辨疾病之浅深。六味草药，补气血之亏虚。他们用仁心仁术抚去了疾患的苦痛，用儒道医德带来了健康的福音，用低调的华彩彰显着永恒不变的魅力，用盛放的瑰丽谱写着一个又一个神奇。

拥有5000多年历史文化的中国，在历史的长河中，为后人留下了很多独一无二的“国粹”，中医就是其中之一。中医又称“国医”，凝聚着中国人民的博大智慧。从传说的神农尝百草到东汉的华佗最早发明用麻醉法施行外科手术，从中医针灸疗法到东汉时期张仲景创立中医辨证施治的理论体系，中医药不仅记录着华夏儿女几千年来同疾病作斗争的悠久历史和宝贵经验，也在中华民族几千年的历史长河中汲取了传统文化的精华，形成了多种独特的学术主张和学术思想，造就了独特的中医医学体系和鲜明的中医药文化，成为中华优秀传统文化的重要载体。

作为中华民族的瑰宝，中国传统医学历史悠久、底蕴深厚，担负着除病济世、造福百姓的重任，“一把草药、一根银针”，护佑着中华民族的繁衍昌盛，为中华民族健康繁衍生息和文化传承作出了重要贡献。

2020年的春天，新型冠状病毒肺炎（简称新冠肺炎）来势汹汹，中华民族万众一心众志成城，打响了一场艰苦卓绝的抗疫之战。在这次战疫过程中，中医药充分发挥优势，深度介入预防、治疗、康复的全过程，与西医优势互补、相互协作，为打赢疫情防控的总体战、阻击战作出重要贡献，发挥了独特作用。古老的中医药跨越千年沧桑，在抗疫之战中重返神韵，成为抗击疫情的利器，彰显出了蓬勃的新生力量。

2020年6月2日，习近平总书记主持召开专家学者座谈会并发表重要讲话，强调“中西医结合、中西药并用，是这次疫情防控的一大特点，也是中医药传承精华、守正创新的生动实践”，从人民生命安全和身体健康的战略高度，充分肯定中医药在疫情防控中作出的贡献。

2020年9月8日，习近平总书记向“人民英雄”奖章获得者张伯礼颁授奖章，“唯代中医人受誉”是张伯礼说的最多一句话，荣誉的背后是党中央对中医药效果的认可与肯定。

2021年5月12日，习近平总书记在南阳考察调研时再次指出，过去，中华民族几千年都是靠中医药治病救人，特别是经过抗击新冠肺炎疫情、非典等重大传染病之后，我们对中医药的作用有了更深的认识。我们要发展中医药，注重用现代科学解读中医药学原理，走中西医结合的道路。

《中共中央国务院关于促进中医药传承创新发展的意见》指出，传承创新发展中医药是新时代中国特色社会主义事业的重要内容，是中华民族伟大复兴的大事。当前，在党和国家的高度重视下，中医药焕发出了新活力、展现了新气象。中医药振兴发展进入了前所未有的高光时刻，中医药迎来了天时、地利、人和的大好时机。因此，在新时期，传承与推广中医药，发掘广大优秀中医师服务大众，是社会发展需要，更是一种责任和义务。

优秀中医是中医药事业的智力资源，是维系与传承中医药发展的中坚力量，更是弘扬与光大中医药文化的重要载体和标杆。正是有了一代又一代优秀中医人的大胆探索、勇于创新，才使得中医药事业之树永葆长青，才使得中医药文化之花灿烂开放，才使得中医药智慧之果普惠民众。

古人云：“盖文章，经国之大业，不朽之盛事。”优秀中医的学术思想、优秀中医的临床经验，亦赖文章以传后世。如何让中医药传承不朽，发扬光大，既辉煌于当世，又泽被于后人；如何让当代优秀中医誉满全国，流芳医史，这一直是广大中医工作者和中医行业协会致力实现的目标。而由中国中医药信息学会发起编写的《中国基层好中医——当代优秀中医人物及案例选编》可以让此目标由理想变成现实。

本书中所载的86位基层优秀中医，他们或是奋战在中医医疗岗位的医护工作者，或是悬壶济世享誉山野乡村的民间郎中，或是综合医院从事中医治疗的大夫。作为中华汉方疑难病专家委员会会员、“蝎毒疗法”重点推荐名医，多年来他们运用“中医现代新疗法——蝎毒疗法”治疗的疑难病不胜枚举，屡起沉疴。

“蝎毒疗法”是指蝎毒药品辅以中医经方或其他辅助治疗手段，治疗疑难病的一种综合疗法。作为中医药界的一种创新疗法，它依据中西医结合循证医学的原则，形成了一套独特的治疗技术体系，显著提高了高血压病、心脏病、中风、癫痫、类风湿、股骨头坏死、强直性脊柱炎等多种疑难病的治疗效果，丰富和扩大了中医药治疗的内涵，开辟出一条全新的治疗疑难病的途径。“蝎毒疗法”在短短几年里，已经在全国二十多个省份得到推广，经过数万名大夫的临床验证，取得了令人瞩目的显著效果，具有广阔的发展前景。2018年，“蝎毒疗法”获批国家中医药管理局治疗疑难病的继续教育项目，作为国家级项目在全国得以推广。2020年“蝎毒疗法”荣获中国中医药研究促进会技术发明奖二等奖。

这86名优秀中医仅仅只是全国众多优秀基层中医人的一小部分代表。他们都是最质朴的一群人，却做着最重要的事；他们默默扎根，无私奉献，救死扶伤，庇佑一方；他们是中医药事业散布在祖国大地上的火炬，照亮一方水土健康的希望。面对病魔，他们从不退缩，用精湛的医术和高尚的医德，在为民众服务的过程中，演绎了许许多多的感人故事，是中医界的杰出代表，弘扬了中医药文化和“大医精诚，厚德怀仁”的精神，是无愧于“苍生大医”的医者。

生活中不缺少感动，也不缺少名医，缺少的是发现、是传播。优秀中医苦研中医药的执着精神，精诚专一的治学态度，高尚的医德医风和传承与弘扬中医药事业的使命情怀，都是一笔巨大的精神财富。通过走近他们、发现他们，将他们心中的真、善、美呈现出来，再把他们的行医风采和行医故事用一本专著的方式传播出去，对于树立和弘扬大医精诚的医德医风、保持和发扬中医药特色和优势、推动继承与创新、弘扬祖国传统医学有着积极和深远的意义。

最后，在本书付梓之际，特别感谢中国中医药信息学会对本书编写给予的鼎力支持，感谢国医大师唐祖宣为本书出版题词，同时，也对所有入选该书的优秀中医表示祝贺。愿本书的出版能够激发更多大夫的名医梦，能够造就更多的优秀中医，能够对中医药事业的传承与发展起到积极的促进作用。真诚地希望根植于东方沃土的这株中医大树，能永远茂盛，枝叶婆娑，永远福荫天下的苍生百姓；真诚地希望这 86 位优秀中医的名医之路的航标能永远激励后来者，永远也不偏离方向，坚定执着地走下去！

编 者

2021年9月25日

目录

中西合璧除沉疴，兼容并蓄疗痼疾

黄付 男，46 岁，湖南怀化麻阳县人，毕业于南华大学，执业医师，北京医景堂疑难病医学研究院湖南分院副院长，湖南怀化基层医生联谊会麻阳分会会长，2015 年 2 月被湖南省中西医结合学会聘为第二届社区与乡村医学专业委员会委员，2019 年被湖南省卫健委、湖南省中医药管理局、湖南卫视评为“湖湘基层名医”。

从医二十多年，基础理论扎实，技术精湛，用药精当，组方巧妙，疗效卓著，有着极为丰富的临床经验，在治疗上亦有所创新，探索出一条中西医结合治疗疑难病的新路。2020 年，黄付大夫加入中华汉方疑难病专家委员会，开始使用“蝎毒疗法”治疗慢性心脑血管病及偏瘫等疑难病，疗效显著，擅长治疗心脑血管病、中风偏瘫等各种疑难病与慢性病。

初见黄付大夫是在一个阳光温暖的下午，他谈吐亲和，举止间流露着儒雅、谦和的医者风度，这是看惯纷繁凶险疾病才有的从容，这是久持仁心仁术才有的智慧。二十余载行医路，他用自己的仁心仁术写就了每天行医问药的临床生活，照亮了一个又一个与他有缘的疑难病患者。

立志从医，行医济世为积善

艰苦环境常常能激发人的斗志，乡亲疾苦唤醒黄付学医的动力。缺医少药是20世纪80年代末90年代初湖南偏远乡村的普遍现象，在黄付大夫的家乡湖南怀化麻阳县，也同样存在着这样的情况，“小病扛，大病拖，病危等着见阎王”是当时地区恶劣医疗环境的真实写照。在目睹许多患者被折磨得痛不欲生的情景，而作为医生却无能为力的事实面前，黄付大夫的心灵受到了极大的冲击，医生治病救人的天职激发着他走上行医之路，并立志要在医学界闯出一片天地，做一个以善为本、以德行医的好医生。这个朴素的心愿激励着他迈过了人生道路上的许多沟沟坎坎。

高中毕业后，怀着做一名医生的朴素心愿，黄付大夫毅然报考了南华大学医学专业，开始了自己的学医之路。在大学学习期间，其以勤奋著称，深受老师的欣赏。面对各种医学理论，黄付就像个如饥似渴嗷嗷待哺的婴儿，奋力地汲取着老师传授的各种医学知识。大学毕业后，黄付大夫正式踏上行医之路，随着治疗人数的增多，学识、医术的提高，其成为远近闻名的医生。

从医需系千家忧与乐，临证应胸怀众生疾和苦，这是黄付大夫行医济世的初衷。黄付大夫用唐代孙思邈的一句话表示自己从医的信念——“人命至重，有贵千金，一方济之，德逾于此”。人的生命比金钱要重要得多，作为一个医生，拯救一个生命比得到钱财更为重要。

二十多个春秋，弹指一挥间，许多同窗都已为官为商，作为基层医生，黄付大夫数十年如一日坚守在临床一线，默默地倾注了自己毕生的精力和心血。五湖四海、大江南北，经他手治愈的病人不计其数，留下了他解疑排难、诊治病人的佳话。

弃西转中，不惑之年的华丽转身

“有时去治愈，常常去帮助，总是去安慰。”美国医生爱德华·特鲁多墓志铭上的这段话成为许多医生的座右铭。这位对治疗结核病做出巨大贡献的医生用他的从医经历，激励着一代又一代医生，也包括黄付大夫。但这段墓志铭里，也有着潜藏的无奈——现代医学的不可为，现代医学也并不能完全治愈所有的疾病。

从业经验的增加，医术的不断提升，虽然让黄付大夫成功救治了很多病人，但也给他留下了不小的困惑。治疗的病人越多，黄付大夫越发现，现代西医学是有其局限性的。很多手术成功的病人，可能一段时间后还会复发，甚至死亡；以对抗治疗为主的医学模式，也难以遏制慢性疾病的增长趋势。有没有什么方法能更进一步地消除病人的痛苦？作为一名行医多年的西医大夫，他开始将目光转向一直有所关注的中医学。

自2012年起，黄付大夫便踏上了求学中医之路，八年的时间，他辗转全国拜师学习，并多次参加经方班、脉诊班、痛症班、贴敷班等各种中医技术培训班。通过与名医大家的不断学习、交流，其对中医医学理论、诊疗经验、用药特色等方面渐有领悟。

既掌握西医的技术，也熟练运用中国的传统医学，黄付完成了自身的提升和飞跃，但对于定位，他始终很明确——要为健康开具更完善的“中国处方”。“我既是一名西医，也是一名中医。”在黄付大夫看来，中医西医就像两艘与众不同的船，虽然二者结构不同，外形不同，但行驶的目的地却是同一个。从西医到中医不是归零，而是在现代医学的基础上，融合进中医辨证施治的临床思维，切实为患者服务。

慢病时代，中医药具有天然优势

慢病全称是指慢性非传染性疾病，不是特指某种疾病，而是对一类起病隐匿，病程长且病情迁延不愈，缺乏确切的传染性生物病因证据，病因复杂，且有些尚未完全被确认的疾病的概括性总称。

黄付大夫十分擅长治疗慢性病，根据自己多年临床经验，他认为这类病特别难治疗主要是由于以下几个方面造成的：一是病人的预防观念非常淡薄，都是病发或病重时才来就诊，影响治疗时间；二是医生的防病知识宣传不够，造成人们对这类疾病缺乏认识；三是一般慢性病患都是一体多病同时治疗，加大了治疗的难度；四是患者没有坚持用药。

黄付大夫认为，慢性病症状多，甚至有的患者全身不适，一天要吃很多种药物，治疗慢性病时，应充分发挥中医优势，综合患者的症状特征，分析所属证型，在确定主症的基础上，辨证施治。

比如慢性胸痛患者，若心痛如绞，形寒，手足不温，心悸气短，舌暗苔白，脉沉，首先分析身体阳虚，遇冷，寒从中生，阴寒凝滞，宜温阳祛寒、通经活血、行气止痛治疗。若患者肥胖体沉，胸闷重，心痛轻，痰多，人倦怠，乏力，咯吐痰涎，舌苔白腻，脉滑，考虑痰为阴邪，重浊黏滞，阻于胸阳，气机不畅，宜化痰通阳、健脾化饮、行气止痛治疗。

温情沟通，搭起医患之间的桥梁

没有好的沟通往往会导致疾病治疗的失败。沟通虽然不是决定病人治愈的唯一因素，但沟通的好坏直接影响着治愈的速度与治愈的质量。

黄付大夫认为，作为医者，应该多与患者沟通，病人来了要学会倾听，这样才能让患者感到尊重和关怀，才能拉近与患者的距离，让患者能够在轻松愉悦的环境中接受医生的指导和治疗，这也是现代医生最欠缺的治疗环节。在大医院就医，一个患者只有几分钟时间，沟通不畅会引起医患关系更加紧张。

曾经有一个退行性膝关节炎合并滑囊积液患者来黄付大夫处就诊，治疗 1 周后病愈，但后因其参加自行车赛，剧烈骑行劳损复发，后到省三甲医院多名骨科专家处检查，诊断与黄付大夫一样。患者作为一名教师比较细致，就问医生，何为退行性关节？教授不答；就又问何为骨膜积液？教授还不答；复又问那怎样治？教授说开点药，抽掉积液就好。患者吓得不敢作声，就照其治疗方案，马上好转。但两日后，疼痛肿胀，不能下地，再次到黄付大夫诊所求医。

潜心研究世上病，德汇天下百姓人。从医二十多年来，黄付大夫虽然遍身光环，盛名远播，但他始终怀谦逊之心、习大医之术、行济世之道，如同一颗传统医学文化中的明珠，闪耀着攻克慢性心脑血管病及偏瘫的希望之光。

尖端济世二十载，白衣丹心一生行

胡彩凤　女，48岁，湖南张家界人，中医执业医师。出身于中医世家，自幼耳濡目染，受祖母影响，踏上中医之路。曾在兰大医院针推科工作六年，开设私人诊所十年，现就职于湖南张家界丽人医院。从医二十余载，临床经验丰富，擅长治疗带状疱疹、烧伤烫伤；尤擅运用针灸治疗肿瘤、帕金森、脑梗、心梗、类风湿、股骨头坏死、强直性脊柱炎等疑难病。

说起针灸，不少人会想起“内病外治”，小小的几根针在针灸医生的手里就是治病的良方，针对不同病证，找准穴位，有时短短十几分钟，患者的症状就能有所缓解，收到立竿见影的效果。

张家界有这样一位医生，她躬耕杏林二十余年，凭借一根细微的银针，为无数患者解除了许多急、危、重症和疑难病。以仁爱为怀之心，济世救人之志，高超精湛之术，谱写了一曲曲生命的赞歌，她就是张家界丽人医院院长胡彩凤大夫。

海纳百川，精研绝学

胡彩凤大夫的祖母是早年当地知名老中医，擅长用刮痧和银针治疗疾病，多年来治愈了众多患者，深受当地民众的信任与爱戴。因此，像祖母一样行医救人的想法，自幼就在胡彩凤大夫的心里深深地扎下了根。

高中毕业后，出于对中医的浓厚兴趣，胡彩凤大夫进入甘肃医学院学习中医。在校期间，她苦读典籍，虚心好学，探微精奥，博览诸家学说，孜孜以求，为成为一名优秀的中医打下了扎实的理论基础。

“经典是基础，师承是关键”。中医是经验性极强的学科，仅凭个人的点滴积累是远远满足不了临床需要的，而一家之言又往往过于局限，因此历史上许多名医都是广拜名师，融百家精华于一身。

胡彩凤大夫拜师之多，可谓是其中典范。她先后师从于北京联合大学张琳教授、石家庄人民医院安香珍教授、广州中医药大学李万瑶教授、广东省中医院成永明教授以及武当山道教第二十七代传人王礼军。

古语有云：“工欲善其事，必先利其器，器利而后工乃精。”正是在岁月的打磨中练就了胡彩凤大夫精湛的医技，让她在解决针推康复科的各类疾病方面融会贯通、见解独到，终成一方名医。

巧手银针，治无不应

中医，传承着中华文明历史；针灸，承载着生命的密码。针灸是一种通过经络、腧穴的传导作用来治疗全身疾病的绿色治疗方法，具有适应证广泛、起效迅速、操作方法简便易行、医疗费用经济、极少副作用的特点。“凡刺之针，必先治神；凡刺之要，无忘其神；凡刺之类，在于调气。”在古医书《灵枢经》中更是讲述了诸多针灸疗法奇效。作为我国特有的一种疾病治疗手段，千百年来针灸一直守护着人民健康，对解除患者疾苦有着显著疗效，深受广大群众信赖。

来到丽人医院康复科，诊室内一派繁忙景象。只见胡彩凤大夫身着一袭白衣穿梭在病床间，脸上始终挂着笑容，好似没有什么病可以把她难倒一样。细若麦芒的小小银针，在她手中，就像被赋予了生命一样，选穴、刺入、捻转，一气呵成。既灵活自如、轻妙精细，又蕴含着一种实实在在、巧发奇中的力量，使针入肌肤时，轻而不浮，实而不拙，常常寥寥数针，就会有立竿见影的效果！

在胡彩凤大夫的门诊患者中，有常见的颈椎病、腰椎病患者，有面神经麻痹患者，有中风偏瘫患者，也有带状疱疹、高血压、偏头痛、妇科、消化科患者，更有癌症、帕金森、脑梗、心梗等疑难病患者。他们大多被疾病消耗得心力交瘁，经过胡彩凤大夫的针灸治疗后症状快速缓解、改善和治愈。

2019 年 4 月，胡彩凤大夫接诊了一位帕金森女性患者，患帕金森病 17 年，全身抖动，生活不能自理，多方求治无明显效果，后经人介绍来张家界丽人医院胡彩凤大夫处求医。胡大夫采用针灸配合中药进行施治，经过六个多月的治疗，患者抖动症状基本消失，无其他明显不适症状，日常生活能自理，能从事一般家务劳动，随访无反复现象，患者非常高兴。

对于胡彩凤大夫来说，用“妙手回春”四个字来形容她真的是再合适不过了。许多罕见疾病的严重程度，大大超出了我们的想象，每治疗一个患者，都是在和死神病魔赛跑，都是一次对自己信心、医术、意志的挑战，那是没有退路的勇敢进军，那是悄无声息的白刃格斗。

抗癌有术，治癌有法

近年来，癌症的发病率逐年上升，成为严重威胁人类生命的三大致死疾病之一。由于目前医学界对癌症的研究与治疗还处于探索阶段，西医在癌症面前常常显得力不从心，于是，有不少患者转向求助于中医。

胡彩凤大夫认为中医治疗癌症有它的理论基础，这种理论是基于我国传统医学文化的背景，与西医的理论有所不同。中医治疗癌症从疗效上看，有一定的效果，特别在提高生存率、改善生存质量方面有其长处。而且中医治癌并不排斥西医的治疗，西医治癌自然也不应排斥中医，两者各有其优缺点，可以互相取长补短。

癌症的病因复杂、种类繁多，不同的癌症具有不同的症状和体征。若采用中医治癌，则应遵循中医辨证施治的治病原则，要根据患者的症状和体征（包括舌苔、脉象等）、所采用的西医治疗手段、不同的治疗阶段以及患者的体质情况等进行综合分析，归纳出中医学中所谓的“证”，再提出相应的治法、方药。

多年来，胡彩凤大夫依靠中医针灸在癌症治疗领域大显身手、攻城拔寨，实现了治癌名医的梦想，也让更多徘徊在死亡边缘的患者重新看到了生命的曙光。

2020 年 9 月，胡彩凤大夫接诊了一位胰腺癌转肝癌患者，患者 39 岁，癌细胞已全身扩散，无法进食、饮水，右眼已完全睁不开，家人已经放弃。经胡彩凤大夫三个多月针灸治疗后，患者病情得到控制，能走路，能进食，眼睛也能睁开，大大延长了生命，减少了痛苦，患者及其家属非常满意。

2020 年 10 月，胡彩凤大夫接诊了一位 36 岁肝癌男性患者，她采取针灸结合蝎毒疗法进行施治。一个多月后患者病情出现了明显好转，治疗两个多月后患者精神状态大为好转，意想不到的效果让他又惊又喜，更坚定了治疗的信心，目前患者还在继续治疗中。

像这样的案例还有很多，我们在为胡彩凤大夫运用精湛医术创造医学奇迹表示欢喜的同时，也为那些饱受病痛折磨、曾医治无门的癌症患者感到幸运。

白衣丹心，德技双馨

帮助一个患者可能就是挽救一个家庭，能够帮助需要帮助的人，是胡彩凤大夫行医生涯中值得安慰的时刻。从医至今，她始终用爱心和热心对待每一位患者，不论贵贱亲疏，只要是病人，她都一视同仁，关心病人的痛苦和感受，尽自己最大的努力来满足患者的需求，减少病人的担忧。

“我感觉胡大夫这个人确实不错，第一是工作很负责任，对病号态度好；二个是非常精心，我的治疗过程中，她是用心来工作，感觉她这个针是非常精准，针针到位。”一位被胡彩凤大夫治愈的患者如是说。

每年胡彩凤大夫都能收到不少锦旗和感谢信，对此她表示：“非常感谢患者对我的信任，这是对我工作的认可，这也将鼓励我继续进步。”

“生平无大技，针尖度春秋！”这是胡彩凤大夫最喜欢的一句话，也是她淡泊名利、把付出当快乐、把患者当事业的人生写照。数年来，她凭着一根小小的银针，不断地书写大医精诚，铸就大医精神。

人，有大志才有大为；医，惟精诚方成名医。从医二十年来，胡彩凤大夫在疑难疾病的治疗实践中积累了丰富的经验，她将针灸治疗疾病形成规范化、系列化，提高了疗效。在和她的交谈过程中，会强烈地感到她对中医的热爱和创新思维。她与小小银针结下了一生情缘，以满腔的热忱在中医针灸事业上不断探索和钻研，以高尚的医德、高超的医术，赢得了患者和家属的信赖。一根银针，一袭白衣，一片丹心，一生坚守。她早已把每一根银针融入了生命，在她那里，一根根银针都演绎着生命的脉动，有情感、有温度、有精神、有故事。

杨迪和

妙手神针诚济世，厚德怀仁医苍生

杨迪和 男，出生于1964年，湖南新化人，中医副主任医师，九三学社社员，长沙市岳麓区政协委员，梅山名中医、中华中医药学会会员、湖南省超微中药慢性病康复专家团专家。从医三十年来，先后被评为全国优秀乡村医生、2014年度长沙市文明标兵、湖南都市频道“社区偶像”、西湖街道“创业标兵”。2016年入选“长沙市第一批中医药专家经验传承工作指导老师”。参加国内外学术研讨会三十余次，撰写医学论文二十余篇，发表专著二部。擅长治疗心脑血管疾病、中风偏瘫后遗症、肩周炎、腰椎间盘突出、颈椎病、类风湿性关节炎等急慢性疾病。

押手、刺入、捻转、提插、得气……“长不盈尺，细弱麦芒”的小小银针在他手中，行云流水、翩若惊鸿。针耕每一条经络，运行每一寸经气，拨动每一个穴位。他把银针萦绕在指尖，跳跃成生命的延续；他让传承千年的银针，又散发出年轻充满活力的新光芒。他就是潇湘名医杨迪和。

命运使然，踏上中医殿堂

杨迪和的家乡位于新化、安化、涟源三县交界处，当地环境闭塞，经济相当落后，百姓因病致贫、因病返贫、小病不治以致拖成大病的现象屡见不鲜。幼年时的杨迪和也经历了这种痛苦，在他十一岁时，父亲就因患病而离开人世。看到所有努力救治都无法挽留父亲的离去，杨迪和在痛苦茫然中滋生出一个想法：假如自己是个好郎中，有起死回生之术，一定可以挽救父亲的生命。

高中毕业后，因为家境贫寒，没有条件继续学业，恰逢国家有抢救名老中医、挖掘民间中医传承的政策，杨迪和便拜梅山名老中医李雅元先生为师，在白岩卫生院当学徒，踏上了从医的道路。

“师父要求非常严格，学医第一步要求将经典古籍全部熟练背诵，如《黄帝内经》《伤寒论》《神农本草经》《温病条辨》等经典医籍，因这些古籍均是文言文，内容广驳繁杂，言语晦涩，较难领悟，如无毅力和学习热情，极为枯燥乏味。跟师学习中医必须有顽强的毅力才能完成学业。”杨迪和大夫回忆说。

跟师期间，杨迪和以勤奋闻名，深得李雅元先生的欣赏。从 1982 年从师到 1985 年出师，三年中，杨迪和把《黄帝内经》《伤寒论》《金匮要略》《温病条辩》《脉诀》《方剂学》等书背得滚瓜烂熟，医术有了很大的进步。

1987 年夏天，新化、安化两县暴发大面积流行性痢疾，杨迪和所在的山区也没能幸免，感染者上千人，严重者每日腹泻五十余次，生命垂危。而最近的卫生院还在数十公里之外，民众求医艰难。年轻的杨迪和凭着在师父身边磨炼出的医术，运用中西医结合的方法，治愈了八百多名患者，逐渐控制住了疫情。这次经历让杨迪和声名大振。随着治疗人数的增多，学识、医术的不断提高以及服务范围的逐渐扩大，杨迪和成为远近闻名的医生。

孜孜以求，习得独门医技

1989 年，杨迪和的师父去世。靠着不错的口碑，附近人家有什么病开始来找杨迪和治疗。看到被病痛折磨多年的患者，杨迪和心里隐隐作痛，他为自己不能尽快解决患者病痛而深感无力。“作为医生，看到病人治不好，心里非常着急。”于是，杨迪和开始遍访名医，提高自己的医术。

一次偶然的机会，《健康报》刊发了关于平衡针治疗疾病的报道，让杨迪和了解到王文远整体平衡针灸疗法，该技术深深吸引了杨迪和的注意力，他不假思索便开始了北上求学之路。

平衡针灸学是北京军区总医院王文远教授经过半个多世纪的临床研究，从2500多年前的《黄帝内经》经络体系直接进入现代神经体系，创立的一门现代针灸学。王文远教授成功地在人体神经系统网络上确定了38个平衡靶点，通过平衡针刺相应靶点可治疗心理性、生理性、病理性疾病900余种。

通过学习，杨迪和的知识面变得更加宽广，视野更加开阔，医学理论也更加丰富了，其对平衡针法也有了深刻的认识，并将之灵活运用在以后的临床中，给许多患者减轻了痛苦，改善了症状，提高了生活质量。

神针妙手，善解疑难杂症

“杨大夫真是太神了，一针下去我一点都不疼了！”

“我去年中风偏瘫，当时太绝望了！感谢杨大夫，现在我说话、走路都没问题了。”

“我现在身上有什么不舒服的，第一个想到的就是杨大夫。”

在杨迪和大夫的门诊，时常能听到患者间类似的交流话语。从医三十多年来，杨迪和诊治颈椎病、腰椎间盘突出、骨质增生症、神经麻痹、中风偏瘫及其他疑难杂症患者不计其数，患者送来的锦旗挂满了诊间。

患者傅某几年前因中风导致右手偏瘫，经人介绍来杨迪和大夫门诊进行治疗，前后进行了18针次之后，傅某的右手竟然慢慢抬得起来了，在与杨迪和大夫握手表示感谢时，傅某难得地伸出了右手。他说：“这是我三年来第一次用右手握手。”说话时脸上充满了喜悦。

“我们一家老小都请杨大夫看过病，平价又有效。”57岁的刘女士说。今年7月她得了肩周炎，右臂疼痛，不能向上抬举，杨迪和取肩痛穴施针，刘女士当时就觉得疼痛缓解了3成，加强针感之后，右手疼痛感基本消失，能很好地向上抬举。随后坚持针刺1个疗程，完全治愈。

很多人认为中医疗效太慢，杨迪和认为中医疗效太慢纯粹是对中医的误解，中医有数千年的历史了，这么长的过程足够让中医这门学科开发出针对各种疾病的不同治法，当然也包括急症和快速起效的方法。事实上，中医无论起效速度还是持久效果都不比西医差。在临床中，杨迪和用针灸治疗疾病，简简单单取几个穴位扎针，效果却立竿见影。

2019 年 6 月 23 日，由北京开往长沙的 G505 高铁车厢内，有位乘客突然出现身体不适，表情痛苦，杨大夫在旁边看到情况，向患者详细询问了病情，给患者切脉，查看了患者舌苔，经过四诊合参后，诊断为暑湿感冒，他手持银针在患者头上和上肢针刺感冒穴、胃痛穴、胸痛穴、升提穴后，患者症状马上缓解，高兴地说："谢谢医生，我感觉舒服多了！头不痛了，也不想吐了。"

厚德怀仁，诠释医者大爱

在采访中，杨迪和多次谈到医德和感恩。他经常告诫他的学生："疗疾应从本人手，执医当以德为先。""做医生的成功不是说一辈子赚了多少钱，而是一辈子治好了多少人的病，拯救了多少人的生命，使多少人赢得快乐和幸福。"

杨迪和秉着"做慈善事业的行动者，当爱心奉献的传播者"的理念，自他的门诊开业起，每月开展行业义诊，为贫困家庭、环卫工人、军人、教师、公安、消防员等每人送一疗程针灸治疗。据不完全统计，在他的带领下，从迪和门诊到至寿堂中医馆，10 年来已进行 340 次大型义诊，义诊 10 万余人，足迹遍布革命老区、贫困山区、社区、敬老院、学校、企事业单位。

村子里的周某因中风右侧活动不便，经杨迪和治疗一年后基本康复，但欠费五千多元无法偿还，这在当时的农村来说是一笔极大的数目。周某先天左侧上肢残疾，其妻子先天性聋哑，家中还有三个未成年女儿，家境非常贫穷。杨迪和说："我作为医生，天职就是救死扶伤，即便患者没钱治病，也不袖手旁观。"于是对其费用予以免收。从那时起到现在 30 年了，杨迪和每年年底都要为五保户、贫困户、孤儿送一份爱心。

因为其事迹突出，曾先后被评为"全国优秀乡村医生""岳麓区好人"。小小真善美的涟漪，经过他的推波助澜，通过他的职业奉献精神，让社会道德、医患和谐得到了充分展示，让医生在人们心目中的位置得到了无形的提升，使患者安心、放心、舒心，传递了社会正能量。

妙手神针，功于指上。三十余年风雨，三十余年坚守，杨迪和始终怀着对中医不懈的热诚，用一双妙手，一根银针，一颗仁心，书写着对每个生命的尊重和礼赞。

刘波

可破五种瘫痪显身手，能任一会之长彰品德

刘波 50岁，湖南常德人，毕业于暨南大学临床系，本科学历，执业医师，湖南省常德市临澧县刘波诊所负责人，常德中西医结合医院院长，湖南省中西医结合学会委员、中国老年保健医学研究会理事。国医大师熊继柏传承班弟子，国家级名老中医、著名温病学家、北京中医药大学刘景源教授弟子，中华汉方疑难病专家委员会会长刘冠军弟子。在运用特殊药方治疗心脑血管疾病、疼痛疾病和肿瘤方面颇有建树，并独创四维一体疗法（针刺、艾灸、中药、蝎毒），在治疗面瘫、脑瘫、截瘫、软瘫、硬瘫上，辨证精准、组方严谨、疗效确切。擅长治疗心脑血管疾病、中风偏瘫、风湿、类风湿、糖尿病、腰椎间盘突出、强直性脊柱炎、不孕不育等疑难病。

面对生活以痛相吻的生命，他总是报之以歌。他扶起的，是一个个行动不便的患者，而站起来的，是一个个家庭走向未来的新生希望；他缓解的，是一个个患者的疾苦痛楚，而病愈的，是一个个饱经摧残家庭的心灵。修合虽无人见，存心自有天知。医路求索，矢志无悔，他就是中华汉方疑难病专家委员会湖南分会会长、湖南名医——刘波。

想了解他似乎很简单，他的简历并不复杂，但这些记录对于他远不够全面，似乎只是一个精彩故事的提纲，因为坐在刘波大夫身边，看他诊病，听他说话，就会感受到他在中风偏瘫领域的极高造诣，对中医文化的深刻理解以及他严谨的治学态度、对偏瘫患者强烈的责任感、仁爱为怀的医者风范。

瘫痪不可怕，疗法需创新

瘫痪，指人体某一部分运动和感觉功能完全或部分丧失。中风急性期过后，因出血（或缺血）形成的软化灶（或血栓）压迫颅内神经，导致瘫痪或偏瘫，临床常见半身不遂、口眼歪斜、言语不清、肢体浮肿、麻木、疼痛、怕冷、卧床不起、失语、痴呆、饮水上呛、吞咽困难、大小便失禁等症状；胸、腰椎骨折脱位病人，脊髓受伤，常常两下肢不能活动，大小便无法控制。这两种情况分别称为偏瘫和截瘫。除此以外，还有四肢瘫痪及局限于一个肢体或其他部分的单瘫。按照瘫痪类型分，还有“软瘫”与“硬瘫”两大类。

“软瘫”和“硬瘫”的区别主要在于受损害的神经元不同：“软瘫”是下运动神经元受到损害，所支配的肌肉力量减弱，肌肉松弛，并逐渐萎缩，同时腿反射减弱并消失，故此类瘫痪又称“弛缓性瘫痪”；“硬瘫”是上运动神经元，即大脑的神经细胞和它发出的纤维受到损害，由于高级中枢失去对低级中枢的控制，肌肉无法随意动作，感觉减退或消失，但肌肉张力增大，摸上去发硬，对刺激极为敏感，很容易发生不自主收缩，此类瘫痪又称“痉挛性瘫痪”，脑瘫或高位截瘫便属这类。面瘫又叫面神经麻痹、面神经炎等，俗称“歪嘴巴”“歪歪嘴”“吊线风”，是以面部表情肌群运动功能障碍为主要特征的一种神经内科常见病、多发病，一般症状是口眼歪斜，患者面部往往连最基本的抬眉、闭眼、鼓嘴等动作都无法完成。

由于每种瘫痪发病的病机或表现的症状有所不同，刘波大夫认为，在治疗五瘫上应各有侧重，注重辨证治疗，对症用药，或重用祛风通络之药，或重用补气养血、化瘀通络之药，或重用补益肝肾、滋阴潜阳之药。凭借辨证精准、方证相应，组方科学全面，治疗瘫痪必定能够达到事半功倍的效果。

此外，刘波大夫认为，虽然类型各异，但大部分瘫痪在治疗上有一个基本的共通性，那就是不能头痛医头、脚痛医脚，单纯去针对后遗症进行治疗，如肢体功能丧失的就针对肢体功能治疗，意识功能丧失的就针对意识功能治疗，也就是所谓的治瘫就瘫，不能达到一个全面根除、全面康复的效果。

独特疗法，创造治瘫奇迹

脑瘫、硬瘫、软瘫、截瘫、面瘫，每一种瘫痪就像一座大山，压得患者喘不过气、压得家庭不堪重负，单拿其中的任何一种瘫痪来讲，可能会让许多医生费尽心血，熬白青丝，用一辈子的时间来研究和破解。刘波大夫在多年的反复医疗实践中，探索出了五瘫治疗的规律，将五瘫一一击破，开辟出了五瘫治疗的新途径，制定出了五瘫治疗的新方案。

刘波大夫采用的四维一体疗法（蝎毒＋中药＋针刺＋艾灸），打破了就栓治瘫和就瘫治瘫的片面单一的治疗方法。通过用蝎毒再配合各种辨证施治、标本兼顾中药，辅助针灸、艾灸扶正祛邪、活血通络、调和经脉、行气逐瘀，从溶栓降脂、软化血管、清除血管内壁斑块、恢复脑神经功能等多个方向治疗，诸法相合，相辅相成，相得益彰，带领患者闯过了语言功能障碍关、肢体功能障碍关和复发障碍关等难题，使血液、血管、周围组织、大脑、肢体得到了综合性治疗，故而取效快而佳。

患者刘某，两年前突发脑梗，一直躺在床上，双手萎缩，口齿不清，意识障碍严重，不会辨人，双眼昏昏蒙蒙，眼球运动麻痹，进食也已困难，身体仿若被固定在床上一般，无法自由伸展，站立行走对患者来说简直是一种奢望。刚被亲友介绍到刘波大夫诊所时，患者家属是半信半疑，有些难于掩饰的疲惫和失落。然而刘波大夫为患者施针后，奇迹出现了，患者的手指和脚趾开始稍有动弹。治疗第三周，患者的手能抓东西了，渐渐地可以在家人的搀扶下，下床站一小会儿，只是还不能独立行走。治疗三个月，患者眼睛有神了，肢体功能开始渐渐地恢复，慢慢能吃、能坐、能走动了，特别是能跟人对话了，思维也从痴呆的状态中渐渐地摆脱了出来。“真没有想到，我已不抱希望的老伴还能有今天，刘医生不仅是救了我老伴的命，还挽救了我的这个家”，这是一位妻子的肺腑之言。

是的，每一位患者的康复不仅解脱了病人，又何尝不是对患者家属的一种“解脱”呢？如今，给刘波大夫送锦旗的患者越来越多，每一面锦旗背后都有着这样或那样的故事。得力于瘫痪的有效治疗，病友传、口碑传、网络传，四面八方，乃至全国各地的患者，无不慕名求医上门。与瘫痪交战，是一场硬碰硬的挑战，凭着高超的技术，沉着冷静的心态，关爱患者的仁心，刘波大夫治瘫有名，誉满潇湘。

治瘫之本，在于治心

“有时治愈，经常缓解，总是安慰。”这句话极其深刻地阐明了大夫在人们生命历程里应当扮演的角色。

我们在评判一位好大夫时，一定是强调其精湛医术的同时还具有一颗医者仁心。归根到底，大夫医治的是“心”，患者求医求的是“希望”，而最高明的医术是能够给患者开出一剂“希望的药方”。从一定意义上来说，瘫痪的治疗能否成功，是由大夫与患者共同决定的。

瘫痪的患者极容易产生焦虑症状，面对无法行走的人生状态，多数患者有着挥之不去的悲伤心理，在治疗过程中，如果患者不能及时摆脱负面心理影响，肢体康复训练的效果也会受到不利影响，因此，在瘫痪康复治疗中，心理康复治疗极其重要。

刘波大夫十分注重每个瘫痪患者的心理状态，并将心理康复贯穿于康复治疗的过程当中，对患者进行专业的、特定的心理康复指导，尊重、理解、关心、爱护、安慰病人，恰当解析，冰释疑虑，缓解情绪，树立患者的治疗信心，使患者对自身的疾病有足够的了解，患者的精神动力与主动配合也加快其康复的进程，起着事半功倍的效果。

刘波常常上午在常德市临澧县刘波诊所出诊，下午则要前往常德中西结合医院开展蝎毒疗法对疼痛骨病和五瘫的治疗。在这所医院里，他设立的疼痛专科深入地推进着疼痛骨病和五瘫的治疗，在本地及周边县市皆享有一定声誉，求诊者络绎不绝，所在的专科已经成为医院的重点发展专科，成为治疗五瘫的“名片”，得到了社会各界和广大疼痛患者的认可与好评。

验方验案

脑梗、脑出血后遗症

【患者基本情况】患者黄某，男，48 岁。因脑溢血在市人民医院住院治疗二十天，效果不明显，右手脚不能活动，坐不稳，小便失禁。

【问诊及诊断】患者坐轮椅用带子绑着，右手脚不能活动，吐涎沫，面色白，肥胖，舌淡胖白厚，脉滑。辨证为营卫气血不足，兼有蓄水证。病机为营卫气血不足，风寒之邪客于血脉，膀胱气化不利。治则：补气、活血、通络、利水渗湿、温阳化饮。

【治疗方案】

（1）方用补阳还五汤合五苓散。

（2）配合养肾活血药酒及硒灵芝胶囊。

（3）辅助针刺、艾灸、功能锻炼。

【治疗效果】2 个疗程后，患者小便失禁大有好转。后以补阳还五汤加减治疗，效果稳定，各项功能均渐渐恢复，患者及家属表示非常满意。

彭中进

禅医结合竞杏林，德术并彰惠苍生

彭中进 男，汉族，生于1963年，湖南怀化人，中医执业医师，溆浦县人大代表，国医大师李佃贵弟子，其门诊被授予“中国人民解放军301医院心脑血管远程监测站”。自幼耳濡目染，祖辈古传，幼承庭训，熟谙经典，师承名师，躬耕临床，主张辨病与辨证相结合、中西互参、针药结合、治养结合等，采用自悟的六字真言“医养心，气自法”为主导，疗效显著。

默默无闻服务基层三十多年，无怨无悔将毕生精力心血献给了农村基层卫生事业，赢得了患者口碑，收获了同行赞誉，树立了医者典范，让基层广大疑难病患者得到了及时、有效的治疗，在家门口享受到了疑难病专家的优质医疗服务。擅长治疗冠心病、中风偏瘫、跌打骨折、内外损伤、股骨头坏死、各种肿瘤、妇幼等疑难病。

如果不是笔者亲眼所见，很难想象，一个“其貌不扬”的村卫生室——彭中进卫生室却吸引着湖南乃至全国各地的患者前来求医。该村卫生室负责人彭中进大夫行医已有三十余年，一直扎根基层，是基层中为数不多的中医药传承人，在中医药方面有很深的造诣，尤其擅长用中医药治疗各种慢性疾病、疑难杂症，经他治愈的患者数不胜数，尽管身在基层，却声名远播。

其实，彭中进之名并非本名，他说，改名的那一天，就表示他已经决定要把自己的一生与中医事业牢牢地绑在一起，暗藏着他要把中医治疗疑难病事业向前推进的远大志向。而他在三十余年的行医生涯中一直矢志不移、只争朝夕，用求索不止的医学实践中创造的价值和取得的成就，为这个名字做出了最好也最厚重的注解。

艰难困苦，坚韧不失济世志

为了取得宝贵的行医资格，彭中进大夫的求学之路比别人走得更艰辛。

虽然始于家传，爷爷、舅公、姨母等亲人都有医学方面的一技之长，但刚开始学医时还谈不上真正的喜欢，纯粹是为了生计。少年时家境贫寒，寄人篱下，只能自力更生，在命运的夹缝里挤出了一条行医的生存之路。

艰苦的生活磨炼了他的意志，让他学会勇敢地面对挫折，承受命运的苦难，表现出“志行万里者，不中道而辍足”的执着追求和要强个性，也使他在那时便具有了一腔款款恤民深情。经过发奋努力，勤学苦研，他终于逆境成才，练就了济世活人、服务桑梓的真本事。

最初行医时，他对中医药治病持有半信半疑的态度。直到一件事的发生，让他彻底爱上了中医，真正改变了对中医药的看法。

在彭中进大夫小时候，他的妹妹生病，父亲带着妹妹去县城医院看病。当时正值寒冬，山里下雪，行走缓慢，途中妹妹差点被冻僵。虽经医院救治原有的病好了，但另一种病却也自此埋下了隐患，妹妹因为受风寒严重等因素，患上了需终身服药的疾病——慢性支气管炎。

彭中进大夫行医之后，妹妹的疾病发作时，他总是给她吃西药缓解病情。母亲临终时，拉着彭中进大夫的手说：“一定要把你妹妹的病治好，不然这辈子太愧对于她。”

母亲的话深深触动了彭中进大夫，再加上父亲也因40多年的气管炎医治无效去世，更激发了他攻克此病的决心，他暗暗发誓一定要治好妹妹的病。西药只能缓解病情，不能根治，于是他翻遍中医古籍，一门心思都扑在了寻找此病的治疗方案上，试图从中医药的角度寻找治疗的方法。

经过对中医药的深入学习和研究，彭中进大夫根据妹妹患病的病因、身体体质，对她进行中药治疗，配合练习八段锦，终于治好了妹妹的病。

这是彭中进大夫的创举，又何尝不是中医药的神奇所在。经过这件事后，彭中进大夫切实感受到了中医药文化的博大精深，这不仅坚定了他学习中医药知识、传承中医药文化、用中医药帮助更多患者解除痛苦的决心，也坚定了他振兴中医的信心，激励着他为中医药事业一生奋斗，一路攀登！在以后的临床里，即使出现了许多从未见过的疑难病，他也从来没有犹豫过和彷徨过，他深信中医药也能像治好妹妹的病那样治好更多疑难病患者的病，为此他苦学、钻研、探索，积极治疗了很多前所未闻或虽闻及而尚无良策的病例。

拜师少林，参透禅机释病理

年少时，为增长见识，开阔眼界，彭中进大夫曾离开家乡，游历名山大川，遍访高人，20 多岁时更是拜入河南嵩山少林门下。在谈及这段学习岁月带给他的影响时，他认为有许多东西依然被沿用至今，成了他在医疗实践中所遵循的最高原则。

禅与医的关系并不玄奥，在于互补，相得益彰。禅宗为中医“以人为本”“天人合一”的思路注入了强劲的理论支持；中医则兼容并蓄，以博取的姿态融众家之长，形成了“儒学为魂、道学为体、释学为用”的中医体系。

在彭中进大夫看来，佛、道、儒之教各立，最后是万法归宗。他拜少林为师，坐禅行气，修心养性，与中国传统的道、儒、医之术是相通的。“法于阴阳，和于术数，返观内视，医察祥和，大者放弥六合，小者一粒收存”，中医经络学说的确立，返观内视的显影，任督二脉小周天的运行，皆是功法的筑基，禅宗独特的思维方式为中医学辨证论治体系的发展和确立起到了重要的推动作用。

在医学伦理方面，中医沿着中国儒学思想而说“仁者寿”，与佛学强调“慈悲是长寿之道”是相通的。佛学的慈悲心又影响了中医，使中医在仁术的基础上又增加了慈悲心。我们在唐朝孙思邈的《大医精诚》中就可以见到这样的慈悲心：“凡大医治病，必当安神定志，无欲无求，先发大慈恻隐之心，誓愿普救含灵之苦”，对医生的职业道德修养提出了很高的要求，对警戒医家、淳化医风也起到了较大的作用。

禅的心法和医的治法统一共存于彭中进大夫治病救人的思想和实践中，让他集预防、诊断、治疗三法于一体，融养生、保健、康复于一炉，更加注重中医的未病先防，使用中药、针灸、推拿、按摩、拔罐、气功、食疗等多种治疗手段，调理人体气机以强身防病，和调气血，调息畅脉，平衡阴阳，调动和依靠人体内部的精气神与外界病邪抗争，做到人体内部五行之气顺应大自然的变化，保障人体内外气的对立统一，协调中和，达到中医治病的最高境界。

此外，这也让他对“大医精诚”有了新的理解，也提高了践行这一医德要求的标准：从患者的痛苦出发，把患者当作亲人来对待，一心赴救，乐善好施，于己则淡泊名利，修身养性，忠于医业，钟情临床实践，以更加扎实的功力和平和的心态去迎接疑难病的挑战！

巧用蝎毒，得心应手愈难疾

蝎毒治病，古而有之。彭中进大夫行医三十多年来，在未使用蝎毒疗法之前，便好用全蝎等虫类药，奇难怪疾，辨证准确，用之效显。蝎毒的现代研究，国外、国内总结论证甚多，对心脑血管病、中风偏瘫、各种肿瘤等疑难病尽显其功。

清代叶天士对张仲景用虫类药治络病进行了高度评价：“考仲景于劳伤血痹诸法，其通络方法，每取虫蚁迅速飞走诸灵，俾飞者升，走者降，血无凝着，气升宣通，与攻积除坚，徒入脏腑者有间”，指出虫类药搜剔疏拔，有“追拔沉混气血之邪”的独特疗效。

2015 年，彭中进大夫机缘巧合接触到了专业治疗疑难病的中医现代新疗法——蝎毒疗法，其创新的治疗理念、独特的治疗机理，都吸引着彭中进大夫，这与自己固有的一些临床思路不谋而合。

彭中进大夫继承先人理论，结合现代医理研究表明的“蝎毒具有解痉、扩张血管、溶栓、降低血黏度、软化血管、清除血管壁上的赘生物和附着物、激活心肌细胞膜离子通道等作用”的优势，运用蝎毒配合中医经方和特色传统康复手段，从而使人体阴阳调和、经络通畅、气顺血活，恢复脏腑正常功能和肌体功能，从根本上解决问题，每每达到事半功倍的效果。

彭中进大夫运用蝎毒疗法治疗的冠心病、中风偏瘫、跌打骨折、内外损伤、股骨头坏死、各种肿瘤、妇幼等疑难病越来越多，患者口碑进一步发酵，他的名气响彻十里八乡。

名气虽响，但他却更加低调，每日里除了诊治患者，就是看书学习。有人劝他把门诊开到更大的地方去，这样可以取得更好的经济效益，但他却并不在意。他深知基层医疗卫生的困境和基层百姓的就医环境，既然选择了坚守，他就要扎根基层，给患者和需求中医的人们减少病苦，为基层百姓做好“健康守门人”！

三十余年风云变幻，彭中进大夫珍藏着一份兄妹情，怀揣着一个中医梦，以一双妙手、一颗仁心、一生所学，温暖着一年四季，守护着一方百姓！用中医现代新疗法——蝎毒疗法继续创造着疑难病治疗的奇迹，把中医治疗疑难病事业继续向前推进！

验方验案

冠心病

【患者基本情况】患者张某，男，80岁。在多家大医院辗转治疗月余，休克多次，无起色。于2015年3月7日，急来我诊所求治。

【问诊及诊断】患者脸色嘴唇紫黑而干，双目无神，气息微弱，秽臭难闻，其妻儿代言，已多日不食，大便未解，小溲短少，双下肢肿胀萎缩，其脉六部甚迟而弱，久不回还，舌质紫黑苔光而干。证属：心肾阴阳脱失、寒凝瘀积心包。

【治疗过程方案】

一诊处方：回阳救逆，潜阴通便挽其危。用药四逆汤、瓜蒌薤白汤、增液承气汤增减。

药物组成：附片60g（先煎），干姜60g，肉桂60g，瓜蒌40g，薤白20g，红景天60g，丹参20g，麻子仁20g，玄参20g，高丽参20g，麦冬20g，生地20g，甘草10g。7剂。

配合养肾活血药酒及硒灵芝胶囊。

二诊：7剂药后神渐清，已能进食，大便已解，各症大有好转。上药续服7剂，进一步好转。

前后据证略改前方服药月余，心率55次/分钟，脉缓涩，舌质紫，苔白略腻，二便基本调和，食睡可，在医院装起搏器后，继续采用蝎毒疗法治疗。

【治疗效果】三个月跟踪寻访，至今健在。

谭文剑

丹心妙手解众生之疾苦，悬壶济世扬大医之精诚

谭文剑 男，出生于1967年，湖南株洲人，中共党员，中医主治医师，湖南株洲谭文剑疑难病康复研究院院长兼党支部书记，北京医景堂疑难病医学研究院副院长，中国医药新闻信息协会中医药临床分会第一届专家委员会常务委员兼学术秘书，湖南省“慢性病康复名中医”，湖南省中西结合学会第三届健康管理专业委员会委员，中华宋庆龄国际基金会疑难病专家委员会理事，株洲市医学会物理医学与康复医学专业委员会委员，株洲市康复医学科医疗质量控制中心第二届委员会委员。获中华慈善总会颁发“一张纸爱心行动”的优秀志愿者证书，被《株洲晚报》报道。被环球时报社、生命时报社授予“基层好医生”荣誉称号，被中共株洲市荷塘区茨菇塘街道评为2019年度荷塘区茨菇塘街道“优秀共产党员”。擅长治疗中风偏瘫、面瘫、高血压、冠心病、癫痫病、更年期综合征、抑郁症、眩晕症、糖尿病并发症、顽固性风湿疾病、类风湿性关节炎、颈椎病、腰椎间盘突出、骨质增生等疑难杂症。

“文”通古方医顽疾，“剑”指疑难破中风，他雅负绝学，医术高明，展示了攻克中风的雄心，树立了战胜偏瘫的壮志。他让坍塌的脊梁重新挺立，令濒危的枯木也能逢生，这是他创造的医学胜景。一位位重新站起的中风病人，为他的治瘫事业奠基起了宏伟的高塔，雄峙云天，屹立不倒！他就是潇湘名医——谭文剑！

戴着一副眼镜，中等身材，说话轻声细语，做事有条不紊，任何人找他都热情接待，这就是谭文剑院长给人的印象。

从“草根医生”到“治瘫名医”

1967年，谭文剑出生在渌口区朱亭镇，他自幼丧母，家境维艰，一直与父亲、两个姐姐相依为命。少年时期，怀揣梦想，徒步百余里登门拜师于湘潭名医欧阳既雨先生门下。经寒暑五载，随师侍诊，课读督责甚严。白天做工，晚上点灯夜读，焚膏继晷，识记医学经典，潜心求索。

二十岁毕业从医，本着“常将人病如己病，救得他生似我生”之原则，对工作认真负责，对医术精益求精，对患者体贴入微。因旧时，门前三桥，皆七步可以通过，故名其诊所为“七步草堂”。自开诊以来，无论酷暑严寒，还是子夜时分，遇有病情严重而不能就诊者，则亲至病家诊视，不避污秽，不嫌繁琐，详询始末，务得其情，分析判断，然后悉心治疗，每获病家感戴，医术医德蜚声乡梓。

声名鹊起之后又经株洲县卫生局按特殊人才引进，被聘请到朱亭镇中心卫生院，他率领团队创建中医康复科和中医专家门诊，打响了治疗中风偏瘫、高血压、癫痫等疑难病的名号。许许多多的疑难病与慢病患者通过他和团队的精心治疗，都得到了康复。

然而，谭文剑院长的梦想不止于此，正如他年少时励志所抒“胸怀壮志出乡关，学不成名誓不返，待得业成归梓里，再看我才非等闲”一样，他一直都是心怀大志并付诸努力、欲要攀登医学更高峰的人。他认为自己在治疗中风偏瘫的技术上已经足够成熟，可以为更多中风偏瘫患者服务，需要另辟一方天地专门从事中风偏瘫和各种疑难病的预防、发生、发展、转归、康复整个过程的研究工作，为此，他挑起大梁，厚积薄发，再次证明了自己的实力，2017年将疑难病康复研究院开到了湖南株洲市区。

几年时间，谭文剑疑难病康复研究院的事业“多面开花”，医疗水平迈上一个新高度，前来参观学习的大夫络绎不绝，慕名而来的病人也与日俱增。研究院成了中风偏瘫等疑难病防治的“示范地”，而谭文剑集临床、管理、学术研究等多项工作于一身，忙得不亦乐乎，从而也积累了更加丰富的临床经验及学术造诣，更为医、教、研奠定了雄厚的基础，成为治疗中风偏瘫的名医专家。

轮椅终结者，托起中风患者康复梦

中风之病发生的病因病机有虚（阴虚、气盛）、火（肝火、心火）、风（肝风、外风）、痰（风痰、湿痰）、气（气逆、气乱）、血（血瘀、血滞）六端。此六种致病因素在一定条件之下互相影响、互相作用，使正邪交争，虚实相搏，使五脏六腑、气血经络功能失常，气血逆乱而突发本病。在整体观念和辨证论治思想指导下，谭大夫将辨病和辨证相结合，将生物中药蝎毒和张仲景、王清任、张锡纯等古代中医名家的传世经方相结合，将中药内治、外治、针灸、按摩、康复锻炼等全面结合，丰富完善了中医药治疗中风偏瘫的辨证论治理论和方法；在中风偏瘫的脉象、舌象等诊断方面也做了大量研究工作，综合分析各项临床信息，去伪存真，综合判断，揭示了各种中风偏瘫致病的本质，掌握了中风偏瘫的发展规律和病机演变特点；根据不同病因、不同阶段、不同证型及瘫痪的不同部位和程度，配合不同治法，组方时灵活应变，收效甚佳，让患者从根本上摆脱了瘫痪、肢体失灵、失语、呆痴等后遗症，从而达到了缩短疗程、提高疗效的目的。

来到谭文剑疑难病康复研究院，首先就会被长长的“锦旗走廊”吸引。琳琅满目的答谢锦旗似乎早已成为这里独有的景色。“中风康复专家，疑难杂症名医”“中风专家，康复妙手”“名医圣手、药到病除”等诸如此类的患者答谢锦旗简直数不胜数。得力于中风偏瘫与各种疑难病的有效治疗，书传、读者传、病友传、口碑传、网络传，全国各地患者无不慕名求医上门。这些锦旗背后有着无数个生动曲折而又令人欣喜的故事。

当他们起初坐着轮椅或拄着拐杖通过这个走廊被推进或搀扶进谭文剑院长的中风偏瘫科室时，承受着极大的痛苦却也被不断向前延伸的这道“鲜红”点燃了重新站起来的渴望和信心。

这条长长的“锦旗走廊”，也是患者重获新生的“生命走廊”，见证着谭文剑疑难病康复研究院专家团队的成绩和患者对他们的深深谢意，虽然无声，但却是最高的褒奖。那是无声的口碑，无声的鞭策，却也代表着无上的使命和责任！

国医岐黄术，春秋永传承

中医学的发扬光大有赖于中医人，中医人的代代相传有赖于中医魂，中医魂的凝驻有赖于中医传承。岐黄传医理，神农尝百草，扁鹊传脉穴，仲景论伤寒，中医药之所以能不断发展几千年，有着强盛不衰的生命力，除了它本身固有蕴含的文化、思想与智慧之外，关键在于“传承”二字。

与自己的师父欧阳既雨先生一样，谭文剑院长所关注的不仅仅是个人医德医术的修炼和眼前的诊务，心中更牵挂的是中医药事业的传承和接班人的培养。他要把师父对他的恩泽和自己在治疗中风偏瘫等疑难病领域取得的成就一并传递下去。为此，他打开门庭，广收弟子，将自己的治疗思想和临床经验传承下去。

虽然已经是中医名家，但他依然谦恭待人，谨承师父之志，以爱国、爱民、爱中医的厚德深情，为中医人才的培养做了大量工作。无论是临床带徒，还是课堂授课；无论是帮徒坐诊，还是远程指导，他对所有弟子不秘而守，和盘托出，悉数相教。

在他门诊采访时，每遇疑难杂症，他必让弟子侍诊左右，让弟子也把脉亲诊，为弟子剖析病情、辨证特点和用药特点，他对中风偏瘫等疑难病专业知识的耐心讲解，对经典病例病案的剖析，以及对每一位疑难病患者的精心诊治，对每一位患者和家属情绪的悉心疏导，对治疗效果的及时检查调整等等，无不体现了一名师者的敬业和医者仁心，而他言传身教的风范更是让弟子们心生崇敬之情！

如今，谭文剑已收徒无数，桃李满天下，一批批优秀弟子加入谭大夫的团队，成为优秀中医药文化的接班人。

仁心传大爱，至诚济民生

在谭文剑院长的身上，交织闪耀着医者和共产党员的双重光辉。

从医32年来，虽诊务繁忙，但是谭文剑院长研究学术不厌不倦、服务群众尽心尽力，以一个医务工作者应有的医德医风、职业道德、社会公德、家庭美德、个人品德去衡量自己的一言一行，让患者和家属有信任感、责任感和尊严感。

谭文剑院长说，他出生在农村，小时候吃过很多苦，现在条件好转了，他希望能为更多的患者服务。“中风偏瘫患者的生活质量比较低，愁眉苦脸的他们坐着轮椅找我看病，通过精心治疗后，他们摆脱轮椅后的‘容光焕发’，是我做医生的最大幸福。”

此外还用党员的标准严格要求自己，无论是工作中还是生活中都力求率先垂范，发挥着一名优秀共产党员应有的先锋模范作用，以党风带动医德医风，医生和党员、党支部书记的多重身份，让他为患者付出了更多的关爱，在门诊部设立爱心药品专柜，全面开展城乡帮困“爱与心同行”温暖行动，为社会做出了自己和门诊部微薄的贡献，深受社区领导和群众的喜爱。

医本仁术，大爱无言，谭文剑院长牢记着自己救死扶伤的职责，用他的智慧与实际行动诠释着一位医者的良心，用他精湛的医术发扬着我国传统中医药文化的光辉，用他乐于助人的品格砥砺着中华儿女不屈不挠、奋勇前行的精神！

正如漂流需要一方港湾，跋涉需要一处驿站，而谭文剑院长，就是许多中风患者倦鸟归巢的精神家园。他的微笑，是患者伤痛中一缕温暖的阳光；他的汗水，是患者康复中一滴茁壮成长的甘露。他以自己的仁心仁术告诉患者：中风偏瘫不是“山重水复”，也有可能“柳暗花明”。他从阳光中走来，未来必将为更多的中风偏瘫患者播撒康复的光明。

陈福登

“奇”人医怪病，招招见效去顽疾

陈福登 男，出生于1970年，中医全科主任医师，国医大师唐祖宣弟子，曾参与协助唐祖宣教授两部著作《国医大师唐祖宣谈蝎毒疗法与养生》《国医大师唐祖宣·薪火传承实录》的编写。擅长运用蝎毒疗法治疗心梗、癌症、中风偏瘫、不孕不育症、糖尿病、疼痛病、糖尿病并发心梗、脑梗、腰椎间盘突出、各种消化系统疾病、风湿、类风湿、过敏性紫癜、哮喘、泌尿系统疾病等，并应用三维祛痛新疗法开展疼痛科的治疗，结合针灸治疗各种顽疾。

踏进陈大夫诊所的那一瞬间，满墙的荣誉证书、牌匾、锦旗以及紧闭的诊室更加印证了我的猜想。和其他患者一样，我笔直地坐在了密不透风的诊室外边那涂着红色油漆、向后倾斜、自带靠背的候诊长凳上，翻着笔记本，试图提醒自己此行来的主要目的，捡起一些大脑空白后又若隐若现的精心准备的采访资料。直到被告知可以进诊室后，我那悬着的心依然未能平静。

一“奇”——看病奇

紧张，害怕，想退缩，在第二次鼓起勇气尝试开门成功进去之后，门“咔”的一声瞬间把我的忧虑给锁住了。“这门是我专门设计的”，正在与患者交谈的陈大夫笑着解释说，一人一诊室既可以保证就诊环境安静有序，也可以有效保护患者个人隐私。

不同于诊室外的安静，诊室内有一搭没一搭地说着话，陈大夫时而高谈阔论，时而静静地沉思，整个问诊过程虽然有些许热闹，但并未出现多余的、重复的、无关紧要的类似查户口的问询，所有的患者信息都在问诊之前就由助理上传并保存到了电脑上，包括用专业相机拍的舌苔、眼睛、手部以及患部的照片。患者一进诊室就开门见山，直奔主题，就像对我一样，没有过多的寒暄，直接打开了话匣子，消解了我的忧虑。

“看病要尊重客观，客观得越彻底，效果越好。病人一多记不住，通过照片对比来观察治疗的前后变化，可以更好地调整药方。我 2005 年就找人做软件开始用电脑开药，比医院都要早，电脑直接一调就出来了，不用来回找方子，过了十年八年都能找到。”

二“奇”——性格奇

陈大夫 1991 年毕业于宁夏卫校，后自考中医，虽不是名校毕业，但其勤奋、刻苦、认真、专注、钻研的精神，注定会在医学界拥有一番不凡的成就。

陈大夫高中时，几乎没听过老师讲课，有时候还给物理老师讲题，课还没上完，课本就已经学完了。毕业后曾在工厂打过工，待了一个月就成了技术员，还给工厂绘设备图，给亲戚绘楼房图，诊所里的装潢设计大部分也都是陈大夫自己摸索出来的。学医也是一样，碰到不会的总要想方设法弄明白，很多理论都是自己钻研的。

找上陈大夫的基本上都是四处求医无果的疑难病患者，有从西安赶来的甲状腺癌患者，有从新疆赶来的胃癌患者，有在医院治不好的白血病患者，都在陈大夫这里获得了很好的治疗效果。

“我一个病能看好长时间，比较啰嗦，一会儿别把你听烦了”“陈大夫不用病人开口，便把疾病的状况说得明明白白，很多病人还以为是算卦的，其实这就是陈大夫先天理论的精髓”“来这看简单病的很少，简单病也被我弄复杂了，因为生命及活动规律本质就是一个复杂体”“我从小不爱说话，只有看病时话多，会把一个病的形成、发展、用药原理以及注意事项都讲得清清楚楚，出了这个门我就不会说话，好多平台邀请我讲这讲那，我上了台什么都不会讲”。

三“奇”——思维奇

正是这种不爱说话、喜欢钻研的性格，才会让陈大夫有机会在抽象的世界里天马行空。陈大夫认为，中医学从整体观念出发，常以自然界和社会的事物与人体内的事物相类比去探索和论证人体生命活动的规律、疾病的病理变化以及疾病的诊断防治等问题。

比如人到中年以后，体内的阴气开始增加，阳气逐渐消退，这是生命的自然规律。随着阴气的增长，身体里面积累了许多过剩的浊物，即中医所说的“阴毒”。阴毒包括水毒、湿毒、脂毒、痰毒、瘀毒和气毒，阴毒中最严重的就是水毒。

因肾为水脏，又是先天之本，所以很多先天问题都是通过肾脏往下传。肾藏精，精生髓，只有肾精充足，骨髓生化有源，骨骼得到髓的滋养，才能坚固有力；若肾精不足，骨髓生化无源，那么传下来的病理因素几乎都是风寒湿阴毒，且大多都藏于骨髓，因为“同声相应，同气相求”。大多数病都是有先天性体质，在先天性体质的基础上容易出现某些类型的病。癌症有家族聚集性，其实就是先有这个体质，在这个体质的基础上加上后天外因因素的影响及积累而癌变，不是说生下来就有癌症，如果一直没有外因的刺激，一般也不会得病。

陈大夫以马克思唯物辩证法为基础，率先提出了内因外因的辩证关系，即疾病的起因是病根、是内因，内因起决定性因素，是先天带来的，出生后所受的一切外界因素都是外因。治病都追求根治，根是什么？是内因。内因因素从先天而来，所以只有解决先天异常因素才能得到根治。陈大夫从“蝎毒疗法”大量临床试验中得出蝎毒中的活性肽能作为中药载体进入骨髓，因而能治疗先天性疾病问题，并在此理论基础上治疗了许多医学界治不了的顽疾。

四“奇”——开药奇

众所周知，西医治标、中医治本，西医快、中医慢，一旦患上慢性病、疑难病，也就意味着不好治、治不了，所以更是谈不上疗效快慢的问题。而往往这时患者及其家属才会把目光从西医转向中医，吃上一两剂药，没见效，就要停；症状减轻了，也要停；花费大了，更要停，这就是疑难病难治的地方，也是中医蒙冤的地方。

所以很多人往往搞不懂决定疗效快慢的是疾病还是药物。陈大夫认为，疾病才是内因，药物是外因，中医治本治的是外因达到一定量变时发生的质的变化，也就是从量变到质变的过程，这种质的变化是内因变化，即外因变化达到一定程度后内因才会发生质的变化，只有把内因治好了，疾病才会根除。内因复杂，疗效就慢，内因简单，疗效就快，而西医往往治的就是头疼感冒发烧之类的症状，给药马上就见效，中医往往治的是慢性病、疑难病，内因错综复杂，疗程长，见效慢。中医也有疗效快的，名老中医李可用中医急救比西医还要快，怎么理解呢？急性症状本质上是快的，而不是说药是快的，关键要弄对了，不能单纯地拿药效的快慢来衡量。

陈大夫在给药方面特别认真，他认为患者既然找上门，都是想治本，治本就要治内因，然而人是一个整体，五脏六腑之间是相生相克的，也就是相互影响、相互制约的。人生病，是整体系统失去平衡所致。比如说肝部有病，中医认为很可能不是肝系统的问题，而是脾胃系统或肾系统出现问题，所以给药时就不能头痛医头、脚痛医脚，而是要兼顾整体。

药多了会有各种各样的问题，很多患者会吃一点剩一点，或者吃吃停停，影响疗效，反而说药不好。陈大夫说：“我的治病原则就是药量给多少吃多少，不要停，中医治本有整体调节性，哪一味药都不可少，少了就会影响疗效。”有一个老太太第一次来拿药嫌药多，解释半天拿走了，第二次来就不嫌多了，因为这个药明显效果好，吃了几次偏瘫的症状基本消失了。第五次来说病加重了，详细问询之后发现病人症状减轻后自己少服一味药，仔细叮嘱后把药服完病就好了。疾病本身就复杂，所以不要把病想简单，简单化对待是不现实的。

陈大夫疑难病看得好，慕名而来的不止有患者，还有同行。青铜峡市卫生局局长就曾经过来取过经，“别人都说你治风湿效果好，还不用有毒的药，我看你的处方里面还真的没有用有毒的药”。陈大夫表示，“治风湿自古以来都是以毒攻毒，但我现在基本看啥病都不用有毒药，我的药方虽药量多，种类多，但是对身体无伤害”。

验方验案

甲状腺癌

【患者基本信息】杜某，女，68岁，北京朝阳区人，2019年7月18日经人介绍来找陈大夫治疗。

【问诊及诊断】患者自述甲状腺癌已经 12 年，曾手术 3 次，现甲状腺癌又复发 1 年多，肝功能也异常。因多次手术而对西医非常反感，但在北京多家中医诊所治疗无效准备放弃时，银川亲戚介绍用蝎毒疗法治治看。经查：右侧甲状腺肿大似核桃且留有手术疤痕，心慌气短，胸闷，轻度右偏瘫但生活能自理，失眠，纳差，没有转移症状（因本人原是来宁走亲戚而并未带检查单据），血压 150/96mmHg，心率 81 次 / 分钟，双侧脉伏弦关前大，舌质淡白且歪向右侧，苔腻。西医：甲状腺癌（复发）、心梗、脑梗、肝损伤。中医：石瘿、心痹、中风、肝痹。分析：因先天阴毒伏于骨髓，随年龄老化从骨不断释放，逐渐积于脏腑而致脾湿胃逆，甲木不降，肺气壅滞，阳不潜藏，气血结于颈项所致。

【治疗方案】

（1）中药经方：桂枝 10g，泽泻 10g，茯苓 15g，制何首乌 10g，醋白芍 15g，川芎 10g，法半夏 10g，橘红 15g，杏仁 10g，路路通 15g，鸡血藤 30g，丹皮 15g，盐杜仲 g，夏枯草 30g，生姜 10g，瓜蒌皮 12g，薤白 5g，炒酸枣仁（碎）15g，红景天 30g，银杏叶 30g，酒黄芩 10g，枳壳 15g，昆布 15g，射干 15g，草豆蔻（碎）10g，炒王不留行子 30g，猫抓草 15g，海蛤粉 30g，生牡蛎 40g，藤梨根 50g，夜交藤 50g，苏叶 10g，木香 10g，乌药 10g，炙桔梗 10g，防风 10g，厚朴 12g，党参 15g，炙黄芪 30g，当归 15g，白芷 15g，苇根 10g，白茅根 30g，炙甘草 10g，半枝莲 10g，茵陈 50g。水煎服，每剂 3 煎，1 剂 / 日，3 次 / 日，共 30 剂。

（2）配合养肾活血药酒及硒灵芝胶囊。

【治疗效果】2019 年 8 月 20 日复诊，右侧甲状腺肿块缩小如枣大，心慌、胸闷、失眠、纳差症状基本消失，偏瘫症状好转，肝功未查，血压 118/78mmHg（一个月内未服用降压药），心率 75 次 / 分钟。在原方基础上加减调整 30 剂中药及蝎毒药品继续服用。后用视频诊断开药 4 次，每次 30 剂，前后共半年。本人检查正常后停药，目前一切正常。

沈立军

奇针技法破疑难，高尚医德享民誉

沈立军 男，出生于1980年，执业中医师，中医全科主治医师。毕业于宁夏医科大学，从事临床工作近20年，有坚实的专业理论基础和丰富的临床治疗经验，临床中擅用经方，强调辨证论治遣方用药，深得中医扶阳之精髓，擅用温补，重视阳气，强调扶阳，脾肾双调，能灵活把握病情变化，擅长针药结合，特别在开展针刺“蝶腭神经节”在当地享有盛名。其将中医的扶阳理论思想和中医针刺艾灸有机结合，通过针药结合治疗中医内科、妇科、男科、儿科、皮肤科疗效确切显著，另对头痛、颈肩腰腿痛、亚健康的调理等也有自己独到的诊治方法。

医路艰辛，不改行医本色

沈立军在银川市永宁县开办的阳光中西医诊所至今已经有近10个年头了，在开个体诊所之前，沈立军在乡镇卫生院工作了11年，主攻疼痛治疗，具有丰富的临床经验，在院内享有很高的美誉度。2011年，沈立军毅然辞职，开办起了自己的诊所。对此，沈立军说：“我想做一线临床治疗，但当时乡镇卫生院的发展方向是健康教育和疾病知识普及，为了实现自己更高的从医理想，我想尝试一把。”

这并不是一个容易的选择。当时永宁县属于银川市欠发达地区，对新观念接受程度有限，人们对个体诊所比较陌生。万事开头难，诊所起步最艰难的时候，沈立军在短短一个月内瘦了十多斤。个人开办诊所的创业初期，沈立军也曾产生过怀疑，“一心从医为民，却得不到当地群众认可”。但他并未想过退缩，“选择的路，咬牙也要走下去”！

终于，从乡镇卫生院追随而来的患者给沈立军的艰难行医路增添了希望，沈立军凭借自己的高超医术，逐渐得到了周边群众的认可，前来看病的患者这才聚拢起来，就有了如今的诊所从早上 8 点开始病患络绎不绝的景象。

一个名医的背后，没有任何偶然，一切都是勤学医学理论、精研医术疗法的结果。早年，沈立军在县卫生院工作时，就经常向院里有名的老中医拜师学艺，还参加了多种资质考试培训充实自己。中医全科主治医师、中医儿科主治医师和针灸主治医师的资质，都是他这一时期努力的结果。同时，沈立军从不错过任何一次可以“走出去”的培训机会，各种传承研修班和高研培训班的经历十分丰富。

随着个人行诊的经验积累，沈立军发现中医大有学问，于是开始对中医进行深入研究。这个过程中，他感受到自己的医学知识储备还是太少，为此，他决定从头学起，先学《黄帝内经》《伤寒论》《金匮要略》等诸多中医古籍，十几年从不间断理论学习，一直到中医现代新疗法——蝎毒疗法的接触和研究。

沈立军是著名老中医马九如先生的学术经验传承人，在临床上采取辨病、辨证、辨药、辨体质的四辨方法，尤其对各种炎症、痛症、过敏性疾病有自己的独特见解。并且师从国内著名针灸泰斗和经方大家，不断向中医药大学的教授学习针灸手法。经过一段时间的实践，沈立军发现针灸疗法对咳喘、疼痛很有效果。

银针奇技，撼疑难病根

沈立军在采访中表示，在过去很长一段时间里，过敏性鼻炎困扰着许多患者，大概有十分之一的患者反馈，每天早晨起来先打十几个喷嚏，外出也容易打喷嚏；有的患者鼻痒、喷嚏、清鼻涕不断，眼内角痒的厉害，严重影响正常工作和生活。沈立军为此专程去学习“翼腭神经节触激术”用于治疗鼻炎，该疗法首创于原北京市耳鼻喉科研究所副所长、首都医科大学附属北京同仁医院耳鼻咽喉科主任医师李新吾，目前已累计治疗各类鼻炎患者 15 万余例。而正是因为研究如何彻底治愈鼻炎的契机，沈立军前去参加中华汉方的宣讲培训进而习得“蝎毒疗法”，不仅使自己在中西医结合的道路上迈出了更大的步伐，而且以蝎毒疗法 5 天根治过敏性鼻炎的高超医术闻名当地，至今治愈不复发的患者就有 2500 多人。

一直以来，沈立军对于过敏性鼻炎的发病机理的认知与治疗的思路别具一格，并提出了过敏性鼻炎治疗的好几种简便又独特的思路和方法。加入中华汉方疑难病专家委员会后，沈立军发现蝎毒疗法对于过敏性鼻炎的治疗更能发挥奇效。沈立军指出，过敏性鼻炎为本虚标实之证，与肺、脾、肾三脏关系密切。虽病位在鼻，而鼻为肺窍，职司卫外，若肺气虚弱，则卫表不固，邪气乘虚而入。脾为肺金之母，若脾气不足，则肺卫空虚，遇风邪则喷嚏频作，清涕不止。肾阳为诸阳之本，若肾元亏虚，则肺失温煦，气不归元，固摄水液无能，则鼻流清涕，连续不断。

沈立军运用蝎毒疗法治疗过敏性鼻炎从温补脾肾、祛风开窍着手，不仅能够迅速缓解症状，还能改善本虚问题，短期疗效与长期疗效俱佳，即使有 10 多年过敏性鼻炎的患者，也能彻底告别炎症的困扰。

精诚良医，安康百姓为天职

这些年来，沈立军将为病人提供优质的临床医疗服务作为自己的不懈追求。如今，他开办的阳光中西医诊所在永宁县已小有名气，沈立军也被患者交口称赞，成为众口一词的好医生。“每天都有其他县市的患者慕名前来，专门找沈医生看病。”诊所的一位年轻护士说道。

在沈立军看来，服务病人，首先是要考虑病人的经济状况，尽可能地减轻病人负担。三年前，沈立军就开始为家庭困难的病人赠药或减免药费，诊所对面有一所敬老院，对这些老人，沈立军的治疗经常是免费的。在他心中，赚患者的钱从来不是最大的目的，救死扶伤才是一名医生的天职。

在诊所附近的小区，住有一位患脑梗死的老人，常年卧病在床，为了治病，老人的家庭已经花了几十万元，日子过得捉襟见肘。老人的家人找到沈立军，对于沈立军的到来，儿女们满心期待，望着老人憔悴的面容，沈立军当下决定每天上门为老人做免费的针灸和按摩治疗。经过一段时间的悉心治疗，老人的状况明显好转。“以前他完全不能动弹，不能说话，现在已经能跟人说上几句了。”一谈起这位特殊的病人，沈立军就很兴奋，他觉得能减轻这位患者的病痛、改善患者的处境，一种莫大的成就感油然而生。

“没有基本工资，没有医院庇护，所有的风险都只能自己担，诊所的医生确实不容易，但这个职业特别有成就感。”沈立军说，“我们基层医生也有价值追求，能让病人花最少的钱、用最少的时间、承担最小的痛苦治好病，这就足够了。”

医术的精进，只为给患者提供更好的医疗服务，这是沈立军一直秉承的行医理念。通过多年的丰富经验积累，沈立军的诊所已经成为具有疼痛、理疗康复、艾灸、中医贴敷等多种专科特色的门诊！

验方验案

脑梗死后遗症

【患者基本信息】刘某某，女，62岁，宁夏银川市人，2021年9月1日初诊。主诉：眩晕，头痛，左侧肢体无力，症状持续数月。既往高血压病史5年，糖尿病史2年，冠心病史5年，检查血压150/90mmHg，脉搏80次/分钟，空腹血糖6.8mmol/L。

【问诊及诊断】左侧肢体无力，伴头晕目眩无精神，生活不能自立，需要两人搀扶方能迈一两步，基本是拖入诊室，经上级医院检查诊断为“延髓梗证”。

【治疗方案】中医经方（1）柴胡62g，黄芩10g，生半夏24g，党参20g，生姜20g，大枣6枚，炙甘草20g，龙骨20g，牡蛎20g，磁石20g，肉桂20g，茯苓24g；养肾活血酒，每次1支，每日2次；醒脑开窍针法及宫氏脑针配合治疗。

中医经方（2）黄芪120g，桃仁15g，红花12g，赤芍15g，地龙15g，当归尾10g，川芎15g；养肾活血药酒，每天3次，每次1支。

【治疗效果】患者接受相应治疗后精神明显好转，头晕减轻，食欲大增，面色红润，肢体活动渐渐灵活。治疗15天之后，偶发头晕，活动能力增强。服药3个月后，检查正常后停药，现一切正常。

王丙尧

扎根乡村惠桑梓，躬耕杏林度众生

王丙尧 男，1954 年出生，山东省阳信县人，中共党员，山东省阳信县劳店乡西秃李村支部书记，北京医景堂疑难病医学研究院滨州分院技术顾问，中医民间中医学会研究员。已出版医学著作十余部，发明专利一项。擅长治疗各种癌症、心脏病、各种鼻炎、湿疹、荨麻疹、疱疹、胃病、各种关节痛、再生障碍性贫血、慢性髓性白血病、过敏性紫癜。

身处基层，却依然攀登在疑难病的治疗高峰，迎难而上；深藏功名，却始终坚守在基层医疗一线，不离不弃。他是百姓健康的守门人，默默守护基层群众的身体健康。没有豪言壮语，也没有丰功伟业，有的只是一颗为病人解除病痛的赤子之心。他就是王丙尧大夫！

当记者踏进阳信县劳店镇西秃李村王丙尧的家门，眼前的一幕，令人惊叹：一面面红彤彤的锦旗，挂满了两间房的三面墙，锦旗太多了，有的摞着挂了起来，有好奇者数了数，竟有百余面。从落款上看，送锦旗的人来自全国各地。“这是我行医40 年挣来的，几乎每面锦旗的背后都有一个故事。”王丙尧自豪地说。

义无反顾，扎根乡村志不移

艰苦环境激发人的斗志，乡亲疾苦唤醒学医的动力。众所周知，缺医少药是20世纪七八十年代偏远乡村的普遍现象。王丙尧大夫出生于山东农村，对农村医疗条件差、农民缺医少药的现象有着深切的体会。从小目睹父老乡亲生病却得不到正规医疗的苦楚，他发誓要当一名医生，将来给乡亲们解除病痛。这个朴素的心愿激励着他迈过了人生道路上的许多沟沟坎坎。

在王丙尧大夫的中医路上，祖父与大伯是对他影响最深的导师。王丙尧祖父与大伯是早年阳信县当地颇有名望的中医，治愈了众多患者，深受当地民众的信任与爱戴。王丙尧从十几岁开始就跟随祖父、大伯学习中医，背熟了大量中医成方、名方和民间偏方，熟悉了全身穴位名称、部位。20岁的时候开始为村民开方治疗感冒、拉肚子等一些小病，正式走上了行医之路，这一干就是四十年。

初涉医坛的王丙尧医术并不是很高，但刻苦钻研学习的劲头却使王丙尧逐渐担当起了“乡村医生”这一光荣而又艰巨的重任。

四十多年来，王丙尧总是一边行医一边刻苦学习，既向祖父、大伯和一些老中医请教，又向书本学习，钻研中医理论。在他的书桌上。仅仅中医方面的书籍和诊病笔记就摆了好几摞。厚积薄发，多年的刻苦钻研和艰苦磨砺，使王丙尧的医术在远近的城乡享有盛誉，邻村、附近乡镇的农民以及外县、外省的病患者常常不辞辛苦、跋涉几十、几百甚至几千里的道路，来请王丙尧为他们看病。

扎根农村，矢志乡医终不悔。光阴荏苒四十余载，在平凡的岗位上，王丙尧把自己的一腔热血，抛洒在了为村民健康保驾护航的路上。平凡而又伟大。对于王丙尧来说，未来肩上的责任会变得越来越重，但是这份责任绝压不垮他，因为，在他的内心深处，始终都有乡亲们赋予他的力量，这份力量会一直促使着他前行，再前行。

情系乡民，担起患者健康梦

1978年光荣加入中国共产党、1988年被全村党员选为村党支部书记的王丙尧，最受当地农民称颂的是他高尚的医德。他在行医中给自己定了一条规定，那就是：凡是本村患者和外村、外地贫困患者，一律免费诊病和送药。这一条规定，他一坚持就是四十多年。

王丙尧始终牢记自己是农民，更是一名共产党员，对前来求医问药者总是细心照顾，对需上门出诊的突发疾病的患者，总是随叫随到，无论是路途多么遥远，时间是白天还是黑夜，他总是要上门巡诊，定期检查。对村里的患者，他总是全力帮助，不图回报。

51 岁的耿某，患慢性骨髓性白血病，医院建议他进行换骨髓手术，由于手术费用太高，他只好选择回家找王丙尧治疗。王丙尧知晓其家庭情况后，免费赠送中药治疗。

王丙尧说："我是共产党员，要自始至终坚持自己订的那条规定，那就是村里人和外村的贫困户不管看病多少次，用药多少服，一律分文不收。看到患病的乡亲们减少了痛苦，这就是当医生最大的快慰！"据不完全统计，王丙尧每年免费赠与贫困患者的药品近万元。

华丽转身，治癌名医誉全国

目前医学界抗癌普遍采取西医的三大措施：手术、放疗、化疗。手术治疗癌症，只能切除已生成的肿瘤，却无法消灭癌症形成的原因，解决不了癌症手术后复发、扩散、转移的难题。而且手术会造成患者肌体组织的损伤和气血损耗，使患者体质虚弱，容易导致癌症的复发、癌细胞的扩散和转移。

王丙尧认为，中医中药在治疗癌症上有无法替代的优势，有手术、放疗、化疗等不可比拟的优点，而其治癌症的实践，就是一个令人瞩目的例证。2016 年，王丙尧机缘巧合加入中华汉方疑难病专家委员会，通过蝎毒疗法治疗疑难病高级研修班和治疗肿瘤专科班的学习，他对运用蝎毒疗法结合中医中药治疗癌症有了深刻的认识，这更加坚定了他立志肿瘤事业的初衷。

大量研究表明，蝎毒有效成分较其他肿瘤化疗药物不良反应小，可增强机体的免疫功能；蝎毒对人直肠腺癌细胞有显著抑制作用，而腺癌细胞对化疗和放疗不敏感等。蝎毒对一些肿瘤有一定抑杀作用，且用于治疗人类某些肿瘤已取得了显著效果。

2016 年 4 月 14 日，王丙尧接诊了一个鼻咽癌转喉癌患者。患者 44 岁，不能吃东西，喝水都困难，王丙尧运用纯中药治疗两个疗程后疗效卓著。

2017 年 11 月 21 日，王丙尧接诊了一个淋巴瘤患者。患者 69 岁，淋巴瘤位于右倾颈部、鸡蛋大小，因为位于动脉上不能动手术，王丙尧运用纯中药治疗 2 个疗程后，患者症状控制良好。

短短五年，王丙尧运用蝎毒疗法治疗了众多癌症患者，实现了从乡村医生到治癌名医的华丽转身；五年的时间，王丙尧的普通乡村诊所更是蜕变成为北京医景堂疑难病医学研究院（阳信）疑难病临床学术研究中心。连他自己都没想到，会在年近花甲之时成为享誉四方的疑难病专家。

庄子说："朴素而天下莫能与之争"，在王丙尧朴素的内心里，始终坚守的是"悬壶济世"的人生信条。王丙尧是个极其平凡的普通人，却有着不平凡的身心。在他人生答卷中，写满了精彩内容；在现实维度中，处处留下余香。他的故事还在延续，一生正念，一生精致，一生守护。

李秀萍

苦心求学，终成名医，仁心仁术倾心病患

李秀萍 50岁，临床执业医师，中华汉方疑难病专家委员会会长刘冠军弟子，北京医景堂疑难病医学研究院宁夏分院特聘专家。1985年从事医疗工作，至今已有30余年。曾在大泉林场分场卫生所工作，1992年搬至灵武市东平路花雨湖滨D区东平诊所。师从当地名医张学武老先生学医6年，后又到全国各地拜访名医，2000年到北京中医药大学学习小针刀、2001年到北京大学学习中医经方、2015年到北京中医药大学参加中华中医药学会举办的“亚宝贴”培训、2018年参加中国中医药研究促进会仲景星火工程。

擅长运用蝎毒疗法治疗带状疱疹及后遗症、脑中风后遗症、癌症、顽固性荨麻疹、牛皮癣、面瘫、风湿、类风湿性关节炎、股骨头坏死，强直性脊柱炎、颈肩腰痛、腰椎间盘突出、坐骨神经痛、心脑血管、消化系统疾病、妇科疾病、神经性偏头痛等，疗效显著，得到众多患者的认可。

2021年4月18日早上7时53分，11名患者已在灵武市东平路花雨湖滨D区东平诊所门外等候就诊。“你们也是来看病的吧，他们家几乎每天都有很多人排队”，诊所旁边的一个早餐店阿姨打招呼道。在各医疗单位均受到疫情不同程度影响的情况下，东平诊所门外依然每天排长队，到底有什么秘密呢？

立志学医，不畏艰难

东平诊所没有淡旺季，这跟李秀萍的成长经历有着千丝万缕的联系。李秀萍家中兄妹 11 个，她排行第 11，11 岁的时候父母因病相继去世。父亲食道癌，母亲脑中风，没钱治病生生等死的痛苦和无奈，让李秀萍在那个无忧无虑的年纪就体会到了生命的残酷，直到现在一经提起还会默默流泪。

由于食道癌和脑中风一般都存在家族史，那么就意味着，哥哥姐姐们包括自己也都可能患上这种病，所以为了家人们的健康，为了自己的健康，李秀萍自此踏上了学医的道路。但李秀萍的从医之路并非坦途，甚至布满荆棘。那时候家庭贫困，学医条件非常艰苦，没吃的，没住的，还要走好远的路。

比自己大 9 岁的侄媳妇也是自幼就没了父母，13 岁上学的时候把脚崴了以后一直未能痊愈，25 岁嫁过来时双脚已经不能走路了，刚学医没多久的李秀萍就尝试着用针刺和艾灸，以及老师开的中药，花了半年的时间基本上给治好了，从那以后李秀萍就更加坚定了学中医的信念。

通过自身的不断努力，李秀萍终于习得了一身看病本领，与丈夫一起开办了大泉林场分场卫生所。由于价格低，疗效好，有时候看患者可怜还会免费针灸，所以除了十里八乡的村民外，就连市区的人都会前来看病。随着患者越来越多，小卫生室显然已经不能满足行医需求了，于是 1992 年便从大泉林场分场搬到了灵武市东平路花雨湖滨 D 区，卫生所也扩展成为了东平诊所。

习百家之长，攻疑难之坚

由于父母都是因重病去世，所以李秀萍格外重视对重病的研究。只要听说哪里有好的技术，她就去哪里学习，学完了就先拿自己尝试，自己常年的鼻炎就是在学习的过程中治好的。2017 年学习中华芒针的时候也是如此，当时李秀萍出了一次大的车祸，颈椎骨折，颅骨八处骨折，手术完之后只能连身带头一起转，大夫说芒针能治好，就让那个大夫给治了，在亲身体验了疗效之后她本人也开始用芒针给患者治疗。

2018 年刚接触蝎毒疗法时，李秀萍也是不敢相信其效果，但是很多脑瘤、胃癌等患者用了之后确实效果很好，才慢慢接受了。李秀萍现在用蝎毒疗法已经非常得心应手了，治愈了很多带状疱疹及其后遗症、中风后遗症、心梗、脑梗以及癌症患者。李秀萍二哥中风之后被她给基本治好了。二姐患有脑梗、心梗、颈动脉斑块，除了使用中药经方以及养肾活血酒外，还配合针灸疗法，比如八卦针、心脑开窍针、迷踪通督针等，三个疗程疗效卓著。

虽然李秀萍疑难病看的好，但她却是“信者医之，不信者不医”。因为来东平诊所的患者几乎都是在别处治不好才前来尝试的，疾病本来就很复杂，如果患者不信，那么就很难积极配合，疗效就会大打折扣。所以当患者问“李大夫，你能给我治好不能”，李秀萍就会说“你相信我，我就给你治，我让你吃多少药，你必须要吃多少，治了肯定会好，你要是不相信我，我就不给你治”。

李秀萍认为，信任与不信任的差距非常大。有一位类风湿患者不太信任小诊所，也不想花钱，整天问大夫能不能给看好，开的药也没有按时吃，现在手已经伸不直了，连筷子都抓不住。还有一位类风湿患者跟他同时治疗，特别配合，服用养肾活血酒以及中药，配合针灸华佗夹脊穴，并采用八卦针法，这样变换方式治疗，现在已经五年了，效果非常好。

低调做人，踏实行医

如果在大街上看见李秀萍，你会觉得她是一个很平凡的人，身上穿着朴素的衣服，夹着白色的黑发被随意挽起，脸上不施一点粉黛，岁月的痕迹暴露无遗。但是一坐到座位上给患者看病时，她那干净利落的气质就自然而然流露出来了，很容易让患者对她产生信任感。

李秀萍从来不会吹嘘包治根治，因为谁也不敢百分百保证。李秀萍出车祸那次在医院的病床上躺了四个月，迟迟没有做手术，因为在签手术单的时候哥哥一直问手术能不能治好，医生直接把单子拿走了，后来其丈夫签字，医生才做了手术。早上八点钟上的手术台，晚上才出来，还说做这个手术好不了，有可能会全瘫。后来李秀萍就学了这个经验，也不给患者保证，因为百分百保证其实是对生命的亵渎，也是对医生这个职业的侮辱。

李秀萍踏踏实实行医，从不夸夸其谈，找上她的患者基本上都是通过口口相传。李秀萍治好一个人，至少能给她介绍来五六位患者。有位患者得了脑梗，医生跟他说迟早都会瘫痪，就经朋友介绍来到了东平诊所，用蝎毒疗法三个疗程基本治好了，之后又把父母、兄弟姐妹以及亲戚全都拉来了。

苦学不辍，执着追梦

尽管李秀萍已经有了不凡的成就，但是她依然在追梦的路上不断前行。每天早上四点多就起来开始学习，晚上抱着医书睡觉，就连跟李秀萍同去学习的住同一房间的医生都特别佩服她的学习精神。“患者对我的支持与认可，促使我想要更加努力的学习，把自己提高得更好，能够治一个好一个，减轻患者的痛苦，延长他们的寿命”，李秀萍最近在学习《古中医学圆运动》和《李可临证要旨 1（增订版）》。

李秀萍认为人体是有自我修复功能的，只要把患者的阴阳调平衡，正气唤醒，自然而然就好了。对于癌症的治疗，西医的做法就是“杀”“灭”，但同时也把正常细胞给杀灭了，所以治疗后人体的免疫力会越来越差，病毒再一侵入，还是会长肿瘤。比方说轻微的甲状腺结节，西医大夫检查后，只会说定期复查，实际是让观察，等大了之后好做手术。中医就不一样，甲状腺结节已经有了，啥原因呢，是体质的问题还是其他问题，要把病因给找到，如果是肝气郁结，那就疏肝，肝气一疏就好了，但是体质没有调理还是会长，所以中医在治病的时候会把体质一并调理了，这就是中医治本的逻辑。

验方验案

炎性乳癌

【患者基本情况】患者，苏某，女，45 岁。主诉：因乳癌到某附属医院做化疗，半年没有效果，需要手术，但只能延缓时间。患者放弃在医院治疗，来我诊所求医。

【问诊及诊断】肩部弥漫变硬，皮肤溃烂，面积鸡蛋大小，周围皮肤红、肿、热、痛，无发冷、发热等全身症状。证候：瘀毒内阻型。诊断：炎性乳癌。治法：活血化瘀、清积破结。

【治疗方案】

（1）方药：桃红四物汤加减，桃仁 12g，红花 12g，熟地 12g，当归 6g，川芎 9g，赤芍 12g，牛膝 10g，丹参 15g，王不留行 12g，穿山甲 10g，路路通 12g，全蝎 5g，露蜂房 30g。每日 1 剂。

（2）配合养肾活血药酒及硒灵芝胶囊。

【治疗效果】经治疗半年后，效果很满意，1 年后基本痊愈。

祖芳

杏林匠心芳华在，橘井泉香佑苍生

祖芳 男，出生于1955年，吉林扶余市人，毕业于湖北咸宁医学院，中西医主任医师，中共党员，发表论文十余篇，《国医大师唐祖宣谈蝎毒疗法与养生》一书副主编。从医40余年，具有丰富的临床经验，对各种常见病、多发病、疑难病有独特的见解。擅长治疗冠心病、脑梗、偏瘫、癫痫、帕金森、糖尿病、子宫肌瘤、盆腔炎及积液、乳腺增生、输卵管阻塞性不孕症及各种疼痛、皮肤病。

他的热情像春日的清风，给病患潜移默化的温馨；他的服务像冬天的篝火，给病患如火如荼的热烈。他以技为器，承担起生命的重量，奏响了健康和谐的幸福节拍；他以德为名，点亮了万家灯火，诉说着医者与患者的一片深情。他的一双妙手，临床治愈了万千病患；他的一颗仁心，仍在寒风中散发温暖。他就是吉林名医祖芳！

虽退伍，初心未变

今年66岁的祖芳出生在吉林省扶余市一个普通的农民家庭，从小目睹农村缺医少药，当地农民看病难、看病贵的困境，早在读小学时他就与从医结下了不解之缘，从此在课余和假期，潜心苦读中医书籍，立志长大做一个为父老乡亲解除病痛的医生。

1975年血气方刚的他响应祖国的召唤，光荣应征入伍，在部队从事卫生员工作，多年的军营实践丰富了他的医学理论和医疗知识，提升了他的医疗水平。从部队退伍后，祖芳回到家乡，在当地卫生院从事医疗工作。

“退伍回家之后的第一个想法就是：作为一名军人，应当退伍不褪色！我要用部队里学到的东西为自己的父老乡亲做些力所能及的事情，用自己的医术，用最便宜的费用，给全村甚至全乡的乡亲们看病。”

从“橄榄绿”到“医务白”，从退伍军人到一线医者，祖芳不仅完成了事业上的“漂亮转身”，更在砥砺前行中实现着“生命增值”。他不忘军人追求，始终积极上进；不忘军人天职，始终爱岗敬业；他用工作业绩诠释了退役军人的真正本色，用医者仁心撑起上千患者的脊梁。

四十年芳华岁月，四十年坚守不辍。从青丝到华发，变的是岁月留下的痕迹，不变的是医者的初心。虽已年过花甲，但祖芳仍步履坚定，践行着“健康所系、性命相托”的医学誓言，并将继续坚定沿着“救死扶伤、大医精诚”的道路迈进！

做名医，学无止境

有人说，医生就是与病魔抗争的勇士。在祖芳看来，要当好勇士，当好一名称职的医生，必须具备一流的知识功底和丰富的临床经验，才能很好地为患者解除痛苦。为此他从未放弃过学习的步伐，一直在提升自己的道路上奋勇前进。

“作为一名医生，必须活到老、学到老，只有放大格局，才能跟得上时代的变化、疾病的变化，满足病患的诉求。行医路上，切忌故步自封，要不断学习掌握创新技术和理念，还要有强烈的责任心，能为患者承担风险的勇气。如果医生只顾明哲保身，将病情复杂的患者推向其他医院，无疑会延误治疗时间甚至危及生命”。

书山有路勤为径，学海无涯苦作舟。通过学习，祖芳不仅参加了成人自考，顺利取得了本科学历，还在年近花甲之时，参加执业医师考试，取得执业医师证书。

不仅如此，祖芳为了能够提升自身的医学技术，提高攻克疑难疾病的能力，他在2016年加入中华汉方疑难病专家委员会，多次参加蝎毒疗法培训班学习，临床运用蝎毒疗法成功治疗了多例心脑血管、疼痛、妇科等疑难杂症，深受好评。

治疑难，妙手回春

疑难杂症犹如附骨之疽、切肤之痛，因其有表现稀奇、临床疑似、病机复杂、病程漫长等特点，故虽四处求医，却难以临床治愈。

从医以来，凭借多年的临床实践经验和扎实的理论基础知识，祖芳在疑难病治疗方面取得极大的建树，救治了大量生命垂危的疑难病患者，是当地颇有名气的“疑难病专家”。

张某，男，52 岁，吉林省扶余市人，长期经营种植农业大棚，劳累后心悸气短近两年，加重两个多月。患者三年前检查发现有风湿性心脏病，二尖瓣狭窄，劳动后自感心悸气短，出现心房纤颤，近几日活动后即感胸闷气短，并出现尿少，双下肢浮肿，咳嗽，咯痰，痰中带血丝，夜间不能平卧入睡，纳差，胃脘腹胀满，病情反复发作。于 2017 年 3 月 6 日来祖芳诊所就诊。治疗 1 个疗程后，患者心悸、咳喘得以缓解，浮肿已消除一半，脉数转缓，夜间得以平卧入睡，心率 86 次 / 分钟。1 个月后，患者略有咳嗽，肺部啰音消失，腹部移动性浊音消失，足背部轻度浮肿，患者病情稳定，基本恢复正常。

医学的进步，生命的保障，离不开无数日夜的临床实践。祖芳向肆虐的疑难病宣战，辨“疑”不惑、治“难”不乱，攻克了一个又一个医学难题，实现了悬壶济世、治病救人的医者梦想，铸就了生命悬崖的医者丰碑。

存仁爱，医济众生

人们常说，医生是“大慈”之人。什么是“大慈”？医家的大慈就是“使百姓无病，上下亲和，德泽下流，子孙无忧，传之后世，无有忧时”。中国传统医德要求医生“以活人为心，视人之病，犹己之病”，医家“见彼苦恼，若已有之，深心凄怆，勿避崄巇，昼夜寒暑，饥渴疲劳，一心赴救”。

古时候的老中医，在弟子满师时会送给弟子两件礼物——一把雨伞和一盏灯笼。雨伞意在教育弟子看病要风雨无阻，无论天气如何，只要患者有需要，就要出诊；灯笼则是告诉弟子，看病不分白天黑夜，就算在深夜，只要有人求诊，医生就要应诊。这样的医生才是人们的好医生，而祖芳就是这样的好医生。

不论寒暑，祖芳总是忙碌在临床一线，不是在诊桌前为患者看诊，就是在药材柜前为患者抓药，又或者是奔波在去患者家中的路上，他用行动诠释了医者仁心。在祖芳眼中，患者的健康比什么都重要，患者身心健康是其最大的快乐。

“健康所系，性命相托”是每位医者始终践行的誓言。从医四十多年来，没有豪言壮语，没有惊天地、泣鬼神的举动，但他却用自己的行动，在平凡的医疗岗位上展示了白衣战士的厚德仁爱，展示了共产党员的热血情怀，展示了退伍军人的挚诚忠勇，赢得了社会的广泛赞誉，谱写了一曲感人肺腑的生命赞歌。

验方验案

间质性肺炎

【患者基本情况】患者宋某，男，67 岁，吉林榆市人。患间质性肺炎，病情发展到中晚期，经过几次化疗、透析，到了晚上不能卧床入睡，只能依枕而坐，或半卧位睡眠，胸闷气短，咯痰困难，呼吸不利，不思饮食，大便燥结，小便色黄。经朋友介绍来诊所，经沟通采用蝎毒疗法治疗。

【问诊及诊断】查体：端坐呼吸，颜面浮肿，口唇轻度紫绀，颈静脉怒张，心界向左稍扩大，心率 96 次 / 分钟，窦性心律，三尖瓣可闻及二级以上吹风样收缩期杂音，两肺布满细湿性啰音。叩诊：腹部稍膨隆，移动性浊音阳性，肝右肋下可触及 2 指。下肢浮肿二度。X 线胸部片显示：右心室段显著扩大，两肺广泛性索状及斑片状模糊阴影。心电图为肺型 p 波。诊断：慢性支气管炎；阻塞性肺气肿；慢性肺源性心脏病；心力衰竭二级。辨证属心肾阳虚，痰湿阻滞，肺气壅塞。治则：温阳宣肺，豁痰利湿。

【治疗过程与方案】

首诊用药：（1）中药：人参 5g，附子 10g，白术 9g，茯苓 12g，甘草 9g，麻黄 3g，生石膏 12g，生姜 9g，杏仁 9g，白茅根 30g，车前子 15g，大枣 5g。水煎服，每日 1 剂。

（2）配合养肾活血药酒及硒灵芝胶囊。

二诊用药：（1）中药：人参 5g，附子 10g，白术 9g，茯苓 12g，甘草 9g，麻黄 3g，生石膏 12g，生姜 9g，杏仁 9g，白茅根 30g，车前子 15g，厚朴 12g，陈皮 15g，大枣 5g。水煎服，每日 1 剂。

（2）配合养肾活血药酒及硒灵芝胶囊。

三诊用药：（1）中药：苏子 6g，厚朴 15g，麻黄 12g，石膏 30g，杏仁 9g，半夏 9g，细辛 6g，浮小麦 15g，五味子 9g，双花 15g，大青叶 15g，红景天 15g，薤白 12g，瓜蒌 15g，麦冬 12g。水煎服，每日 1 剂。

（2）配合养肾活血药酒及硒灵芝胶囊。

【治疗效果】首诊药物连服 3 剂尿量显著增加，每日尿量 1500 ～ 1900mL，下肢浮肿明显减退，第 6 剂后面部肢体浮肿基本消退，咳嗽咯痰减轻。二诊药物服用 3 剂浮肿基本消除，心悸亦除，但心律失常，两肺尚可闻及湿性啰音。三诊药物清肺泻火，豁痰平喘，服 1 周，诸症基本消失，回访至今无不适症状。

刘健生

博采中医奇技妙法，乐施医术着手成春

刘健生 男，出生于1967年，祖籍广东省揭阳市，执业医师。出生于中医世家，既继承家学，又不断培训、进修，通过不断的实践积累、勤学苦练和遍访全国各地知名中医求教，汇集了百家之长，医术不断精进，名声远扬，在疑难杂症的诊治中积累了丰富的辨证、遣方、用药经验。

博采众长，传承中医

刘健生大夫出生于医学世家，最熟悉的是熬制中药材的苦味，刘健生不仅不讨厌，还很喜欢，每天放学回家就蹲在炉子旁，闻着炉子里咕噜噜散发出来的苦药味。细心的父亲发现了他的这一行为，认为他有学医的天赋，于是在他15岁那一年，父亲便亲自教他学习中医。很多事说起来容易做起来难，学中医要看医书，那带着晦涩难懂的大部头，每一页读起来都费劲，更别说是理解消化了。

一个人的成功，不可否认有一部分的天赋因素，但更多的离不开后天的刻苦和勤奋。从父亲的培养出发，刘健生大夫决定用时间提高自己，1983年至1989年，他在广东省揭阳市梅云卫生院第五门诊工作了7年时间，这期间，他勤奋好学，不懂就问，积极向老医生取经，慢慢有了基本的临床诊疗经验。但是，刘健生很快就意识到，仅仅在一处“狭小”的地方，已经很难再有提升了，必须要到更广阔的地方！从1990年至今，他在揭阳市榕城区开办个人诊所，从那开始，他才感觉像鸟飞向了天空，鱼游到了水里，这里有他最向往的行医梦想。当然也有必须面对的艰苦和一些棘手的难病，但是，刘健生不怕，他从干这一行起，就做好了挑战的准备，并且这一干就是30多年！

虽然家传甚厚，但刘健生大夫并未因循家技、故步自封，在他看来，只有虚怀若谷、博采众长、兼收并蓄，方能拓展眼界和思路，在较高层次上将各家学术特色与精华融会贯通，建立自己的学术特色，丰富自己的临床技能。

拜师通妙法，术精祛疑难

说起结缘中医现代新疗法“蝎毒疗法”，还要从刘健生大夫治疗糖尿病说起。糖尿病是多种原因引起的因胰岛素分泌不足或胰岛素抵抗所致的以高血糖为基本病理改变的糖、脂肪、蛋白质的代谢紊乱综合征，是临床多发病和现代疑难杂症。

“遇到最多的就是糖尿病患者，而且每年都有增加。”刘健生大夫介绍说，“中医称糖尿病为消渴病，是体质因素加之多种环境因素引起的，以内热耗阴为基本病机特点，日久可致气阴两虚，阴阳两虚，络脉瘀结，以多饮、多食、多尿或尿有甜味、疲乏少力或消瘦为典型表现的病症。”刘健生大夫根据以往的经验，结合中医能够很好地对患者症状进行辨证，但始终没有很好的治疗方案。“许多患者都是在大医院用西医治不好，才来我这里找中医治。”所以，治好糖尿病，还是要找到有效的中医疗法。刘健生苦苦在中医里寻找遗方，患者大多只能维持阶段，经过多方咨询，他偶然听说蝎毒疗法可以有效治疗糖尿病，这是一种中医现代新疗法，于是他决定去学习。

2018年11月17日，刘健生医生拜蝎毒疗法创始人刘冠军为师，把“家传”融入了“师承”教育，在更深入系统地学习师父的学术思想和治疗疑难病的经验基础上，结合个人临诊经验，在糖尿病的治疗上有了很大提升，这让他坚定了攻克更多疑难杂症的信心，对于疑难病的治疗有了非常深刻的认识，也激励着他全面掌握蝎毒疗法诊治各种疾病的思路和特色。

刘健生大夫谈到蝎毒疗法治疗糖尿病，认为该疗法综合患者自身因素运用蝎毒药品和辨证用中药，能够高效达到控制消渴症状以及降糖的目的，在控制血糖，改善症状和延缓与避免并发症方面具有明显的治疗效果，并可在全身调理的基础上全面防治糖尿病，使人体阴阳平衡，从根本上改善了糖尿病患者的血糖情况。通过运用蝎毒疗法，让刘健生大夫在临床中积累了大量成功案例，特别是对心脑血管疾病、面瘫、三叉神经痛等疑难病的治疗。

精挑细选用良药，祛除疑难有奇效

因为自幼接触中药，所以刘健生大夫对中药有一种天生的敏锐和挑剔。“患者普遍认为，能不能治好一个病，全看医生的遣方用药，此话一点不假，所以，经我手出去的中药，都是经过认真筛选的，有些相同药方，却没有充分发挥药效的药材，逐渐都被我剔除了，唯独一些道地饮片使用至今。做医生，不仅要在看病上明察秋毫，还要有一双火眼金睛，为患者鉴别出优质药材。只有这样，患者才相信中医能治难病，中药能治好病！”刘健生大夫如是说道。其中他提到的道地药材，又称地道药材，是优质纯真药材的专用名词，它是指历史悠久、产地适宜、品种优良、产量宏丰、炮制考究、疗效突出、带有地域特点的药材。

天然药材的分布和生产离不开一定的自然条件，各种药材的生产，无论品种、产量和质量都有一定的地域性，所以自古以来医家非常重视道地药。

讲到道地药材的临床运用，刘健生大夫举例糖尿病的治疗。他认为，首先就要认识到内热耗阴的体质因素是糖尿病的“罪魁祸首”，久而久之，症状发作。其次治疗上，弄懂患者发病原因，采用中药去降糖和消除病症。他常用的中药是道地饮片玄参和知母，这两味中药可以很好地驱除患者内热，改善口渴症状，内热少了，身体的阴气自然就平衡了，从而达到标本兼治。

“能让患者放心、能让来这里看病的患者感觉到温度、专业和对康复的信心”是一种能力，而这种能力来自刘健生大夫凝心于医的恒心，来自他把糖尿病、高血压等慢性病的治疗与康复调理和治未病融合以达到从根本上解决问题的远虑，来自他能治疗别人解决不了的疑难病的优势，来自他对药材品质的保障和对医者初心的坚守。

一天三诊乐其中，甘做病患守夜人

首次采访刘健生大夫，是当天下午将近七点的时候了。揭阳市气候温暖，已经是穿短袖的季节，斜阳已落山，黑夜的幕布正在悄然降临，几位患者正在等待着刘健生针灸理疗。直到七点半，他才暂停诊治，匆匆吃完晚饭，又下楼为患者诊治，等结束一天门诊，天色已至夜幕了。

一天三次的会诊时间，分别是上午、下午、晚上，让他整日的时间排得很紧凑。曾有一外地患者前来就诊，患者本身已因治病几乎花光了所有积蓄，刘健生大夫便将患者留宿在诊所，尽量减轻患者负担。

若是哪一位患者深夜就诊，看到诊所的门已经关了，刘健生大夫就感觉心里难过，他感同身受，理解患者寻医的心情，为此，诊所的门很晚才关，就是为了让患者看到那一扇康复之门始终没有关过，那一盏照亮生命的灯始终没有灭过！

在很多人看来，凭借刘健生医生的声望多赚些钱并不是一件困难的事，而在刘健生大夫看来，治病救人是医生的天职，这份职责背后蕴藏着一位医生的品格和责任，谈不上让别人答谢报恩，更不能昧着良心挣自己不该挣的钱。

这大概就是刘健生大夫对中医身心融入的热爱和责任，不是大喊口号，不是故作姿态，而是身体力行，把全部的身力和心力都花费在中医事业上，乐此不疲地去探索、去深究、去创新！

验方验案

老年痴呆

【患者基本情况】林某，90岁，脑萎缩多年，没有认知能力，经多方医治无效，近几个月出现双下肢水肿，右下肢较严重且疼痛，老人儿子邀请出诊。

【问诊及诊断】患者面黄肌瘦，精神状态极差，大便干结，用通便药10多天1次，小便失禁。查体：舌色青紫，苔厚腻，脉沉细涩。诊断：老年痴呆，下肢静脉曲张。

【治疗方案】

中药：黄芪100g，赤芍10g，白芍12g，川芎6g，当归10g，地龙10g，桃仁10g，红花10g，怀牛膝12g，鸡血藤15g，生白术80g，枳实10g，防己12g，茯苓12g，炙甘草6g，水蛭10g，蜈蚣2条，制僵蚕10g。每2日用1剂，水煎服，共15剂。

配合养肾活血药酒及硒灵芝胶囊。

【治疗效果】治疗30天，水肿基本消退，大便渐通畅。上方去水蛭、蜈蚣，生白术改为50g，加高丽参10g，制附子10g，2天1剂。共用药6个月，老人已能跟儿子一起吃饭，面色红润，食量正常。

何彪

矢志治癌敢为先，有方奇术医魔顽

何彪 男，出生于1972年，内蒙古兴安盟人，毕业于包头医学院，副主任医师，内蒙古扎赉特旗卫生系统优秀工作者。先后就职于扎赉特旗都尔本新卫生院、扎赉特旗人民医院、扎赉特旗中医院，从医二十多年，具有丰富的临床经验，擅长治疗肝癌、肺癌、淋巴癌、肾癌、乳腺癌、鼻咽癌、恶性淋巴瘤、甲状腺癌、脑瘤、结肠癌、直肠癌、子宫癌、肝转移癌、骨转移癌、淋巴转移癌等各种癌症。

每天都在与死神较量，那是没有退路的勇者进军，那是争分夺秒的生死营救。滋滋行医二十余载，他不坠治癌之志，不舍精诚之心，用希望扩展希望，用生命激活生命，谱写了一曲曲感人肺腑的生命赞歌！他就是何彪大夫。

从医院大夫到基层医生

“我选择从医跟父亲有很大关系，他是一名老中医，在父亲的影响下，我毅然选择了医学专业，立志从医。”谈起选择医学事业的原因，何彪大夫颇有些自豪。

从包头医学院毕业后，何彪大夫的医学梦得以实现，先后就职于扎赉特旗都尔本新卫生院、扎赉特旗人民医院、扎赉特旗中医院。随着治疗人数的增多，学识、医术的不断增高，服务范围的不断扩大，其很快成了远近闻名的医生。

然而就在“出名”之后，2018 年，何彪大夫又做出一个惊人的举动：毅然辞去了扎赉特旗中医院的工作，走上了私人诊所的自由职业之路。对于此举，当时诸多同行都愕然不解，就算是现在，敢于走出体制的医生毕竟是少数。提起此事，何彪大夫说，基层民众需要一个就医的地方，从医院辞职走上私人诊所的自由职业道路，是为了更好地体现和发挥出自我价值，服务更多民众！

开设诊所四年来，何彪大夫一心扑在临床上，自由职业的道路越走越开阔。他的门诊量不断增加，如今，从内蒙古各地慕名而来的患者将他的工作时间排得满满当当，凭借精湛的医术，何彪大夫和他的诊所已经成为扎赉特旗及周边响当当的招牌。

从全科大夫到治癌名医

一直以来，癌症在人们心目中都是死亡的代名词，无数人“闻癌色变”。确实如此，癌症是人类健康的一大威胁，每年死于癌症的人不可计数。

“人生有大愿力而后有大建树……学医者为身家温饱计则愿力小，为济世活人计则愿力大。”做名医难，做治癌名医更难，与大病危候对峙，如履薄冰、如临深渊，毫发之间，生死立判，非有旷世愿力无以穷医道精微也。

自 1996 年起开始从医，何彪至今已经从事医疗工作二十余年，日复一日、年复一年的诊疗工作，并没有磨灭何彪对医学的热爱和对患者的怜惜。多年的医院医疗工作，让他见到了太多绝望的癌症病患，看到许多癌症患者眼中渐渐消失了光亮，这让何彪逐渐明确一个信念，他要专攻癌症，让更多癌症患者摆脱死神！

一旦下定决心确定目标，他就不分昼夜地钻研起来，翻阅了大量医学文献，借鉴学习历代名家抗癌治癌的经验。此外，他还辗转全国各地学习治癌技术，2018 年，更是结缘“蝎毒疗法”。一流的学术平台，权威的医药界教授，中华汉方疑难病专家委员会给何彪提供了众多的提升机会，他也积极地抓住机遇，埋头苦学，勇攀疑难病高峰，逐渐掌握治疗癌症的方法，在临床实践中治愈了众多的病患。

一路走来，何彪大夫付出的是无比艰辛的汗水，但却跨越了生命的禁区，从一名全科大夫到“治癌名医”，何彪大夫实现华丽转身。

综合疗法，缔造治癌新奇迹

肿瘤的发生既要有六淫、七情、劳伤之诱因，又要有机体阴阳失调、气血逆乱之异常，但仅有这两方面的原因并不会患癌症，还须有癌毒存在。既有癌毒，体内必产生抵抗癌毒的力量，正气中用来抵抗癌症的力量可以叫作抗癌力，人患不患癌，关键要看癌毒和抗癌力谁强谁弱。机体脏腑功能异常，产生的气、血、痰、湿、食等有形物停积日久，影响了气机的运行，癌毒依附于这些有形物上逐渐蓄积下来，待其力量大于抗癌力时就发生癌症。

何彪医师认为癌症的死亡率之所以高于其他疾病，关键就在治疗方法上。《本草纲目》指出："欲疗病，先察其源，先候病机。"《类经》也说："世上未有无源之流，无根之木，澄其源而流自清，灌其根而枝乃茂，无非求本之道。"癌症在治法上需要本质性的突破。

当今对于癌症的治疗：医生方面往往是偏重药物治疗，轻视心理治疗；偏重局部用药，轻视整体用药；偏重病灶治疗，轻视生存质量；偏重院内医疗，轻视院外康复；偏重药疗，轻视食疗，影响了治疗效果。患者方面往往是病急乱投医，得不到专家会诊，轻信个别医生的建议，轻信广告的蛊惑，对药品疗效没有识别能力等等，大多花费巨大，却不见效果，因而贻误治疗。

在何彪医师看来，治癌应该攻补并举、标本兼治，通过祛邪与扶正的互为作用，改变邪正双方力量的对比，使病体转化。他主张在治疗上不能单纯地看眼前的效果，应该从长远效果去看；也不能单看肿瘤缩不缩小，应该看生存质量和生存期。如果治疗癌症的手段给患者带来的痛苦大于癌症本身的痛苦，且不能提高生存质量、延长生命，就失去了治疗的意义。

不自信无以立根本，不创新难以图未来，不尝试不可言成败。何彪医师说，癌症，从门外看都是没救的，其实如果走进来，就会发现可做的事很多。通过医生的努力，有些早中期的患者可以治好，有些晚期已经转移的患者，通过合理的综合治疗，也有部分最终能回归正常生活；而对那些没有治愈可能的患者，医生也要帮助他们，尽可能让他们活得长、活得好、少有痛苦。

"能满足患者条件的，就会找到成就感。本来只能活半年，现在能活三年，那是成就感；本来不能吃，可以吃了，那是成就感；本来疼得要死，现在不疼了，那也是成就感……这样的满足感，正是我源源不断的动力。"

验方验案

肺癌

【患者基本情况】患者楚某某，女，63岁，患者于一个月前无明显诱因出现胸闷、咳嗽，在当地诊所按上呼吸道感染治疗，症状渐渐加重，后就诊于扎兰屯市中蒙医院，经胸部CT检查确诊为左肺癌。先后在当地及齐齐哈尔市医院治疗，症状无明显好转。一个月前，患者出现右侧肢体活动障碍，查头颅CT示左侧脑部多发转移灶。患者咳嗽、咯血、饮食差，常出现恶心、呕吐等症状，体重明显下降约10kg，出现抽搐多次，当地医院已经拒收治疗。患者为求中西医结合治疗，于2018年1月4日来我诊所，经沟通采用蝎毒疗法。

【问诊及诊断】患者平素体健，否认传染病及遗传病史。抬入病室，神清模糊。查体：面色苍白，舌苔厚白，齿痕明显，脉浮弱，右肺呼吸音正常，左肺呼吸音弱。左侧胸部叩诊呈浊音，心率119次/分钟，心音低钝遥远、律齐，腹部未见明显异常，左侧肢体肌力及活动正常，右侧上下肢肌张力高，呈痉挛状态，不能正常活动。诊断：左肺癌，肺癌脑转移，继发性癫痫。

【治疗方案】

（1）中药：黄芪80g，天麻80g，人参80g，钩藤30g，菊花30g，桃仁30g，红花30g，僵蚕30g，蜈蚣30g，陈皮30g，川贝母30g，防风30g，生地黄50g，麦冬50g，白术50g，藁本50g，蔓荆子50g，半枝莲50g，白花蛇舌草50g，当归50g，川芎40g，地龙40g，法半夏40g，胆南星50g，生半夏30g（先煎），川贝10g，杏仁10g，青葙子40g，白芷40g，羌活40g，天葵40g，重楼50g，王不留行40g，穿破石30g，蜂房50g，蛇蜕30g，丹参40g，昆布40g，海藻40g，水蛭40g。上药研末分15份，每日1份水煎服，早饭前1次，晚饭后服1次。

（2）配合养肾活血药酒及硒灵芝胶囊。

（3）雷丸片每日4次，每次2片，早、中、晚、睡前各1次口服。

【治疗效果】2008年1月20日二诊：效果明显，右侧肢体及头痛症状明显减轻。效不改方，继续前方治疗一个月。

2018年2月28日三诊：患者症状明显减轻，诉癫痫发作一次，右侧肢体肌力正常，行动正常，生活能够自理。胸部CT见肺部肿瘤明显缩小。继续原方2个月巩固治疗。

2018 年 5 月 3 日随诊，患者一般状况良好。癫痫发作仍是每个月一次，但是发作持续时间较前减少，嘱咐继续按原疗法治疗。

2018 年 6 月 3 日电话联系患者，患者诉目前生活能够自理，一般状况良好。

张高峻

历经疾苦，誓做“白衣木兰”；守正创新，传承“中医薪火”

张高峻 女，1974 年出生于新疆伊犁，中医全科执业医师，现就职于黑龙江省齐齐哈尔市张高峻中西医诊所。从业至今 20 多年，在妇科、内科、针灸、儿科贴敷、风湿骨病、心理咨询等方面有突出成绩。为人谦和、医术精湛，临床经验丰富，服务态度热情和善，针刺沉疴，屡见奇效。此外注重人体养生、情志疏导和食物疗养等，主张先医患者之心，而后医患者之身。自 2017 年加入中华汉方疑难病专家委员会以来，开拓了疑难病的治疗领域，有效治愈心脑血管、肿瘤、中风、风湿、类风湿、腰椎间盘突出、不孕不育、各种顽固性病症等疑难杂症。

疾苦经历，铸白衣鸿志

一提到新疆，人们就说那里有草原，有人们脑海中想象的一切美好事物。

然而，对出生于新疆伊犁那拉提草原的张高峻大夫来说，幼时环境之艰苦和生活之贫困，早早就教会了她以一种坚韧乐观的态度承受苦难，并保持着善良与改变命运的信念。

她原本会和那里所有的女孩一样早早婚嫁、相夫教子，但她偏偏不安于天命，挣脱了根深蒂固的偏见，通过努力改变了自己的命运，踏入了自己心之向往的中医世界。她幼时的一次与死神邂逅的亲身经历便是点燃她学医行医梦想的种子，令她坚持至今。

张高峻大夫讲述道，在她很小的时候，得了急性小儿痢疾，腹泻很快就导致脱水，腹胀如鼓，奄奄一息，当时家里很穷，妈妈四处借钱也没借着，后来去求大队书记借得 70 元钱。妈妈对爸爸说："你把娃娃背到部队医院去看吧，如果能看好，你就把她背回来，如果看不好了，你就把她扔进巩乃斯河"。妈妈哭得快晕过去了。当时没有任何交通工具，爸爸就背着她走了一上午，边走边流泪。蹚过冰冷的巩乃斯河，已是中午，正赶上部队医院的大夫下班吃饭，爸爸背着她找到食堂正在吃饭的大夫"求求你们救救这娃娃吧，这娃快没气了"，好心的大夫放下还没吃完的饭碗，就开始抢救她。医生说再晚来两小时就会有生命危险，爸爸在医院守了整整一夜，第二天，她醒过来，爸爸高兴地哭了。当爸爸把她背回家，妈妈也高兴地流下了眼泪。

她爸爸常常告诉她，人一定要学会感恩，以后长大了去学医，也要像解放军大夫那样去治病救人，给更多的人解除病痛。长大了，她真就去学了医，现在她也就真的在救人。她一直坚持的行医宗旨就是：把每一位患者都当成自己的亲人去救治，就一定能治好。

"长大了，我真就去学了医，现在我也就真的在救人！"虽然从医的道路看似简单，但其中的艰辛只有她自己知道。通往理想的道路困难重重，回想往事，张高峻大夫不禁流下了热泪，求学路上的生活之苦、学习之苦，她并没有选择遗忘，而是赋予这些苦难意义，转化成对中医事业的执着和对患者的大爱。交谈中，看不到她有怨天尤人的情绪，流露出的是满满的感恩情怀和奋发向上的激情。

勤学精研，领悟中医奥妙

在张高峻看来，中医是实践医学。没有成千上万的患者，处方没有经过成千上万次应用，没有成千上万患者身上的效果反馈，不会积累到丰富深厚的治疗经验。此外，终身学习被张高峻看作是从医的基本职责，"只要疾病一天没有除尽，医学的发展就不会停止，那么学习就要跟上”！她尤其看重中医理论。中医的理论体系是经过长期的临床实践，它来源于实践，反过来又指导实践。通过对现象的分析，以探求其内在机理。中医学这一独特的理论体系有两个基本特点，一是整体观念，二是辨证论治。张高峻对中医理论有着精深的研究，并能灵活运用于临床实践当中。

2017年，偶然的机会，张高峻参加了蝎毒疗法的宣讲培训，为了发扬中医治疗疑难病的优势，满足更多疑难病患者的诊治需求，张高峻在临床上开始采用蝎毒疗法，在治疗心脑血管、肿瘤、中风、风湿、类风湿、腰椎间盘突出、骨关节病、膝关节炎、不孕不育、牛皮癣、各种顽固性头痛、偏头痛、三叉神经痛等疑难病上，取得了可喜的成果。

心有仁爱，医患之情比山高

在齐齐哈尔市，张高峻中西医诊所提前好几天就要打电话预约看诊，从早上七点多钟，诊所的门还没开，患者就开始排队就诊了。

张高峻大夫坐诊的诊室内，每天都有来自各市区、外省的患者。出于医者仁心，张高峻大夫常常打开“绿色通道”，对高龄老人、急重和婴幼儿患者优先诊断，大大提升了老年人和婴幼儿父母的就医获得感。张高峻大夫目光清澈、面带微笑，对病人总能温和以对，讲解细致，在应接不暇和形形色色的疾病中准确诊断。

正是因为乐善好施、平易近人的性格，张高峻大夫结交了不少患者朋友，有的患者即使去了外地甚至出国，回来后还是会约她复诊。有许多患者都是她十几年的老病号了，一直都来这里找她看病。十年来这些“老病号”和他们的家属感受到的最明显的变化有两个：一是张高峻大夫的医术越来越高明了，二是找张高峻大夫看病的人越来越多，她的号也越来越难挂了。对于热心找她看病的患者，张高峻大夫常常心怀感激，她认为医生和患者是相互成就的。

一天五六十位患者的门诊量，看不到张高峻大夫有一丝慌张、烦躁和犹豫，并且乐此不疲！张高峻大夫常打趣地说：“我有三条命，拼命、玩命和活命，拼命地努力、玩命的工作，为的是自己和需要我的人快乐、健康、幸福的活命！”

光而不耀，静水流深，张高峻大夫一直在默默地优秀着，她优秀在居高不下的患者数量及好评如潮的口碑上，她优秀在她对待生活的态度和对自我的认知上。

看病效率高而且有质量，诊断精准且令人信服，这个经验的积累，没有几十年实践是不行的。

采访当日，恰逢高恩峻的母亲带他过来找张高峻大夫看病。高恩峻，这个名字不禁让人联想起来，这位患者和张高峻大夫有着怎样的渊源？原来几年前，患有不孕症的高母在张高峻大夫的治疗下喜得一子。为了感恩张高峻大夫，于是给他起名"高恩峻"，希望他能永远记住张高峻大夫的恩情。

这是张高峻大夫最引以为傲的一个患者，张高峻大夫说，就算自己有一天不再行医了，每当想起这个名字，也觉得这辈子做医生值了。

高母之所以如此感激张高峻大夫，除了她圆了自己做母亲的梦，还在张高峻大夫的言教下改掉了坏脾气，促进了家庭关系的和谐。

对于患儿家长，除了治疗患儿身体之病外，张高峻大夫还在教家长怎么养育孩子，告知家长在儿童饮食上应注意什么，此外还积极调适着许多家庭的夫妻关系和婆媳关系。

在张高峻大夫看来，管不住家长就治不好孩子，在儿科，看似是一个孩子生病，其实背后反映的是一个家庭的问题。孩子是很纯真的，受家庭环境影响极大，之所以生病，除了饮食起居的问题，家庭关系和谐与否也会对孩子造成极大影响。

对陪伴孩子来看病的家长，张高峻大夫有些严格。小儿"寒暖不能自知，饮食不能自节"，这个知与节的度，只能靠孩子家长掌握，因此她会根据孩子不同的情况，告诉家长引起孩子生病的原因是什么，应该在生活中怎么注意，怎么护理。

大哭大闹的孩子抱在她的怀里，立刻就安静下来，张高峻大夫笑着说："神奇吧，治疗婴幼儿患者，爱心、耐心、细心必不可少，此外还得会哄，这里面是有大学问和技巧的。"

滋养身心，通晓健康之道

"你的生活方式错了，要刹车往后倒""你要学着做饭，不能天天点外卖""你要孝顺婆婆，尊重长辈，懂得感恩""你爱发脾气，要学会控制情绪"……张高峻大夫治疗病患，能通过望闻问切，知道患者身体内部的病变，甚至能判断出患者的性格特点，并据此与患者进行充分沟通。

在张高峻大夫看来，养生防病首先得通晓病源，而病源多为失于养生之道。现在因饮食不节、情绪焦虑、心志不畅所致的疾病相当之多。医病先医心，只有通过沟通，才能了解患者心里所想，才能判定其问题是否为心理问题的躯体反应，若疾病是心理障碍所致，就当加强心理疏导，而并非一味地进行药物治疗。作为国家二级心理咨询师的她在帮患者打开心扉后，还会与患者耐心交谈，从家人、朋友的角度开导，从专业医师的角度进行健康教育，或温语安抚，或正色斥责，或顺或逆，通过针对性的语言疏导，彻底解除患者心中的忧郁、焦虑、烦急、恐惧等情结，患者听后，常觉心中释怀，虽未服药，病情已经好了许多。还有很多患者看完诊也不愿意离开，就想听听她说话，听听她讲病，她会把复杂的医学术语很接地气地通过打比方、举例子使大家都听得懂、听明白，并间接学会养生保健。

医者只有自己达到真正思想高境界，方可倡导患者如何修身养性。她总结写出了“儿童饮食注意事项”“高血压、高血脂、心脏病、糖尿病饮食注意事项”“胃炎、胃溃疡、胆囊炎、胆结石、胆息肉饮食注意事项”等贴在自己诊桌上，不断提醒患者用手机拍下，并嘱其严格执行。此外，她买了许多传统文化、心理学、佛学的书来看，将传统文化智慧和中医辨证施治结合，以患者更容易接受的话语方式和上善若水的境界去引导病家纠正不合理的生活方式，与病家真心平等交流，受到了患者及其家属的高度信赖。

日复一日，晨昏往复，如此忙碌，但张高峻仍然会于繁忙的工作之余，为自己争取一丝可贵的自由。

她以医生的身份，被人喜欢着、被人仰慕着，但她更在意的是卸下这个身份时，如何设身处地地以普通人的身份与自己相处。每天下午三点以后她便不再接诊，为自己留出了一片天地，在爱患者与爱自己之间找到了平衡。

走进她的诊所，会发现她做着自己热爱的事业，能够全身心地投入其中，获得内在的愉悦和充实；走进她的生活，你会发现她在医生的另一面，寻找到了释放和表达自我的方式。跑步，瑜伽、摄影、书法、看书……她在繁忙的诊务之外找到了悠然、静观的诗意，让身心都温润妥帖，她就像朝开夜合的花，经过下午之后时间的间隔和调整，第二天再次开放，且焕然一新，丝毫不见倦怠。她满怀生命的热情，带着感恩和珍惜的心态，活出了自己的光芒。她说：“爱患者应该先爱自己，让自己幸福了，才能让别人幸福，这两点并不矛盾冲突，各种不同的兴趣爱好让我获得一种澄净的力量和生长的力量，不会让自己失去敏锐和感知力，我会把自己获得的这种放松与柔软带给患者，给予他们精神上的鼓励和安抚，这对他们病情的康复也有着积极的作用。”

传承“中医薪火”，勇挑大医担当

树高万丈不忘根，张高峻大夫十分清楚自己生命的源头来自何处，她会抽时间回到家乡义诊，尽自己所学，回报这片土地上的父老乡亲。那些行医过程中收获的温暖、爱与喜悦，滋养着她，支撑着她，迎上前去，去为更多的患者解除痛苦，让自己童年立下的那个梦去圆更多人的健康梦。

在张高峻大夫坐诊的后方墙上，挂着张仲景、李时珍、孙思邈、华佗等大医的画像，她敬仰着这些先师，将“大医精诚”奉为圭臬，一直恪守着这样的信念，更以自己的实际行动诠释着、践行着。她接过这些大医的接力棒，觉得自己有义务把他们的思想和经验传承好、发扬好，让中医事业薪火传承、历久弥新、生生不息。

如今，张高峻大夫正在培养自己的儿子和年轻医生，把自己积累的学识和经验尽数传授给他们，要把这些后起之辈培养成一支治疗疑难病的专家队伍。她言传身教，身体力行，告诉自己的儿子及学徒，学习中医要勤奋好学，虚怀若谷，淡泊名利，胸襟坦荡，关爱患者视其如同亲人，在技术上要不断提高、精益求精、没有止境，不要因一时应手而沾沾自喜，不要因一时失败而垂头丧气，要努力成为中医药事业的优秀人才，担起继承和弘扬中医药文化的责任，使中医药事业继续传承不息！

石宏君

传承经典，探索求真，妙灸神针治疑难

石宏君 男，出生于1972年，执业医师，执业药师，资深中医讲师。CCTV发现之旅频道《传承精华·守正创新》现场录制特邀嘉宾，中国中医药研究促进会科学技术进步奖二等奖获得者。1994年毕业于宁夏卫生学校，2005年本科毕业于宁夏医科大学，2018年6月学习国医大师石学敏“醒脑开窍针法”，同年11月学习中医现代新疗法蝎毒疗法，2019年8月学习罗氏正骨治疗各种骨关节病综合手法。擅长治疗冠心病、糖尿病、肾病综合征、脑中风、再生障碍性贫血、各种癌症、强直性脊柱炎等骨性关节病及妇科各种疑难杂症。

所谓“德不近佛者，不可以为医”“才不近仙者，不可以为医”，意思是说医生要像菩萨一样慈悲为怀，普济众生，并且还要有精湛的医术，能像仙人一样妙手回春，救死扶伤。这不仅是社会对医生的医术和品德的要求，也是广大医生终其一生的自我追求。正是这种高标准的职业道德与行为守则，才会成就一个个备受世人尊敬的名医大家，使得医生这个职业变得无比神圣、伟大、令人向往。

医路走来，勇敢前行

石宏君的父亲就特别崇拜医学，觉得医生这个职业特别神圣，能够受人尊敬，加之石宏君从小体弱多病，所以思虑再三还是让刚从宁夏农业机械化学校毕业的他放弃就业，转行学医。石宏君小学的时候得了甲肝，连着打了三个月的针，身心饱受折磨的他再也不想遭受那样的痛苦，所以就毅然决然地选择了学医这条道路。

石宏君于1994年在宁夏卫生学校毕业后就投入了基层的临床工作中，虽然取得了一定的成绩，但是在大病、重病、慢病面前的束手无策，使得他迫切地想要进一步提高自己的诊疗水平，于是便去宁夏医科大学进修中医专业，并于2005年顺利毕业。有了中医基础知识的石宏君在临床工作中进一步发现了西医学并没有所谓的那么神，反而严重低估并破坏甚至摧毁着人体的自愈、自治能力，严重忽略了胃肠道菌群的健康保护功能，没有正确地宣介人体健康运行原理的主张。

石宏君在中医好和西医好之间只摇摆了一天，便决定停止诊所内全部的注射、输液等西医疗法，全部转为中医疗法，包括针灸、中药方剂等。石宏君认为，中医具有源远流长的历史，与中华民族的文明一样经历了5000多年的时光，是我们的国粹，是老祖宗给我们留下的宝贝。中医药学凝聚着深邃的哲学智慧和中华民族几千年的健康养生理念及其实践经验，在许多疾病的治疗方面有其独到之处，我们必须要把它传承和发扬下去。

石宏君利用闲暇时间考取了中医针灸师证，学习了国医大师石学敏的“醒脑开窍针法”，学习了中医现代新疗法蝎毒疗法，学习了罗氏正骨治疗各种骨关节病的综合手法，还参加了河南省中医药大学第三附属医院中医内科培训、金世康第四十八届中华风湿诊疗基础班、宫氏医学脑针疗法实操班、大成易三针法临床实战研修班等培训，不断地提升自身的医术和针灸技术，以便使自己在攻克疑难杂病的漫漫长路中拥有更多装备。

大医精诚，经典传承

医路漫漫，其修远兮，必将上下而求索。石宏君学习中医的动力来源于疑难病患者，比如说癌症，只有通过阅读大量的中医基础知识类书籍，搜集大量民间的验方以及现代的经方，把握住中医药在当今社会中新的进展，才能对肿瘤这种疾病有一个全面的系统的认识，进而帮助患者延长生命，或者治愈。

有一例患者让石宏君印象非常深刻，治疗时间长达四年，没有间断过，目前还在治疗。患者是甲状腺结节、乳腺增生、子宫肌瘤、子宫内膜异位、输卵管积液、双侧卵巢囊肿，结婚后一直未孕，通过针灸以及中药治疗长达四年，输卵管还有积液，仍未孕，这让石宏君作为一名中医大夫深感遗憾。

石宏君认为目前治疗这类疾病需要克服的最大的困难就是病程过长，患者很难坚持下来。因为疑难病本身就很复杂，与肝经、脾经、肺经、心经、肾经都有关系，治疗的时候需要把五脏都给调平衡，这是需要时间的，而且最终能不能治好，谁也不敢保证。

石宏君治疗疑难病的勇气来源于一直不断地学习着中医知识。石宏君最爱看经典《黄帝内经》《难经》《伤寒杂病论》《神农本草经》，以及各位名医大家定向治疗某种领域疾病的书籍。石宏君认为，《黄帝内经》是中医理论指导基础，治疗任何疾病都脱离不了《黄帝内经》，只要认真学习，就会拥有一个大的指导纲领，治病的方向就不会偏差。

在行医用药方面，石宏君也独有心得。过去石宏君一般用经方，还有现代医学大家的方子。石宏君认为《伤寒论》的方子到目前来说是最实用的，这些方子药味少、用药比较精、见效比较快。所以读书的时候还是要读经典，真正的精髓还在经典里面。

石宏君坚持运用中医治疗疑难病的信心来源于各个平台。通过参加中华汉方疑难病专家委员会举办的蝎毒疗法治疗疑难病初级班、高级班、专科班以及中药提升班、针灸提升班等，让他在疑难病的临床治疗中更加得心应手，游刃有余。他认为蝎毒疗法对于治疗心脑血管、疼痛、癌症、各类皮肤病都有很大的帮助，而且效果远远大于单纯用中药或者中成药。另外，古法炮制、质量上乘的道地药材让他在中药的疗效方面也没有后顾之忧。石学敏院士深厚的中医理论基础，也足够让他研究很多年，继而慢慢地传承下去。

妙灸神针，德艺双馨

石宏君在不断的学习中，也习得了一身的施针本领，并形成了一套属于自己的针法体系。针灸是由“针”和“灸”共同构成的，是一种中国特有的治疗疾病的手段，它是一种“内病外治”的医术，是通过经络、腧穴的传导作用，以及应用一定的操作手法，来治疗全身疾病的方法。所以石宏君在临床应用中是“针”和“灸”并用的，然后进行相应的配穴处方。以通经脉，调气血，使阴阳归于相对平衡，使脏腑功能趋于调和，从而达到防治疾病的目的。

石宏君的施针技巧非常熟练，拿起银针，只用短暂思考，便能精准地刺进患者的穴位中，有的患者扎一针就好了，有的扎三针，还有的扎上百针，不同的疾病治疗方法也不一样。他最常用的就是温针疗法，即在毫针针刺后，在针尾加置艾柱，点燃后使其热力通过针身传至体内，以防治疾病。但是这种施灸方法会令患者非常痛苦，所以石宏君现在一般是在银针上方悬置一根禅意灸，用禅意凝聚意念，借意念凝聚艾火和药香，凭足够的火力以及药香的穿透力，凝聚一股强大的力量，疏通经络，把气血运送到各个脏腑。比如十全大补针配合禅意灸，能够更好地调理内脏功能，强心、补肾、保肝、健脾胃，同时使人体内气血循环通畅，最终达到人体阴阳五行平衡和谐，使整个脏腑功能得到巨大提升。

石宏君每治好一个疑难病患者，内心都会升起一股成就感，这也是支撑他能够在中医道路上越走越远的不竭动力。

石宏君对于医患关系处理得非常好，因为他一直把患者当作自己的亲人。在患者多的情况下，他就会让需要针灸的患者先去针灸，等患者少的时候再给号脉开处方，所以患者一般等候就诊的时间都非常短。石宏君对患者也比较亲切，看病时不仅对于患者的病情进行问诊，还会悉心嘱咐好生调养、不要劳累、注意饮食等等，因为石宏君认为除了中药经方与针灸治疗外，患者的身心健康对于疾病的恢复同样重要。石宏君还建有患者群以及患者电子病历，可以及时地与患者沟通交流，调整治疗方案，提高治疗效果。

鲁广川

岐黄有路勤为径，济世活人写春秋

鲁广川 48岁，吉林农安县人，毕业于长春中医药大学临床系，中医执业医师，执业中药师，出生于中医世家，自幼随父辈习医，亲历诸多疑难病症的诊治过程，耳濡目染，尽得家学真传。主张“衷中参西”，力求辨证准确，用药精当。临床上博采众长，不断革新，行医数十年，以妙手仁心为无数百姓解除了病痛之苦，深得百姓信赖与尊重。擅长治疗心脑血管疾病、面瘫、肝硬化腹水、骨结核、不孕不育、妇科疾病、颈肩腰腿痛、风湿骨病、下肢血管病及老烂腿。

一碗药汤，一根银针，是中医给人的大致印象。中医药学作为中国博大精深的传统文化，生生不息数千年。在吉林，就有这样一位中医，他以己之术，医人之心，身着白衣，不负“生命”信任重托；他净化心境，潜心钻研，敬佑生命，独剩“救治”相携相伴，用将近三十载的行医岁月，为吉林乃至国内外的病患带来健康，他就是鲁广川大夫。

在门诊见到鲁广川大夫时，他正坐在诊室里诊治病人。把脉、问诊、开药，每天面对不同的病患，鲁广川始终热情耐心地对待，他告诉记者，在生命面前其他什么都不重要。

五代从医，立志传承医学精粹

今年48岁的鲁广川，出生在一个中医世家，祖上五代从医，擅长中医妇科。在父辈的影响下，鲁广川从小就受到了中医的熏陶，《汤头歌》《脉诀》《伤寒杂病论》等中医药书籍伴随着他的成长，并因此树立了“悬壶济世”的决心。他一直以祖辈父辈为榜样，誓愿普救人类之疾苦，成为一名全心全意为患者服务的好中医。

“我从小接受中医的熏陶，我自己研读中医也是乐在其中，而每每看到通过所学可以治病救人，就有一种喜悦。”

高中毕业后，鲁广川进入长春中医药大学学习中医，在就读的那段时间里，他以勤奋闻名，深得老师们的欣赏和同学们的敬佩，在这里授课的老师好多是当地知名的名医大师，他们看鲁广川有一定的医学基础，又努力好学，都对他厚爱有加，愿意把自己的“绝招”教给他。三年日日夜夜的奋力学习后，鲁广川便背起药箱，成为了乡村医生，正式开始了自己的行医生涯。

多年来他一直从事中医临床工作，拥有丰富的实践经验。在工作之余，鲁广川大夫也没有停止学习的步伐，他博览群书，汲取前人精华，他虚心求教，求学于众多名老中医，赢得了许多名医大家的赏识。其谦逊的心态和强烈的求知欲望，更促使他走进了中华汉方疑难病专家委员会这个平台，学习了“中医现代新疗法——蝎毒疗法”治疗疑难病的方法，打开了治疗思维的新天地，获得更高的境界、更大的收获，为疑难病的治疗纳入新的思想，在治疗疑难病方面取得了很大的突破。

辨证施治，覆杯而愈起沉疴

明代医家王文谟在所著《碎金方》中曾云：“千方易得，一效难求。”鲁广川认为，一个中医能不能当一个标准的中医，关键就在于是否掌握了辨证论治。中医治病必须辨证论治。以感冒为例，如果治疗感冒不加辨证，不管是风寒感冒、风热感冒，还是挟暑、挟湿、体虚等证，一律以银翘解毒丸投之，致使疾病不能速愈。应当明确，银翘解毒丸只适用外感风热之热较重者，症见发热、微恶风寒、咳嗽、咽痛、口渴、舌苔薄白或薄黄、脉浮数者，对其他外感均不适宜。即使是风热感冒，身不热，但咳，热较轻，且仅在肺者，也不宜服用银翘解毒丸，而应以桑菊饮疏散风热，宣肺止咳。

疑难杂症，多缠绵难愈，或因病邪峻厉，或因正气不支，或因症情复杂，宿疾而兼新病，内伤而兼外感，寒热错杂，虚实互见，系由多种因素凑合而成。因此，辨证施治是治疗疑难病的基础，而辨证又是论治的基础，论治是对辨证结果的检验。

“道不远人，以病者之身为宗师；名不苟得，以疗者之口为依据。”鲁广川大夫认为，药方虽好，施治之时亦应遵方不泥方，还要因人、因时、因地制宜，并由病证变化随证加减，灵活应用，方可提高治病的疗效。

行医近三十载，鲁广川临床经验丰富，其以辨证施治为基础开出的方子总是四五剂就可以让病患见“笑”。“中医认人，西医认门”，找他诊治的病患都不会再找其他大夫，众多患者在他这里实现了一“笑”易求。

此外，鲁广川大夫还表示，在具体诊治病患时，还要尊重现代科学，用现代检查技术确立疾病诊断，定位、定性、定量及其分期等，指导施治，把握病情，为临床提供最有力的证据，只有这样，才能更好地继承中医的传统优势，为百姓造福。临床上只有把辨证、辨病、论治掌握好、结合好，才能运用好中医、中药，少走或不走治疗上的弯路，治疗才易成功。

勤修医德，大医精诚铸医魂

德在医学上指的是医德，良好的医德，是一个好医生的根本。古语有言：“夫有医术，有医道，术可暂行一世，道则流芳千古。”一个好的医者，医术固然重要，但医德更重要。医德高尚、医术精良，时刻可以助人、救人；医德低劣、医术平庸，时刻可以误人、害人。

从投身医学事业的那一天起，鲁广川就以孙思邈的《大医精诚》要求自己。他朴实地认为，当一个人把自己的健康、幸福甚至是生命托付给医生时，医生不能乘机牟利图财，而是要尽其所能帮助患者早日解除病痛恢复健康。他说自己最开心的时刻，就是看到患者康复时后脸上显现笑容的时刻。

作为一名医生，从医三十年来，鲁广川大夫始终牢记全心全意为患者服务的宗旨，先后为众多患者治好了久治不愈的疾病，解除了他们长年的身体痛苦和心中忧患，使他们愉快地回到工作岗位和生活当中。

“鲁医生人很好，医术也高！”“鲁医生很细心，还会叮嘱一些注意事项。”“鲁医生治病很厉害啊，人又好。”这些评论皆来自鲁广川的患者们，可以看出，鲁广川大夫不仅以精湛的医术攻克了不少疑难杂症，更是以一颗“仁心”获得了患者的赞赏。

行医是一门艺术而非交易，是一种使命而非行业，在履行这个使命时，用脑更用心，有术更有德。鲁广川把治病救人看作一种使命，看作是一种人生的追求，他身体力行，坚守良知，紧紧守住了一名医者的道德底线。从中可以读到“无德不立”的新内涵，品到“医者仁心”的新境界。

行医近三十载，鲁广川大夫博采众家之长，虚若怀谷，坚持中医辨证施治、西医循症治疗的中西医结合原则，灵活运用“蝎毒疗法”，治愈无数饱受折磨的患者。虽然获赞誉无数，但对鲁广川大夫而言，走好从医生涯的每一步，莫不需要对医学事业葆有原初的谦逊和敬畏之心。医者仁心，解除患者之疾，点亮希望人生，这是鲁广川大夫的初心，漫漫行医路亦犹如一场持久的攀登，未来鲁广川大夫必将不忘初心，继续前行，为保障人民群众健康，推动医疗卫生事业的发展，做出更大贡献！

验方验案

胃癌

【患者基本情况】王某某，女，75岁。胃痛，胃胀，大便秘结，加重两个月，曾到吉大医院做胃镜检查显示“高分化胃癌”“苔藓面3.0cm”，医院建议患者手术治疗，患者不同意手术，经朋友介绍来我诊所就诊。

【问诊及诊断】现病史：该患者平素患有高血压、冠心病、慢性胃炎，近两个月无明显诱因出现胃上部隐痛，胃胀，烧心泛酸，食欲欠佳，大便秘结，5～7天1次。

【治疗方案】

中药处方：党参15g，白术15g，茯苓15g，炙甘草8g，郁金15g，柴胡12g，枳壳15g，白芍15g，木香10g，厚朴15g，半夏12g，竹茹10g，莪术10g，桃仁10g，海藻15g，山慈姑15g，浙贝10g，槟榔30g，川军10g，玄明粉10g（冲服），蜂房10g，干蟾皮10g，天葵子15g，黄芪20g，黄药子10g，肾四味10g，生姜3片，大枣3枚。水煎服，每日1剂，每日3次温服，15天1个疗程。

配合养肾活血药酒及硒灵芝胶囊。

患者服用第1个疗程时，大便每天5～6次，呈稀水样便，嘱患者适当补充水、电解质，防止脱水。

二诊：守方不变。

【治疗结果】患者服用第2个疗程时，胃痛胃胀减轻，食欲良好，大便每日1～2次，便质基本正常，患者到吉大医院胃镜检查显示“中分化胃癌”“苔藓面2cm”。

李晓芳

巧手灵心巾帼豪，着手成春展风姿

李晓芳　女，生于1974年，四川省南江县人，毕业于达县卫校，中医执业医师，高级艾灸师，中华汉方疑难病专家委员会会长、蝎毒疗法创始人刘冠军的弟子。2020年12月，参与的“中医现代新疗法—蝎毒疗法治疗疑难病”项目荣获中国中医药研究促进会科技进步二等奖，从事临床医学工作二十七载，其精研医理，喜爱钻研，崇尚实践，重视辨证论治，具有十分丰富的医疗临床经验。擅长治疗心脑血管、不孕不育、肿瘤、妇科疾病等。

四川是中医药文化的发祥地之一，川派中医屹立杏林两千余年，素有“中医之乡”的美誉。从汉代至明清，有文献记载的四川医家达1000余人，影响杏林2000多年。四川，更是中药材资源富集的洞天福地，孕育中药材资源5000余种，是我国最大的中药材产地之一，道地和大宗药材品种数量居全国之首。附子、丹参、川黄连、川芎、麦冬、白芷、川贝母、姜黄、天麻等49种川产道地药材品质优良，自古便有“无川药不成方”之说。

而今在这片中华民族传统中医药发祥地之一的四川南江县，出现了一位运用蝎毒疗法治疗疑难病的女医生——李晓芳，她用精湛的医术、崇高的医德在巴蜀播撒着生命的希望，续写着现代版的杏林佳话；她运用中医现代新疗法——蝎毒疗法治疗了诸多疑难病，开辟了蝎毒疗法专业特效治疗疑难病蹊径，办出了诊所特色，在南江甚至是四川中医药领域独树一帜，用独特的魅力吸引着八方患者前来就诊。

结缘中医，医海泛舟

李晓芳大夫立志从医，与她的父亲有很大关系。李晓芳大夫的父亲1966年毕业于达州地区第一届中医班，毕业后在南江县医院工作，其善用单方、验方、偏方及针灸为民众减除病痛。耳濡目染，李晓芳对中医知识也逐渐产生了浓厚的兴趣。童年时期的李晓芳，不像同龄人那样向父母讨要鸡毛毽子、积木玩具，她最喜爱的“玩具”就是当时中医针灸用的各种器具和人体模型，异于同龄人的兴趣爱好也让她从此与医学结下了不解之缘。

在父亲的言传身教的熏陶之下，李晓芳幼年即可背诵药性歌诀400味和汤头歌诀300首，并系统地攻读了《内经》《难经》《伤寒论》《金匮要略》《本草纲目》《神农本草经》《傅青主女科》等中医经典名著，为她今后学习中医打下了坚实的基础。

1991年，李晓芳大夫终于得偿所愿，进入达县卫校，她暗自下决心，一定要利用自己对中医的这份热情和对传统国学的爱好，好好学习，将来做一名好医生，能像古代的大医家们一样悬壶济世，治病救人。

1994年，李晓芳从卫校毕业后，正式踏上了从医的道路，实现了当医生的梦想，怀着对医疗事业的一腔热忱一干就是二十七载。在二十七年的从医生涯中，李晓芳用爱心回报社会，用真情守护生命，用奉献播种信念。在方寸之间，进行着一场又一场挽救生命、争夺健康的战斗。

现在的社会，人心浮躁，多诱惑于名利仕途。李晓芳则于此无所动，潜心安神，从事中医学问，且自觉静以读书，动以临证，有无穷乐趣。作为一个中医人，她将在这条弘扬传统文化的路上永远进行下去，生命不息，奋斗不止。

苦修医术，攻疑克难

“选择从医，就是选择了一条不断学习、不断成长的道路。”李晓芳说道，医学的海洋浩瀚无边，随着时代的变化而变化，面临不断变化进步的医学，作为医生，需要不断地充实自身，提升理论知识，磨炼临床实践水平。

2016年，李晓芳加入了中华汉方疑难病专家委员会。在这个平台上，李晓芳大夫受到了众多名老中医的指点，参加了众多蝎毒疗法治疗疑难杂病的初级班、高级研修班等，深入学习了蝎毒疗法，并熟练运用在治疗疑难病的临床实践上。

李晓芳大夫表示："接触蝎毒疗法以前，主要治疗的是常见病症，像一些疑难杂症还不太敢下手医治，但是学习蝎毒疗法之后，治疗疑难病不再是问题。"

2016年12月，李晓芳大夫的爱人因脑出血，在当地医院住院多天，效果不明显。在中华汉方疑难病专家的指导下，李晓芳大夫运用蝎毒疗法配合中药竟然成功治愈了爱人。消息传开，这个关键病例也成了一块检验蝎毒疗法效果到底如何的"验金石"，在四川许多同行之间引起了不小的轰动。他们相信疗效的力量，相信事实的力量，更相信李晓芳大夫从实践中亲自摸索出来的治疗疑难病的力量。为此，许多与李晓芳大夫交好的医生朋友也加入了中华汉方疑难病专家委员会四川分会这个名医团队。

李晓芳大夫曾接诊过一个不孕患者，患者46岁，结婚16年未孕，四处求医无果，后经朋友介绍来李晓芳大夫处就诊。李晓芳大夫运用蝎毒疗法配合中药给予对症治疗，3个月后，患者身体各方面感觉正常，现已经成功怀孕。

"经过我多次的临床实践，我发现，在中华汉方疑难病专家委员会所学到的蝎毒疗法疗效很好，治愈了不少的不孕不育患者，常常有患者给我报喜说怀孕了，我听了十分高兴。"李晓芳对记者说道。

医生用心化水浇熄患者伤口的火焰，用情至真抚平患者心灵的创伤。多年来，李晓芳大夫治愈的患者不计其数，尤其是让群众普遍绝望的疑难重症，她总是给患者带去希望之花，并用高超的医术精心灌溉，将绝望之云驱散，带给病患康复之光。

人文沟通，温情医患

中国的医患关系是一种很特殊的存在，患者明明对医生的依赖度很高，却又不能完全信任医生。当医生提出某个方案的时候，患者内心有一些质疑却不得不遵循医嘱。

"其实这是患者和医生之间存在信息差的结果。"李晓芳大夫说道，"患者对自己的病情不能彻底了解，大部分医生虽心里清楚，但是并没有过多解释，这就导致双方掌握的信息不对称，很容易造成误解。"

"要想解决这种问题，关键在于医生和患者之间的有效沟通。"李晓芳大夫说。

信任和谐的医患关系是取得良好治疗效果的前提，医患沟通与医疗技术在临床上是并重的。公众的医学知识相对缺乏，对医疗行业、医学科学的认知不足，对自身的病情也不能有科学的认知，这个时候就需要医生耐心的解释。与患者沟通到位，建立良好的关系，相互之间足够信任，在此基础上再进行药物治疗就可以事半功倍。

古语有云："无恒德者，不可以作医。"医有菩萨心肠，兼有侠义之心，既是一种职业，更是一种信仰。李晓芳大夫时刻怀抱挚诚之心，在如履薄冰的医学道路上突破自我、守住良知，只为成为一位好医生。

"患者来找你治疗，那就是出于信任，我们所承担的是患者的生命希冀。每每与患者眼神相交的时候，我都能感受到患者那期盼的心情，这也是我从医以来不忘初心的动力。"

从采访开始到结束，李晓芳大夫始终保持着谦和的微笑，云淡风轻地描述着自己治疗的疑难病以及成长之路，展现着自信，透露着睿智。作为一位跋涉医途近三十载的女医生，李晓芳大夫用一颗仁心和温暖的双手缔造了诸多生命的奇迹，我们衷心感谢这位将毕生心血倾注于医疗事业的最美医者，更期待着未来她在自己热爱的医疗领域创造更大的辉煌！

张黎明

传承、创新中医技，守正、弘扬良医志

张黎明 男，出生于1972年，执业医师，从医至今三十余年。现就职于内蒙古兴安盟科尔沁右翼前期德佰斯镇代钦嘎查卫生室，擅长采用蝎毒疗法治疗心脑血管、类风湿关节炎等疑难杂症，特别是对肿瘤的诊治有独到之处，为很多生命濒危的患者祛除病痛，大大提高了生存时间和生命质量。因长期以来心系病患、处处为病患着想的大医风采，颇受广大患者好评。

中医世家，接续传承

张黎明大夫出生于中医世家，家族里有9人行医，传至张大夫，已经是第3代了。在张黎明八九岁时，邻居一60岁老人前一日还下地劳作，第二日早晨突然深度昏迷，人事不知，家人以为去世，便开始为其准备后事，但至中午，家人察觉老人胸口微温，于是抬至张家就诊。张黎明的父亲采用针灸疗法，大约一小时后，老人苏醒过来，次日又可以下地劳作了。张黎明深以为奇：小小的一根针，竟能医好“濒死之人”！从那以后，张黎明便下决心随父好好学医。

张黎明 13 岁时，乡间有一少年左手无名指坏死，医院让其截指，张黎明父亲通过两月余的治疗，少年手指康复如初，遂拜入师门。然邻里伙伴皆上学读书，少年难以耐住心性，张父便让张黎明与少年搭伴同学医术。其间学习阴阳五行，背诵汤头歌诀，学习解剖学、生理学、病理学、药理学、诊断学、内外妇儿科等相关知识，又通读《伤寒论》《金匮要略》等中医典籍。16 岁时，张黎明考入石家庄正定县红十字卫校，学习了三年的中西医结合理论和基础运用，19 岁时，张黎明来到乡卫生院工作，半年后，个人开办诊所行医至今。2005 年考入内蒙古兴安盟卫校学习三年，2010 年获内蒙古医学院临床专业本科学历。

从随父学医到院校深造，张黎明一步一个台阶，“想要享誉一身白衣的荣誉，就要吃下一路学医的苦！”这是他铭记心中的自我激励。除中医以外，张黎明还深入学习了藏医和蒙医知识。即使行医多年，其医学世家的底蕴、权威学校的培养、精湛高超的医术，早已让张黎明成为一位声名远扬的全科大夫，但他仍旧不忘行医就要不断学医的座右铭，只为学有所用，“患者可以病急乱投医，医生可不能病急乱用药！”张黎明大夫如是说道。

八字箴言，通医奥妙

中医诊疗有其复杂性，但张黎明将其归纳为八字箴言：整体辨证，溯源施治。张黎明说：“这与中医传统观念是一脉相承的，非常注重每个疾病的个体特殊性。”他一直将这种理念贯彻在日常诊疗各类疾病中，并且取得了非常好的效果。

一次偶然的机会，张黎明参加了中医现代新疗法蝎毒疗法的宣讲培训，接触了蝎毒疗法，开始慢慢地领悟其精髓，并有信心在临床中去医治一些疑难杂症了。

创新医技法，奇效新疗法

张黎明是一位在平凡岗位上默默耕耘的医务工作者，面对疑难杂症，他没有什么豪言壮语，只有坚定脚步，迎难而上。

行医过程中，张黎明看到太多因脑血管疾病导致半身不遂或偏瘫残疾的患者，他深感痛心，求医患者以生命相托，深感责任重大。他结合所学医学理论，并将其运用于临床治疗，为巩固治疗效果，自创二百多套康复动作，配合器械，从患者认知、语言、吞咽、肌力、平衡等方面，帮助患者进行相应的物理康复治疗。

关于心脑血管这类疾病的治疗，张黎明介绍说：“蝎毒疗法的临床运用，能激活心肌细胞膜离子通道，修复受损心肌，激活心肌活力，达到标本兼治的良好效果。”

实践出真知，妙法促康复

人们常说“伤筋动骨一百天，骨折恢复靠静养”。在张黎明看来，这是个大误区。术后一个月对肢体活动功能的恢复有重要意义，时间过久将使康复难度加大，疗效大打折扣。像有些骨折患者，因关节固定过久，没有及时进行康复训练，超过两个月就会延误时机，增加康复难度，超过3个月甚至会造成难以恢复的关节粘连和挛缩等。多骨折患者由于术后得不到及时有效正确的功能锻炼和康复指导，临近骨折部位的关节往往出现粘连僵硬，同侧肢体肌肉废用性萎缩，遗留不同程度的后遗症，导致生活不便及痛苦。因此，骨折术后康复训练尤为重要。康复治疗是一项系统的“工程”，完全不同于简单的家庭锻炼。

张黎明自创的康复理疗，是基于患者的各项功能评定，协同物理治疗等方面进行运动训练，属于患者积极参与的主动治疗，加上针灸推拿等被动刺激加强治疗和理疗的声、光、电、热、波等作用，可最大程度地提高康复效果。

“医师的正确指导，患者持之以恒的康复训练，就可以使伤筋动骨、偏瘫和骨折术后的后遗症降到最低，恢复到身体的最佳状态。”张黎明说道。

医驻“家门口”，大病不远门

生死一瞬间，在以痛苦、哀号、无助为氛围的工作环境里，时时刻刻都在考验着作为医生的良好心理素质。张黎明大夫根据多年临床经验，在治疗过程中，尤其注重患者的心理疏导。他将患者治疗过程分为恐惧期、不适应期、排斥期、低落期、适应期和恢复期6个阶段，每个阶段都进行相应的心理干预。特别是在面对一些疑难病患者时，他们大多不抱信心，绝望情绪堪比病情；作为治疗医生，首先就要使患者放平心态、心情愉悦，配合医生完成临床治疗，才能康复得更快更好。

采访中，记者从当地人口中得知，张黎明大夫还有一个响亮的称呼——“家门口专家”，张黎明大夫笑笑说道，很多患者认为“蝎毒”费用昂贵，实际上，大病治不彻底，反复发作，会花费更多医疗费用，“蝎毒”因其稀缺性，是中医现代新发现，是治疗疑难杂症的重要构成。

光靠一腔热血、一纸诊断康复不了患者，必须要让患者看到实实在在的疗效。张黎明大夫表示，患者其实并不完全是觉得药贵，而是害怕钱花了还治不好病，我经常让患者把“蝎毒疗法”了解清楚，让他们自己使用后，感觉到良好的疗效，他们自然就会信赖我，不再质疑“蝎毒疗法”。

医不贵于能愈病，而贵于能愈难病。为患者创造奇迹，这就是中医疗法的奇效！张黎明大夫凭借着多年的临床经验，有“蝎毒疗法”这根大支柱，已经治疗了数百例癌症、心脑血管等疑难杂症患者。路行千里不忘初衷，救人无数不贪名利，张黎明大夫始终保持着中医世家的温良品格，让患者在“家门口”也能看专家，治大病！

验方验案

颈动脉狭窄

【患者基本情况】包某某，女，69 岁，教师。于晨起无诱因出现眩晕，不能起床，不敢翻身，左侧位时头晕加重，至兴安盟人民医院查颈动脉超声提示：左侧颈动脉斑块合并重度狭窄，狭窄度大于 80%，建议行“颈动脉斑块剥脱术”，或“支架植入术”。但因患者年龄及整体状况，手术成功率较低，因此家属拒绝手术，转至门诊就诊。

【问诊及诊断】患者神志清楚，精神正常，言语流利，舌暗有瘀斑，苔薄白，脉沉虚，神经系统查体生理反射存在，病理反射未引出，自患病以来进食及二便正常。西医诊断：颈动脉狭窄。中医诊断：眩晕（气虚血瘀型）。

【治疗方案】

（1）中药：黄芪 60g，归尾 20g，桃仁 20g，红花 10g，桂枝 9g，葛根 30g，丹参 30g，川芎 30g，代赭石 15g，炙甘草 6g，大枣 9g，水蛭 8g（冲服）。水煎服，每日 1 剂。

（2）配合养肾活血药酒及硒灵芝胶囊。

（3）瑞舒伐他汀钙 10mg 晚饭后 1 次口服，拜阿司匹林肠溶片睡前 100mg 口服。

【治疗效果】10 天后患者头晕症状明显好转，继续服药 2 个月后患者能够自由活动，每天户外运动 2 小时，自述身体轻松，头脑清醒，精力充沛。复查颈动脉超声提示：颈动脉斑块减小，颈动脉狭窄减轻，狭窄度小于 40%。

石连琼

业擅岐黄医病痛，一片丹心护苍生

石连琼 男，1968年出生，辽宁铁岭人，毕业于辽宁中医药大学杏林学院，执业中医师，2020年12月参与的“中医现代新疗法——蝎毒疗法治疗疑难病”项目荣获中国中医药研究促进会科技进步二等奖。出生于中医世家，自幼受到父辈中医熏陶，与中医结下不解之缘，从事临床工作二十余年，拥有丰富的临床诊疗经验，医德高尚，对患者感同身受，受到患者的一致褒奖。擅长治疗高血压、冠心病、脑梗等心脑血管疾病。

铁岭山清水秀，人杰地灵，艺术人才辈出，赵本山、范伟、小沈阳等全国知名。然而大家不知道的是有位民间中医隐藏在距离铁岭十几公里的小山村——铁岭经济开发区树芽屯分场。

石连琼，黑黑的大汉，谁也想不到他是名医，但是找他看病的人都知道这个人医术不简单。有癌症患者找他治的，十几年还活着；有不孕症患者被大医院诊断为终生不能生育，经过石大夫的治疗，奇迹般地怀孕了，而且生下了健康的宝宝……

幼承家技，博采众长

中医药学源远流长，实践性、经验性极强，作为一种特殊的教育模式，祖传师承在中医大夫的培养与成材过程中具有重要作用。石连琼大夫出生于中医世家，从小就随父侍诊，学习中医。他先是帮父亲抄写药方，逐渐熟悉了各种中药的药名、药性，又在此基础上自学方剂，在侍诊中学习经典方剂的用法，明白了如何恰到好处地活用方剂、化裁方剂以及一方多用的思路，掌握了中医方剂的基本知识。

在熟悉方剂、药性、归经之后，石连琼大夫开始跟父辈学习脉诊，刚开始只能感受到脉搏的跳动，经过反复学习后，渐渐知道了什么是沉、浮、滑、涩等脉象，指下能感受到患者的气、血、虚、实以及情绪上的喜、怒、哀、乐，从而掌握患者的病情。从辽宁中医药大学杏林学院毕业后，石连琼大夫正式开始从事临床一线工作，其把从学校里学来的系统中医理念大胆地实践于临床，整理总结，不断探索，取得了显著的疗效。

众所周知，中医拥有完整的理论体系和丰富的实践经验，历史悠久，博大精深。岐黄之术，至精至微。药王孙思邈更是有云：世有愚者，读方三年，便谓天下无病可治；及治病三年，乃知天下无方可用。

石连琼大夫在接触中医以来，一直孜孜不倦，海纳百家之众长，多次参加各种中医培训班并跟随多位名师学习中医经典理论和临床技术。通过学习，其深刻感悟名师的接诊之工、辨证之巧、医道之圣、疗效之奇，在潜移默化中继承了他们的宝贵经验，中医理论功夫、方药功夫更上层楼，临床水平不断提高，诊疗效果受到患者的认可与肯定。

“学习中医者，绝不能囿于一家一派。对于中医经典著作、医家学派之观点，不能生搬硬套、人云亦云，而是要破除门户之见，择善而从，兼收并蓄，取精用宏。只有这样，才能有所成就，博采众长而自成一家。”石连琼大夫说道。

以技为器，屡起沉疴

2017 年 9 月石连琼大夫学习了蝎毒疗法，开始涉猎疑难病的诊治，并在 2018 年 11 月拜中华汉方疑难病专家委员会会长、蝎毒疗法创始人刘冠军为师。

疑难病的治疗虽曲折不堪，但是性格中蕴含倔强因子的石连琼并不放弃，在这方面苦下功夫，将中医理论与西医方法相结合，秉承“不管黑猫白猫抓住耗子就是好猫”的精神，终于发现医治疑难病的又一显著疗法，即中西医结合 + 蝎毒疗法。

“冠心病属心血管多发病，中医称为胸痹、心痹或心痛，心肌梗死是严重的冠心病。冠心病病因多，中医用阳微阴弦加以描述，阳微即阳气虚，阴弦即阴寒凝滞。传统中医对冠心病有深刻认识，记载著名方剂如瓜蒌薤白半夏汤、瓜蒌薤白白酒汤等，中医通过辨证分型，对冠心病的预防治疗及康复效果好，以理气、活血、温阳、滋阴、活血化瘀为主。”石连琼大夫说道，“中医治疗疾病，注重整体原则，从整体出发对患者进行诊疗，只要辨证准确，对症下药，往往效如桴鼓，标本兼治。”

自加入中华汉方疑难病专家委员会后，经过临床实践，石连琼大夫运用蝎毒疗法结合中医中药治疗了中风、偏瘫、冠心病、高血压、颈椎病、腰椎间盘突出、风湿性关节炎、类风湿性关节炎、强直性脊柱炎、痛风、子宫肌瘤等千余例疑难病，皆取得了很好的临床疗效。

医为仁术，道以德行

“医者是拯救患者生命的一个职业，应当以性命为重，功利为轻。”石连琼大夫是这么认为的，也是一直这样践行的。值得一提的是，石连琼大夫在看诊时，特别注重情绪疏导、心理治疗。通过多年临床经验，他发现精神心理因素对于治疗疾病尤其是肿瘤等疑难病有很重要的作用，精神状态好的乐观患者往往生存时间更长。因此，石连琼大夫在诊治患者的时候，会耐心与患者沟通，用成功的治疗案例给患者治愈的信心，充分调动他们的情绪往积极的方面发展。

找石连琼大夫看过病的人都知道，每次他诊治的时间都比较长。在临证中，石连琼大夫会认真观察、细致了解患者所有情况，从吃饭、睡觉、大小便，到疾病各种症状、舌象、脉象、情绪、心理等，他从不放过任何蛛丝马迹，力求辨证辨病准确。开药时也是绞尽脑汁、再三斟酌，以期方证对应，完美治愈患者。

凭借着一颗仁心两手仁术，石连琼大夫已经在患者中建立起良好的口碑，仅仅是口耳相传，每次出诊，诊室里都络绎不绝。

谈到未来，石连琼大夫谦虚地表示将珍惜荣誉、再接再厉，始终以“大医精诚、医者仁心”的医德医风，传承中医国粹、弘扬经典文化，继续深入与钻研蝎毒疗法，充分发挥中医药便、验、廉的作用，不断拓展疑难病的治疗范围，用更加规范的形象，用更高的治疗水平，全心全意地为更多的疑难病患者解除病痛，为自己热爱的中医药事业，奉献自己所有的智慧与力量。

陈妹平

中医圣手巧治疑难杂症，杏林骄子妙谱降糖华章

陈妹平 男，43岁，湖南怀化人，中医临床专业，本科学历，毕业于湖南中医药大学，中医执业医师，中医内科主治大夫，湖南省全科大夫，中药执业药师。湖南省中西医结合学会中医分会委员。先后供职于黔阳县人民医院、怀化市中医院中医科，从事临床工作二十余年。2015年，创办鹤城区陈妹平中医综合诊所（医缘堂国医馆）。擅长治疗糖尿病、高血压、妇科疾病、慢性病、疑难病及亚健康调理。

大夫，一个圣洁、平凡、伟大的名字，他们默默为医疗健康事业付出，承担起维护人民健康的责任。在湖南省怀化市，就有这样一位大夫，他开办了一家独具特色的国医馆，为患者提供专业化的中医诊治，开展着“中医现代新疗法——蝎毒疗法”对各种疑难重症患者的救治工作，他就是中华汉方疑难病专家委员会疑难病专家——陈妹平。从医二十余年，凭借精湛医术、仁爱之心治愈患者无数，谱写了一曲曲感人肺腑的生命赞歌。

勤于修精湛之术

陈妹平大夫出生于医学世家，家中自祖辈起就一直醉心医学，传承和发扬中医文化精粹。他在清雅的甘草香与中药汤微苦的气味中长大，从小耳濡目染的就是中医知识，也正是因为如此，陈妹平大夫自幼就对中医有着浓厚的兴趣，立志要成为一名济世救人的中医。在20世纪90年代，西医热潮涌起，中医成为冷门专业的背景下，陈妹平仍旧坚定地选择了湖南中医药大学的中医专业。

1997年，陈妹平从湖南中医药大学毕业，他怀揣着治病救人的理想，先后就职于黔阳县人民医院和怀化市中医院，2015年，创办鹤城区陈妹平中医综合诊所（医缘堂国医馆）。

“医生这个职业是神圣的，大公无私的，全心全意为人民服务的。我个人认为既然选择了医生这个职业，就是选择了奉献，学习，细心，忙碌。”陈妹平大夫说道。

陈妹平大夫经常利用工作之余，刻苦学习中医经典著作、名医医案、各家论著，认真阅读相关医学杂志，外出参加各种学术会议，及时掌握本学科国内外发展新动态、新技术、新方法。2000年在怀化市第一人民医院内科进修一年，2005年在湖南省湘雅二医院内科进修一年，2006年参加国医大师熊光柏教授国医传承学习班学习一年，2009年参加南京中医药大学经方派代表黄煌教授的经方培训班学习一年，2015年接触了蝎毒疗法之后，在治疗疑难病方面取得了很大的突破。

陈妹平大夫集百家之精华，结合临床实践，举一反三，触类旁通，针对患者的病情，细心辨证，辨明病因、病机，从整体出发进行施治，疗效确切。

专于治疑难杂症

疑难病，中医常言其为疑难杂病，或称之为疑难病证，或言之为疑难杂证。细究之，疑难杂病，可有疑难病与杂病之不同。疑难病，即是临床表现疑似难辨，用单一的辨病或辨证方法难以辨清，诊治较难的特殊之病。一般而言，大凡具有“难诊、难治、难愈”，或是“少见、罕见、疑似”，或是“夹杂太甚、复杂多变”等特点之一者，均可归为疑难病。

古语有云：“医，不贵于能愈病，而贵于治难病。人，不贵于能延医，而贵于能延真医。”多年来，在疑难病治疗方面，陈妹平大夫将中医辨证与西医辨病相结合，细审病因、详察病机，纵观全面，总能见微知著、窥其真机、屡起沉疴、攻克顽疾。

患者周某，67岁，中方县人。2019年10月因突然口眼歪斜、右侧肢体无力、大小便失禁收入怀化市第三人民医院中方分院，给予常规检测，确诊为脑梗死、脑溢血，给予对症治疗，症状无明显改善。经人介绍由家人抬送入陈妹平大夫国医馆，治疗3个月后行动已经基本自如，大小便正常，甚至可以炒菜，目前还在巩固治疗中。

精于中医降血糖

聊起糖尿病，陈妹平大夫滔滔不绝："祖国医学对糖尿病的认识历史悠久，源远流长。糖尿病在中医里面属于消渴症的范畴，其理论基础源于《黄帝内经》，方治始自《金匮要略》，证候分类始于《诸病源候论》，体系形成和发展于唐宋，成熟于明清，历代医家对消渴的辨治论述宏富。"

"中医在治疗糖尿病的时候需要扬长避短，"陈妹平大夫说，"就降糖作用而言，中药没有西药快，但是中医注重整体调控，在改善症状等方面是优于西医的。"糖尿病在中医辨证中首先应当明辨标本虚实，其次要具体分析，脾、胃、肝、肾具体的脏腑定位。陈妹平大夫解释糖尿病的治疗需要辨证施治，具体问题具体分析。

在多年的临床实践中，陈妹平大夫发现，糖尿病本虚证常见的包括以气虚为主的阴虚证、气虚证、气阴两虚证、阴阳俱虚证，这种类型虚证临床上常用麦味地黄汤、六味地黄汤等等。标证常见湿热证、痰热证、风阳证、气滞证、痰湿证、血瘀证，临床上常选择小柴胡汤、龙胆泻肝汤等等，但是治疗的时候还要根据患者情况进行加减。

患者易某某，男，38岁。从30岁开始出现怕冷、疲劳、头晕、易出汗、便秘等一系列症状。在怀化市第一人民医院检查确定为：（1）高血压；（2）糖尿病；（3）高尿酸血症。给予苯磺酸氨氯地平、胰岛素格列美脲、二甲双胍缓释片、非布司它片服用。已经服用1年有余，复查血压、血糖、尿酸控制效果不好，由其母亲介绍来陈妹平大夫国医馆就诊。

陈妹平大夫采用中药：人参10g，白术10g，茯苓10g，炙甘草6g，生姜3片，大枣12枚，附子15g（先煎），山楂10g，地龙10g，鬼箭羽15g，鬼针草15g，百合30g。水煎服，每天1剂，7剂。配合西药：苯磺酸氨氯地平片，每次10mg，每天1次；胰岛素上午18单位、下午12单位；格列美脲每次1片，每天3次；二甲双胍缓释片每次1片，每天2次；非布司它片每次1片，每天1次。辅以养肾活血药酒及硒灵芝胶囊。治疗3个月后，患者临床症状基本消失，胰岛素、降糖药、降压药、降尿酸的药已可以停止服用，各个监测指标正常。

在糖尿病发生、发展过程中，精神因素所起的重要作用是近年来中外学者所公认的。因为精神的紧张、情绪的激动、心理的压力会引起某些应激激素分泌大量增加，而这些激素都是升血糖的激素也是与胰岛素对抗的激素。这些激素长期大量的释放，势必造成内分泌代谢调节紊乱，引起高血糖，导致糖尿病。因此，陈妹平医生认为，除了进行药物治疗外，通过心理调适，使患者保持积极乐观的情绪，树立战胜疾病的信心，从而避免血糖波动，更加有助于疾病的康复。

殚精竭虑春与秋，治病救人不曾休，行医二十余载，陈妹平大夫治愈患者众多，获誉无数。虽众多光环笼罩，但他没有半点陶醉和沾沾自喜，仍然不骄不躁，守护一方百姓健康。因为他明白，成绩只属于过去，唯有不忘初心，砥砺前行，才能让更多的患者早日康复，才能不负医者初心。

汪增健

情颂良方医以济世，术贵于精著手成春

汪增健 男，57 岁，祖籍郑州，大专学历，执业中医师，从医四十年，心脑血管病立体中医综合防治技术和五级预防研发人，中国民族卫生协会健康养生分会首席专家，中关村精准医学基金会专家委员，湖南怀仁大健康产业集团首席健康师。擅长治疗冠心病、高血压、顽固的中风后遗症、脑瘫、糖尿病、痛风、痛经、颈肩腰腿疼、抑郁症、体虚怕冷等代谢障碍综合征。

把脉、问诊、倾听……从医四十年来，他用仁心情暖患者，施仁术驱走病魔，他与病患同冷暖，与病魔作斗争；他秉承中医悬壶济世的传统精神，时刻恪守“大医精诚”的信念；他始终在自己的岗位上坚守着对中医学的最初信仰。他就是湖南怀化名医汪增健。

因病结下岐黄缘

谈到为什么学医？相信每个为医者内心深处都有自己的触发点。有人心之所向，有人为兴趣使然，有人则是由病入医。

中医历史上有这样一群人：

东汉张仲景的家族本是大族，人口多达两百余人，后来有三分之二的人因伤寒去世，为此他痛下决心，潜心研究伤寒病的诊治。经过数十年的努力，终于写成了一部名为《伤寒杂病论》的不朽之作。

唐代医家孙思邈自幼体弱多病，家里为了给他治病几乎倾家荡产。在饱尝疾病之苦和求医之难以后，孙思邈便立志学医，为穷苦人治病解痛。他搜集民间验方、秘方，亲自采制药物，总结临床经验及前代医学理论，为医学和药物学做出了重要贡献，最终成就一代“药王”。

元代医家朱震亨，30 岁时母亲患严重胃病，经多方求治无效，看众医束手无策，于是便从儒转医。他仔细阅读古代医书典籍，在研习《素问》《难经》等经典著作的基础上，访求名医，受业于刘完素的再传弟子罗知悌，终成为融诸家之长为一体的一代名医。

因自己之病或亲友之病奋而学医的故事，历来不少，而汪增健就是这样一位医生。汪增健医生自幼体弱多病，曾患慢性胃炎、结肠炎、慢性鼻炎、鼻窦炎、关节炎、神经衰弱、头痛、偏头痛等病，而西医治疗多年未能痊愈，最后还是靠中医以及学习练功，身体才得以痊愈，自此汪增健心中就对中医充满了好奇，再加上亲眼看见祖辈因癌症和心脑血管疾病去世，内心备受打击。在一位任职人民医院院长、中医院院长、卫校校长的本家哥哥的鼓励下，汪增健医生填报了中医志愿，如愿成为一名中医。

有人说：“只有生过病的人，才知道生病的痛苦。”作为曾经备受疾病折磨的“过来人”，汪增健对被疾病折磨的痛苦心态感同身受，始终保持一颗医者慈悲之心。“增健者，生命的每一分钟都是为了增加您的健康也。”这是拥有四十年从医经历的汪增健医生设置的微信签名。他想用微信签名的方式，时时提醒自己要以患者健康为己任。他表示，一个医生一定要学佛有慈悲心，学儒有孝心，学道有绝技，自己有个强壮的身体，才能当个好医生。他说：“自从自己渐渐悟透了中医的奥妙之后，就发誓要让我生命的每一分钟都能让患者增进健康、减轻痛苦、延长寿命！我是这样说的，也是这样做的。”

博采众长悟中医

对医者而言，医术的高低可能就是衡量其价值的最重要的尺度，只有医术精湛才能攻克病魔，而精湛的医术来自精业。养成勤学善钻的习惯是精业的前提保障，也只有养成良好的精业习惯，才能更好地承担救死扶伤的责任。

汪增健医生从医以来，从未停止攀登医学高峰的步伐，他勤于学、善于思、敏于行，在实践中探求中医原理，虚心请教，与他人进行互补研修，避免闭门造车、纸上谈兵。

出于对患者的负责以及对医学的求知若渴，汪增健医生放弃医院公费进修机会，四处拜访名师，但凡有一招治病绝技，都会虚心求教。之后，汪增健医生又求学于火神派大家李可老师、刘力红教授、卢崇汉教授、武当山道长火龙派晨醒山人、董学军院长以及蝎毒疗法创始人刘冠军教授、姬承武教授等，他博采众长，借鉴众多名医的治疗经验为己所用，吸纳反思、融会贯通，明中医真谛。

勇于创新传中医

一提到“中医”，很多人联想到诊脉、开方、调理等，似乎都是“慢功夫”。很多人认为中医是“慢郎中”，效果慢，治不了急病。传统的中药、针灸、拔罐、刮痧，紧急状态下，能解决问题吗？

在汪增健医生看来，中医治疗也是可以用来急救的。传统中医急救历史源远流长，有源可循。《黄帝内经》《伤寒杂病论》《肘后备急方》等古代医籍中有很多记载。如中药急救凉开三宝，安宫牛黄丸、紫雪、至宝丹，均有清热开窍之功，可治疗热闭心包之证，《伤寒论》中的四逆汤、白通汤等也承担着临证救急之职。

心脑血管疾病的高发病率以及高死亡率让身处临床一线的他心痛万分，经过多年临床实践验证，如果单独依靠120急救中心的急救车赶到心梗患者身边施救，往往为时已晚，错过了最佳的抢救时机。医学常识告诉我们，心肌细胞一旦发生缺血缺氧，超过4分钟就开始发生坏死，超过10分钟就会大面积坏死，产生不可逆转的心肌损伤，甚至猝死，如果能够在黄金时间内完成急救，将会拯救众多的患者。

由此，汪增健医生把历代名家有关心梗、脑梗、休克、昏迷，比较实用、有特效的急救方法总结整理为《家庭中医特效急救手册》，并把适合家庭急救的针刺放血、点穴醒脑、真空拔罐、艾灸、舌下给药、鼻腔给药等等都放进家庭药箱里，形成独具特色的“随手救命宝”即《家庭中医急救箱》，并申请了专利。

2015年4月25日晚上7点钟，担任仁达爱心护理院中医康复中心主任的汪增健医生已经下班，突然接到朋友的电话说他妈妈发病了，让汪医生快到护理院急诊科来。汪医生接到电话迅速跑步来到急诊抢救室，看到患者丁医生（一个首届中国医科大学毕业的老内科专家、85 岁高龄的心脑血管患者）正躺在抢救室的病床上，神志不清，狂躁不安，大汗淋漓、表情痛苦，护士床前量血压 220/120mmHg，病情万分危急！汪医生利用采血针对患者的十宣十井迅速点刺放血，然后在大椎、心后区、膏肓区点刺拔罐（拔出好多瘀血），就这样前后不超过 5 分钟，眼看着丁医生的神志慢慢清晰，表情不再痛苦，大汗淋漓亦缓解，血压 170/100mmHg，病人长出了一口气后就安静了，当天晚上就出院回家了。

像这样的案例还有很多，汪增健医生利用中医急救抓住短暂的“黄金时间”，抢救了无数个不该终止的生命，让生命重现了活力。

精研临床治疑难

冠心病是因为冠状动脉粥样硬化导致血管腔瘀堵狭窄、心肌细胞缺血缺氧坏死引起一系列急慢性疑难病症，具有高发病率、高致死率、高隐蔽性三大特点，是严重危害现代人们生命安全的重要杀手！汪增健医生根据多年临床经验，运用蝎毒疗法的独特优势，结合现代人类的发病特点和规律，独创性提出了“冠心病的中医支架替代技术和五级预防”。

一级预防：心梗的 3 分钟中医急救技术（包括指尖点刺放血、心后区刺络拔罐及舌下喷雾给药）。经长期临床实践证明，一旦发现心梗，即采用此种技术完全可以在 3 分钟之内让心梗患者缓解症状，脱离危险。

二级预防：道医舌下定时开穴取栓技术。经长期临床实践证明，在舌下静脉曲张处的金津、玉液穴，定时开穴取栓，真的能够取出不同数量、不同形态的血栓，更为神奇的是，因心梗引起的胸闷、胸疼、气短、胸中有大石头堵塞样的窒息感、压榨感、背痛、肩痛及头晕头痛、脖子僵硬等症状，在手术 30 分钟之内可以消除 90%。手术后普遍感到心胸开阔、呼吸顺畅、头脑清醒、眼睛明亮、脖子轻松、胸背舒服等。

三级预防：蝎毒疗法清理血液垃圾斑块技术。破格救心汤加血府逐瘀汤制水丸，每次 10g，每日 3 次，大葱生姜水冲服，连服三四个月，并配合养肾活血药酒及硒灵芝胶囊。

四级预防：饮食疗法杜绝源头污染技术。饮食以素为主，细嚼慢咽，晚饭少吃或者不吃，定期断食，低盐、低脂、低热量，高镁、高钙、高纤维，从源头上杜绝血液瘀堵垃圾斑块的生成。

五级预防：运动疗法道医帝王养生技术。每天坚持站桩吐纳一个小时，经上海交大运动医学所做的实验表明：血液循环可以加速 2 ～ 3 倍，体温升高 1 ～ 3℃，膈肌向下移动 8 ～ 12 厘米，吸氧量增加 1 ～ 2 倍，从而从根本上杜绝冠状动脉粥样硬化的发生。

五级预防，环环相扣，立体中医，综合防治，为冠心病患者搭建起了一座全方位全过程的立体中医综合防治网络，确保冠心病患者恢复健康。

针对中风后遗症的康复，汪增健医生发现了“中风后遗症的三医综合康复技术”，帮助众多偏瘫、脑瘫、小儿麻痹症患者获得康复。这一康复理念在 25 年前就萌发了，当时汪增健医生在洛阳的中医院从医，看着几个偏瘫的老干部常年住院，传统康复治疗没有多大的疗效。汪增健医生就开始帮助几位患者锻炼，坚持锻炼的两位患者后来竟然真的站起来了，这让汪增健医生感触颇深。于是他在多年的临床实践中总结研究，逐渐发现了可以帮助中风后遗症患者快速康复的三医康复技术，即三种理论和三种运动，三种理论是大脑皮层神经细胞的激活理论、替代理论和重建理论，三种运动是意念运动、被动运动和主动运动。被汪增健医生称呼为：中风后遗症的三医综合康复技术。

汪增健，在患者眼里，总是严谨、专业、认真而又温和，让患者充满信任；在同行眼里，他总是孜孜不倦，潜心行医，给患者提供精准有效的治疗。越是深入了解汪增健医生，越发感觉到他身上所体现出来的医者仁心。

左明君

大医精诚无止境，砥砺前行济苍生

左明君 男，陕西咸阳人，中医执业医师，中医全科（主治）医师，中国老年保健协会全科医学与老年保健专业委员会委员，毕业于陕西中医药大学，早年曾进修于西安交通大学第二临床医学院，深得该院皮肤科徐汉卿教授真传，治愈患者遍布西安、咸阳两地。2017 年 4 月，被中国新闻联合出版社出版的创新先锋人物收录。同年 10 月，被中国创新榜样重点扶持领域项目汇编收录。2018 年 1 月，参与撰写《国医大师唐祖宣谈蝎毒疗法与养生》一书，同年 11 月被咸阳市国医技能培训学校特聘为中医大夫师承教育导师。擅长治疗冠心病、皮肤顽疾、糖尿病（重营养调理）、疑难杂症。

在古文化里，水之北为“阳”，山之南为“阳”，而咸阳不仅位于九嵕山之南，还坐落渭河之北，山水俱阳，故而有“咸阳”之谓。“秦地最胜，无如咸阳”。咸阳地处八百里秦川腹地，是中国第一帝都，也是古丝绸之路的第一站，扼守中原地区通往大西北的要冲。这个小城洒满了秦始皇挥斥方遒的辉煌，充斥着遍地的秦砖汉瓦的魅力，在中医药为人民解除痛苦方面，也有着深厚的历史沉淀和文化底蕴。

“大秦故都、德善咸阳”“崇德包容、尚法创新”，在这个兼容并包、与时俱进的魅力之城，有这样一位医学大家，他以德载医，以责行医，用精湛医技续写生命的曙光，用道德的血液彰显大医德品格，纵赞誉无数，仍不忘初心，施仁术仁德，行至善至美，他就是名医左明君！

立志岐黄，滋滋行医二十载

每个人选择读医或多或少都有一段契缘或故事，左明君大夫之所以立志成为一名医生，跟父辈的影响不无关系。左明君大夫出生于杏林之家，他的母亲是一名助产士。从左明君大夫记事起，就经常看见母亲提着一个袋子，里面装着接生用的工具和消毒药品，往返于本村和附近村庄为人接生，虽然没有任何报酬，但其母亲却忙得不亦乐乎。左明君的父亲是当地有名的中医，擅长治疗皮肤病，且经常利用祖传治疗鹅口疮的方子免费为方圆 100 多公里内的患儿治疗，深受当地群众尊重与信赖。

自幼便接触与医学相关的知识，见识到父辈救死扶伤，悬壶济世，这给左明君带来了潜移默化的影响，“学医”的种子至此便悄悄在他心里埋下。随着年龄的增长，他表现出对医学的极大兴趣，加上父辈对他的鼓励，更是坚定了他学医的决心，这颗“学医”的种子便开始生根发芽。

高中毕业后，左明君大夫以优异成绩考入陕西中医学院，“学医”的梦想终能成就。在校求学的三年里，他饱读医书，苦练医技，“学医”梦想的大树已快速成长。从陕西中医药学院毕业后，左明君大夫就职于淳化县方里中心卫生院，并于 2000 年创立了左明君中医诊所。

“穿上白大褂是我儿时的梦想，我实现了，就一定会去珍惜，我会始终坚守初心，为每一位患者提供最好的医疗服务，为他们解除病痛。”左明君大夫说。

创新疗法，游刃于疑难重症

刚行医的那几年，左明君大夫治疗的都是一些感冒发烧类的疾病，凭借一句当时流行的顺口溜“感冒发烧，阿司匹林三包，多喝开水，少吃辣椒”，就可以轻松达到治愈的目的。然而，随着左明君大夫的知名度越来越高，接诊的患者越来越多，疾病也层出不穷，甚至一些疑难病患者也纷纷找他看病。面对疑难病，左明君大夫常为自己不能尽快解除患者病痛而深感无力，为此他开始将目光转向学习疑难病的治疗，放眼百家，广开学路，博采众长，沉浸于各家学说长处，遍检医术以求答案，践之临床以期验证。

结识“蝎毒疗法”对左明君大夫来说是一种缘分。在进入中华汉方疑难病专家委员会这个平台之后，他多次参加心脑班、疼痛班、妇科班、肿瘤班、男科不育班、针灸班的培训。左明君大夫接触到了许许多多的名医大家，学习到了非常多的名家经验。

“我印象最深的是一个脑胶质瘤患者，那时我刚接触蝎毒疗法不久，这个患者经过我治疗后半年后，出现了奇迹般变化，这给了我极大的信心，从此之后，在治疗疑难病的道路上越走越轻松，越走越远。”左明君大夫说道。

2017 年 2 月 11 日，左明君大夫接诊了一名脑梗死患者。患者，男，55 岁，2015 年 10 月经西安唐都医院确诊为脑梗死，住院治疗 1 个月出院。出院后左侧上肢挛缩、五指紧握，左下肢萎软无力，语言不清晰，后经人介绍在某民间中医处进行针灸、中药治疗半年，疗效不佳。患者来时面色无华，有气无力，肢体和从唐都医院出院时比较没有太大变化，语言表达不清，左明君大夫通过辨证施治，连续治疗 3 个月，患者生活基本可自理。

对于一名大夫来说，疑难病的辨证与治疗是衡量一个大夫水平高低的重要尺度，同时也是判断医者诊治能力的“试金石”，更是实现一名大夫行医价值的最好体现。左明君大夫敢于攀高峰，有一种“会当凌绝顶，一览众山小”的志气。凭借着谦虚好学的精神和执着钻研的毅力，治愈了一个个皮肤病、心脑血管疾病、男性疾病等疑难案例，让一个个的不可能变成了可能。

中华汉方疑难病专家委员会刘冠军会长是这么评价左明君大夫的：“左明君大夫在运用蝎毒疗法治疗皮肤病、男性病、内科及妇科等疑难病方面疗效独特、取得了显著的成绩，他医德高尚、医术精湛，是疑难病患者的福音。”

尽管众多荣誉加身，左明君大夫依旧保持谦虚好学的态度，他说自己将再接再厉，始终以“大医精诚、医者仁心”的医德医风，传承中医国粹、弘扬经典文化，继续深入与钻研“蝎毒疗法”，不断地拓展疑难病的治疗范围，为患者提供更好的治疗方案，为自己喜爱的中医药事业贡献自己的力量。

良心行医，是医者更是朋友

从古至今，社会对于医生的要求就不仅仅是合格，而是非常严格，因为医生是一个救死扶伤、性命攸关的角色，来不得半点马虎；临床必须态度和蔼、悉心诊治、业务娴熟才能算是一个合格的医生。

明代名医龚廷贤在《寿世保元》中更是提出“医家十要”，要求医生必须做到“存仁心，通儒道；精脉理，识病原；知运气，明经络；识药性，会炮制；莫妒忌，勿重利”。而作为现代的中医，光靠这些恐怕还不够，还得会沟通，善沟通。

“作为医生，首先做到的是了解病情，望闻问切是医生的能力，但是学会和患者沟通，拉近心与心的距离，却并不是那么容易做到的”，这是第一次遇到左明君大夫的时候，他认真告诉我们的。

“特别是男科的患者，大多数都是难言之隐，因为和患者用心沟通，真诚待人，保密患者信息是最重要的，需要和患者做朋友，只有这样，患者才会把病情详细地描述给你，你才能准确地对症下药。”左明君大夫说。

因为医术高明，对患者热心，左明君大夫得到了越来越多患者的认可和称赞，他小小的诊室里，总有操着各地口音的患者。

在左明君大夫的心里始终有着一杆秤，这杆秤就是：良心。带着良心行医，这是左明君大夫行医的准则。“每当把手放在患者的脉搏上，我考虑的就不仅仅是病情了，怎样用最简廉的药，达到最好的治疗效果，这是我要考虑的。”

行医，行的不仅仅是医，更是作为一名医生的责任与良心。而左明君大夫也一直把这杆良心秤装在心里，在医学路上漫漫前行。

昔日的秦皇汉武早已不在，然咸阳的光辉却不曾暗淡。在这里，左明君大夫紧紧追随咸阳的雄浑历史，效法咸阳的一位位历史名人，选择了“中医国粹、济世救人”之路，坚持行医二十余年，不断突破了皮肤顽疾、男科、内科及妇科等疑难病领域的一个又一个险关，让许多不可能的治疗变为了可能，创造了一个又一个医学奇迹，治愈患者遍布西安、咸阳两地。未来，他将继续踏着咸阳历史气势雄浑的足迹，继续焕发着京畿之地的光辉，凭借着高尚医德、淳朴医风，为更多患者的健康护航。

验方验案

附件囊肿

【患者基本情况】患者张某，女，45岁。主诉：月经紊乱伴腹胀、腹痛3月余，加重1周。至咸阳步长医院B超示：左侧附件区可探及一大小约35mm×24mm囊样无回声区，边界清。诊断为附件囊肿。医院建议做微创手术，因患者既往有子宫肌瘤，曾在我诊所治愈，并患有腰椎间盘突出症，自愿在我处保守治疗。

【问诊及诊断】症见：饮食睡眠尚可，月经先后不定期，行经时间长达半月余、点滴而出，伴乳房胀痛，四肢不温，小腹作胀，时而隐隐作痛，舌淡胖，边有紫斑，脉细涩。西医诊断：（1）附件囊肿；（2）腰椎间盘突出症。中医诊断：（1）腹痛；（2）腰痛。中医辨证：气血两虚、寒凝肝脉。治则：活血补血、疏肝散寒。

【治疗方案】

（1）中药：当归 15g，川芎 10g，白芍 15g，炒白术 15g，山药 15g，炒五灵脂 6g，三棱 10g，莪术 15g，皂刺 15g，红景天 30g，鸡矢藤 15g，生大黄 10g，香附 15g，艾叶 3g，红藤 15g，甘草 6g。水煎，每日 1 剂，早晚空腹服。

（2）配合养肾活血药酒及硒灵芝胶囊。

（3）辅助疗法：消瘤针法针刺关元、中极、归来、水道、痞根穴，神阙穴外涂臭氧红外线照射 20 分钟。

【治疗结果】治疗 10 日后，腹胀腹痛明显减轻。效不更方，继用上方加昆布 15g、苏叶 6g，10 剂。治疗 20 天后月经来潮，停药。月经过后再用 10 日，后复查 B 超显示囊肿基本消失。

汪洁

“争分夺秒”解难题，妙手托举“心”希望

汪洁 出生于1983年，四川省宜宾市人，2010年毕业于黑龙江中医药大学，现就职于黑龙江大庆市肇州县刁淑芬中医诊所，中医全科执业医师。从医至今十余年，擅用中医药结合蝎毒疗法辨证论治，内外结合治疗肝病、胃病、肺病、心脑血管及某些不明原因发热症等疾病，在儿科、妇科、肿瘤等疑难杂症的治疗上颇有心得。对中西医理论勤学苦读，积累了精湛的医术，强调“不治已病治未病，不治已乱治未乱”，具有扎实的医学理论知识和丰富的临床实践经验。

“半路出家”苦学医，全心从医不畏艰

汪洁大夫现今的家庭是当地有名的中医诊所，医人无数，颇有名望。她经常在诊所看见公婆用五苓散等经方治疗肾衰的患者，用薏仁散治郁湿热引起的痿症等疑难杂症，不仅给患者解除了病痛，由于中药的廉价还给患者减轻了经济负担，她感触颇深。也就是那个时期，汪洁大夫暗下决心一定要学好中医，造福一方百姓。由于家中中医古籍众多，在公婆的建议下她开始从四百味药性歌诀、汤头歌诀、濒湖

脉学学起，从《伤寒论》读起，遇到不懂的就问公婆，慢慢地由读到背，真正理解了书读百遍、其义自见的道理。

同为医生的丈夫常常告诫她，理论要学扎实，但不能抱着不放，不然就会故步自封，尤其对于中医来说，要讲究辨证施治，实行一人一方。于是汪洁大夫在丈夫“熟读医书广，不如临床多”的多年从医经验启发下，开始从临床实践中积累经验。早临床、多临床自古以来都被视为是从一个学徒走向医师的必由之路，汪洁大夫自从医起便一直坚持从事一线临床工作，至今从未间断，这也使其有机会广泛接触各类病症，从而积累了一名全科医生的综合素质。

诊所工作期间，汪洁大夫依然坚持勤学苦读，她认为学习古医书，可以掌握中医真正的精髓，所以从开始的《伤寒杂病论》到《黄帝内经》《脾胃论》《温热经纬》等都进行了精深的研读。

汪洁大夫孜孜不倦，不断储备医学理论知识，就是为饱受各种疑难杂症折磨的患者找寻良方，多年的行诊，让她见识过太多医生对于疑难病的无奈，无助的患者始终鞭策着汪洁，要掌握更有效的医疗手段，解决患者的疾苦。

巧学创新疗法，妙手破除疑难

一次偶然的时机，汪洁大夫看到关于蝎毒疗法创始人刘冠军对该疗法的介绍，她便开始大量查阅相关资料。蝎毒——自古便被记载在中医典籍中，蝎毒是一种神经毒素，对神经系统、消化系统、心脑血管系统、癌症、皮肤病等多种疾病以及对人类危害极大的各种病毒均有预防和抑制作用。但是，蝎毒结合中医中药整体疗法的提出还是第一次。

为了一探究竟，汪洁大夫抓住在黑龙江省举办的蝎毒疗法宣讲培训班的机会，经过专家的一番讲解，她对蝎毒疗法十分认可，在她面对诸多疑难病寻找突破口的时期，犹如久旱逢甘露！

为了更好地提高医术，汪洁大夫决定加入中华汉方疑难病专家委员会，向着中医现代新疗法继续迈步。这一跨越对疑难病患者来讲，是多了一份希望；对汪洁大夫来讲，也是无愧一身白衣的证明。此后，她将蝎毒疗法运用在临床一线，专攻心脑血管、肿瘤、妇科等疑难病症，治疗了无数的患者。通过中医现代新疗法蝎毒疗法的接触，让她领悟到中医药有强盛的生命力，离不开传承，更离不开与时俱进的创新和大量临床实践。

用一颗医者仁心“争分夺秒”解难题

汪洁大夫所在的诊所把先进的医疗技术和服务水平带给广大患者，高标准、优服务、好口碑等俘获了无数患者的“芳心”。

采访时正值炎炎夏季，汪洁大夫从诊室走出来，脱下被汗水浸透的工作服，与记者略表歉意地打个照面，便匆匆吃了几口盒饭，紧接着就去诊室为重点患者诊断。虽然当天已连续看过了 30 名患者，坐诊了近 8 个小时，但汪洁大夫没流露出一丝倦意，因为患者在她心中，永远是第一位，诊断病患真可谓用“争分夺秒”来形容！

当日，汪洁大夫向记者介绍了一位患有肺部毛玻璃样结节的就诊患者。肺部毛玻璃样结节是一种并不罕见的肺部疾病，现代人的饮食原因导致青少年出现肺部毛玻璃状结节者比比皆是，从发病到重症的发展速度很快。患上该病的患者在检查中会发现肺泡含气量变少，间壁厚，细胞数多等。在临床治疗上必须高效遏制病情，汪洁大夫结合中医辨证认为，多数肺部毛玻璃样结节是气机升降失调，肺局部痰凝瘀阻毒聚邪实的全身性疾病，多数为饮食不洁导致胃热引起的肺部痰热结节，治疗以调畅气机、平衡气血阴阳为大法，配合“蝎毒疗法”，让患者几周内就能够取得良好的治疗效果。

“既然选择了，就要干好。”黑龙江大庆市肇州县刁淑芬中医诊所主治医师汪洁，凭借这一句话，自我激励在医学道路上前行了十余年，她专注临床诊断，和患者“同呼吸，共命运”，用自己的医者之责，与患者共同创造着生命奇迹。带着树立好诊所招牌的决心与信念，凭借一身精湛的医术，汪洁大夫的名字早已被患者口口相传。

在生命线上托起“心”希望

国医大师熊继柏是这么形容疑难病的：“什么是疑难病？疑难病不是一个病种，不是一个单纯的病种，而是超乎常见病的一般规律的一些疾病。”汪洁大夫认为，疑难病要同时具备三个突出的特点，才能称之为疑难病。第一个特点是症状特异、复杂，比较特殊的疾病。第二是诊断疑惑，不明确，尤其是现代医学的诊断手段没有明确诊断结论的，这种往往有很多的病症表现，患者深受病痛折磨，可是各种检验、检查却总是没有发现疾病，明明有病症摆在这里，就是检查不出来，这种情况很普遍。第三就是治疗经久无效，长期、反复的治疗没有效果。这三个条件如果同时具备，并且让医生和患者都觉得很难、很麻烦、很难治的，很多经验丰富的专家和名医也常感束手无策的疾病，就称为疑难病。

心脑血管疾病在近年来呈现井喷式的爆发。汪洁认为，这和现代人的饮食起居和生活方式有着莫大的关系。那么，心脑血管类的疑难病究竟该如何进行施治呢？汪洁大夫表示疑难病的治疗对医生有两个要求，一个是需要熟读医学典籍，没有扎实的医学基础根本不可能正确施治；另一个是需要有熟练的临床技术和有效的疗法，只有经过无数次的临床实践锻炼，才能准确的、全面的辨证，为患者提供最合适的治疗方案。

英国医学家哈维曾说：“太阳是世界的心脏，心脏是人体的太阳。”汪洁大夫便是为“心脏”这颗“太阳”而奋斗的健康守护者！她以精湛的医疗技术，全面的中医诊疗，运用蝎毒疗法让无数患者摆脱了心血管疾病的困扰。

“作为医者，最大的成就就是看到患者康复，尤其是看到那些身患疑难病症、尝遍各种方法却依然深受病痛折磨的患者康复。”汪洁大夫这样说道。

为医者，须绝驰骛利名之心，专博施救援之志

多年来，汪洁大夫把蝎毒疗法用于临床，针对 20 多种疑难顽症因人而异、辨证施治，有癌症、偏瘫、痴呆、腹泻、牙疼、偏头疼、烫伤、煤气中毒等患者，可谓疗效显著，效果惊人。

汪洁大夫曾接诊了一例不明原因发热至 41℃以上的 10 岁儿童患者，父母带孩子到哈尔滨、北京、上海各三甲医院求医问诊，倾尽财产，最后结论仍是原因不明。最后经汪洁大夫辨证，该患者症状为肺胃热所引起，用简单的清胃散两周成功退热，结合蝎毒疗法中的经方使患者病情至今不再复发，患者家属感激落泪。

这个病例也彻底推翻了西药比中药退热快的错误观念，也让汪洁大夫感触良多：一株小草改变世界，一根银针联通中医，一缕药香穿越古今，中医留下的传统经方至今还在造福着无数华夏子孙后代！

在汪洁大夫看来一名称职的医生，不仅拥有精湛的医术，还要具备仁爱的胸襟和高尚的医德。汪洁大夫真诚为民，一心以患者为重，常常受到患者鞠躬致谢，是真正造福一方的济世名医！

谈起蝎毒疗法对自己的改变，汪洁大夫总是满怀自信地说道：“以前小病不怕，大病为难。现在，我都有信心去医治！”蝎毒疗法不仅提升了汪洁大夫对中医的认识，从医治常见病向医治疑难病转变，更让她有能力完成一名疑难病患者对医生的托付和信任。给患者以生之希望，就是对医生这个职业的最好诠释！

王洪彪

有缘修得“蝎毒”法，立德常行良医路

王洪彪 男，出生于1972年，祖籍吉林省舒兰市，执业医师，1996年毕业于吉林空军医学高等专科学校临床专业，2006年取得北华大学临床专业本科学历，现就职于吉林市丰满区永吉新济民医院。擅长采用蝎毒疗法治疗癌症肿瘤、糖尿病以及心脑血管疾病等疑难杂症，因疗效显著，在当地享有盛誉。

运用整体思维，攻克疑难顽症

王洪彪大夫出生于中医世家，家学渊源，自幼便开始读经典、识药性、背药方，钻研祖方圣训。王洪彪大夫的人生坐标及其所从事的医学事业，便由家族的传承定了位，这为他提供了得天独厚的先天优势，也使得他的中医信念更坚定、实践能力更强，更具有了汲取祖辈智慧和精神、传承延续中医经典和血脉、创新中医理论和实践的理想与使命。

许多医生结缘蝎毒疗法都是因为和久治不愈的疑难杂症打交道的原因，王洪彪大夫也不例外。

“现代社会中，越来越多的人深受心脑血管疾病的困扰，它是危害人类健康的杀手，但人们普遍忽视心血管疾病带来的危害，等到情况严重了才求医。”王洪彪大夫在采访时这样说。他认为，心脑血管发病的主体主要是心脏与血管，若两者之间的关联出现问题，可造成一系列慢性疾病，其中为人所熟知的有高血压与脑梗死，这些疾病都是发生率、死亡率较高的疾病。针对高血压的治疗，王洪彪大夫会根据患者体质的不同、症机的不同，确立治法，施以适宜的方药，配合蝎毒药品，达到了事半功倍之效。他不仅仅以血压的降低为指标来强行降血压，在他看来，在中医药调治过程中，如果机体已经向平衡状态恢复，患者自我感觉良好，治疗方向就是有效的、成功的，那么血压恢复到和患体相适应的正常水平，就是水到渠成的结果。

王洪彪大夫关于高血压的治疗原则与蝎毒疗法整体思想不谋而合。他总结蝎毒疗法治疗心脑血管病：蝎毒中含有溶栓因子和血管多肽。溶栓因子具有防止血栓形成、溶解血栓的功效，对因各种栓塞引起的中风、半身不遂具有其他任何药物无法比拟的效果。而且，血管多肽能够有效软化血管，清除血管内壁上的赘生物和附着物，能够有效预防和治疗冠心病、动脉粥样硬化、老年性痴呆和高血压。

自加入中华汉方疑难病专家委员会学习使用蝎毒疗法以来，他对中医治疗疑难杂症更加执着，也有了非常深刻的认识。他认为蝎毒疗法不是套方套药，是中医辨证施治基础上的一次升华和创新，尤其对糖尿病、心脑血管疾病、面瘫、三叉神经痛等疑难病的治疗效果良好，且已在临床实践中积累了大量的成功案例。

特色观念辨症结，以人为本化疑难

“以人为本整体观念，追根溯源辨证施治”被王洪彪大夫作为中医诊断的基本理念，他认为，不能只看患者症状，要综合分析，找对真正的病根；不是患者说哪里痛就看哪里，综合分析患者病症，去追本溯源，思路对了，才能找对病根。在辨证施治的同时，还会注重考量患者和自然的关系是否和谐，对自然规律的顺从度如何，包括考察患者生活习惯、衣食住行、工作环境、体质因素等等，将患者舌苔、脉象、神态、体征等，结合诱因、地域、环境、体质等共审之，综合考虑，获得既贴合患者本身又包含体外自然及人为因素在内的全面辨证结果，从而站在整体的高度审视、判断和治疗。一个健康的机体，如果长期违背自然规律，即使再对症对机的治疗，在疾病的痊愈上也有问题。因此，扶正气、祛邪气、再调整体质是治疗疾病的基本原则。同时，无论治疗什么疾病，都优先注重脾胃的调理，治病的同时不能伤及脾胃，还要顾护脾胃。此外，患者说身体某处“疼痛”，也要分析“痛”的具体特点，有“刺痛”“胀痛”等等，理清病症明细。

在临床上，王洪彪大夫接诊过一些高血压、糖尿病患者，本来不是很严重，回去后却没有做好预防和保养，受到不良饮食习惯、生活节律、情绪变化的影响，导致病情加重，大大增加了治疗的难度。因此，王洪彪大夫总是会耐心细致向患者解释高血压、糖尿病是如何引起的，症状是什么，在治疗过程中禁吃的食物等患者需要遵守的注意事项，要求患者生活节律、穿着及饮食习惯和自然规律及自身体质病情合拍搭调，告诉患者合理控制饮食，坚持运动，配合治疗，保持平和的心态，同时列举治疗效果满意的病例，让患者坚定治疗信心，明确问题的根源、解决的方向及平时的调养等。

唤起“绝症”患者心中的希望

2019 年 10 月，一位来自广东的患者陈某经朋友介绍找到王洪彪大夫治病。患者 2018 年 8 月突发脑梗死住院治疗，其间昏迷 6 小时，经微创手术及药物治疗后清醒，没有出现严重的后遗症，但颈动脉彩超显示颈总动脉窦部斑块严重并窦部狭窄 70%。医生告知这种情况一定要坚持治疗，不然斑块脱落又要造成脑梗，但是治疗 1 年多，不但没有改善，反而因长期服用阿司匹林等西药引起其他合并症状，患者很焦急。没到王洪彪大夫的诊所前，患者不相信中医可以治疗脑梗死，看在朋友极力推荐的情况下，便抱着试一试的态度前来就诊。

“如果血栓出现在大脑中，脑动脉硬化破裂，引起局部脑缺血性坏死，出现中风；如果心脏中发生血栓，则会导致心脏缺血性坏死；这两种都可使人短时间内丧命。”王洪彪大夫深知患者情况危急，一番辨证，便就顽疾下猛药，用“蝎毒疗法”来个“以毒攻毒”。历经 3 个多月的治疗，顽疾被攻下来了。2020 年 1 月份，患者再回广东检查，结论是双侧颈总动脉、颈内动脉、颈外动脉及双侧椎动脉颈段走行自然，管壁光滑，未见局限性狭窄或扩张及闭塞。患者对治疗结果非常满意，至此相信中医“有奇迹”。后续专程来诊所道谢。放下了心理负担，患者面色都比以前红润了，整个人的精气神都上来了，生活也恢复了正常。

在诸多疑难杂症中，癌症无疑是最令人绝望的，每一位癌症患者身上都有一段曲折的经历。他们的故事，或艰难，或心酸。支撑他们坚持的，或许就是那么一个小小的心愿。王洪彪大夫曾接诊一位因为肿瘤堵塞了喉管而只能吃流食的孩子，能吞下一口软软的米饭，就是他梦寐以求的幸福。

中医认为，痰毒瘀血内结，食管狭窄，气机失畅，乃成噎膈之证。因此治疗宜益气养阴，祛痰散结，活血化瘀。针对这一恶性肿瘤，王洪彪大夫及时采取“蝎毒疗法”治疗，蝎毒中的抗癌多肽、镇痛活性肽等小分子多肽，可以有效抑制和杀伤癌细胞，促进癌细胞凋亡，抑制癌细胞扩散。配合中药攻补兼顾，从整体出发，不仅对患者身体进行系统的调理达到邪正平衡状态，而且能够有效控制并杀灭癌细胞。

肿瘤的彻底治愈有一个复杂而漫长的过程，但王洪彪大夫依然相信，只需要给他一点时间，给“蝎毒疗法”一点时间。他鼓励患者更鼓励自己，用积极的心态战胜病魔，让时间创造奇迹！

卸掉患者体内的“负担”，拆除了体内的“定时炸弹”，从死亡线上把患者拉回，让其能够继续健康地生活，这就是王洪彪大夫坚持不懈的信念，他用无数次的考验，验证了中医“蝎毒疗法”可以战胜疑难杂症。

石礼福

花甲不畏疑难，仁医风骨长青

石礼福 男，出生于1951年，黑龙江省哈尔滨市人。出身于中医世家，自幼耳濡目染，受父亲影响，踏上行医之路。其治学严谨、医理精深，酷爱读书，涉猎广泛，从各种中医典籍中学到了很多治疗疑难杂症的良方，解决了许多患者的疾苦。他视患者如亲人，急患者之所急，痛患者之所痛，用仁心仁术救治了中风、心脏病、乳腺增生等各种疑难病患者，使患者减轻了病痛，取得了良效。自接触蝎毒疗法以来，他拓展了疾病的治疗领域，接诊了帕金森、老年痴呆、肺癌、食道癌、肝硬化、子宫肌瘤、脑瘤等以往不敢涉及的疑难病，皆获佳效，并增强了中医中药治疗肿瘤的信心，开始从事肿瘤治疗的临床工作。凭借着丰富的临床经验和患者口碑，石礼福在当地享有较高的名望，并多次得到了上级卫生部门的表彰。

来到黑龙江省哈尔滨市阿城区金龙山镇，我们采访到了一位当地名医——石礼福。今年65岁的石礼福大夫一点都不显老，从他的精神状态、面貌、思维等任何角度去看，都不可能和65岁联系到一起。或许，作为医生的石礼福，有自己独特的养生之道。石礼福大夫执业行医40余载，仍在笔耕不辍，不断地完善自己、不断地追求着人生的价值。

博采广纳，积淀坚实医术

石礼福大夫出身于中医世家，到他这里已经是第五代。父亲善岐黄之术，有仁者风范，石礼福大夫自弱冠之时即受父亲影响，耳濡目染，并亲身体会到了中医中药为众多患者解除痛苦的生动场景。自思惟有从医，继承祖业，庶可服务桑梓，藉为生计，从此便义无反顾地踏上了中医之路，并且一干就是 40 多个春秋。“得先天传承之厚，取后天勤奋之功”，他终于成为一位优秀的医生。

走近石礼福大夫诊所，一幅题有“海纳百川”四字的书法显得格外引人注目。“海纳百川，有容乃大”，只有聚集各类知识、囊括百家之长的涓涓细流，才能最终汇成自己学术上的汪洋大海。“海纳百川”具有大气磅礴、气吞寰宇之势，也十分贴切地表达了宽广、博大、开放、包容、自由的意境。这四个字，无疑是对他治学理念的高度概括与凝练，也反映了他“孜孜不倦，上下求索，追求卓越，不断进取”的精神状态。石礼福大夫善于汲取历代各家之精华，乐于学习同道之长处，从不闭门自守，自恃门户之见。因思古人“天下无不可治之疾，有不可治之医”的告诫，他深感临床疾病千变万化、不胜尽治，为此他熟读经典，旁通诸家，冀以能知常达变，灵活应用于临床治疗。

石礼福大夫喜爱读书，涉猎广泛，在他的书架上摆满了各种医书。尤其对于祖传的几本中医典籍，他更是视若珍宝，翻读多少遍都不觉烦腻，每次都会有不同的见解和感受。“书虽旧，但是书上的道理不旧，我将一代一代地传承下去”，从他的话里，我们感受到了一种温度，感受到了贯穿岁月的光芒，感受到了他作为一个祖传中医的责任感以及隐藏在内心深处的情怀。他的眼睛虽然越来越近视，但他求学的渴望越来越强烈，他的中医知识越来越增长，攻克疑难病的兴趣越来越浓厚，信心也越来越坚定。

效如桴鼓，沉疴覆杯而愈

石礼福大夫临证诊病，一丝不苟，详察病情，究其要害，制方严谨，用药精当，师古而有创新，药味平淡而有出奇制胜之妙，对许多疑难杂症，颇多建树。每天，他的工作甚忙，求诊者众多，但他依然审慎为之，不论患者地位高低，亲疏远近，皆极力救治。遇有病情严重而不能来诊所就诊者，他则亲至病家诊治，不避污秽，不嫌烦琐，详询始末，务得其情，然后悉心治疗，每获病家感戴。凡遇疑难重症，诊病之余，他必沉思良久，常因一味药的取舍，或用量的增减而斟酌再三，甚至不惜查阅文献至深夜，足见其审慎求实的科学态度。正基于此，他在许多疑难病症的治疗方面取得了突破性的进展。石礼福大夫在开展“蝎毒疗法”治疗疑难病的临床工作中，十分注意自己的经验积累，虽然比较忙，但是他对于每一个病例都会抽出时间详细记录，整理验案。

“漫漫医路精研岐黄不言悔，甘当春蚕为济苍生永吐丝”，他那严谨的治学精神，坚韧的名医风骨，通过言行举止，我们看到一种“大医精诚”的精神已经凝练在他的思想里，渗透在他对患者和疑难病事业“仁爱、奉献、专业、担当”的每一天里。通过他走过的曲折医路，你会发现，没有对中医药事业的挚爱之心，没有坚韧不拔、锲而不舍的毅力，没有活到老、学到老的恒心，没有“倒干旧瓶为装新”的勇气，几乎不可能成为一名像石礼福那样德艺双馨的好医生。

东隅虽逝，桑榆无限美好

人生有涯而知无涯。回顾石礼福大夫几十年的行医生涯，其功卓著。石礼福大夫学识渊博，经验丰富，融通中医，推陈出新，兼以热心提携后学，为祖国的医学事业增添了一分光辉，为后代积攒了一份“财富”。他大半辈子尽瘁医事，为继承和发扬祖国医药事业耗费了大量心血。“活到老，学到老，一生一世学不了”，这是石礼福大夫发自内心的感慨。“不经番寒彻骨，怎得梅花扑鼻香”，这是他一生最好的写照。他表示，在学医、行医、治学的道路上，庆幸自己能与蝎毒疗法结缘，让他有了自己专注的事业，有了一番全新的体悟。现在，虽已年迈，他仍感到“满目青山夕照明”。看到了未来中医药发展的光明前景，他表示愿竭尽愚诚，与后学诸秀共同奋斗，为中医事业发展做出更大贡献，造福更多的疑难病患者！

验方验案

食道癌

【患者基本情况】患者宫某，女，76 岁，岭西村人，2016 年 7 月 10 日初诊。患者自诉在春节期间自觉胸闷，吃东西有不通畅、不舒适感觉，4 月份饮食时有梗塞不畅的感觉，到医院检查为食道鳞状细胞癌晚期，医院要求化疗，因患者年龄大身体弱，患者家属不同意。住院治疗一个月左右，因条件有限，转至阿城区医院进行治疗，又住院十几天未见好转。因病情加重，医生和其家属商量回家准备后事。后来我处诊治。既往冠心病、心动过速、高血压。以往用药：心可宁，救心丸，各种镇痛药及胃药。

【检查及诊断】患者卧于床上，表情淡漠，痛苦病容，面色暗黄，身体消瘦，食道疼痛难忍，不能进食，胸痛憋闷，嗳气，呕吐，无淋巴结肿大，心率 90 次 / 分钟，血压 136/70mmHg，双肺呼吸音粗，肝脾（–），气短无力，舌淡苔白，脉沉细无力。证属：正虚邪实，痰瘀交阻，热阳不生。治则：扶正祛邪，益气健脾，软坚化痰解毒。

【治疗方案】（1）甘露醇 250mL，速尿 80mg，庆大霉素 40 万单位，利多卡因 200mg、地塞米松 20mg，混合服用每次 30mL，每日 5 次，3 小时 1 次；（2）养肾活血酒半支，每日 3 次，早、中、晚服，硒灵芝胶囊 2 粒，每日 3 次，早、中、晚服；（3）因正气太虚，黄芪注射液 250mL，静脉滴注，每日 1 次，奥美拉唑 40mg，静脉滴注。

【治疗效果】患者接受治疗 2 天后，吐出白色物质，食道自觉通畅，面色微黄、稍红，声音渐有力，气短、心悸、胸部疼痛感减轻，能进食少量米汤等流食，舌淡红，脉细稍有力。13 天后，开始结合中药治疗。配合中药：黄芪、党参、南沙参、北沙参、代赭石、煅牡蛎、威灵仙各 80g，白英、山慈菇、桃仁、昆布、海藻、半枝莲、白花蛇舌草、夏枯草、当归、全瓜蒌、云苓、法半夏、砂仁、栀子、川贝母、丹参、麦冬、石斛、山药、百合、玄参、三七、广藿香、建曲、紫硇砂、硼砂（单包）各 40g，旋覆花、陈皮、檀香、广木香、降香、香附、郁金、莪术、胆南星、沉香、干蟾皮、木鳖子各 20g。上药制成粗粉，每日 120g，布包，水煎服，共 10 剂，每日 1 剂，分 3 次服，大枣水为引，禁生冷。10 日后，患者能慢慢下床活动，面色渐红润，说话渐有力，舌红苔微黄，脉细有力。原方案（1）（2）不变，继续治疗 15 日后来诊，患者能自行到邻居家串门，一日三餐可正常进行，有轻微胸前不适，时有疼痛，要求继续巩固治疗。患者及其家属表示特别满意，还特送锦旗一面以表感谢。2016 年 9 月 30 日回访，患者基本正常。

杨森

大医慈心诚济世，岐黄一脉火传薪

杨森 男，河南南阳人，执业中医师，南阳市卧龙区潦河镇李庄村卫生室负责人，出身于中医世家，1975年开始从医，至今已45年，2014年开始使用蝎毒疗法，配合经方治疗太阴、少阴、厥阴病，效果显著。擅长治疗小儿多动症、抽动症、癫痫、帕金森综合征，偏瘫后遗症。在食管癌、肺癌、淋巴癌、脑瘤治疗方面疗效独特，可延长带瘤生存时间并提高生活质量，对牛皮癣也有独特疗效。

方书之祖，集秦汉医药之大成；医中之圣，开医家临床之正源。在仲景故里，有这样一个中医人，他出身于中医世家，胸怀大志，誓做中医国粹的传承者，他心无旁骛，迎着医圣思想的光辉，矢志救济天下苍生。四十载中医路，其念医圣之美德，沐医圣之光辉，不断书写着当代中医人的锦绣华章！他就是南阳的杨森大夫。

四代传承，矢志中医

中医学历史悠久，拥有完整的理论体系和丰富的实践经验，是我们民族优秀传统文化重要组成部分。杨森出生于南阳一个祖传中医家庭，祖上三代都是当地名医，从小耳濡目染了祖父和父亲为患者治病的一幕幕场景。那时，很多患者慕名来到家中，经过祖父或父亲的精心治疗，痊愈而去。神奇的中医，让杨森产生了浓厚的兴趣，他常常在一旁观看、询问。

父亲与祖父也有意培养他，在接诊患者时，其父亲与祖父常常让他随侍左右，在他们的指引下，杨森在少时便诵读了《脉诀》《药性赋》《汤头歌诀》等中医基础经典，并深入钻研《内经》《难经》及仲景之学，掌握了“六经辨证”“气血津液辨证”“三焦辨证”“脏腑辨证”“卫气营血辨证”等中医辨证方法。

“良医处世，不矜名，不计利，此其立德；挽回造化，立起沉疴，此其立功也。”父辈对杨森既注重中医理论和技能的教育，更注重为医作风和道德的培养。这使杨森从小便立志做一名真正能为患者解除疾苦、受人尊敬的好大夫。

立志学医，又有非凡的毅力和吃苦精神，加之父辈教导有方，授学得法，经过几年的刻苦学习和实践，杨森的中医学术逐步提高。不到二十岁，他已经遍读医学经典，能够熟练地诊断治疗常见病患，成长为一个年轻而优秀的中医人。

在普通人看来，中医是很神秘的，但是随着西方医学的传入之后，这种新的医学体系在极大程度上否定了传统的医学理论，占据了医疗的主要舞台。现实生活中我们常常会听到这样的声音：西医治不好的病，不妨去试试中医；西医治标，中医治本；中医治病痊愈得慢；中医只是经验积累不是科学；中医只是用来养生的……

面对众多误解，杨森说：“我为自己是一名中医而自豪，我从来没有后悔过成为一名中医。别人对中医的误解，我也没办法一个个的去解释，我只能把我的患者治好，中医好不好，中医治不治病，我们用事实来说话。”

博采众长，自成一家

中医源远流长，博大精深，又至精至微，在方药上有经方、时方之别，在学派上有伤寒、温病之别，以及金元四大家等不同流派。在临床治疗上则有内治法，即在根据舌苔、脉象、证候进行辨证分析后将中草药以君、臣、佐、使进行配伍组方，水煎内服或者加工成丸、散、颗粒剂、膏方后服用，又有针刺法、艾灸法、拔罐法、推拿及按摩法等外治法。

杨森一直怀着谦恭与敬畏之心来学习、研究岐黄之道、医者之术。涉医四十余年来，其精勤探索，博采众长，兼收并蓄，取精用宏，终于在中医常见病、疑难病诊疗上形成了独特的、富有创见的学术体系和临床风格，以通晓诸科、长于临证、疗效突出而为广大患者所推崇，成为驰誉南阳、名扬中原的中医名家。

杨森认为，中医大夫的成才需要临床经验的持续积累，而这个积累有一个长期的量变过程，其间离不开持久的学习和大量诊疗患者。在这一思想指导下，杨森长期坚持临床，精研临床，升华临床，最终形成了自己独到的学术体系和临床风格，尤其在遣方用药上已达到了执简御繁、纲举目张、得心应手之境界，可谓深得化裁之精髓、阴阳变化之精妙。

胆大心细，屡起沉疴

近年来，冠心病、脑梗死、帕金森、癫痫、老年性痴呆等各种病因复杂、诊断难以统一、医治难度较大的疑难病日益增多，且因治疗周期长、花费大，给患者家庭和社会带来沉重负担。

多年的临床一线工作，让杨森接触到各种各样的疑难杂症，面对变幻莫测的疾病，杨森大夫在无数次的问诊、辨证、开方中摸索改进，竭尽全力为患者提供最合适的治疗方案。在具体治疗时，杨森强调在临床用药上既注重辨证施治，又善于将现代中医药理研究最新成果用于临床，使事半功倍、药简效宏，在各种常见病、疑难病治疗上，常能切中要点、快速取效。

脑梗是中老年患者多发的一个疾病，中医称为中风或卒中，脑梗的症状一般为意识障碍、言语不清、口眼歪斜、偏身肢体乏力或者功能障碍。根据病情轻重及有无意识障碍，中风分为中经络和中脏腑。病情较轻，无意识障碍的为中经络；病情较重，伴意识障碍的为中脏腑。杨森大夫说："中风后遗症治疗可以用蝎毒疗法配合针灸进行，治疗效果相对比较理想。"

除了脑梗、心梗、高血压等心脑血管疾病，杨森大夫在肿瘤的治疗方面也颇有见地。2020 年 3 月，有一位年龄 40 岁，身患子宫肌瘤、卵巢囊肿，且盆腔大量积液的患者前往就诊，杨大夫运用蝎毒疗法配合经方中药进行治疗，患者服药 18 剂后，自我感觉病症明显好转，前往南阳市第一人民医院复查，其卵巢囊肿基本消失，盆腔积液消除，子宫肌瘤明显缩小。后又服药巩固，目前患者一切正常。

杨森大夫认为，子宫肌瘤是临床上常见的多发病，属中医的"癥瘕"范畴，一般以 30 ～ 50 岁为多发年龄，临床上妇女以下腹部包块，伴有或痛或胀或满或阴道出血溢液等病症为主，也有毫无症状体检时始被发现。癥的发生或由经期、产后内伤生冷、外受风寒、喜怒伤肝、气逆而血留，或忧思伤脾、气虚而血滞，或积劳积弱、气弱而血不行，总之是由于血动之时，余血未净，而一有所逆，则留滞日积而渐以成癥。瘕的发生多与正气不足、血气失调有关，在临床上难以划分，均属同一病变的不同阶段，故并称“癥瘕”。病机上认为，瘀血内停是本病的关键，其归纳为瘀血内阴、寒湿凝结、痰瘀互结、肝肾阴虚等。蝎毒疗法中的多肽成分镇痛、消炎、抗肿瘤，中药方剂软坚散结、通络止痛、疏肝理气、再佐以养血活血、滋阴补肾的中成药以及辅助疗法，疗效良好。

在孕育了无数名医大家的地方——南阳，杨森大夫生于此，长于此，承先古遗风，秉大医精诚的精神，继承先辈治疗经验，磨炼自身医术，为南阳一方患者提供高质量的医疗服务。

李有庆

常见病多发病治得好，疑难杂症也研究

李有庆 执业医师，从医至今45年，崇尚医技，勤奋好学，博采精研，中西汇通，不断学习新理论、新技术，并应用于临床实践，熟练掌握了感冒、咳嗽、哮喘、支气管炎、厌食、便秘、腹泻、紫癜、小儿肠绞痛和小儿脐疝等儿科常见病、多发病的诊断和治疗，擅长运用中医现代新疗法治疗失眠、乳腺增生、高血压、糖尿病、冠心病等较为复杂的疑难杂症，大大提升了各种疑难病的治疗水平和效果。

“作为一名大夫，接诊治疗的患者越多越复杂，越会觉得自己的能力有限”，许多大夫都会有这样的感受。医学并不完美，一个大夫所学到的与所追求的目标之间总是会存在着差距，所以只能树立终身求知、终身学习的目标，熟知自己的不足，深谙努力的方向，在不完美的医学路上力求做到相对完美。

李有庆大夫在年少还未行医时，便已早早地体会到了“医学的不完美”。

患有强直性脊柱炎的他，在当地一家医院医治无效，髋关节病变严重，导致了他腰椎弯曲、行走缓慢及体质的虚弱，父母也都受到过脑梗死疾病的折磨，作为患者也是患者家属的他更加感同身受地经历了无数患者及其家庭的那份痛楚，这也让他在今后的行医过程中更能体察患者疾苦，深切了解患者及家属的心情。

李有庆大夫，一个被疾病压弯脊背、步履蹒跚，却依然锲而不舍、始终如一奋力攀登中医高峰的中医拥趸，最终熬过了学医夜行路的漆黑和寒冷，为己也为他人。

一位把中医视为生命，靠中医来改变自己人生和患者命运，性情倔强、意志坚强的疑难病专家，终于荡起了医学困境渡口的船桨，渡己也是渡人。

人生由苦难到实现医者价值的“逆转”

“苦难是什么？苦难应该是土壤，只要你愿意把你内心所有的感受，隐忍在这个土壤里，就很有可能开出你想象不到的灿烂的花朵”。

李有庆大夫是在困顿交加的生活和残酷无情的病魔考验下成长起来的，他没有自暴自弃，因为他不愿自己的亲朋好友、乡亲父老再经历医疗条件落后而留下疾病得不到有效治疗的遗憾，也为了调治自己的身体，他走上了医学的道路。身体的巨大痛楚让他几次想要放弃，但“学医可以救人、治病、广达人情、受人尊敬，脱离父辈苦难境地”的信念支撑着他，让他咬牙坚持了下去。

李有庆大夫习医，更多的是自学和外出进修学习，而自学和进修的路对他来说都是艰辛坎坷的，没有吃苦耐劳、积极进取的精神是很难成功的。在研读中医典籍中时常会遇到各种困难，外出到全国各地学习，更是长途跋涉，经过他的发奋努力，勤学苦研，加上用比别人多几倍的时间学习，他博览中医经典，对本草、方剂、脉诊及临床各科均有深入的研究和一定的见地，并考取了执业医师，也终于逆境成才，练就了济世活人的真本事，实现了人生的逆转。

“我或许无法延长生命的长度，那就拓展生命的宽度，彰显人生的意义”，身为强直性脊柱炎患者和医者的两重角色，李有庆大夫对人生的活法有着清晰的认识。他夜以继日、节假无休地坚守在临床一线，喜欢沉浸在中医学习的海洋，更享受为患者看病、看好病的喜悦，因为这让他感到生命充盈。他拖着羸弱的身躯践行自己的医者理想，聆听他浓浓的乡音，追寻他奋斗的足迹，品味他乐观积极的人生态度，会被他内心深处那份对中医、对患者的无私和执着打动。

他和患者在互相的搀扶和鼓舞中实现了彼此人生的“逆转”！

疑难病从不治之症到可治之病的“逆转”

李有庆大夫从1976年到2021年研究了45年常见病、多发病及心脑血管病和疑难杂症的诊治，对一些危急重症患者也能迅速做出判断，给绝望的患者带来希望。自行医之初，李有庆大夫查阅了大量中医典籍，搜集关于强直性脊柱炎治疗的经典方、经验方，并一直拿自己“做实验”，自制中药方剂来改善自己的身体；他的父亲在1996年6月得了脑梗，他运用中西医结合的方法为父亲治疗，很快就恢复了正常，一年后因为感冒复发，李有庆大夫又给予治疗，10天后基本正常，1999年冬天，又因为感冒再次复发，这次治疗留下了后遗症，致使右腿行走不便，但其他情况良好。李有庆大夫在1978年秋天和1979年春天，分别用针灸和支持疗法抢救过来因煤气中毒而昏迷不醒、有生命危险的一对新婚夫妇和两位老师，让他们恢复了正常，没有留下后遗症；1983年2月23日，村里有一产妇产后大出血，昏迷不醒，李大夫用针灸把她抢救过来，由于当时医疗条件差，只是静脉注射了3支高糖，服了安络血片、生化丸、定坤丹，对症治疗，结果产妇转危为安；1996年冬天，李有庆大夫的邻居突然高烧惊厥过来就诊，经过一个多小时的抢救和支持治疗后缓解，治疗中反反复复高烧和惊厥，但发作时间短，恢复快，经过11天的治疗，没有留下后遗症。所以说，中医药对李有庆大夫、他的父亲和他的患者都是有荫佑之恩的，正因为如此，虽然之后的行医路途上并非一帆风顺，但他从没有动摇过学中医的念头。此外，他还心系高血压、糖尿病的治疗，“誓要攻克糖尿病、高血压等疑难病”一直以来都是他的目标和努力的方向。

时代在前进，环境在改变，人类的体质在变化，疾病的种类与本质与以往相比也有所不同，高血压与糖尿病的治疗也有了新的进展，因此，对传统中医药仅有继承是不够的，还必须发扬光大，推陈出新，不断学习借鉴中医现代新疗法。后来他拜中华汉方疑难病专家委员会会长刘冠军为师，学习应用中医现代新疗法——蝎毒疗法治疗疑难病，对糖尿病、高血压等疑难病的治疗有了新的认识，对以往许多疑难病不可治、不能治的定论也有了新的改观。

如今，李有庆大夫已经在运用中医现代新疗法——蝎毒疗法治疗失眠、三叉神经痛、高血压、糖尿病、冠心病、脑梗死、乳腺炎、乳腺增生等疑难病上取得了显著的效果，并在长期的临床实践中，形成了自己独特的临证思辨特点和诊疗规律。

高血压、糖尿病由终身服药到回归健康状态的“逆转”

高血压病和糖尿病是脑梗及心血管疾病的两大主要危险因素。在李有庆大夫看来，高血压、糖尿病的临床病症虽然极其复杂，但只要以“以人为本整体观念，追根溯源辨证施治”为指引，以“扶正气、祛外邪”为本，以“未病先防”为重点，以“先中后西、能中不西、针药并施、内服外敷、药物与饮食相结合、灵活多变”为原则，就能从根本上掌握辨证施治原则，掌握高血压、糖尿病等疑难病治疗的密钥。

在整体观上，根据中医理论，李有庆大夫认为高血压是多种病理因素作用于人体，使机体阴阳失衡，或肝阳上亢，或气血亏虚，或肾精不足，或瘀血内阻，或痰湿中阻，导致以肝、脾、肾三脏病变为主的本虚标实之证；而糖尿病的病因病机，在传统的阴虚燥热基础上又提出了瘀血阻滞、脾气虚弱、肝郁气滞、气阴两虚等病机新论，病位在脾、肝、肾、肺、胃等脏腑。这两种病之间有着相似的病位，而各脏之间又存在着相生相克的关系，故可以认为这两种病症在病因病机上存在着相关性，且存在着相互影响、相互转化的关系。故在治疗高血压和糖尿病上，也应发挥中医整体观和辨证施治的优势，从整体观念出发，整体调节，使人体气血协调、阴平阳秘，从而达到血压、血糖合适稳定的状态，同时消除临床症状。

在“扶正气、祛外邪”方面，李有庆大夫认为，《黄帝内经》就指出“正气存内，邪不可干”，只有人体正气旺盛，才能卫外固密，外邪难以入侵，内邪也就难以产生，也就不会发生疾病。扶正气是针对患者正气已虚（某脏某腑阴阳、气血、津液不足等）而设，祛外邪是针对患者感受外邪及体内脏腑及代谢失常而产生的有害物质堆积为主，通过“扶正气”可以匡扶正气，恢复机体正常生理功能，祛外邪则可以除去热、湿、痰、瘀等伏匿之邪，抑制损伤因素的发生及异常产物聚集，“扶正气、祛外邪”的组方法则不仅适用于治疗高血压、糖尿病，而且是治疗多种病因复杂的疑难病症的重要原则。

在以人为本方面，李有庆大夫会综合考虑高血压、糖尿病患者的病程、年龄、性别、合并症以及并发症的异同等，以人为本，制定具体防控方案，全面战胜高血压、糖尿病及其并发症。

在未病先防方面，李有庆大夫会针对患者在生活习惯、饮食中存在的问题，及时纠正，并在用药、饮食、运动、心理等多方面提供中医健康指导，使更多的患者从“糖尿病前期”“正常血压高值”“早期代谢综合征状态”逆转成血压、血糖、血脂、体重均正常的“健康人”，从根本上防止治心脑血管疾病的发生。

验方验案

糖尿病

【患者基本情况】患者男，44 岁，农民。高血压糖尿病十几年，2020 年 3 月 8 日，因左手中指甲根两侧溃烂，高血压，高血糖，前来就诊。

【问诊及诊断】患者自述以前三叉神经痛反复发作，2019 年因疼痛难忍行手术治疗。现左手中指甲根两侧溃烂，全身酸软无力，服药后血压和血糖仍高，初步诊断为糖尿病引发周围神经病变。治疗：通达三焦和心包经。

【治疗方案】

初诊方案：

党参 15g，黄芪 20g，炒白术 10g，茯苓 10g，炙甘草 10g，柴胡 12g，陈皮 10g，法半夏 10g，桂枝 10g，炒白芍 15g，枳壳 12g，丹参 30g，桃仁 10g，火麻仁 20g，炒薏苡仁 30g，石菖蒲 10g。水煎服，每日 1 剂。

二诊：9 剂后，左手指甲根两侧溃烂基本消除，开始用蝎毒疗法治疗高血压和糖尿病。方案如下：

（1）中药：熟地黄 30g，山萸肉 30g，山药 15g，泽泻 10g，茯苓 15g，丹皮 10g，枳实 20g，天花粉 15g，厚朴 15g，知母 10g，木香 10g，黄芪 60g，生地黄 30g，苍术 6g，葛根 15g，玄参 30g，丹参 30g。水煎服，每日 1 剂。

（2）配合养肾活血药酒及硒灵芝胶囊。

【治疗效果】至 7 月 16 日，共服 65 剂，早空腹血糖 5.4mmol/L，餐后 14.4mmol/L，血压 113/64mmHg，心率 84 次 / 分钟。7 月 24 日早空腹血糖 5.4mmol/L，餐后 7.2mmol/L。无饥饿感，无其他不适症状。嘱其按照中医治愈高血压和糖尿病的原则，此阶段应该中药继续治疗，西药逐渐减量。根据体质情况再继续调理。

穆彦华

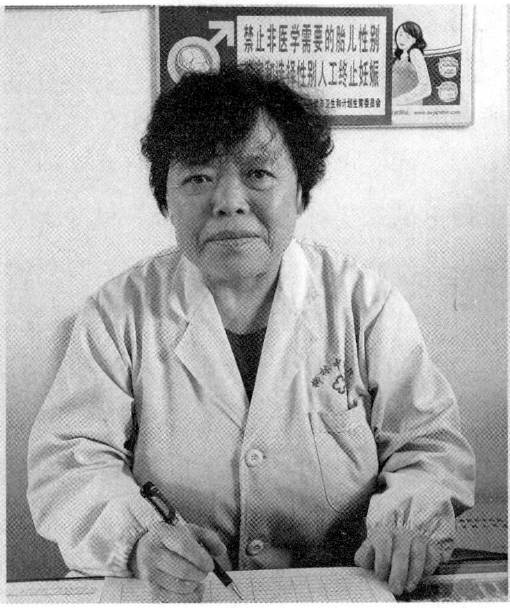

惠民敬业树妇科典范，排疑解难护女性健康

穆彦华 妇产科主治医师，从医至今40多年。1978年在山西省军区医院妇科临床进修1年半，1982年在吕梁卫校专科理论学习两年，1985至1986年在太原市人民医院妇产科进修1年，不断地进修学习，奠定了妇科学的基础。能熟练处理各种妇科常见病及不孕、乳腺增生、卵巢囊肿、功能性子宫出血、慢性盆腔炎、阴道炎等疑难杂症。擅长应用中医现代新疗法——蝎毒疗法治疗冠心病、脑梗死等心脑血管疾病。

感念父亲荣光，笃行白衣大志

妇科专家的成长周期是漫长而艰辛的，从1976年到2021年，穆彦华已经做了45年妇科医生。在阅历的增加和一次次的历练中，穆彦华大夫成了妇科领域的“全能手”，各种妇科手术及妇科常见病、多发病和一些疑难杂症的诊治，她均有涉猎，不仅娴熟，而且对一些妇产科危急重症，能迅速做出判断，常常给绝望的患者带去希望。

穆彦华大夫的父亲毕业于吉林医科大学，是一名军医，曾参加了解放东北、西北和抗美援朝等战争，救治了无数伤员，立下了三等军功。父亲给穆彦华大夫讲述的赴朝参战往事依然深深地印在她的脑海。白衣执甲，保家卫国，时光流逝，精神永存，穆彦华大夫在对父亲的追忆中，接续着父亲未完成的医疗事业，而父亲身上体现出的军人作风及对她的严格要求，至今仍对她影响颇深。军人的勇气与担当、医生的使命与责任，父亲军人和医生的双重天职，起到了榜样的作用，对以后行医的她提出了更高的要求，也为她的医学事业奠定了良好的医德基础。

毕业后，对女性疾苦的同理心，让穆彦华大夫选择了妇科这个专业。1976 年 10 月，她来到了柳林县中医院工作。最开始的时候，护士、麻醉、手术等她都干过，获得了很好的锻炼机会，熟练地掌握了许多妇科临床实践的基本技能。但对于想成为一名出色妇科医生的她来说，其间还有很长的一段钻研学习的道路要走。为此，1978 年她到山西省军区医院外科和妇科临床进修了 1 年半，1982 年到吕梁卫校专科理论学习了 2 年，1985 至 1986 年到太原市人民医院妇产科进修了 1 年。她在潜心学习西医临床医学的同时，也不断吸取中医妇科新理论、新知识、新技术，尽可能地从中、西医两套理论、实践中深入学习，并在具体的患者、疾病、症状，甚至对许多体征、检查结果的理解中找出中西医结合点，充分发挥中、西医各自的优势，争取最好的疗效。穆彦华大夫经过多年的临床实践发现，就中医妇科而言，在经、带、胎、产诸疾的诊疗上，确有特色和优势，有些西医难治的疾病，中医治疗可获得显著疗效。

退休以后，穆彦华被返聘回山西省柳林县中医院，重新回到熟悉的工作岗位，她初心不改，运用自己 40 多年日积月累埋身于临床磨砺出的精湛技术，继续为更多的女性患者带来高水平、全周期的诊疗服务，极大地提升了妇科患者的治疗水平，确保了诊疗的有效性和安全性。

一名医者到了一定年资的时候，在思维和技术上也应跟着进行创新，穆彦华大夫深谙这个道理，她选择在荣誉的光环下继续挑战事业的新高峰，既优化了功能性子宫出血、慢性盆腔炎、乳腺增生、卵巢囊肿、子宫肌瘤、不孕不育等原有妇科疑难杂症的诊治方案，也打破了自己的专业局限，不断学习新的治疗手段，开展着中医现代新疗法——蝎毒疗法对冠心病、脑梗死、强直性脊柱炎、带状疱疹等疑难杂症的治疗，并皆获得佳效，取得了新的突破和可喜进展。

“以前再怎么成功都没有用，越来越多的疑难病患者慕名而至，现在的每一次救治都是一次新的开始”，穆彦华大夫如是说。这是一名医者应有的责任和担当，她愿意继续保持那份探索的热情和勇气，因为做医生最大的成就感和幸福感就是看着患者被治愈或者生命得以延续。

从医为民，常修仁心

医生运用的医疗技术随着时代在进步、在改变，永恒不变的是对患者的仁心及关爱。一项技术可能几天、几个月便能习得，但是医生的仁心不是几个月、几年就能练就，而是需要靠一生的历练，点点滴滴贯穿于对每一个患者的诊治当中。穆彦华大夫信守仁心、推己及人，她收获的不仅是越来越丰富的诊疗经验，还有越来越多患者的真挚感情、信任和尊重。

无论是寒冬酷暑，每天早上，在穆彦华大夫还没有来到门诊的时候，在柳林县中医院妇产科的门口就已经有许多患者陆续过来等候。

穆彦华大夫与患者交谈时，语气温和，显得平等和尊重，使人感到亲切、没有压迫感。对于各种妇科疑难顽症，她在辨证时谨慎思考，然后提出合理的治疗方案，包括服药方法、生活调摄等都向患者交代清楚，并提出忠告。说到病情时让她们看到希望，谈到治疗时又让她们感到对症。同时她也耐心慰藉患者，重视患者心理调治，让患者信任自己，将恰到好处的情志开导寓于切合病机的药物调理之中，对于疾病的防微杜渐和促进患者早日康复都有着非常积极的作用。许多患者经过穆彦华大夫诊治后，有如沐春风之感，还没服药感到自己的病已经好了三分。

穆彦华大夫医术高超，古道热肠，对于一些经济拮据的患者，还时常自己垫付药费给患者治病，她说，“医生应该以看病来赚钱，而不是以赚钱来看病，获得你应得到的就足矣了”，这是她对医者仁心最好的诠释。

精研细究，通治疑难

妇女一科，自古号称难治，古代很多医家总是说“宁医十男子，莫治一妇人”，其意为妇科疾病复杂，经、带、胎、产、杂诸种生理因素交织在一起，构成了妇科疾病与气血阴阳之间复杂的联系，寒热虚实诸多原因又夹于其中，头绪太多，时常让医者有一种乱麻难理、百思不解的困惑。凭借丰富的临床实践和深厚的医学功底，穆彦华大夫抽丝剥茧、拨开云雾，虽然也会针对患者个体差异一人一方，在治疗方法上不同对待，但还是总结出了一些妇科疑难病的辨治规律，形成了“验之临床，屡收良效”的祛疾良方，不仅配伍精当，而且药少力专。“功能性子宫出血 5 天便可临床治愈，慢性盆腔炎 7 天便可临床治愈……”之所以能够取得这么快的疗效，因为每一方每一药都浸融了穆彦华大夫 45 年妇科医生凝结的临床经验精华。到她手里的患者，要么是别人治不了的，要么是别人不愿意治的，这也更加凸显了穆彦华大夫的功力。

穆彦华大夫是一个闲不住的医生，在妇科疑难杂症的研究程中同时也在向其他专业领域进军。在很多患者看来，穆彦华大夫有着精湛的妇科诊疗技术，其实她在冠心病、脑梗死、强直性脊柱炎、带状疱疹等疑难杂症上的治疗水平和实力也不容小觑，而且也已经有了不少的成功案例。

穆彦华大夫说，蝎毒疗法不仅为妇科疑难病的诊治提供了新的思路，在冠心病、脑梗死、强直性脊柱炎、带状疱疹等一些疑难杂症的治疗上也取得了突破性的进展。蝎毒疗法是中医药学与现代科学接轨的、治疗疑难杂症的不可或缺的技术手段，这已经得到了她的临床证实。

虽然已经做了 45 年妇科医生，但是回顾行医这么多年取得的点滴成就，穆彦华没有浅尝辄止、自我满足。如今她把疑难杂症作为新的起点，坚持在医学的圣地继续努力耕耘，要让更多临近凋谢的花朵重新绽放出生机和瑰丽，也要为发扬中医治疗慢性病、疑难病做出一些贡献。

张有志

丹心不渝五十载中医路，德艺双馨近半生杏林情

张有志　男，出生于1955年，河南省南阳市人，大专学历，中医主治医师，现就职于河南省南阳市高新区百里奚街道岗王庄社区卫生所，出身于中医世家，自幼常耳闻目睹老一辈治愈众多疑难病症，15岁开始随父行医，主张“衷中参西”，力求辨证准确，用药精当。临床上博采众长，不断革新。曾在《实用综合医学》《中国特色医学杂志》等医学专业杂志发表论文数篇。行医近五十载，积累了丰富经验，对心脑血管病、疼痛病等疾病的治疗颇有见解，擅长治疗肝癌、肺癌、胃癌、淋巴癌、卵巢癌等肿瘤疾病及冠心病、脑梗等心脑血管疾病。

千年之前，张仲景悬壶济世，名誉大江南北，被尊称为医圣。千年之后，他的《伤寒杂病论》仍影响着中医药界，济世救人、光芒依旧。在张仲景故里，在河南南阳这片中医药沃土，有一位治疗疑难病的优秀中医——张有志，他用精湛的医术、崇高的医德在播撒着生命的希望，续写着现代版的杏林佳话。

博采众长，练就岐黄妙术

张有志大夫出身于中医世家，自幼耳濡目染，热爱祖国传统医学，从小便立下了治病救人的志向。15岁时就随父习医，1975年毕业于南阳卫生学校。毕业后回村继续随其父行医，由于他长于辨证施治，勇于开拓创新，善于突破经方局限，年纪轻轻的他在当地已经小有名气，登门求医的人络绎不绝。

众所周知，医学之路漫漫，任重而道远。大夫身上肩负的不仅仅是患者的生命，还肩负着患者家属的殷切希望。因此，行医之人当秉持勤学、好学的态度，不断地提升医术，以确保能够应对千变万化的疾病。

张有志大夫始终把能否为患者治好病作为衡量好大夫的标准。他始终以此标准要求自身，在多年从医过程中，他博览典籍，如《黄帝内经》《伤寒论》《医宗金鉴》等，学习前人名家的中医思想，把握中医天人合一的哲学观、整体观念，中医的辨证论治、相似观等循证观点，熟记各种经方，结合现代医学理论、患者体质、环境等多方因素，为患者辨证施治，屡起沉疴。

在张有志大夫看来，学术是为了临床，临床是为了疗效。在学术方面，他也没有懈怠，2000年，《水蛭、乌梅在"息肉病"中应用体会》发表在《中国实用综合医学》第6卷中；2002年12月，《中药汤剂治疗胃下垂100例疗效》经中国保健科技学会专家评审获得"2002年中华传统中医学术成果交流年会论文二等奖"；2003年4月《乌兔汤治疗肝肾阴虚型失眠体会》经中国保健科技学会专家评审获得"第三届中华传统名医学术成果交流大会论文一等奖"。

屡起沉疴，善治疑难重症

在临床实践中，张有志大夫重点研究疑难杂病的治疗。在治疗冠心病、心绞痛等方面用自拟冠康汤施治，疗效显著。治疗高血压用七子降压汤取得满意效果。《"冠康汤"中药治疗冠心病330例疗效观察》和《七子汤治疗高血压100例疗效观察》两篇论文发表在《实用综合医学》中。另外用启宫育嗣丸治疗不孕症，疗效显著；对肝病，如肝硬化腹水，用腹水灵对症加减疗效显著；对乙肝用自拟"乙肝冲剂"效率满意；对肾病、肾功能衰竭采用中西医结合治疗和复肾汤治疗效果颇佳。

张有志大夫说，"中医学认为癌症是发生于五脏六腑、四肢百骸的一类恶性疾病。多由于正气内虚，感受邪毒，情志抑郁，饮食损伤，宿有旧疾等，是脏腑功能失调、气血津液运行失常，产生气滞、血瘀、痰凝、湿浊、热毒等病理变化，郁结于脏腑组织，相互搏结，日久渐积而成的一种恶性疾病。从中医角度治疗一般都是扶正袪邪，调理各脏腑的功能，增强体质及免疫力等。”

2016年，南阳市南召县的一位装修工人上门求医，这位患者当时48岁，在郑大一附院确诊为肝癌，听说张有志大夫擅长治疗癌症，遂上门求医。经过与患者沟通商议，最后决定用蝎毒疗法配合经方中药进行治疗，经过14个月的治疗之后，患者前往医院复查，各项指数恢复。患者至今仍从事较高劳动强度的装修工作，身体无不适。

张有志大夫表示，中医认为湿浊侵袭、饮食失宜、情志失畅是肝癌常见的主要病因，而对病理机制的认识，则集中于“郁滞”与“瘀血”两大环节。中医治疗肝癌的基本法则是标本兼顾，扶正与袪邪兼用，以扶正调理为主。

厚德济世，践行医者仁心

为医者，首先要立德。由于受到儒家学术思想的影响，中医的医德把“以人为本、尊重生命”作为基本出发点，形成以“仁学精神”为基本内涵和特征的医德观。把医学定位为“仁术”，把大夫良好的德行称为“仁心”，把医德好的大夫称为“仁人”，只有“心存仁义之心”的“仁爱之人”，才能将医学真正变成济世活人的“仁术”。

在临床实践中张有志大夫深刻地体会到，要做好大夫，不仅要有精湛的医术，还必须尊重生命，敬畏生命，要有医者仁心，才能做一个好大夫。对每一位患者，他都会想尽一切办法施以帮助，对那些生活有困难的患者更是如此。每次患者来就诊，特别是外地患者，张有志大夫总是尽可能地为他们考虑，少让他们奔波，为他们制定经济、合适的治疗方案，花尽可能少的钱，达到更好的治疗效果。

当问及张有志大夫对自己职业生涯的感想，他说：“作为一名医生，能让绝大多数的患者满意，便内心无愧。只有我们用心，患者才能安心！”显而易见的是“责任”二字已深深贯彻在张有志大夫的骨子里，我们能很深刻地感受到他对于疑难病患者的同情和关爱，他用行动为“一切为了患者”做了最好的诠释！

从医几十年，张有志大夫收到很多患者送的感谢信和肯定也收获了很多朋友，这些鼓励与认可为他注入了勇气与能量，让他勇往直前。“医生也有低谷期，也会遇到挫折，当医生与患者成为将心比心的朋友后，医生就能从患者的身上摄取能量。医患之间的信赖和鼓励是相互的，我从来不视患者为外人”。当问及多年坚守中是否有过疲惫或想放弃时，张有志大夫这样说道。

医者，看的是病，治的心；开的是药，给的是情。寒来暑往，近五十个春秋，张有志大夫就这样用他的仁爱之心坚守着白衣天使的职业素养，谱写着平凡而灿烂的人生诗篇，他朴实而温暖的行医之路洒下了满满的真情！

刘旭光

妙手银针破疑难，德艺双馨广济民

刘旭光 执业医师，从医30多年，八代家传中医，毕业于山西中医学院，进修于首都儿科研究所、河南中医药大学附属医院、山西省中医院、太原市中心医院、太原市中医院、榆次区人民医院等。应用《伤寒论》等中医经典的理法方药，配合祖传正脊推拿、针灸等治疗颈肩腰腿痛、风湿骨病等各种痛症，验之临床，效果确切。此外，在儿科疾病的治疗上亦有较深入的学习研究。

承袭家传八代中医，苦心孤诣磨砺医术

颈肩腰腿痛是一种常见病、多发病。现代生活中，习惯长时间久坐、低头伏案，促使颈肩腰腿痛的发病率迅速提高。引起颈肩腰腿痛的原因多，而且病情复杂、诊断困难、疗效难以保证，所以这支庞大的患者人群常常面临“打持久战”的无奈境地，而且手术治疗的费用也比较高昂，因此很多患者一直在寻找适合自己的不开刀、不手术的治疗方案，也一直在寻找经验丰富、医术好、医德高的骨科专家。

在龙城太原，就有这么一位以中医正骨著称、擅长颈腰椎疾病诊断与治疗的疑

难病专家。

刘旭光大夫出生在一个八代中医世家，家学渊源深厚，医术和家风代代流传。儿时他在家里便看到很多患者，抬着进来，被祖父双手一整一拽，就能走着出去，这种手法轻巧、简便、收效迅速，患者不开刀、不手术、随治随走，不少被多家医院认定必须手术的颈、腰椎病患者，在他手上不用手术病情就能得到缓解，而且时间短、疗效快，为患者节省了大量的金钱、时间，更为重要的是大大减轻了患者治疗的痛苦。他亲眼看到了中医正骨的“神奇”，及其为患者在治疗费用和环节上带来的便利，于是也下定决心去探索中医正骨的奥秘。

6 岁起刘旭光便开始跟随祖父学习，在祖父的严格教导和精心点拨下，加上自己勤奋好学，不断实践，使他逐步走进了中医正骨的世界，掌握了正骨的正确操作手法及一些相关的理论基础知识。

正骨推拿医生不但要有强健的体魄、灵活有力的双手，还要有深厚的中医理论和解剖学、病理生理学、生物力学等现代医学知识做支撑。从山西中医学院毕业后，他又相继到首都儿科研究所附属儿童医院、河南中医药大学附属医院、山西省中医院、太原市中心医院、太原市中医院、榆次区人民医院、河南洛阳正骨医院进修学习，师从省内外名老中医，不仅充实了自己的中医、西医基础理论知识，也大大增强了自己的临床实际操作能力。刘旭光始终坚信：好记性不如烂笔头，在他的诊所，有 30 多本记录着 100 多万字的理论学习心得。通过边学习、边实践、边研究，刘旭光形成了以中医基础理论和现代医学知识为指导，注重整体观念、辨证论治、内外兼治，综合正骨、针灸、中药治疗颈肩腰腿痛、风湿骨病等各种痛症的一套独特、安全、高效的治疗技术，取得了较好的临床疗效。

辨证施治的固守，病症合参的升华

“机触于外，巧生于内，手随心转，法从手出”是中医正骨治疗的指导思想，“法之所施使患者不知其苦”为中医正骨治疗的最高境界，正骨之道全在理通，水平高低就体现在这里。同样是正骨，心中理明一层，则正骨疗效增一层。医者运用手法正骨是基础，而用心指导双手施术才是目的。医者在人体做出手法动作是正骨治疗的外在现象，用心在病患的深处治疗才是正骨治病的本质和核心。在心法的指导下施用手法，手法自然就会刚柔相济，和缓深透，达到“法之所施，让患者不知其苦”的效果。

而能不能形成这种心法，主要体现在诊治思想上。人体是脏腑、经络、皮肉、筋骨、气血、津液等共同组成的一个有机整体，牵一发而动全身，生理状态下它们之间既相互依存，又相互制约，保持着动态平衡。若骨断筋伤，脏腑、气血必然紊乱，故有肿痛、瘀热等症状。刘旭光大夫善于运用中西医理论，对颈肩腰腿痛和内科杂症进行辨证论治，并通过不断的临床实践摸索出许多行之有效的正骨方法和辨证用药的技巧。在诊断上，他以中医望闻问切为基础，牢牢把握“辨证论治、病症合参”这一原则，将辨病辨证结合应用。在望诊上，除了对全身的神色、形态与舌苔进行全面观察外，还对损伤位置及临近部位进行特别观察；在闻诊上，除了听患者的语言、呼吸、喘息、咳嗽、呕吐、呃逆等基础内容外，还听骨节弹响声、骨擦音、入臼声等；在问诊上，除了询问诊断学中必不可少的十问以外，还重点询问主要症状、受病部位、发病时间、疼痛程度、治疗经过等；在切诊上，除了脉诊掌握气血、虚实、寒热变化外，还通过摸诊触痛点、摸肿胀、摸异常等，通过中医四诊，再加上先进的X光技术的影像诊断，准确判断出患者的病情，从而实施有效的治疗。在治疗上，从整体观念出发，辩证看待颈腰椎疾病等与脏腑、经络、气血之间的关系，根据不同的病、证确定不同的正骨手法及中药方剂，将“破”法（活血化瘀、消肿止痛）、“和”法（和其血脉、通其经络）、“补”法（益气、补血、调养肝肾）结合起来，灵活应用，从而达到整体与局部统一、标本兼治的目的。

古法与现代的融合，正骨与蝎毒的贯通

为了使正骨手法更加完善和系统化，达到“润骨细无声”的更高水平，刘旭光不断外出学习“充电”。2016年，自他参加“中医现代新疗法——蝎毒疗法”宣讲会议后，便开始在临床实践中介入蝎毒疗法，与自己的中医正骨技术结合，从而大大扩展了中医正骨的外延，让正骨不再仅仅局限于正骨，也不再把正骨的“骨”看作是骨骼与肌肉、韧带的简单连接，而是将人体作为一个整体的普遍联系，形成了以阴阳五行、脏腑经络和营卫气血等中医基本理论为指导、以四诊八纲为辨证手段、理法方药完备、强调审证求因和辨证施治的一个更为完善的医学体系。形成了独特的治疗方法，具有疏通经络、行气活血、调整脏腑功能等功效，适应症也比较广泛，治疗范围包括骨科疾病、内科杂病、妇科诸症、儿科疾病等，具体疾病如颈和腰椎间盘突出症、颈肩腰腿痛、颈椎半脱位、颈椎小关节错缝、肩周炎、骨关节炎、风湿痛、急性腰扭伤、腰肌劳损、退行性脊柱炎、冠心病、中风偏瘫、高血压、糖尿

病、头痛、失眠、小儿消化不良、腹泻、月经不调、痛经、盆腔炎、附件炎、乳腺癌、宫颈癌、胃癌、骨癌、食道癌、结肠癌等等，标本兼治，疗效显著。

“气虚养不住血，没血养不住筋；没筋撑不住骨，没骨立不住身；立身先正骨，正骨先正心；心正医德正，德正药自真；药真良效显，妙手方回春”。选择了骨科，选择了疑难病，浸淫在这个行业时间长了，刘旭光大夫见到的疼痛病患者已经不计其数，但他依然没有看淡、看轻这种痛苦。早年，曾有重症患者来到诊所，但由于病情太重，送治时间太晚，刘旭光深感无能为力，患者之痛犹如巨大的石头压在他的心里，但他心中存着一份医者重任，他没有附和患者和其家属的痛苦、悲伤、恐惧，而是保持冷静、客观、理性，百分百专注，准确果断地为患者找到正确的治疗之道和解决疼痛的实际办法，他觉得这才是他存仁心的表现。“正骨先正己心”，这是一种考验，也需要用极大的勇气和心理承受力去面对。刘旭光大夫用心为患者治疗，以患者为中心，以疗效为核心，在提高正骨诊疗效果的同时，也在不断完善提升自我，并以开放、交汇、包容、共享、敢于挑战、勇于创新的心态和胸怀推动着中医正骨和中医现代新疗法——蝎毒疗法的配合应用，从而为更多疑难病患者提供更加高效的治疗方案。

整体辨证、内外兼治，是治疗骨科疾病的精髓所在，也是刘旭光大夫将中医正骨和蝎毒疗法结合起来的重要原因。刘旭光大夫对许多颈腰椎疾病做了认真的总结、归纳、整理，遵照“肾主骨”“治肾亦治骨”“养肾必活血、治骨必治肾”等原理，认识到肾与骨、骨与髓内在的生理和病理变化，从中医角度剖析颈椎、腰椎疾病的病因，得出了将中医正骨与蝎毒疗法结合是治疗一些疼痛顽疾和疑难杂症有效的方法。

颈椎病、腰椎病属于中医痹症范畴，是由于外感、内伤等因素，导致机体病变，出现风、寒、湿、热等邪气闭阻经络，影响气血运行，导致肢体筋骨、关节、肌肉等处发生疼痛、酸楚、麻木，或关节屈伸不利、僵硬、肿大、变形等症状的一种疾病，轻者病在四肢关节肌肉，重者可内舍于脏。蝎毒疗法治疗颈腰椎疾病，利用蝎毒中的抗炎因子、镇痛活性肽，消炎镇痛、活血化瘀，同时配合中药协同作用，使机体更快恢复，再配合中医正骨、针灸等相应辅助治疗手段，通郁闭之气，散瘀结之痛，达到了补肝肾、益气血、通络止痛的综合性治疗效果，实现了疗效快、疗程短、能治本、不易复发的效果。

正是因为建立了中医正骨与蝎毒疗法的联系，依据相通的原理，他除了开展对颈腰椎病、颈肩腰腿痛、肩周炎、骨关节炎、风湿痛等多种骨科疾病的治疗以外，还触类旁通地将这种综合疗法应用于冠心病、中风偏瘫、高血压、糖尿病、妇科杂症等疑难病的治疗之上，使得这些疾病从“不治”向“可治”转化，实现了更好的治疗效果。

妙手绝活除病魔，患者口碑传千里

在一次采访中，我们见识到刘旭光大夫正在给一位颈椎不舒服的患者做正骨整脊治疗。刘旭光大夫两脚叉开成半马式，膝与腰微屈曲，两手托住患者的头部，托起抱紧，轻轻晃动，其手法柔和、深透有力，技术娴熟，富有节律，找准位置和角度，在患者颈部放松时，瞬间发力上提，将患者提离座位，此力突然爆发，瞬间停止，重而不滞、轻而不浮，快速调整了患者的颈部关节紊乱，又未使患者感觉到痛苦，正骨结束后，患者判若两人，自诉颈椎没那么疼了，头也不晕了，感觉特别轻松。

像这样痛苦不堪地来到门诊而又面带喜悦离开的患者还有很多，有头痛剧烈、眩晕、头颈不能转动的，经过治疗，立刻解除病痛；有腰部扭伤不能行走、由人抬着来到门诊的，经过治疗，可以自行走出门诊；在儿科的诊断治疗上，把孩子都当成自己的孩子，急父母之所急；有些经济困难的孤寡老年患者，面对有效的疗法无法支付费用，刘旭光会给他们免费赠药，还会为远道而来的病患提供基本的食宿……这样的病例在刘旭光大夫的门诊不胜枚举。看着患者一天天从自己的诊所康复，刘旭光总是心头涌起一股成就感，他凭借一身正骨功夫，一双正骨妙手，一个为患者减轻痛苦的追求，铸就了当地治疗颈肩腰腿痛的一块金字招牌。

随着刘旭光大夫的名气越来越大，锦旗、奖章、荣誉也接踵而至，刘旭光大夫仍然坚持每天早上五六点就要起床学习中医药课程，下班后最大的爱好就是看书，他将每次学习的课程都进行了归纳整理，厚厚的几十本学习笔记摆满了书架。他那一双翻动书页的手、记录医学笔记的手、为患者正骨的手，是对他对技术精益求精、对患者高度负责的最好的见证。这双手延续了祖传中医的光荣和梦想，凝结了精研经典、勤于实践、济世救人的智慧和力量，诠释了正人先正己心的崇高品格，推动了疑难病治疗的新进展和中医药事业的传承发展。

李瑞杰

诊治疑难病，不必走出大山往大医院跑

李瑞杰 中共党员，执业中医师，国家二级心理咨询师，现任石楼县民康医院院长。从医24年，得到多位中医大师、国家级名老中医专家真传，曾进修于北京中医药大学东直门医院、山西省中医院，尤其擅长用祖传秘验方治疗坐骨神经痛、皮肤病、脉管炎、男性病等，疗效显著。运用“蝎毒疗法”以来，提高了疗效、缩短了病程，治疗疑难病达到了事半功倍的效果。曾担任《农村医药报社》《中国临床医生》通讯员，撰写了《强筋通络汤治疗胫骨结节骨骺炎45例》《家传脉炎汤治疗脉管炎30例》《温经通阳汤治疗肢端冷痛症》《缩泉饮治疗中老年尿频》《穴位注射配合中药治疗腰椎间盘突出症46例》《利水通淋汤治疗急性尿路感染》等数十篇学术论文。

山西省吕梁市石楼县位于吕梁山西麓，背靠黄河。这里黄土遍布、山峰耸立、沟壑纵横，地名的由来，有“石叠如楼”的说法。这里有被誉为“天下黄河第一湾”的奇美风景，也是红军东征的首战地，毛主席就是在这里写下了意气风发、气势磅礴的《沁园春·雪》。但是与深厚而优美的人文和自然风景相比，这里更为人熟知的是它的贫穷。这里曾是国家特级贫困地区，贫困在这块红色土地留下了深深的印迹。

这里至今没有高速公路，不通火车，进出交通不便。黄河边的盘山路崎岖复杂，仿佛阻隔了石楼县和外面的世界。

如果病痛降临了，得了大病、重病，最束手无策、求医不便的地方，估计就是这里。疾病的残酷，严峻地考验着当地基层医疗单位的医疗技术和服务能力，同时也考验着生活在这里的疑难病患者群体，“看病难、看病贵、看病远”的难题在这里更成了“生命不能承受之重”，患病后的沉重和无助抵消了这里世外桃源般的恬然自适，让美丽变得脆弱，让贫穷更加成为一种负累。

作为一名土生土长的石楼人，作为一名医务工作者，李瑞杰大夫对乡亲父老有着深厚的感情，也目睹了各种疾病给普通百姓带来的诸多痛苦，这也更坚定了他扎根基层、扶危济困的信念。在他看来，医无地域之分，不论是在繁华都市还是阡陌乡野，都是为了解除百姓病痛，只要有一颗无私为民奋斗、为民服务的心，在基层同样可以发光发热，实现自己济世救人的人生理想。而且他相信，“简、便、验、廉”的中医药在农村基层有着更强的生命力，各类疾病的广泛接触可以更好地观察多种疾病的发生、发展和转归进程，这里是锻炼中医临床人才成长的最佳土壤。

在这样的环境里，他引进中医现代新疗法——蝎毒疗法，邀请首都名医和知名中医专家来院坐诊，瞄准临床疑难病和慢性病，尤其对当今西医尚无法解决，或即使能解决但对患者有所损害或使患者在经济上难以承受的病种。比如对心脑血管病、间质性肺炎、类风湿关节炎、股骨头坏死、肝硬化、胃癌等疑难病的治疗，李瑞杰大夫全身心投入、尽心竭力地为患者诊治，使许多被诊断为不治之症的患者得以康复，或使病情得到了很大程度的缓解，逐步彰显出中医药治疗疑难病的优势，扩大了服务的范围，拓展了中医药的生存空间，也让自己脚下这块贫瘠的土地生长出了中医之花，让感觉到无助、绝望的疑难病患者看到了希望。

除了位于罗村的卫生室以外，为了满足更多疑难病患者的需要，2019 年，他还在石楼县人民医院对面开办了自己的医院——民康医院，开设了百姓大药房、中医中药特色理疗中心和疑难病诊疗中心。他每天在诊所和医院之间穿梭，变得更忙了，也更累了，只为让患者少跑一些路，少一些辛苦，少一些周折。让他欣慰的是，“得了疑难病不必再辗转求医，走出大山往大医院跑，中医药也能看好疑难病”的观念已经越来越深入人心，民康医院也受到了当地百姓的热烈欢迎，对缓解看名医难、看疑难杂症难，保障人民的身体健康，起到了极大的作用。

最好的疗效就是在为患者省钱

给一个患疑难病的人看病，有的医生看到的是病，有的医生看到的是患疑难病的患者，有的医生看到的却是一个疑难病患者的家庭。面对一个家庭的诊疗，就不仅仅是开出一个诊疗方案那么简单，更需要考虑的是这个家庭的可持续性，只有家庭能够持续，诊疗才能延续。

李瑞杰大夫是一名共产党员，他以共产党员的标准严格要求自己，在当前科学至上、忽视人文的医学浪潮里，他坚守初心，做到了全心全意为患者服务，处处为患者着想。他看一个疑难病，看到的不仅是患者所患的疾病，更会去了解患者的家庭，就像患者家庭成员的一分子一样，认真为患者提供每一阶段的诊疗方案与治疗选择，在竭尽所能为患者提高疗效的前提下还要尽量减少患者的经济负担，为疑难病患者选择最为有利的治疗方式。例如，目前大力提倡发掘和应用中医特色疗法，合理应用可提高疗效，凡是应用中医疗法能医好的就不加用西医疗法，内服中药或配合中药外治法即获显著疗效的疾病就不添加某种中医特色疗法。中药方也注意配伍和用量，配伍精巧，不过度治疗。

2015年，他便最早学习引用了疑难病治疗的中医现代新疗法——蝎毒疗法，与医院动辄几万、几十万且无法从根本上解决疑难病的高昂费用相比，这种中医现代新疗法算得上“更有效，让患者更能负担得起”。

在李瑞杰大夫看来，能够缩短治疗时间，大大提高显效率和临床治愈率，达到最好的疗效就是在为患者省钱，中医现代新疗法——蝎毒疗法完全符合了他诊治疑难病时的这一要求和目标。如他运用蝎毒疗法治疗一个患脑梗死致偏瘫的患者，10天后腿软好转，感觉有力了，一个疗程后基本可以正常走路了，不向一侧倾斜了，两个疗程后生活基本可以自理了；运用蝎毒疗法治疗一个患神经性耳鸣7年余、在吕梁市人民医院和太原各大医院、北京空军医院均治疗效果不佳的患者，一个月耳鸣好转、耳内蝉鸣音减少一半，继续治疗两个月，耳鸣基本消失，偶尔响……随着一个个成功案例的不断积累，随着临床疗效的不断提高，使得许多疑难病在治疗时获得了事半功倍的效果，少走了许多弯路。

李瑞杰大夫辨证准确，用药精专，用最经典的组方，最合适的方法，保持和发扬中医特色，达到了最快、最好的疗效。“药简、力专、效宏”一直以来都是李瑞杰大夫诊病开方的重要原则，他这样做不仅是为了患者，也是为了自己，只有把辨证用药升华到这个层次，才能更深刻地体悟到中医之道。

最快的捷径就是站在名师肩膀上

中医学已有数千年的历史，名师高徒式学问的传承具有极其重要的意义。医学是积累的学科，是后人在前人肩膀上搭建生命探索的天梯，医生的成长离不开刻苦的学习及传承老师的敬业精神和丰富经验。

在刻苦学习上，李瑞杰大夫不论工作如何繁忙，仍然勤学博览中医典籍，不断提高中医学术水平，还进修于北京中医药大学东直门医院、山西省中医院、晋中市第一人民医院，了解现代医学发展，保持着对先进技术和中医药研究最新成果的敏锐和超前感知，把继承与创新有机地结合。

在跟师上，由于家学渊源，他曾跟随祖传五代中医并担任了20多年乡卫生院院长的岳父学习，掌握了极为珍贵的家藏秘方、验方，在治疗坐骨神经痛、皮肤病、脉管炎、男性病方面疗效显著。此外，他还师承著名中医内科专家、国医泰斗秦伯未嫡传弟子王凤岐及中华汉方疑难病专家委员会会长、蝎毒疗法创始人刘冠军，对中医治疗疑难病的认识有了突飞猛进的提高，进一步提高了中医药治疗疑难病的能力和水平。

如要获得名师指点，还需要自己时时留意，不放过任何机会，如在邀请原河北中西学院中西医结合医院院长、原河北医科大学中西医结合医院主任医师、中华汉方疑难病专家委员会副会长、北京医景堂疑难病医学研究院特聘专家姬承武教授来院开展疑难病诊疗活动时，他更是跟诊看病，细致观察，详细记录，勤于思考，仔细分析了姬承武教授的辨证施治思路和遣方用药方法，为己所用。因有名师耳提面命，更是受益匪浅，使自己的临床实战能力得到了进一步提高和升华。

最大的鼓励就是取得患者的信任

为什么李瑞杰大夫敢把自己的医院开到石楼县人民医院的对面，就是因为他走了一条差异化的中医药发展之路，全力打造了疑难病特色诊疗，恰当地使用合理的技术，为患者提供能承担得起而又有尊严、不受痛苦又能治疗的医疗服务。

李瑞杰大夫除了是国家执业中医师以外，还是国家二级心理咨询师，他能与患者和家属很好地沟通，细致商讨诊断和治疗方案，他更加关注如何提高患者的生活质量，会更多考虑患者的社会背景、生活环境来采取个体化、规范化、综合化的治疗方案，不仅要治愈患者的身体疾病，更要根治患者的心理顽疾，建立良好的医患信任关系。在他的工作日程里，几乎没有星期天或节假日，有空就到病房探视患者、观察病情，他的亲切和敬业得到了患者及其家属的一致好评。

在偏僻的山区农村，中医固然也可以发挥作用，显现威力，在大城市、大医院，在西药疗效不佳或无效的情况下，中医药仍然可以发挥作用。虽然比不上大医院的仪器设备条件，但中医药比拼的就是疗效，就是中医药在疑难病诊疗上的独特作用，也让老百姓切实体会到了中医药诊疗“简、便、验、廉”的实惠。

正是患者对于李瑞杰大夫和中医给予的信任和认同，让中医药在石楼县这块贫瘠的土地上仍能奋力向上生长并把根扎得越来越深！

伊万科

爱民如亲救疾苦，胸怀使命白衣行

伊万科 男，出生于1965年，青海西宁人，执业医师，从医至今三十余年，现就职于格尔木市昆仑梦工场伊万科诊所。具有丰富的临床经验，在西医、中医行业领域颇有造诣，医术精湛，擅长彩超引导下经皮穿刺治疗各种囊性病变，如卵巢囊肿、肝包虫、肝囊肿、肾囊肿等病症。

殚见洽闻克顽症

伊万科大夫出生于神奇的西陲青海，一层遥远、朦胧的轻纱，掩映着青海神秘的色彩。青海，雄踞世界屋脊，粗拙中透出珠光宝气，平静中显出神奇风采。在蔚为壮观的大地，却生长着朴实勤劳、性格豪爽、民风淳朴、善良厚道的青海人民。

伊万科大夫给人的第一印象，就是外表粗犷，身形魁梧，让人很难联想到他是一位悬壶济世的一方名医。不进一方地，不知一方民，青海虽然地理环境优美，但经济落后，同时医疗条件也相应欠缺。青海人不仅要面临贫穷落后的攻坚克难，还常常要经历疾病的困扰，这让青年时期的伊万科内心涌起汹涌的行医鸿志！

作为医学生的伊万科，毕业后第一时间投入到家乡的医疗事业中，通过不断的探索和求学精进，伊万科熟练掌握了中西医的理论知识，多年的临床实践，使他具备了丰富的诊疗经验，特别是在疑难杂症的治疗上，形成了独到的三大特色疗法。

伊万科大夫采用宫式脑针疗法，通过头部和特定部位施针，调整神经系统力学环境，改变具体实像结构的方法影响大脑，进行神经调衡，从而使疾病痊愈。

伊万科大夫将超声中频导药仪疗法试用于骨科、妇科、儿科、内科、泌尿科、皮外科等疾病的临床治疗，同时采用 B 超精准穿刺点和进针深度及角度，避免了手术带来的众多弊病，可减轻患者的创伤和经济负担，为腹部各脏器的囊性病变治疗开拓了一种安全实用有效的新途径。

伊万科多次参加蝎毒疗法宣讲培训班，被其认为是一次中医疗法的传承和创新，尤其运用蝎毒疗法治疗冠心病，取得较好效果。加入中华汉方疑难病专家委员会以来，因运用蝎毒疗法在治疗心脑血管、肿瘤、类风湿关节炎等疾病方面的突出贡献，其诊所被中华汉方授予“蝎毒疗法治疗疑难病定点门诊”。

扶贫治病两肩扛

改革开放 40 多年来，看病难问题一直是国家高度重视的问题。出于职业使命感，格尔木市昆仑梦工场的伊万科诊所一直履行着自己的社会责任。小小诊所常常人头攒动，看着患者脸上露出的笑容，伊万科也很开心，感觉自己的辛苦付出很值得。

伊万科诊所积极响应市委市政府精准扶贫政策的号召，深入社区、街道、村镇，为困难户以及患病村民免费诊疗治病。至今，伊万科诊所已经为格尔木光明路社区、唐古拉山镇等地的困难群众无偿诊治患者 13 例，同时为困难患者免费治疗，免费医疗费用已达到 25.6 万元。

在精准扶贫的扶持下，伊万科诊所在减轻患者的病痛的同时，还解决了他们的经济负担。伊万科说，看着患者一点点的康复，他从心底里替患者开心，接下来，他会不断地学习进修，提高自己的治疗技艺，来帮助更多的患者。

仁心仁术得民心

记者初次到访伊万科诊所时，就看到一位年纪约四五十岁的中年妇女在和护士打招呼，询问伊万科大夫，想告诉他自己的胳膊不疼了……近四十分钟，只见一个

“白大褂，蓝帽子”从诊室内走出来。“不好意思久等了。”这是记者初见伊万科医生时的样子。

经伊万科大夫介绍，得知中年妇女是唐古拉山镇长江源村的一位村民，她患有糖尿病，右侧身体偏瘫四个月，高血压病史更是长达十年之久，因为家境贫寒，病症久拖不医，伊万科大夫得知后，便找到这位患者，开始对其进行诊治，采用的正是伊万科大夫擅长的蝎毒疗法。经过一段时间治疗后，患者病情得到明显改善，这次前来，就是专门想对伊万科大夫表达感谢之情！

其实，诸如此类的患者伊万科大夫还帮助过很多。伊大夫平日里总是对病人和蔼热情，急病人所急，想病人所想，在他的身上很好地诠释了“患者的利益高于一切，一切为了人民的健康”的服务宗旨。

就在此前，一名康复患者在家人的陪同下来到了伊万科诊所，她怀着万分感激之情，将写有“精湛医术保健康，高尚医德为患者”的锦旗送到了主治医师伊万科手中，并向伊万科大夫深深地鞠了一躬。

这位送锦旗的女性，今年 52 岁。就在前不久发生了煤烟集体中毒事件，同宿舍的人均出现不同程度的心慌、恶心、呕吐、四肢无力、虚脱等现象，该患者来到诊所时已陷入深度昏迷，各种反射消失，大小便失禁，四肢厥冷，血压下降，呼吸急促，记忆力和理解力迟缓。

伊万科大夫凭着丰富的临床经验，对前来就诊的所有患者检查后断定为一氧化碳集体中毒。他立即对患者进行急救，40 分钟后中毒患者慢慢清醒过来。再通过 3 天的系统治疗和观察，患者所有症状消失，身体恢复正常。

伊万科大夫真诚说道：“听到患者及其家属的感谢与称赞，这是对我们医疗服务的最好肯定与鼓励。我们也将以此为动力，更好地为每一位来诊所的患者热忱服务，让每一位患者真正感到亲人般的对待。”

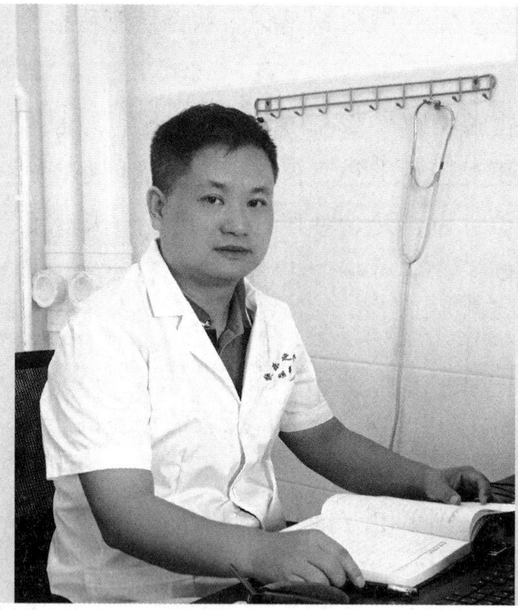

黄科

精妙探索展真知，高超技法祛沉疴

黄科 男，出生于1979年，祖籍湖南邵阳，中西医结合主治医师，执业中药师，2003年毕业于华中科技大学同济医学院，本科学历，现就职于湖南邵阳市邵东县邵东黄科中医诊所。先后师从同济医学院附属协和医院中医科邓水明教授、针灸科黄巍教授、武汉市第六人民医院皮肤科汪新教授以及“蝎毒疗法”创始人刘冠军教授。他通过多年临床经验，总结归纳出了糖尿病、高血压独特的治疗方法和完备的理论体系，用诸多的临床案例验证了其治疗思想的正确性，同时也为他以后的学术研究和专科发展奠定了深厚而扎实的临床基础，发表论文屡获嘉奖。主要从事疼痛科以及临床疑难杂症的中医治疗，疑难杂症包括股骨头坏死、心衰、不孕不育、男科疾病等。

心诚术灵，妙手成春

黄科属于世代中医，受家庭的影响，同时凭借着对医学事业的热衷，他考入华中科技大学同济医学院，并且以优异成绩毕业，被扬州市仪征人力资源和社会保障局医保处人才引进，负责医疗管理工作，期间工作长达10年。为了自己在医学上继续深耕创造，他甘愿放弃稳定的高薪工作，于2012年主动辞职，回到湖南邵东县开办个人诊所，一头扎进医疗探索的领域，向着医生救死扶伤的崇高使命迈步前行！

工作之余，黄科仍不忘学习，通过长期的探索和艰深的体悟，结合中医和西医的理念，从大量临床案例分析得出具有指导意义的多种疾病真相。在他看来，糖尿病的治疗重在补肝、强肾、健脾、强心、清胃；高血压的治疗重在健脾和胃、平肝滋阴潜阳、调理五脏；三叉神经痛的治疗重在疏通经络、平衡阴阳等等。

2014年，他加入中华汉方疑难病专家委员会学习使用蝎毒疗法治疗疑难病，之后多次参加蝎毒疗法高级研究班的学习，对疑难杂症的治疗有了更进一步的认识，尤其对心脑血管疾病和带状疱疹后遗症有独特的见解和疗效。2015年8月其论文《蝎毒疗法治疗心脑血管疾病临床疗效观察》在《中医科学杂志》第206期发表。2015年9月，他受邀参加台湾海峡两岸中医学术交流活动，并获得“海峡两岸交流名医”称号。

黄科对男科疾病了解颇深，他通过运用蝎毒疗法治愈了很多男科疾病患者，深受患者称赞。调查显示，男科疾病已成为继癌症和心脑血管疾病之后严重危害男性健康的“杀手”，被医学界认为是21世纪威胁男性健康的第三大疾病。前列腺疾病、性功能障碍、不育症、泌尿生殖系统感染，已成为危害男性健康的四大杀手。工作压力大、熬夜、喝酒等各种不健康的习惯都有可能成为男性疾病的诱因。他呼吁广大男性同胞，疾病预防大于治疗，平时一定要养成健康的饮食习惯和生活习惯。

黄科表示，如果患病也不要讳疾忌医，一定要及时就医。男科疾病病因多有命门火衰、心脾受损、恐惧伤肾、肝郁不舒、湿热下注等，治疗要从病因病机入手，蝎毒疗法中的蝎毒药品具有补肾益精、强筋补髓功效；再配合中药属虚者以补为主、属实者以泄为主，有火者清、无火者温，综合作用即可达到快速治愈的效果。

用真知灼见，解膏肓之疾

对疾病入木三分、久经考究的独到见解，为经验丰富的中医师多年临床中所总结，这种内化于胸的理念，融合了诸多因素，其中最主要的还是作为医师的一种使命感，催征着黄科去发现，去探索。一名医生的根本就在于救死扶伤，疾病和医生就好比两个狭路相逢的对手，谁技高一筹，谁就赢得胜利。所以，每一场和疾病的斗争，黄科都拿出百分百的努力去全力以赴，其中不仅有对医术的考验，更有品德的彰显。

黄科大夫认为，中风属于现今较为普遍发生的疾病，而每一个中风的人，绝对不是自然中风，大部分都有高血压的病史，同时还经常服用降压药。黄科大夫透过西医的辨病施治，以中医的整体观念为切入点，辩证地得出中风及高血压疾病由内而外、由外而内的循环发展过程。现代，随着人们生活水平的不断提高，多数高血压患者与不良的生活习惯和饮食习惯有关，所以，黄科大夫提醒大家，要注意自己的生活规律，不暴饮暴食，不吃太多脂肪类、蛋白类的食物。由于人的居住地点不同，饮食结构不同，所以，人身体的指标就有差别。西医的指标不是一成不变的，所以它无法根治高血压。服用降压药排出了人体正常的水，为了补充丧失的水分，一般医师建议在服药期间多喝水，这表明，有些医生知道病人会因此丧失正常的水，对身体有副作用，可是又不确定副作用在那里。

人一旦服用了西药来降血压，津液必自上而下损失，因此服用越多降血压药，脑部血管就越缺水，也就越干燥、易裂，饮水并不能完全补充血管壁的水分。换言之，长期服用西药的病人，绝对比一般不服药的人，更容易得中风。

黄科大夫透过表征层层分析，再四诊相参，可以较全面认识疾病。在他看来，血压高不是病，是一种警讯。所以他建议，在没有中风之前要保持适当的运动。适当的运动主要是为了身体内部正常的气血运行，时常保持身体汗液代谢的流畅。同时要保持心情开朗，心情开朗了则肝气就不压抑了，肝气正常生发，则体内的气血就正常运行。

黄科大夫说道：现在治疗高血压常常陷入“高血压需要终身服药”的误区，看似虽然是在帮助解决血压高出现的问题，看似是把各项指标调控得很好，维持在了“正常水平”，但其实是只治标不治本，十几年、二十几年过后，病情非但没有好转，其他疾病也会接踵而至。他认为，从中医的视角来看，只要把高血压的发病机理弄明白，运用中医传统理论，遵循扶正祛邪、因势利导，采用中医现代新疗法治疗高血压，通过调整脏腑功能使气血阴阳平衡，疏通气血，让患者身心和谐，回归机体的自然健康状态，就会给患者以良好的生命质量和生活质量。

黄科大夫通过大量病例分析得出对很多疾病的独到认识，他对中风及高血压方面的分析由浅入深，生动形象，很好地诠释了中风及高血压的形成原因和病理机制，让我们对中风及高血压有了全面认识，对临床相关疾病的预防和治疗具有重要的指导意义。

金秀玉

祛病凭妙法，白衣秉丹心

金秀玉 出生于1955年，祖籍吉林省汪清县，执业医师，毕业于吉林省延边朝鲜族自治州汪清县卫校，现就职于汪清县汪清镇水利公寓门市爱民诊所。她拥有四十余年的临床经验，是一名拥有综合实力、经验丰富的老中医。她还多次参与蝎毒疗法的培训学习，有着丰富的临床诊疗经验，主要擅长中医中药治疗关节炎、老年痴呆、心脑血管疾病等各种疑难杂症。

由西转中，矢志不渝

为什么选择医生这个职业，金秀玉大夫给出的答案是——个人爱好，一种天生的热爱。她的家族中，曾有一位男性先辈是一位朝鲜时代的地方名医。家族的学医传统延续至今，金秀玉的家族都在从事医疗行业，但都是西医。金秀玉大夫原来也是一名西医，是汪清县保健医院的门诊医师，后来决定自己开办诊所，而办个人诊所才是她学习中医的开始。

半道学中医，其中艰难可想而知。中西医理念不同，西医是现代西方国家的医学体系，诊断技术更多的是借助先进的医疗仪器设备和实验室，针对疾病的治疗技术主要有西药治疗、手术治疗、激光治疗和化疗等。

金秀玉大夫通过中医基础理论的学习，渐渐对这个传承了几千年的学科有了新的认识和想法。她认为中医“很有灵性”，非常符合“人”的特性。宝剑锋从磨砺出，梅花香自苦寒来。为提高医术，她专程学习了中医古法针灸。针灸治疗是以中医基础理论为基础，另外加上人体的经络学说而达到疏通经络、调和阴阳、行气活血等作用。仿佛是有天生的悟性似的，她对人体经络心领神会，对针法穴位手到擒来，这其实正是金秀玉大夫不断探索练习的结果。

她报名参加了中华汉方疑难病专家委员会在吉林举办的现代中医新疗法宣讲培训班，通过现场专家、教授的亲临授课，不仅医术提升很快，而且还掌握了新疗法“蝎毒疗法”。为进一步领悟中医奥妙，贯彻蝎毒疗法，金秀玉大夫拜蝎毒疗法创始人刘冠军教授为师。

在蝎毒疗法的正确指导下，金秀玉大夫在临床上大胆实践，综合分析，辨证施治，针对阿尔茨默症、冠心病、脑梗死等疑难杂症，她遣方的“蝎毒疗法”方案发挥出了显著疗效。此外，一些疾病的治疗通过她的妙手银针，可使患者康复更快！

特色疗法，打通心脉

根据世界卫生组织的报告，心脑血管疾病死亡的人数约占所有因病死亡人数的三分之一。在我国，心脑血管疾病同样是居于首位的疾病致死和致残原因。可以这样说，相较于癌症、白血病、尿毒症等传统意义上的急危重症，心脑血管疾病具有突发性，更应引起重视。

金秀玉大夫认为，造成心血管疾病的主要原因在于心肾不交、心肺气阻、心脾两虚、心肝郁滞等，致使水饮凌心、痰迷心窍，瘀血堵塞心脉，心脏元气受损，不能发挥正常功能。

中医望诊对于早期诊断心脏病有极大优势。金秀玉大夫认为，心与小肠、脉、面、舌等构成了心系统，而不单单只是指心脏的脏器官。可以观察鼻根部位，按面部全息来看，两眼之间的山根部位对应着心脏。因此，如果山根处有横纹，多意味着心脑血管有问题，其病状多显示为有高血脂、动脉硬化、冠心病的潜在可能。

除了面部两眼之间的山根处出现横纹，金秀玉通过望诊诊断心脏病还有另外几个标准：（1）耳垂处发现冠脉沟形状；（2）在手腕横纹处的神门穴与内关穴周围见明显青筋或呈紫黑色；（3）张口舌下出现静脉发黑或发紫；（4）嘴唇或指甲呈青紫色。同时配合脉诊，诊脉出现脉律不齐、时有中止的结代脉象。

传统中医治疗心脏病主要是用丹参、三七等活血化瘀的药物，而金秀玉大夫通过学习“蝎毒疗法”发现：蝎毒中所特有的蝎毒纤溶活性肽，能够有效软化血管，清除血管内壁上的赘生物和附着物，使得脑血管疾病治愈后不易复发。而且，蝎毒中所特有的小分子短肽——神经生长肽，能够顺利通过血脑屏障，修复损伤的脑细胞，恢复脑细胞及脑神经功能。

金秀玉大夫针对心脑血管疾病的治疗，独创了自己“四疗并举”的特色疗法。

（1）药疗。注意控制血脂、胆固醇、血压、血糖在正常范围，通过中医辨证心脏病的气郁、寒滞、血瘀、痰凝等，然后用蝎毒疗法配合其他中药，采取不同的治疗方式，如行气、温经、活血、化痰达到治本的目的，从而在根本上恢复心脑的生机功能。

（2）动疗。动疗之动以有氧运动为主，比如散步，且不主张患者剧烈运动。

（3）针疗。脑梗死很多都留下了后遗症，主要表现是一侧的肢体乏力，活动障碍。可以在药物治疗过程中采用针刺手段刺激穴位，疏通血管、促进局部血液循环，刺激神经肌肉、疏通经络，借助患者自身恢复能力而达到自我修复、自我完善、自我调整、自我治愈，可与药疗和动疗达到珠联璧合、相得益彰的目的。

（4）食疗。食疗是让心脑血管健康有序地进行新陈代谢，饮食应厚薄结合：对厚味食品浅尝辄止、少食糖与盐，勿过度饮酒，勿过食油腻、生冷、煎炸、烧烤；薄味指饮食以清淡为主，每顿饭七分饱即可。总之，饮食应注意 6 个字，即低脂肪、高纤维。

金秀玉大夫表示，调理心脏，一则调畅情志，保持心情愉悦，因为生气郁积，会使气滞血瘀；二则保持良好的睡眠质量，因为熬夜过劳而易早衰；三则药食同疗，食疗与药疗相互配合效果更佳。通过穴位的按摩，也能对心脏病起到很好的治疗作用。

行医祛病，兼济病患

四十多年来，金秀玉大夫始终以高度的责任心、敬业精神和良好的医德医风为广大病患者服务，始终坚持“医者父母心”的原则，对待患者不分家庭境况是富是贫、社会地位是高是低，始终把患者的生命安全放在第一位。对待每位患者，自己都能做到认认真真检查、不厌其烦解说、兢兢业业施治。在给患者进行诊疗时，她时刻关注患者心理变化，始终认为一个亲切的笑脸、一个鼓励的眼神、一句温暖的问候语、一个拉扶的细心动作，本身就是一味对症良药。视患者如亲人，从而赢得了患者的理解、支持与尊重。如果遇到远道而来的患者，她还会挑灯夜诊，尽量当天能做完检查，明确诊断，给予及时治疗。

曾有一位癌症患者，就诊时已经到了“病危期”，医院给出的治疗方案都是只能延长生命，存活一年半载已是幸运。即使如此苛刻的生存时间，通常也需要大量的医药费用支撑，大多数患者此时都会因为无力支付高昂的费用而选择放弃。这位癌症患者抱着最后的希望来到金秀玉大夫的诊所，金秀玉大夫了解了患者情况后，第一时间做出全面的诊断，“虽然我不说，患者应该是知道的。”金秀玉大夫无不惋惜地说道，癌症已到晚期，并且错过了最佳治疗时间，患者几度放弃治疗。金秀玉大夫为了缓解患者压力，让患者相信中医可以治愈癌症，特地制订了高效的“蝎毒疗法”治疗方案，并且只让患者承担药品的成本即可，不多收患者一分钱。经过一系列抗癌和增强机体免疫功能的治疗，患者病情明显好转，同意继续采用蝎毒疗法治疗。

只有具备了大山样真实博大的品格，才可能有水样源源不断的智慧。金秀玉大夫始终与人善良，做事一丝不苟，倾注全部热情，视患者为亲人，热心、热情对待每位患者，认真检查，精心治疗，患者康复是她最大的快乐和安慰。尽管像癌症这样的疾病很难克服和治愈，但是，只要有百分之一的可能性，她就会做出百分之百的努力。

唐代诗人苏拯写过一首《医人》：“我愿天地炉，多衔扁鹊身，自然六合内，少闻贫病人。”非常形象地比喻了如金秀玉大夫般的医者仁心。愿良医造福更多百姓，愿金秀玉这样的大夫越来越多，如此，患者幸甚，社会幸甚！

丁晓波

苦心人，天不负；医德双馨美名传

丁晓波 出生于1970年，毕业于西南大学药学专业，本科学历，现就职于大庆市上医堂中医门诊部，中医主治医师，中西医结合执业医师，执业中药师。从医至今30余年，主要擅长运用蝎毒疗法治疗心脑血管疾病、肿瘤、颈肩腰腿痛、失眠以及各类皮肤病。在当地开启了“蝎毒疗法”治疗疑难病的新局面，搭建了广大疑难杂症患者重获康复的桥梁。

为亲从医，化苦为乐学医技

丁晓波大夫的母亲自他幼年就体弱多病，当时的农村医疗卫生条件差，丁晓波不忍母亲被病痛折磨，便在14岁时自学中医，希望自己所学可以治好母亲的病，让她早日康复。1988年，丁晓波考入建平县卫生学校中西医结合专业，2017年在黑龙江中医药大学学习中医专业，2019年又在西南大学学习药学专业。

从为母治病开始学医，到专业院校系统学习，丁晓波大夫表现出了特别爱学习的劲头。除参加各类培训外，对中医的热爱，让他在往后的行医生涯中，每天晚上十点休息，第二天凌晨三点准时起床看书学习至凌晨五点半，然后再休息至六点半起床，开始一天的工作，这个习惯丁晓波大夫已经坚持了31年，哪怕除夕也是如此。正是这份坚持和努力，不仅治好了母亲的病，更使丁晓波医技越来越精湛、看病的患者也越来越多。

精研医术，得治疑难妙法

丁晓波大夫对医学的热爱尤其突出表现在他对中医的执着上，他坚持参悟中医典籍，例如《黄帝内经》《伤寒论》《金匮要略方论》《奇经八脉考》等，领略华夏中医奥义，体会古人中医智慧，同时坚持不懈地对中医现代典籍进行学习。通过对中医现代新疗法的学习，让丁晓波大夫的行医之路获得了重大收获，在“蝎毒疗法”宣讲培训如火如荼进行中，丁晓波抓住机遇报名学习。蝎毒疗法充分利用蝎毒中分离出的神经生长肽、镇痛活性肽、溶栓因子、血管多肽、抗癫痫多肽、抗癌多肽、抗炎因子、抗病毒因子、抗心律失常肽、透明质酸酶等多种活性肽，在修复神经、镇痛、软化血管、溶解血栓、抗癫痫、杀灭癌细胞、抗心律失常、促进药物在机体内快速扩散和有效吸收等方面有着无可比拟的效果。对于顽症、久病、重疾，因其病位较深，一般植物类药难以取效，而全蝎等虫类药药性峻烈、起效迅速，为血肉有情之品，疗效显著，备受医家推崇，是临床治疗各种急慢性疾病的良药。丁晓波大夫将“蝎毒疗法”运用于日常所面临的久治不愈疾病，从此，开辟了他采用中医药攻克疑难杂症的道路。

制药求精，问天无愧医责

医生是关乎人命的重要职业，药业关系性命，尤为不可欺。采办务真，修治务精。修合虽无人见，存心自有天知。“你在做什么，别人看不到，但是你自己知道。所以，我们是凭着良心在做事。”丁晓波大夫说道。

1995年，齐齐哈尔市拜泉县富强镇公平村一8岁小童呕吐清水，四肢厥寒，面色苍白，半昏迷状态，至明水县人民医院抢救无效，后送至丁晓波在拜泉县龙泉镇开设的诊所治疗，丁晓波大夫以附子、川椒、葱白同捣碎，隔布敷于小童肚脐上，后用四逆汤、小半夏汤、吴茱萸汤加减，煎后加入红糖小口频服，小童当天病情便有所缓解，三天治愈。

对于用药，丁晓波大夫有其独到见解。名老中医李可先生曾言“中医不传之秘在于量”，比如“阳虚证”，附子可以用到100g或200g；细辛治疗风寒湿痹、过敏性鼻炎、结节性包块及寒性疾病，可以用到60～100g，但要掌握五个“不”及煎服方法，即舌不红、苔不黄、脉不数、口不渴、便不结。俗话说“细辛不过钱，过钱命相连”，但这个指的是研成粉服用。细辛含挥发油，医书上载一般煎煮不超过5分钟，但从其化学成分上看其主要有效成分为甲基丁香酚和有毒成分黄樟醚，甲基丁香油酚无毒，黄樟油醚有毒，煎煮后，甲基香油酚挥发得少，黄樟油醚挥发得多，这样只要符合舌不红、苔不黄、脉不数、口不渴、便不结，用起来就是安全的。附子用量大时，一般加大甘草用量可解其毒性，但应用大量甘草患者会出现周身肿胀及眼睑浮肿，此时可加入茯苓、泽泻利水消肿以去其弊端。

“医生每用一味药都是经过他周密的思考，根据古方、根据病情而设定的。正谓：用药如用兵，开方如布阵，一个好的处方，要刚柔相济，既有涓涓细水之缠绵，又要有力拔山河兮之刚猛。所以临方炮制是非常重要的，一定是药房配合医生的处方，而不是医生跟着药房的规矩走。”

当药物的香味遍布整个楼层时，弥漫出一种令人安心的舒适感。这一份信任、一份爱，通过众多医护人员一点一滴细小的努力而承载起来。

目前大多数药房不重视称药，使用电子秤高效率地运作。上医堂则一贯强调老规矩：要“压秤”。因此，上医堂药房复原小称称药，方中的每味药材均单独称量，分贴压秤。小称压秤配方，速度慢很多，但是质量可以保证，它直接影响患者的康复速度以及医生的声誉。

上医堂药房遵照处方精工慢做，务求称量精准。丁晓波说：“医生十几年甚至数十年的辨证论治经验，仔细严谨开出来的方子，不能因为药房调配的原因降低了疗效。”

以心问诊，施康复奇效

丁晓波大夫一贯认为：疾病的治疗没有好的沟通往往会导致疗法上的失败。“一个人医术再好，能治多少人？不要保守，让更多人能了解中医，信任中医，它才能给更多的人治病，这就是我与病患沟通的目的。”

丁晓波大夫经常治疗的慢性疾病失眠，因为其无痛无痒，常常被患者所忽视。在他看来，长期失眠的患者会阳不入阴，阴气得不到化生，而阴分亏虚，体内五脏六腑阴液不足，人体就没有了精、气、神，即所说的“非安谷不能生精与气，非安枕不能养血与神”，从而导致正气不足，会衍生出更多的疾病。

人的体表有气运行，像人体外围的卫士，名卫气。卫气是固摄阳气的，它在人体体表不断地运化行走。白天卫气行在人体的脉外和肌表起卫外和防御作用，晚上则行到阴分里，就是阳入于阴，卫入于营。阳气只要一入阴经，人就想睡觉；卫气在阴经中行走完，出离阴经的一瞬间，人就会醒来。白天动而生阳，人体阳气输布于外，所以人在白天是动的、阳光的，展示的是一派阳刚之气。

这些输布于体表的阳气，为阴液所化，维持白天所有活动要消耗体内的阴分。当动到极限，阴分消耗过度，人就会疲劳需要睡觉。入睡后，人的阳气开始收敛，消耗减少，反过来促进阴分的化生。阴分养足了，人体第二天才能有充足的阳气。通过阳气的推动和温化，阴液才能发挥作用，只有“阴得阳生”，才能泉源不竭，“阳得阴助”，则生化无穷。

失眠即失去正常的睡眠，是以经常不能获得正常睡眠为特征的一类病症，主要表现为睡眠时间以及深度的不足，患者彻夜不眠或睡后易醒的现象。丁晓波大夫将失眠分为有气郁化火型，心肾阳虚、虚火上浮型，痰火郁积、热扰心神型等十余种证型，认为要对失眠进行辨证施治，首先就要判断患者属于哪一种类型，与患者悉心沟通，从而对症下药。

“蝎毒疗法”以补虚泻实、调整脏腑阴阳的原则治疗失眠。实者泻其有余，如疏肝泻火、清化痰热、消导和中；虚者补其不足，如益气养血、健脾补肝，在此基础上使患者安神定志。在中医领域，众多针对失眠的治疗方案中，蝎毒疗法的实际运用得到广大深受失眠困扰患者的认可。

大医精诚，方证医者初心

“凡大医治病，必当无欲无求，誓愿普救含灵之苦……亦不得瞻前顾后，自虑吉凶，护惜生命。昼夜、寒暑、饥渴、疲劳，一心赴救。”

唐代名医孙思邈将这篇《大医精诚》冠于中医巨著《备急千金要方》之首，提倡为医者必须发扬救死扶伤的人道主义精神，“精”于专业、“诚”于品德，这样才是德才兼备的“大医”。

丁晓波大夫一直将“大医精诚”作为行医准则，“医生并不比普通人伟大，也不比普通人卑劣，我们只是跟所有人一样履行自己赖以糊口的职责。有抱怨的时候，有厌烦的时候，有出错的时候，有能力不济的时候，但我们绝不会故意去漏诊、误诊、误治任何一个病人。我认为这是医患之间最基本的信任。”丁晓波大夫践行着这份准则，以一颗诚挚的心，以一种质朴的方式，传承着中医精神，感染着身边每一个患者，让越来越多的人想到“丁大夫”就油然升起对中医药的认可，对医生的崇敬！

谢灼明

三折肱为良医，行致远为品正

谢灼明 男，出生于1952年，祖籍广东清远，执业中医师。1978年开办谢灼明中医诊所至今，从事临床诊疗工作五十年，毕业于广东清远职业技术学院，毕业之后一直在临床一线工作，师承肖各老中医，打下扎实的中医理论基础，拥有丰富的临床诊疗经验。对医术不懈追求，从典籍和临床中汲取精华，探索发现；多次进修于广州中医学院（现广州中医药大学），博采众长，融会贯通，在治疗颈椎病、腰椎病、强直性脊柱炎、腰椎间盘突出症等疼痛骨病，脑梗、冠心病、高血压、中风后遗症等心脑血管疾病方面取得了一定成绩，凭借扎实的中医药理论知识和丰富的临床实践，成为当地颇有声望的老中医。

严谨治学贫穷起，学医有成恩惠民

谢灼明从医初衷，要从他小时候说起，幼年时家境贫寒，他看到身边亲人因为缺医少药而得不到有效的治疗，心中万分难过，遂立志行医。当时的乡村交通不发达，医疗诊所覆盖面稀少，正是因为道路不通，农村人生病一般都找乡村医生，从感冒、发烧到毒疮、扭伤，可见当时的乡村医生是不折不扣的全科大夫。谢灼明正是拜民间老中医为师，跟随左右，记着老中医的药方，学着他的笔记存根，就这样一点一滴，谢灼明潜心学习了三年，便告别了师傅。20世纪80年代，谢灼明开始开办个人诊所，到现在，在清远，只要一提到老中医，大家都不由想到谢灼明大夫，可见其五十年的行医生涯对当地的影响。

谢灼明医生虽然已经年逾古稀，但仍旧坚持临床一线，为基层群众带去健康。除此之外，谢灼明大夫还坚持学习，信奉“活到老学到老”，不断地充实自身。谢灼明大夫说：“只有把理论知识和临床技能密切结合起来才能效如桴鼓。”他不仅常常进修于各大医学院，还自己研究发表论文，如《中医药对心瓣膜病变的康复》等；他善于研究并应用中医技术，在技术创新的同时始终牢记医德为首、德技俱佳、术仁并重，将大医情怀深植内心，倾心于疑难杂症的研究。从理论到实践，谢灼明大夫紧密结合两者，在临床上取得了较好的效果。

“医生这个职业是一种融科学性与艺术性于一体的职业，医生应该有严谨的工作态度。”谢灼明医生说道。医者要有勤勉好学的求学精神，系统科学地学习医学理论知识并熟练地运用到临床当中，是每一个医者的必备素养。在临床诊疗中，他坚持要秉持实事求是的态度，细细甄别病因病机，再进行辨证施治。严谨是对患者的负责，也是对一个个生命的负责。清远医生谢灼明献身医学，从医以来恪守医德，刻苦钻研，孜孜不倦，精益求精，一直致力于研究治疗脑病（中风、偏瘫）。为提高能力，他在古稀之年还专程参加中医现代新疗法——蝎毒疗法的培训，学习蝎毒奥义，掌握其疗法运用，对常见病以及疑难病都有很好的研究与治疗。尤其是心脑血管病的治疗，他根据多年经验，严格遵循一人一方、分型分治的理念，给每位患者精确分型，进行散寒、通阳、活血通脉、理气通络等法治疗；采用理、法、方、药，依法立方，以方选药，一人一方，使失衡的阴阳、气血、津液回归平衡，遵循“证准、方对、药灵”的原则。

妙手银针为良医，心正药真除沉疴

这些年来仅谢灼明凭借着一双巧手和一根根银针，治好了很多沉疴顽疾和疑难杂症，冲着他的大名而来的患者数不胜数。他自创的徒手捏脊配合透针法，将纵行疏通、松解粘连、融化分离、修复神经融于一体，这一疗法既发挥了传统针灸的优点，又融合了现代中医发展的新理论，缩短了治疗时间，大大提高了治疗效率。徒手捏脊配合透针法运用于临床，对颈椎病、腰椎病、椎间盘突出症、骨关节炎、骨质增生或骨刺、肩周炎、腱鞘炎、强直性脊柱炎、肥胖症以及脑梗、中风后遗症等效果都十分显著。因为效果好，往来的患者口耳相传，以至于谢灼明大夫的名气越来越大，很多外地的患者专程慕名而来。曾有外地学徒请教针灸技法，谢灼明也毫不保留，倾心教授！

谢灼明朴实的老中医作风，还体现在用药遣方上，他坚持给患者提供货真价实、质优可靠的道地药材，确保药尽其效，让患者吃上放心药、管用药，真正地做到了药到病除，这在他看来是中医师必须把关的地方，也是作为一名救死扶伤的大夫的良心。大医之德，皎皎如月，大医之行，磊落如风，从谢灼明的行动中，我们感受到了他处处为患者的健康着想，愿将人病当己病、救得他生是我生的仁爱精神，既使他问心无愧，又为他赢得了广大患者的尊重和信赖！

精心救心有妙法，品正赢得患者敬

谢灼明医生的诊疗理念深深契合中医的整体观念，中医强调人体内部的统一性，也重视人体和外界环境的统一性。中医通过对人体各层次、多方面的干预，根据每个人的地域、体质、性格、生活环境等方面的不同，从整体上因人、因时、因地制宜，同时也根据每个人病变的脏器特点，着眼于局部，辨证论治。

在治疗疑难病方面，谢灼明大夫强调疼痛骨病的治疗除了针对风寒湿热治疗外，还应活血化瘀，筋骨同治；心脑血管疾病的治疗不能只关注心脑，应五脏同治，全方位用药，全方位治疗。

针对冠心病的治疗，传统中医药可以采用多环节、多途径、多靶点干预疾病，同时可以扶正祛邪、调动机体潜能，增强体质，提高机体抗病与应变能力。冠心病的治疗，目前的传统中药多数是活血化瘀的药物，可以增加心肌的供血，缓解心绞痛的症状。但是已经形成的冠状动脉硬化不可能完全消失，即使使用西医的支架植入等方法，也不能达到完全治愈冠心病的目的。

中医现代新疗法——蝎毒疗法一经得到临床上的有效证实和民间的广泛传播，谢灼明便去学习了。经过系统的培训学习，他对治疗冠心病充满信心。“我治疗的老年冠心病患者比较多，人上了年纪，得这种病的概率就会变大。冠心病会引发多种类型的并发症，轻则心绞痛，重则心肌坏死。所以治疗要有效率！”谢灼明大夫说。治疗效率的秘密，就在于“蝎毒疗法”的运用。

俗话说：响鼓需重锤，重疴需猛药！谢灼明大夫诊疗特长便是方剂精准下猛药。他把方剂精准到多加一味药或少加一味药都会影响治病的效果，所以，他开出的方子总是精准到位，起到最好的治病疗效。他严格实施蝎毒疗法，再配合经方中药治阴寒、痰浊、血瘀等邪实，又治阴阳气血亏虚，可达标本兼治的良好效果。

中医文化有千年的历史，灿烂辉煌，源远流长，中医学博大精深，救人无数，其中就离不开名老中医的行医经验，他们是中医的宝贵财富。老中医谢灼明经过潜心钻研后，综合各名家之所长，练就了自己的独特本领，在治疗心脑血管方面发挥着独特、不可替代的作用。如今，他正培养对中医有兴趣的儿子，引导他正确学习中医的方法。儿子形容他：生活中很和蔼，但教学上很严厉。“品正才能行得远！”这是谢灼明大夫经常教育儿子的话。从穷苦到安康，从青年到古稀，先做人再行医，他，从来如此！

曲兆江

躬耕杏林五十载，古稀岁月医长青

曲兆江 男，1951年出生，黑龙江富锦市人，执业中医师，行医五十载，孜孜不倦地献身于中医事业，有较深的理论造诣和丰富的临床经验，使无数疑难病患者摆脱了痛苦，深受患者爱戴！擅长高血压、冠心病、脑梗、偏瘫、癫痫、帕金森、顽固性失眠、各种头痛、腰颈椎增生、强直性脊柱炎、股骨头坏死、风湿、类风湿肺气肿、鼻炎、血栓性静脉炎、肾炎、肝炎、肝硬化、子宫肌瘤、盆腔炎及积液、乳腺增生输卵管阻塞性不孕症及妇科疾病、前列腺增生及男性科疾病、各种皮肤病、性病等。

古稀之年，人们要么与亲人共享天伦，要么下棋、散步、侍弄花草虫鱼。然而，在黑龙江富锦却有一位70岁的老人，依然孜孜不倦地活跃在临床第一线，用融汇古今的精湛技术为患者祛痛治病，他就是曲兆江。学医从医五十余载，修医德、行仁术，用一生诠释什么是医者本色。

怀初心，砥砺前行五十载

因自己之病或亲友之病奋而学医的故事，历来不少，而曲兆江就是这样一位医生。曲兆江出生在黑龙江一个普通的小村庄。在20世纪五六十年代，这里是一个闭塞蛮荒、缺医少药的僻壤之地，医疗条件差，农民看病难，要找一名称职的医生并不是那么容易。在曲兆江小时候，母亲便患上了肺结核，由于医疗条件差，始终未能治愈。他常常在想，自己要是个医生该多好，母亲就不会受病痛折磨了！《伤寒论》有言“学医者，上以疗君亲之疾，下以救贫贱之厄，中以保身长全，以养其身”。母亲之难、百姓的疾苦激发出曲兆江奋发研究医学及从医救民的热情与决心。

于是，1968年曲兆江如愿到齐齐哈尔卫校学习，1971年毕业后被分配到齐齐哈尔富裕农场做医疗工作，后被调到大庆医院工作，一干就是数十载，直至2013年退休。

如今，虽已年至古稀，曲兆江还是一如既往地奋斗在临床一线，为来自省内外的患者服务。记者多次前往他的诊所，都能看到许多患者在排队候诊。这里有哈尔滨市区的患者，也有黑龙江省内其他地区的患者，甚至还有吉林、辽宁、内蒙古、上海等地的患者慕名前来就诊。

“从医50年了，我还是舍不得放下自己的初衷。”曲兆江说，“能得到患者及家属的认可，这是对我最大的肯定。”他表示，只要条件允许，他一定会不忘初心，继续坚持下去。

克疑难，效如桴鼓非虚语

所谓疑难病，一般是指病因复杂未明、诊断难以统一、医治难度较大的一类疾病。疑难病给人类的身体健康造成了极大的危害。有些医者，面对疑难杂症，往往心有余而力不足，只能望而却步。

身为一名从医五十载的职业中医大夫，曲兆江一直致力于疑难病治疗的研究，在中医方面的造诣极高，尤其擅长治疗心脑血管疾病如高血压、心脏病、心梗、脑梗等，擅长调理慢病，改善病患体质，除此之外，曲兆江在治疗肝癌方面尤为擅长。

“这多亏了中华汉方疑难病专家委员会，这个平台给我提供了学习交流的机会，让我接触到了许许多多的名老中医，掌握了很多实用的经验。治疗肝癌，就是我在中华汉方蝎毒疗法治疗肿瘤高研班上学来的。自从我加入中华汉方以来，一直跟随着汉方的脚步，一起成长。”

肝癌是一种较为常见的恶性肿瘤，其发病人数众多，危害也极大。虽然早期切除的远期疗效较好，但大多数肝癌患者在确诊时已属晚期，手术机会多已错过，所能采用的现代综合治疗方法常限制在放化疗和免疫治疗上，而放化疗对本病治疗的毒副反应大，疗效也不理想。

曲兆江大夫认为中医肝癌的主要病因为本虚标实，本虚是患者正气亏虚为本，标实是气滞、瘀血、瘀浊、湿热等各种病理产物长期作用于肝脏，癌毒积聚而成，虚、痰、瘀、毒是肝癌的基本病因和病机。

针对肝癌患者以气血亏虚为本、气血湿热瘀毒互结为标的虚实错杂的病机特点，中医讲求扶正祛邪，标本兼治，以恢复肝主疏泄之功能，使气血运行流畅，湿热瘀毒之邪有出路，从而减轻和缓解病情。

治标常用疏肝理气、活血化瘀、清热利湿、泻火解毒、消积散结等法，尤其重视疏肝理气的合理运用；治本常用健脾益气、养血柔肝、滋补阴液等法。

曲兆江大夫认为，治疗肝癌要驱邪与扶正相结合，即要达到抗癌和增强机体免疫双重功能，既要考虑患者局部的治疗，又对患者整体的身体状况进行系统的调整，使患者达到体内的阴阳平衡，邪正平衡，从而达到减轻病痛，提高患者抵抗力，杀灭癌细胞，实现长期带瘤生存甚至痊愈的目的。

重传承，筑梦岐黄传薪火

众所周知，中医是我国优秀的文化财富，几千年来为中华民族的繁衍昌盛发挥了不可替代的作用。师承教育作为千百年来中医药人才培养的主要模式，在传承中医药学术思想、临床经验和技术专长方面一直占有重要地位。

曲兆江不仅是患者口中的“名医”，手法娴熟，医德高尚，更是学生眼里敬重的名师。从医五十年来，曲兆江虽然在医路上成就斐然，但他从不藏私，总是毫不保留地把自己宝贵的临床经验传授给学生，把饱浸心血和汗水的学术研究成果奉献给社会，以期薪火相传，更广泛地造福民众。

笔者采访时，曲兆江正在为患者诊病，其身边坐着自己的弟子。他一边仔细地为患者诊查病情，一边耐心地给弟子们讲解，并且去比对他们的病例和真实病情，然后提出自己的意见。整个过程，曲兆江很投入，弟子听得很入神，患者也在聆听中更加了解自己的病情。

“师父虽然是已经是年过古稀，但他诊病时依然是思路清晰，严谨认真，每次给求诊者开药方，都会斟酌再三。有时候，还会给患者打电话，详细询问服药后的反应。他从医五十年以来，心中时刻装着的是患者，始终装着中医事业，装着为中医事业而奋斗终生的执着信念。”曲兆江的一名弟子说，“曲老的境界，永远是我们学习的标杆！”

曲兆江是一位纯粹的中医人，是一名真正的中医临床大家。五十载滋滋行医，他痴心不改，爱洒行医路；半世纪躬耕杏林，他学而思进，不忘中医传承。虽已古稀之年，但其却精神矍铄、精力饱满，以其独有的风范，不断地超越自我，追求卓越，实践着“健康所系，性命相托”的医学誓言！

验方验案

骨质增生

【患者基本情况】张某，男，67岁，富锦人，农民，该患者腰、腿、颈疼痛20余年，长期服用止痛药，其痛未止，服用中药未效，2019年12月23日来我院就诊。

【问诊及诊断】患者带有佳木斯二院检查报告显示：颈V、胸V、腰椎VI、V和骶椎大部均显示唇样增生，但未发现肿物。脉象沉紧，舌淡苔黑润。中医诊断为骨痹，患病根源为肾虚、劳损、寒湿阻滞经络、瘀血内阻。治则：活血化瘀、祛寒除湿。

【治疗过程与效果】

中药：白芍30g，甘草10g，木瓜10g，威灵仙15g，乳香15g，延胡索20g。

配合养肾活血药酒及硒灵芝胶囊。

进药15剂，效果很好，疼痛减轻。

二诊：在上方的基础上进行改进，以滋补肝肾、养血温络、除寒祛湿固其本。

方药：白芍30g，赤芍30g，生甘草10g，木瓜10g，威灵仙15g，川牛膝15g，骨碎补15g，川椒10g，当归10g，制乳香10g，制没药10g，血竭3g（冲服）。每日1剂。

连续服用10剂，疼痛大减，夜能入睡，原方又进20剂，由剧痛转为隐痛，能翻身和扶杖行走。

三诊：在上方的基础上加减。

白芍 15g，赤芍 15g，生甘草 60g，木瓜 60g，威灵仙 80g，川牛膝 80g，骨碎补 80g，杜仲 80g，熟地 80g，葛根 80g，独活 80g，秦艽 80g，地龙 60g，青风藤 60g，络石藤 60g，乳香 60g，没药 60g，透骨草 60g。上药共为细末，炼蜜为丸，每丸 9g，日服 3 次，温酒调服。

3 个月后随访：疼痛基本消失。现患者行动自如。

加减：本方多年来用在临床上治疗骨痹收到良好的效果，而且还可以加减用来治疗各类病证。如：颈椎增生加葛根 30g，姜黄 10g，气血虚者加黄芪 15 ～ 30g，疼痛剧烈者加桃仁 10g，红花 10g，腰椎骨质增生加川续断 30g，桑寄生 30g，足跟骨质增生加牛膝 15g，淫羊藿 10g 等。

因方中的白芍用量较大，脾胃虚弱者服药后会出现便溏甚至腹泻，此时，可加入白术或苍术 10 ～ 15g 以健脾祛湿。

【按语】骨质增生，俗称骨刺，中医亦称之为“骨痹”。颈椎骨质增生症见：颈项强痛、转侧不便、牵及单侧或双侧肩及上肢疼痛、麻木并可引起头晕、心悸、恶心甚至颈项强直、不能平卧等。腰椎骨质增生主要临床表现：腰痛、活动不便、牵及一侧或双侧臀部及下肢疼痛、麻木。足跟骨质增生主要症状表现：单侧或双侧足跟痛，不能落到行走，清晨起床下地时疼痛加剧，足跟下如踏有硬物感。骨痹多发于老年和中年，青年患者偶尔可见到，病因是人到中年后，肝肾开始虚衰，气血有所不足，加之外感寒邪湿气，客于骨髓、发而为痹。劳伤筋骨者，肝肾自伤。因此，越是青壮年时期运动量大的人和从事重体力劳动的人，进入老年后不坚持活动，越容易患此病。

李庚

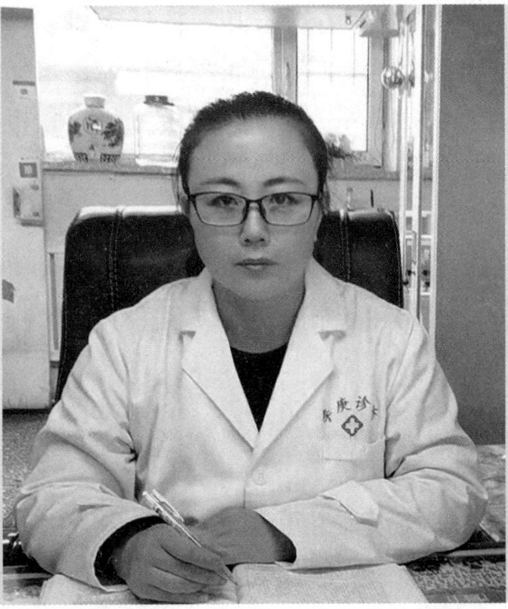

丹心妙手保康健，奇药良方祛沉疴

李庚 女，出生于1983年，吉林省吉林市人，毕业于长春中医学院，现就职于长春市净月区新立城水库卫生所。中医执业医师，全科乡村医师，优秀共产党员。2003年执业行医至今18年，擅长治疗胃肠疾病、乳腺疾病、风湿类风湿、腰椎间盘突出、颈椎病、股骨头坏死、痛风、脑血栓脑出血后遗症、冠心病等多种疑难杂症，不手术治疗疝气，运用中医中药治疗斑、敏、痘等各种皮肤疑难问题，以中医药美容和蝎毒治难病享誉一方。

承医脉，传良药

李庚大夫出身于中医世家，在家族的熏陶影响下，很小的时候就学着帮父亲做药丸，学着认、称、抓中药，渐渐对中医产生热爱，并决定选择从事中医事业。从长春中医学院毕业后，她就到大医院参加“继续教育”，正是在这期间积累了大量的临床经验。同时不忘研读《伤寒论》《金匮要略》《本草纲目》等中医典籍以及听取各种讲座知识。

中国传统文化是中医药形成和发展的灵魂和血脉，是中医药传承的根本。中医药理论是经历代医家的实践探索，系统总结而形成的以“阴阳五行学说”为核心的完整医学体系，与中国传统文化一脉相承，是中国传统文化的有机组成部分。脱离对中国传统文化的认知谈中医药继承，好比无源之水、无本之木。

李庚大夫的中医技术核心是以传统中医中药理论为基础，传承祖父留给她的中药秘方和独家医术，吸收借鉴现代医学的先进方法，借助先进的医疗设备，对一些难以治疗和复杂的疑难杂症进行专业突破。

学师技，祛沉疴

李庚大夫秉承着敏思好学的行医习惯，为突破糖尿病、高血压、心脑血管等疑难病的瓶颈，她特地参加蝎毒疗法的系统培训，拜中华汉方疑难病专家委员会会长、蝎毒疗法创始人刘冠军为师，将创新中医中药理念，结合个人临诊经验，凭着精湛的医术，运用蝎毒疗法配合针灸等疗法在糖尿病、高血压、冠心病、脑中风、面瘫等慢性病的治疗和康复调理方面取得了很大提升，同时让她更有信心去攻克疑难杂症。

蝎毒疗法为百姓解决病痛，解决了许多现代西医学没能解决的难题，更为李庚吸引了一大批患者远道而来寻求治疗。听闻李庚大夫采用蝎毒疗法治疗腰椎间盘突出有效，大连一位患者特意前来治疗，李庚大夫用蝎毒疗法配合祖传的自拟药方，仅两个疗程便治愈患者。治疗冠心病心绞痛，让患者十天不再胸闷气短，心绞痛不再发生。此外，脑血栓后遗症、面瘫、颈椎病等患者，在蝎毒疗法的神奇疗效下，也一个个得到痊愈。这些患者的感谢信像雪片一样纷至沓来，鲜红的锦旗挂满了李庚大夫的小诊所。

看到患者对自己的认可，李庚大夫感觉作为执业医师，能为患者解决病痛，有一种油然而生的幸福感，她常常感慨道：感谢患者信任，感谢恩师传授蝎毒疗法！

治未病，从医美

除了重视疾病的治疗外，李庚大夫还注重运用中医辨证思维及传统养生方法。李庚大夫认为，从目前困扰很多人的亚健康问题来说，在西医诊断看来被认为是没有疾病的，而中医诊断是从患者自身的感受出发，对身心疾病的治疗有独特视角与方法，中医的一些治疗和保健手段都可以有效解决亚健康问题。

她经常提倡，围绕着“未病先防，既病防变，瘥后防复”的治未病理念，通过对人体的体质辨识和调理，对亚健康状态、高危人群等实施及时有效的干预，防止疾病的发生和发展，提高人体健康水平和生存状态，使人不生病、少生病、少生大病，做到糖尿病、高血压等心脑血管疾病等慢性病的早发现、早诊断、早治疗。

中医药所具有的投入少、成本低、疗效好，对控制医药费用有积极作用，并在一些传染病、慢性病防治，老年人、妇女、儿童和亚健康人群的保健，以及建立重大疾病的康复体系和卫生经济学意义上，都具有很显著的优势。

爱美是女性的天性，李庚大夫也不例外，并且她还用家传中药配方拓展医美事业，解决各种皮肤问题，例如美白、祛斑、祛痘、祛印、修复、抗衰等方面，让越来越多深受皮肤问题困扰的患者感受中药的奇效。

让患者好治病，治好病

在行医过程中，遇到大病、重病，李庚大夫尽心竭力救治，绝不会有犹豫推诿的借口。此外，她在选用药物时力求“简、便、验、廉”，在不损少药力的情况下，减少用药，为患者节约开支，决不让患者多花冤枉钱，尽量减轻患者的经济负担。

“患者在最痛苦、最无助的时候选择相信我们，作为一名医生，应该尽自己所能去帮助他们。”这或许就是李庚大夫的一种职业幸福。

在面对病患时，用尽一切办法改善病情，或许已经成为李庚大夫的本能，她无数次用实际行动告诉了病患，什么是真正的医者仁心！

与患者心连心，爱生命

古人有言：“夫医者，非仁爱之士不可托也，非聪明理达不可任也，非廉洁淳良不可信也。”治病救人与博施济众是传统医学中不可分割的一体两面，这是传统医学作为仁术的根本特点，也是历代医家行医的宗旨。提高疗效，缩短治疗疗程，使患者早日康复，不仅需要精湛的医术，更需要高尚的人格。

“女性得了面部顽疾已经够不幸了，但社会的歧视给她们心理造成的伤害也许比病痛更难受！作为医生，我们一方面要解决他们身体的痛苦，更要给他们关爱的力量，生活的信心。”

此前，一位女性面瘫患者找到李庚大夫，就诊时左眼睛不会眨，不能闭眼睛，嘴漏风，刷牙喝水漏水，左侧脸麻木没有知觉，严重影响工作、生活，患者内心产生自卑心理。李庚大夫与患者交心沟通，患者表示自己能像常人一样吃饭喝水就很满足了。

李庚大夫经过一番辨证，采用蝎毒疗法配合针灸、中药等治疗手段，第五天，患者诸症减轻，眼睛可以灵活转动了，嘴角也不再漏风漏水了，脸部知觉恢复敏感！

“我所有的患者，不论亲疏不论远近，都全部当做家人对待。”李庚大夫说道。

纯技术的治疗也许会令患者感到距离和拘束，所以在日常治疗中，李庚大夫与患者积极开展推心置腹地谈心聊天，让患者放松下来，相信医生，相信蝎毒疗法，自信面对生活！经过一系列的有效治疗，患者的面瘫症状基本痊愈，生活很快恢复正常。

李庚大夫是一本书，每一页都燃烧着对中医事业的激情和康复患者的追求。她用极理性的方式在康复患者的同时，也用极为温暖的方式表达着对生命的敬畏和热忱！

杨宏斌

甘做春泥护长青，誓为良医守健康

杨宏斌 男，出生于1969年，湖南湘西自治州泸溪县人，毕业于湖南中医学院，中医执业医师，从医二十余年，临床经验丰富，为众多疑难病患者解除了疾苦，受到了患者的信赖与尊重。擅长治疗中西医结合诊治临床常见病、多发病，尤其擅长运用中医现代新疗法——蝎毒疗法结合中医特色技术综合治疗心脑血管病、高血压、糖尿病、皮肤病、哮喘、妇科病、不孕不育、各种息肉、各种疼痛等疑难杂症。

身穿白大褂，戴着金丝眼镜，眼神坚毅睿智，笑容亲切谦和，眼前这位，便是患者有口皆碑的湖南怀化名医——杨宏斌。从医二十余年来，他不仅凭借精湛的医术解除许多患者的苦痛，更是发扬中医“医乃仁术”的观念悬壶济世。他的举手投足间，我们不仅可以感受到博大精深的中医文化，更被他名医大家的人格魅力所深深吸引。

至亲误诊离世，立志成为良医

“做良医累死人，做庸医害死人，即使再累再辛苦也要做良医，不做庸医误人生命”，这是杨宏斌的座右铭。从医以来，他一直以此激励自己、鞭策自己。

幼时几位亲人相继被庸医误治后，杨宏斌的梦想就定格在了从不曾想过的——“我要当医生！”自此，人生的轨迹、医学的征途便在心灵的深处默默启程、渐渐铺展了。尽管这幼小心扉开启的仅仅是一条微不足道的细缝，洞照着细缝中这束隐隐的光变得灼热和强烈的，是他人生成长阶段或耳闻或目睹的发生在自己亲人身上的“医学悲剧”。

“在我小的时候，我爷爷因为蛔虫症，胆道蛔虫腹痛，被草医当成‘起证候’用瓷瓦针（一种将瓷碗打碎形成的锋利小瓷瓦片针）扎破肚皮静脉血管和舌底青筋，最后放血而失血性休克致死。我父亲43岁时只因长时间牙龈出血而贫血，却遭医院庸医误诊而导致不治离世，那时我才十三四岁……我的村寨有好几个被认为是先天性耳聋的，而实际上却是由于当地皮防站注射青链霉素至聋哑等等。无知无医学保健常识的事例有很多，真叫人惭愧！遗憾！”

这些不幸的往事时刻撞击着杨宏斌的心扉，从他的语气里，能感受到他内心的遗憾、愤怒和不甘，知闻亲人之误治、乡民之病痛、庸医之无能，他暗下决心，立志学医：“此生不为良相便为良医。”

刻苦学医守初心，自立诊所济世人

高中毕业后，杨宏斌大夫毅然报考了湖南中医学院学习中医学专业。他把满腔不甘与愤怒化作斗志，时刻都警励自己，要给予患者正确且科学的治疗，力近唯物，力远唯心，实事求是，弘扬中医，冲开各种疑难病密织的严酷网罗，要在高尚医德的关照下，去维护医生这个职业的神圣。

为提高自己的医术，杨宏斌刻苦勤勉，发奋努力，不敢懈怠，孜孜以求，遍览中医经典，精读深究，勤求古训，把古代名医大家的经验内化为自己能运用的知识和中医理论，大大丰富了自己的临床思维。

此外，杨宏斌还衷中参西，在保持中医特色的同时，不断学习和补充新的现代医学知识，在临床中与中医辨证论治适当结合应用，为其后的中西医汇通思想、临床处方用药打下了扎实的基础。

因幼时目睹乡亲有病难医、缺医少药，杨宏斌深知患者经受的苦难和病痛，从医以来，其更是本着“常将人病如己病，就得苍生似我生”之原则，对工作认真负责，对患者体贴入微。开诊以来，无论酷暑严寒，还是子夜时分，遇有病情严重而不能来诊所就诊者，则亲至病家诊视，不避污秽，不嫌烦琐，详询始末，务得其情，分析判断，然后悉心治疗。

“技不在高，而在德；术不在巧，而在仁。”医者，看的是病，救的是心，开的是药，给的是情。杨宏斌大夫始终把治病救人看成一种使命，一种人生追求。杨宏斌大夫身体力行，坚守良知，紧紧守住了自己的医者初心。

蝎毒疗法辟蹊径，医技医德大提升

2016 年，在机缘巧合之下，杨宏斌结缘“蝎毒疗法”。这条蹊径，让他在疑难病的治疗上豁然开朗，让他更深层地涉足疑难重疾，引领他到了新的、更有为、更广阔的天地。

在他看来，蝎毒疗法让他获得了医技医德的双提升。医技的提升自然不用赘述，寻常不过的中药处方，与蝎毒一经巧妙搭配，彰显出了非凡的效力和功用，让他在疑难病的治疗上更胜一筹、独具特色；医德的提升则是建立在自己运用蝎毒疗法与疑难病的博弈和较量上，这往往更考验一名医者慈悲为怀的责任心，使一名医者具有的高度的自觉身先士卒、迎接挑战，不“瞻前顾后、自虑吉凶”的“大医精神”于这个救治过程中得到了彰显！

医技医德的双提升，理论的再升华，实践的再拓展，让他更加自信地攀登在中医学的高峰，对逝去的亲人算是一种告慰，对古代名医圣贤算是一种致敬，对未来的广大疑难病患者更是一种福音。

这条高峰上险境丛生，迷雾重重，攀登过程一波三折，但他总能从山重水复中探寻柳暗花明，使难治之疾无恙康复，使膏肓之病转危为安，做名医不易，但他还是攀登不止，乐于其中。

基层诊所小天地，疑难病症大治疗

“这是大医院都救治不了的疑难病，难道你一个基层医生就行？”

杨宏斌曾受到过无数次这样的质疑，提出诸如此类疑问的患者已经不是个例。也难怪，这些患者求诊过多少大医院、大专家，无不遗憾且笃定地告知：这种病，西医药学至今没有什么更好的办法。之所以来到这些“其貌不扬”的诊所，可能是亲人朋友介绍，抱着“死马当活马医”的心态进行治疗。这对基层医生来说是一种挑战，亦是检验医家技术高下优劣的差异所在。

其实，有时候比许多疑难病更难消除的是患者对基层诊所的固有偏见和常规认知，如今，基层也能看大病已经成了不争的事实，那些“不显山不露水”的基层大夫守着自己的一片小天地却也开拓出了疑难病救治的“大天地”。

在杨宏斌看来，能够治疗这些疑难病不是自己有多厉害，是经过几千年的临床实践证实了中医中药厉害，是使疑难病治疗独辟蹊径、化繁为简的中医现代新疗法——蝎毒疗法厉害。

蝎毒疗法让杨宏斌在疑难病的治疗上取得了显著疗效，临床治愈了许多疑难病患者，有些病例是西医的神话却被打破，成了中医的现实！杨宏斌表示：“我将继续努力，弘扬中医事业，为提高人类健康长寿而奋斗，掌握更好更先进的医疗技术和方法，拼杀病魔，搏达天年！”

验方验案

男性不育症

【患者基本情况】患者李某，男，29岁。结婚4年，未做任何避孕措施，其妻子健康，无妇科疾患及其他有影响生育的慢性病而一直未孕。多处治疗未能见效。在湘雅医院精液检测为死精，精子畸形，经人介绍来我诊所咨询治疗。

【问诊及诊断】患者有头晕，腰膝乏力，手足不温，早泄现象。睡眠差，食少，舌淡红，苔薄白。脉沉细，尺弱。平时嗜烟酗酒，常熬夜。证属脾肾阳气虚，肝肾亏虚。治宜补气壮阳，养肝肾强精为要。

【治疗方案】

（1）中药：熟地黄15g，山茱萸10g，山药15g，丹皮10g，茯苓10g，泽泻6g，麦冬10g，当归10g，白芍6g，女贞子10g，红花2g，枸杞子10g，桑椹15g，白鲜皮16g，素馨花6g，海狗肾1对，蛇床子15g，淫羊藿30g，巴戟天15g，水蛭15g，鹿茸6g（冲服）。每日1剂，水煎服。

（2）配合养肾活血药酒及硒灵芝胶囊。

（3）要求患者治疗的第一个月禁房事，尽力戒烟不影响睾丸功能，不吃生冷，不要熬夜。

【治疗效果】服药五十多剂时发现其妻已经怀孕。患者难以置信，到湘雅医院再做精液检测，报告其精子数目成活率达70%，活力80%，达到生育指征。后随访其妻产下一健康女孩。

李月成

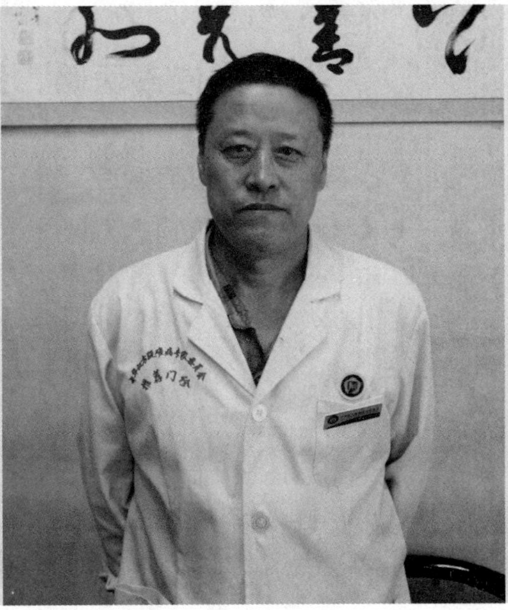

医心治脑，有爱则成

李月成 男，1968年出生，黑龙江黑河市人，毕业于齐齐哈尔医学院，本科学历，副主任医师，全科医师，中国医药新闻信息协会中医药临床分会专家委员会委员，黑河市医学会（第一、二届）老年病专业委员会委员、高血压病专业委员会委员。《国医大师唐祖宣谈蝎毒疗法与养生》一书编委。从医三十多年，一直潜心专注地钻研心脑血管病，用中西医结合治疗心脑血管病并积累了丰富的临床经验。擅长治疗冠心病、心绞痛、脑梗后遗症、癫痫、帕金森、脑出血后遗症、心衰、糖尿病足、蛋白尿等疾病。

心脏是人体生命力之源，心脏停止搏动就意味着生命的消亡。冠心病发作、心肌梗死、心力衰竭、致命性心律失常……对于每一个需要“救心”的患者来说，时间就是心跳，时间就是生命，早一分治疗，就多一分生还的希望。黑龙江省黑河市李月成大夫便是一位与死神赛跑、与时间赛跑、与心病和脑病打交道的疑难病专家。

作为知名的心脑血管病专家，李月成大夫在治疗各类心血管病方面，胆大心细，谨守病机，及时拆除了隐藏在心脑血管里的“炸弹”，纠正了“冠心病就要放支架”的误区，有效地提升了心血管病患者的生活质量。

漫漫医路，勤勉好学守初心

医学之路漫漫，任重而道远。作为一名医生，李月成大夫一直勤勉好学，锐意进取，在提升自己医术方面从不松懈。他知道如果想在医学领域取得一些成绩，就不能奢望有什么捷径可走，惟有打好切切实实的基础，孜孜不倦地努力，方能登堂入室，攀登高峰，一览医学蔚为壮观的盛景。

1990—1992 年在哈尔滨医科大学附属第二医院进修老年病、内科轮训。2007—2009 年在哈医大二院神经内科、心内科临床研修，期间自学哈佛心血管的病理生理学与临床疾病、神经科学原理等。2009—2011 年研修完老年医学研究生相关教材和细胞外基质的生物分子学与临床疾病、器官的纤维化等学科相关教材。

通过坚韧不拔地治学，踏踏实实地临证，在实践中不断地总结、归纳，李月成逐步掌握了心脑血管病等老年病的发展、转化、预后及诊治的基本规律，在临床治疗这类疾病时，辨析识病准确，立法遣药切中病机。

从读书到看病，从学习到临证，从博览经典到践行经典，从医学功底薄弱到临床经验丰富，由少到多、由简到繁、由易到难，李月成大夫正是靠着一点一滴的不断积累与实践，才实现了医术上飞跃的进步。

在李月成大夫的诊室，可以看到他在各种进修培训获得的各种合影、牌匾和荣誉证书，这充分见证了他所掌握的学识和在疾病治疗方面的技术，是一步一个脚印踏踏实实学出来的。“学如逆水行舟，不进则退”，在求知的征途上，他没有浅尝辄止、没有沾沾自喜，而是以一种淡泊宁静的心态去学习、去临证，故而聚沙成塔、恒有进步，更上层楼。

结缘蝎毒，医心治脑大专家

西医在治疗心脑血管病上虽有放支架、搭桥、行血管中膜斑块剥离术、长期服药等多种治疗途径，但却只能缓解不能根治。为此，李月成大夫一直在探索寻求可以彻底治愈心脑血管病的中医之法。

中医现代新疗法——蝎毒疗法的出现，从蝎毒中提取的十几种活性多肽的独特作用，引起了他极大的兴趣，让他看到了攻克心脑血管病的曙光。为此，他积极参加蝎毒疗法治疗疑难病特色班、心脑专科班、舌诊脉诊提升班、针灸班等等的学习，深入地学习中医、学习中华文化，领悟中医的博大精深。中西医联合，按照中国医学科学院樊院长提出的整合医学理论，不但西医整合，也是中西医联合理论和实践必由之路。其中中医功力也在日积月累的苦修积淀中日益精深，就这样，既精通西医之理又熟谙岐黄之道的他，在临床实践中，善于把中西医理论有机地联合起来，指导治疗各种疑难杂症，尤其是在运用蝎毒疗法治疗心脑血管疾病上取得了突破性的进展。

目前，他已经运用蝎毒疗法成功治疗数百例心脑血管病患者，随着病例的增加及经验的积累，其治疗技术日益成熟，成为闻名遐迩的“救心”专家。

心梗患者刘某，治疗前在医院造影，确诊为左前降支中段斑块形成，考虑管腔局限性重度狭窄 80% ～ 90%，经过蝎毒疗法的治疗，4 个月后冠状动脉 CTA 显示未见明显异常。

孟某患脑梗 6 年，语笨，左下肢震颤，肌力三级，用蝎毒疗法进行治疗，每天早中晚口服养肾活血酒、硒灵芝胶囊，配合宝典中药方加减，十五天后腿部震颤消失，语笨解除。

在李月成大夫的专业特长里，他自信地写道：“脑梗后遗症患者左侧肢体拖脚走路，语言吐字不清，心功能不全，经系统治疗六个疗程后可以正常走路；脑出血后遗症急性期患者合并心衰，经接受治疗两个疗程后恢复正常；帕金森患者患病七年，走路前倾不稳，治疗六个疗程后恢复正常。”

恪守医道，一心为患彰仁心

医乃仁术，无德不立。医者如拥有精湛的医术让人信服，如兼有高尚的医德则更让人敬佩。如果说高明的医术是治疗疾病的必要条件，那么高尚的医德则是加速治愈患者的一剂良药。古人云：“有德有才，谓之贤达；有德无才，谓之君子；有才无德，谓之小人；无德无才，谓之平庸兼无赖。”医者在职业活动中，不仅要在医疗技术上达到精良，而且对待患者要有高度的责任感和高尚的道德情操，只有这样才能成为一个受人尊敬和爱戴的医生。

在李月成大夫眼中，患者的健康比什么都重要，患者身心健康是其最大的快乐。“给我一份信任，还您一份健康。医者应有为他人着想的善良，人命之重，贵有千金，一方济之，德逾于此，如此则可为苍生大医。”李月成在采访时引用道。

尽管身获多项荣誉，李月成依旧淡泊名利。他以“金钱名利淡如水，医德医道大于天；个人利益抛一边，患者病情在心间；誓为病家谋健康！”为个人行为准则，在行医过程中始终知行合一，践行着自己的信念。他用中华文化来净化自己的心灵，根植于内心的修养，无需提醒的自觉，以约束为前提的自由，为他人着想的善良。厚德载物，医者父母心，莫贪患者金，修合无人见，存心有天知。

“大医之治病，较之常医难也。知其难，则医者固宜慎之又慎”，李月成大夫以心为灯，以医为本，运用蝎毒疗法抓住短暂的“黄金时间”，打通了生命通道，为广大心血管疾病患者撑起了一片“心”的天地，谱写了一曲感人肺腑的生命赞歌。

验方验案

脑梗

【患者基本情况】患者赵某，女，68岁，黑河市退休教师。患者高血压病12年，8年前突发行动障碍等症状，到黑河市第一医院做脑部CT确诊为脑梗死，在医院住院治疗未见明显好转。于2016年6月来我处就诊，经沟通接受蝎毒疗法治疗。

【问诊及诊断】患者家属代述患者患有高血压，脑梗死，心功能障碍疾病。查体：患者说话语笨，肌张力三级，走路拖腿，活动受限，无感觉。血压165/110mmHg，脉搏96次/分钟，舌苔白。西医诊断：脑梗死；中医将其归属“中风”“卒中”“偏风”和“偏枯”的范畴。治则：疏通经络、补气活血、平肝潜阳、豁痰开窍。

【治疗过程及方案】根据上调血压下调大便的原则，先给予西药控制血压，再给予中医治疗方案。拟方补阳还五汤合桑钩温胆汤加减。

中药：桑寄生30g，钩藤30g，橘红15g，法半夏15g，茯苓18g，甘草10g，炒枳实15g，竹沥（冲服）3支，菖蒲12g，远志12g，胆南星10g，黄芪50g，赤芍10g，川芎9g，桃仁10g，红花10g，当归12g，地黄10g，乌梢蛇15g，水蛭粉6g（冲服），路路通12g，每日1剂水煎服。大活络丸每日2次，每次1丸。

配合中药老鹳草30g，伸筋草15g，透骨草15g，红花10g，艾叶15g等，每日中午、晚上泡手泡脚，2日1剂。

【治疗效果】10天后患者复诊面色有很大改善，其他症状没有明显改善。20天后，患者强哭、语笨症状解除，腿部有疼痛感，头部和腿部有蚁行感，继续服药。1个月后无出汗气短症状，右侧肢体感觉障碍恢复一半。治疗4个月后患者已无不适症状，血压也接近正常，建议巩固治疗一个月。共服药五个月停药，随访至今无不适，患者非常满意。

梁宏亮

坠落人间的“天使”

梁宏亮 男，1980年出生，执业助理医师。2001年毕业于湛江卫生学校，先后到北京大学、北京中医药大学进修，参加成人高考取得广州中医药大学专科学历。从2001年到2020年一直在茂名化州市同庆镇上良第一卫生站工作。擅长运用中西医结合治疗儿科疾病、疼痛疾病、不孕不育、皮肤病、妇科病、心脑血管病及各种疑难杂症。在临床中不断的总结、钻研、精进，反复辨证、精益求精，形成了自己独特的治疗方法，疗效确切。2020年中国中医药信息学会道地药材分会授予梁宏亮“中国好中医”称号。

深研中医

由于工作的原因，每年只有新年初一才放一天假，其他时间梁宏亮都坚守岗位尽职尽责守护他的患者，除非特殊情况，否则他不会不上班。他陪伴家人的时间少之又少，让他甚是惭愧，但没想到妻子和孩子从来没有过一句抱怨和不满。

梁宏亮说：“我能在中医这条路上走到现在，我家人有一大半的功劳。”有了家人无条件的理解和支持，梁宏亮从2001年开诊看病以来，就投入了全部的精力和动力。

刚成立诊所的时候，因为在学校里学习的是西医，竞争优势并不明显，医院的西医设备先进，医疗服务周全，纵使他空有满身本领，终究是难展拳脚。刚开始的半年，诊所病员寥寥无几，他开始着急了。这时候他想到了同为医生的父亲，父亲说了让他受益终生的一句话“西医设备占首要，中医医术为当先”。他恍然，中医历史悠久，早在西方医学传入中国之前，中国几千年历史长河中中医一直承担着治病、防病、保健的重要责任。仔细想来，自从西医医学传入中国，中医医术似乎正在逐渐消失，会的人很少，懂得的人更是少之又少，精湛的人就更不用说了。

一种肩负使命的责任感油然而生。

对中医是外行，那就先自学再拜师。他找来我国现存最早的系统阐述人体病理、生理、诊断及治疗的医学巨著《黄帝内经》和李时珍耗时27年完成的中药学著作《本草纲目》学习。白天坐诊，晚上挑灯夜读，俨然一副学生模样。

自学了一段时间，他开始到处拜师系统地学习中医。2016年，他听闻疑难病专家刘冠军教授在茂名讲课，他立即报名。这次学习，他接触到了治疗疑难病的蝎毒疗法，在感慨中医的神奇和绝妙的同时也认识到，进入中医，需从慢性病入手。

之后，到北京大学、北京中医药大学高级培训班进修，参加成人高考考取广州中医药大学专科学历，梁宏亮开始真正进入中医的殿堂。

华丽转身

初次用中药，梁宏亮还不敢直接脱离西医，而是使用中西医结合，以西医为主、中医为辅的方式。期间病患还没有察觉，当他开始以中医为主、西医为辅的时候，病患有了很大的抵触，特别是一位腰椎间盘突出的患者，听到梁宏亮医生要用中药治疗反应很大，患者是因为他的西医医术高才来就诊的。

为了打消患者的顾虑，梁宏亮耐心地普及中医的知识和好处，听说费用少、疗效好，患者决定尝试，用了不到两周的中药，身体症状减轻，能外出工作。患者激动地握着他的手说：“梁医生，我在医院花了高昂的医药费也没有治好，怎么在你这里这么轻易地就被治愈了？”

每次面对这样的疑问，梁宏亮都会笑笑回复：“不是我的医术高超，而是中医疗效显著。”

从西医向中医的华丽转身，让门诊的病员只增不减，梁宏亮也更用心总结经验。慢慢地，他发现许多难治的病都是老年病、慢性病，与人的情志、生活环境、社会关系、气候变化、本人体质等都有关系，因此，他在治疗的时候运用整体观念，治疗效果比之前更加明显。

爱善并行

爱一行，干一行，专一行，梁宏亮用实际行动诠释了对中医赤诚之心的热爱。

在愈加深入钻研中医的过程中，他认为中医药在治疗慢性病和疑难病上有着几大优势：首先，中医在诊断上是唯物辩证法。以“八纲”辨证为总纲，疾病可分辨出阴、阳、表、里、寒、热、虚、实，在“八纲”的基础上进行细微辨证，如属外感病，可以结合六经辨证、三焦辨证、卫气营血辨证。其次，中医在治疗上审证求因、辨证论治。任何疾病的发生发展都是有原因的，只要弄清了病因就可以对“证”施治。所以，对于中医来说，没有辨不清的“证”，通过“证”“审证”找到理论上的“病因”，因此任何病症，中医都有对应之策。

愈加炉火纯青的中医技术，并没有让梁宏亮的初心改变：传承中医，济世救人，让患者无论贫穷或富有都能看得起病，抓得起药。

他这样说，也是这样做的，每一个来就诊的患者，首先打听一下对方的家庭情况。在诊治一位肺癌晚期患者的时候，医院预计她的存活时间不超过三个月，他运用中药的治疗方案给她调理了整整一年的时间，知道她家经济情况不好，即使药材的价格一涨再涨，他都没有涨过患者的中药费。

在很多人心中，医生就是救死扶伤、悬壶济世的天使，毋庸置疑，梁宏亮担当的便是这个角色，他的爱，化为一味味中药，滋润着千千万万个患者的身体，守护着每一位患者的健康。

王荣祥

四十载殚心竭力从医路，近半生治癌杏林不了情

王荣祥　男，1950年出生，黑龙江五常市人。出身于中医世家，自幼随父习医，系第四代中医传承人，从医四十余年，数十年如一日，在基层医疗岗位上苦修医术，为民服务，积累了丰富的经验。擅长运用蝎毒疗法配合中医药治疗各种癌症、尿毒症、类风湿、重症肌无力、肝硬化、腹水等疑难杂症，特别是对癌症的诊治有独到之处。此外，在运用蝎毒疗法配合针灸治疗颈椎病、腰椎间盘突出、股骨头坏死、面瘫、带状疱疹后遗症方面亦有独到之处。

从青春年少到花甲之年，历经了人生的各个阶段，他始终秉承中医“悬壶济世”的精神，时刻恪守“大医精诚”的信念，历久弥坚，治病救人，即使时至今日，这份信念从未动摇，他就是黑龙江省五常市医生王荣祥。

见到王荣祥大夫时，他正在接待患者。灰白的头发、慈祥和蔼的神态，一边询问着病情，一边帮患者仔细把脉。整个上午，王荣祥大夫没有起过身，甚至连伸个懒腰、活动一下的时间也没有。像这样的情况，王大夫一年365天几乎天天都是如此，诊室墙壁上挂满的锦旗，就是患者对王大夫这么多年来工作的肯定和感激。

精研医术，成就中医名家

王荣祥大夫的门诊——胜远一屯卫生室坐落在五常市小山子镇一个普通的小乡村。说这个小乡村普通，是因为它和千千万万的小村庄一样，远离了繁华都市的喧嚣和热闹，弥漫着农村独有的闲适和宁静；说这个小乡村不普通，是因为这里经常进出来自黑龙江各地乃至外省的车辆，他们的目的地只有一个，就是王荣祥大夫的诊所。

王荣祥大夫出身于中医世家，到他这里已是第四代。父亲善岐黄之术，有仁者风范。王荣祥大夫自幼即受父亲影响，耳濡目染，并亲身体会到中医中药为众多患者解除痛苦的生动情景，自思唯有从医，继承祖业，庶可服务桑梓，藉为生计，从此便义无反顾地踏上了中医之路，并且一干就是四十多个春秋。

像王荣祥大夫这样扎根乡村守护着村民健康的乡村医生其实有很多，他是这些无名英雄的缩影。无私的奉献、无悔的坚守涵盖着太多的艰辛和感动，与此相比，更为难能可贵的是他不甘于平凡的进取精神和大胆探索的勇气。

从医以来，王荣祥大夫从未停下学习的脚步，其善于取历代各家之精华，乐于学医同道之长处，从不闭门自守，自恃门户之见。在他看来，凡是有一技之长者，均可登门请教。他"闻鸡起舞"的勤奋和"程门立雪"的真诚，赢得了许多名医大家的赏识。

在他出名之后，曾有多家个体医院以优厚的待遇请他去坐诊，但都被他婉言谢绝。王荣祥大夫说："乡亲们需要一个就医的地方，农村更需要医务人员，我要一辈子扎根乡村这片沃土，尽我的力，尽我的心，为村民看好病，守护村民的健康。"从1976年行医以来，他四十余年如一日立足基层医疗卫生工作岗位，默默守护着当地百姓的健康。

妙手治癌，缔造生命奇迹

于绝症中力挽狂澜，于无声处静听惊雷。剑胆琴心，力学笃行，只为跨越生命禁区。在王荣祥的诊所，每天都有故事上演，每天都有奇迹发生，他惯用眼神传递健康向上的力量，惯用有力的臂膀搀扶病患走过生命的沼泽，他用辛勤耕耘，再换杏林一片芬芳，用爱心与责任串起一条生命线，点亮了一盏又一盏"生命之灯"。

现代医学认为，各类癌症有一个共同的基本特征——细胞的异常增殖。当机体细胞在其内部或外在致瘤因素的长期作用下，疯狂增殖、分化变异之后恶性肿瘤就产生了。癌症英文是 Cancer，它源于拉丁文 cancrum，意指螃蟹，形容癌肿的形态和生长方式如同张钳伸爪的螃蟹。

“癌”（旧读 yán），在我国古代写作“喦”“岩”，更形象地说明了它与正常的人体组织截然不同，犹如人体中坚硬隆起的岩石。后查证，中医术语中两字也是同一意义。凡结块坚硬如石，表面高低凹凸不平，象山岩一样，溃后状如岩洞之体表恶性肿瘤者曰岩。

目前癌症治疗主要还是以手术、化疗、放疗为主，手术是癌症的首选治疗办法，但是很遗憾，很多患者确诊时已经是晚期了，失去了手术的机会，只能选择放化疗治疗，但是化疗的毒副作用很大，很多患者都会受到术后不同副作用的痛苦折磨。

王荣祥大夫认为，癌症的病因病机交错复杂，而且一经发现即是中晚期，在病体内既有瘀结、毒聚，又有正气虚羸，“邪逼正危”，“标本俱急”。他主张在治疗上不能单纯地看眼前的效果，应该从长远效果去看；也不能单看肿瘤缩不缩小，应该看生存质量和生存期。王荣祥大夫突破传统的治疗模式，采用整体的综合疗法，运用蝎毒疗法进行了一场癌症治疗的“革命”。

通过对蝎毒疗法的临床实践与应用，治疗了众多癌症患者，大大提高了癌症患者的生存质量，延长了癌症患者的生存时间，打破了绝症预言，使得癌症这一致命性疾病变成了能治可控的慢性病。

医病先医人，治癌先治心

心理免疫学理论认为，恶性肿瘤的发生、发展和转归与患者的心理因素密切相关。大量研究资料表明，当一个人长期处于焦虑、紧张、抑郁和绝望的负性情绪状态，就会导致神经内分泌紊乱，大大降低抗病免疫监控能力，进而影响免疫系统识别和消灭癌细胞的监视作用，易导致细胞转化和突变。如果再加上对疾病的极度恐惧和巨大的精神压力，往往会对癌症病情的发展乃至复发转移起着“催化剂”的作用。因此，对癌症患者来说，治“心”比治“癌”更重要。

“凡我所诊治过的肿瘤患者，我都跟他们说，第一要有最强的康复信心，不放弃，不抛弃；第二要积极配合正确的养生、饮食、运动等保健方法；第三才是正确的医疗。不要本末倒置，把希望放在医生身上。”

作为一名长期与癌症打交道的大夫，王荣祥大夫早已看惯了患者眼中的无奈与绝望，他知道，患者的精神一旦崩溃，即使有再好的药品也无力回天。因此，他总是将“药物治疗”与“心理治疗”相结合，从各个方面增加癌症患者的求生信念，提高癌症患者的生存质量，延长患者的生存时间。

王荣祥大夫行医四十余载，纵使已年过花甲，依然坚守在自己平凡的工作岗位。怀着对这份事业的特殊情感，走出了一条极其不平凡的抗癌、治癌道路，缔造了一个又一个生命奇迹。

徐传志

济世良医誓传医者大爱，杏林楷模志克疑难魔顽

徐传志 男，江苏连云港人，主治医师。19岁进入卫生系统，曾在南京中医药大学、徐州医学院、连云港市一院及市二院进修，迄今为止行医四十多年，具有丰富的临床经验。2017年5月27日正式拜国医大师唐祖宣为师并被聘为中国民间中医药研究开发协会国医大师唐祖宣学术研究分会常务理事。2018年1月作为编委参与编写《国医大师唐祖宣谈蝎毒疗法与养生》一书，其门诊被授予中国中医药信息研究会道地药材分会理事单位。2019年获汉方杯“全国基层百强名医”，中央电视台“发现之旅”特邀嘉宾。2020年12月，参与的“中医现代新疗法——蝎毒疗法治疗疑难病”项目荣获中国中医药研究促进会科技进步二等奖。擅长治疗多种疑难病如冠心病、牛皮癣、癫痫、风湿、颈肩腰腿痛、心脑血管病等。

在江苏连云港墙匡村，提起徐传志大夫，无论男女老少，无人不认识他，他的高超医术在当地患者中有口皆碑，闻名遐迩。来到新坝镇墙匡村卫生室，我们发现这里停满了车辆，挤满了找徐传志大夫诊治的患者。虽然诊所里异常忙碌、节奏飞快，但面对复杂、危重的疑难病时，他依然能够冷静理智、有条不紊地做出清晰的判断，制定正确的治疗方案。

医者仁心，四十年坚守临床一线

医生，可能是这个世界上最无法速成的职业之一了，要成为一个名中医、名老中医，需要时日的磨砺，更需在未知的领域积极地探索和创新。

将近从心之年的徐传志大夫，已经行医40多年，这么多年行医生涯的沉淀、古典医籍的通达、患者案例的积累、得失经验的提炼、激流险滩演的穿行，已让他褪尽铅华、返璞归真，留下来的，是内心的平和，是一成不变的服务患者的承诺，是以自己的师父——国医大师唐祖宣为榜样继续为传承中医药事业发光发热的责任，更是他置身于中医药变革的时代潮流中，更新知识储备，应对纷繁复杂的疑难病和层出不穷新病种的钻研和与时俱进的动力。

虽然已年近七十，但徐传志大夫精力仍不减当年。曾经一天200多个病人的门诊量、17个小时连轴转，一直不休止地坚持在临床一线，长期处于一个忙碌的状态下，身体如何承受得了？重负之下，名人难做，年近七十的徐传志大夫何尝没有萌生过“退意”，可是做医生，就意味着很难有“功成身退”的一天，而且医术越高明、名气越大，越难引退。像他的师父国医大师唐祖宣，依然是精神饱满、不知疲倦地为中医事业尽心尽力，依旧放不下治病救人的重担，其敬业奉献的精神令人感动。师父如此，作为弟子的徐传志又岂能懈怠，用他的话说，唐祖宣大师是他精神的支柱和榜样，更是照亮他今后前行方向的指路明灯。

借助“蝎毒疗法”，巧治疑难重症

回首过去几十年取得的医学成就，他说自己也曾涉猎过疑难病，但主要是靠几个自拟方治疗风湿、类风湿、牛皮癣、胃病、呼吸道疾病等特定几个病种，除此外，对于癌症等一些重大疾病也没有什么好的解决办法，留下了许多无可化解的遗憾。

在2016年5月26日加入中华汉方疑难病专家委员会学习使用蝎毒疗法治疗疑难病后，他一直紧跟汉方平台学习，使得他对疑难病的治疗有了更加深刻的认识，也让他在心脑血管病的诊治方面获得了一定进展。至今他已运用蝎毒疗法成功救治了100多例冠心病和脑血管疾病患者，使许多大医院束手无策的疑难病都得到了快速而有效的治疗。

患者郑某，患冠心病五年多，因冠状动脉90度弯曲，被医院告知不能放支架，建议保守治疗，经徐传志大夫治疗 3 个月后取得显著效果。

患者付某，患冠心病，被徐传志大夫运用蝎毒疗法治疗 2 个月后症状大有改善，患者甚至可以学习舞蹈，可以一个人开车前来接受我们的采访。

患者邓某，患气管炎十余年和大面积脑缺血四年，心慌气短、浑身无力、不能走路，被徐传志大夫运用蝎毒疗法治疗 3 个疗程后，气管炎治愈，又治疗 3 个疗程后，脑缺血基本恢复。

像这样的例子数不胜数，徐传志凭借高超的医术，给那些绝望无助的疑难病患者带来了生命的暖意，谱写了一曲又一曲感人肺腑的生命赞歌！

厚重医德，治人更在医心

医乃仁术，这是中国传统文化对从医者的要求，也是为医者的行为准绳。所谓仁，爱人者也，即爱仁之意。它是中国传统医学者的人文特征，也是通常说的“医德”。医者之大，不仅治人，更在医心。

一个在专业上有突破、有造诣的人，一个在疑难病的治疗上有突出建树的名医，他的道德操守也应当是同步出类拔萃的。没有高尚的德行，大略不会有事业的拔尖，即便暂时出类拔萃，恐怕也不会持久。只有在高尚道德的关照下，才会有高尚的事业和突破平庸的创造。

从医之初，徐传志就有一个朴素而温暖的梦想——把有限的生命献给那些真正需要帮助并且他可以帮助的患者。为了践行这个承诺，他花了 20 多年的时间坚持做着这样的一件事：开展爱心捐赠活动，对烈士家属、伤残军人、孤寡老人、特困户等特殊人群进行帮扶救治和爱心捐款，帮助他们走出困境，共渡难关。

“我希望运用蝎毒疗法结合传统中医，施仁心仁术，行慈善义举，帮助和救治更多的疑难病患者，让患者达到更好的治疗效果。”这掷地有声的话语，表现出了他的人生准则和“大医精诚”的职业操守。

仁者，心怀苍生；德者，敬畏生命。医者仁心，是他最朴素的信条。把有限的生命献给需要的患者，是他从医的初衷和梦想。四十余载如一日，他以渊博的学识、理性的思考驱散着患者的偏见和恐惧，他以自己的胆识和勇气缔造着蝎毒疗法治疗疑难病的奇迹和成就，他以医者的慈爱和无私的热情温暖着弱者的无助和冰冷，他尽自己最大的力量推动着爱心捐助工程。他是仁医的楷模，他是济世的良医，他筑就了一个医生的道德高峰！他就是江苏名医徐传志！

验方验案

肺癌

【患者基本情况】患者女，68 岁。胸闷，反复咳嗽痰中带血，2017 年 5 月 20 日在市医院确诊肺癌晚期，已经无法手术，行放化疗效果不佳。于 2017 年 6 月 2 日经人介绍来我处就诊。

【问诊与诊断】主诉：食欲差，睡眠质量及精神差，咳嗽痰中带血，胸痛心慌。查体：体瘦，面色灰暗，精神差，血压 130/80mmHg。既往史：既往体健，否认结核病史，无吸烟史。诊断：晚期肺癌。

【治疗过程及方案】

中药：泽漆 50g，仙鹤草 50g，芦根 8g，桃仁 8g，薏苡仁 15g，冬瓜仁 10g，降香 10g，茜草 9g，紫菀 10g，川贝 5g，紫草 10g，生甘草 8g，穿破石 10g。每日 1 剂，水煎服。

配合养肾活血药酒及硒灵芝胶囊。

第一个疗程用完后复诊，咳嗽大有好转，痰中带血消失。

第二个疗程方案改为：

中药：泽漆 100g，生半夏（包）30g，生南星（包）30g，川贝 10g，杏仁 10g，青黛（包）10g，蛤粉（包）10g，白英 20g，桔梗 6g，瓜蒌 50g，漏芦 20g。水煎服（生半夏、生南星先煎 90 分钟），每日 1 剂，早晚各服 1 次。

配合养肾活血药酒及硒灵芝胶囊。

【治疗效果】治疗 30 天后咳嗽大有好转，痰中带血消失。60 天后复诊，咳嗽减轻，精神状态良好，胸痛、心慌消失，患者要求继续巩固治疗。

孙安民

此生无悔良医志，毕生传道惠于民

孙安民 男，出生于1978年，山东菏泽人，中专学历，现为菏泽市鄄城县彭楼镇刘举人村卫生室全科执业医师。1998年从医至今，紧紧围绕中医药理论知识和创新技术为重点，不断加强自身医德修养，始终坚持全心全意为广大患者服务的宗旨。2012年，孙安民以“一针治鼻炎，针灸治疗肩周炎”被全国卫生人才评审委员会、全国中医药新疗法研究会特授予“一等奖”。

名医世家，师承先辈

孙安民祖父为当地一方名医，幼年之时常伴祖父膝下，亦常随祖父出诊。6岁时，一乡人患有肩疾，疼痛难忍，其祖父针刺足三里、内关、中脘三穴，取针后，患者疼痛片刻即消。孙安民极为震惊，从疼痛难忍到痛症全无不过十几分钟，他深感中医治病之神奇。记忆、时间终将消逝，作为老中医的祖父却成为烛照孙安民成长的微光，虽已过30余年，孙安民却记住了一切。

受祖父影响，孙安民对中医萌生兴趣，15岁时在祖父指导下始读《黄帝内经》，初中毕业后就读于菏泽医学专科学校西医临床专业，1998 年毕业后在鄄城县人民医院实习一年多，1999 年 10 月开办诊所至今。

继承中医传统，创新医疗运用

膏药在我国的应用历史悠久，属于外治法，可以避免内服药物的毒副作用，再加上疗效确切，受到了人民群众的广泛欢迎。与打针吃药相比，膏药方便、无痛，更容易为人们接受，几乎成为中国民间家中常备药物。膏药经皮肤发挥作用，它遵循中医辨证论治及中药的功效、主治与归经的原则，充分调动药物互相协调为用的效能，组成多味药物的复方，以发挥药物的良好效果。

孙安民在膏药运用上颇有心得，经常用以治疗普通感冒、咳嗽、发热、扁桃体及小儿淋巴结肿大，通过辨证穴位贴敷，疗效突出、疗程短、无痛苦、无毒副作用，获得患者一致好评。

针灸是一种中国特有的治疗疾病的手段，并且名扬海外，孙安民对针灸亦有着精深的研究。疏通经络是针灸最基本最直接的治疗作用。经络不通，气血运行受阻，临床表现为疼痛、麻木、肿胀、瘀斑等症状。针灸选择相应的腧穴和针刺手法及三棱针点刺出血等使经络通畅，气血运行正常。针灸治疗最终要达到的目的就是调和阴阳、扶正祛邪，使机体从阴阳失衡的状态向平衡状态转化，扶助机体正气及祛除病邪。孙安民认为，在临床上按中医的诊疗方法诊断出病因，然后进行相应的配穴处方进行治疗可取得良效。

孙安民勇于在针灸、散剂外敷、通关针方面进行创新。以纯中药配方散剂外敷，发挥祛寒除湿、温通经络、活血化瘀等功效，配合针灸、通关针治疗风寒湿邪引起颈、肩、腰、腿僵硬疼痛、伸屈不利、麻木、寒凉等症状，特别是治疗腰椎间盘突出、腰椎管狭窄、膝关节增生、退变效果突出，痛苦小，疗程短，无副作用。

除针灸、推拿技术的不断精进，孙安民在男科阳痿、早泄、妇科月经不调、不孕不育等方面用中药调理的疗效亦很突出，至今已治愈男科、妇科、肩颈腰腿风湿骨病患者达 5000 多人，治疗 2 ～ 5 岁小儿语言障碍 270 余例，经过治疗的患者大部分都能得到康复。

曲径如蹈水火，通幽“蝎毒疗法”

孙安民先后在全国各地学习80余次，系统学习了浮针、拔针、小针刀等针法，参加过基层全科医学管理研修班等专业培训学习。

孙安民认为祖父和《伤寒论诠解》的作者刘渡舟对自己的影响深刻。祖父让其感受到中医的神奇，并指导其入门，略窥中医门径；刘渡舟及其著作《伤寒论诠解》让其体会到中医之博大，助其提升，对六经病的传变、证候、治法与方剂及辨证论治有了全新的认知。

尽管孙安民在针灸、散剂外敷方面有诸多技术创新，但是遇到一些疑难杂症时仍然会感到捉襟见肘。面对疑难杂症，孙安民也曾试过很多“偏方”，但大多束手无策。就在孙安民以为“山重水复疑无路”之时，恰逢“柳暗花明又一村”。2014年，孙安民参加了山东济南蝎毒疗法会议，有幸收获新疗法——蝎毒疗法，他对蝎毒疗法十分认可，便欣然成为首批加入中华汉方疑难病专家委员会的医生。

接触蝎毒疗法以后，孙安民最大的感受是诸如癌症、心脑血管疾病、风湿骨病、乳腺增生等疑难杂症有法可治，在孙安民治疗最普遍的类风湿方面也取得了不错的治疗效果。

广施新医术，桃李满天下

将其祖父所授针法，结合多年临床实践，孙安民自创“孙氏通关针”，对疼痛类疾病效果非常好。怀着广济天下的医者仁心，孙安民先后在山东省内开办6期培训班，培训学员1000多人次，该法易学易用，学员反响较好。

2017年受到北京朗致药业华东省区董事长邀请，为华东地区基层医生培训通关针技术，先后共培训10期，培训人数达2100人。

2019年，受到江西药彩谷生物科技有限公司邀请，被聘为公司全国学术部顾问，先后在河南省、河北省、江西省培训中医药针灸学术班8期，培训人员1600多人。

不仅如此，很多中医爱好者因为听说了孙安民高超的针灸医术，甚至不远千里前来登门拜访，向孙安民请教学习。

2012年，孙安民所在的当地有一名32岁的男子修葺房屋时，不慎从房顶坠落，脊椎压迫性骨折，小便失禁。孙安民辨证施治：将乌鸡从鸡脚至鸡头按序捣烂如泥，加麝香等16味中药研磨成粉，敷于患者后腰48小时，并同时开具14剂中药。服药7日后，患者可下床，10日后小便正常，1个月后康复，且至今腰部无不适感。此前，孙安民亦用此法对不慎摔伤腰椎的爱人进行治疗，很快便身体康复。

孙安民以高超的医技和孜求不倦的中医精神，赢得了人民群众的普遍认可。医生要让患者说好才叫好，广大患者会自己用脚“投票”，常年积累的锦旗早已挂满了孙安民诊室的一面面墙壁，孙安民祖传的医魂，正是中华医者“医魂仁心，护佑苍生”的生动写照！

陈贵龙

衷中参西三十载，技高德馨耀杏林

陈贵龙　男，48 岁，山东临沂费县人，执业医师，执业药师，国家健康管理师。毕业于山东省临沂卫生学校，毕业即在医院从事临床医疗工作。多次进修于费县人民医院内科、外科，临沂市人民医院内科、外科、小儿科，多次参加全国各级多学科专业知识培训。擅长运用蝎毒疗法治疗肿瘤、心脑血管病、帕金森等病症，并擅长运用超氧离子治疗静脉曲张，综合针灸、针刀、推拿、按摩等中医适宜技术治疗颈肩腰腿痛。

方寸之间，铺就患者体内通畅的大道；毫厘之功，托起患者神志的清明。数十年如一日，陈贵龙始终把救死扶伤当成自己义不容辞的责任，始终把解除患者疾苦当作自己的不懈追求。医术精湛，不负性命相托；医心无瑕，无愧济世信仰。

“陈大夫给我们的感觉就是踏实、放心、舒心，有个词叫妙手仁心，我觉得非常适合他；我们都亲如一家人了，他是带着良心给我们排忧解难”。这是众多患者对陈贵龙大夫的评价。是什么样的一种信任，让这么多患者对他赞不绝口？又有怎样的故事演绎在他的行医路上？

躬耕杏林，不负白衣荣光

做医生这么多年，陈贵龙没少经历患者的绝望、家属的不理解乃至争吵，每一天都要面对来自患者的负面情绪或者病症压力，但他从未后悔过从医。

“从医近三十载，我一直以自己是一名医生为荣，怀着一颗仁爱之心，不断地提高自己，不忘医者初心，牢记医者使命，为患者为社会做出更大的贡献。”

陈贵龙大夫的从医之路，始于家庭环境的影响。他的哥哥和姐姐都是医生，自小对医生的感情格外不一样，十几岁时，立志成为医生的种子在他心中开始萌芽。后来在哥哥姐姐的指导与帮助下，报考了山东省临沂卫生学校，在校期间，时常是“鸡鸣而起，星高而息”，利用乘车、吃饭等休息时间，争分夺秒提升自己的医学水平。从学校毕业后即正式踏上从医之路，一转眼，30余年的岁月如白驹过隙，年少时的梦想在现实中大放异彩。

在陈贵龙大夫的诊室里，除了人头攒动的患者，几面墙上已经挂满了锦旗，上面满满的都是赞美之词，这种久病遇良医后的欣慰与感恩之情，让整个诊室都变得温暖了许多。而在抽屉里，一大摞获奖证书更是见证和诉说着陈贵龙大夫对业务的辛勤付出和孜孜追求。而在众多光环下的陈贵龙大夫依然没有忘记医者的本心：“生命是坚固的，但也是脆弱的。每当我拯救一条生命的时候，我就会笑，而且无比灿烂，我希望我的患者都能够好好地活下去。”

苦修中医，终成岐黄名家

作为一名西医大夫，在基层医院的几年经历让陈贵龙大夫发现，无论诊断如何正确，即使使用最先进的西医技术，像癌症、肝腹水、肺气肿、心脏病、脑中风等大多数疑难病症仍然不能得到有效解决。出于对患者的负责以及对医学的求知若渴，陈贵龙大夫开始把目光转向中医。

一个西医要成为真正的中医，确非易事。中医学意博理奥，想要达到一定境界，必须勤奋刻苦、专心致志，既不能畏难而退，又不能浅尝辄止。

自从决心涉及中医药领域后，陈贵龙大夫白天临证、晚上读书，边阅读、边思考、边总结，奠定了系统的中医药理论基础和诊疗技能。同时，他将书本上学习到的知识运用到临床实践当中进行检验和提高，不断地进行理论—实践—升华—再实践的循环，永无止境地攀登着中医学的高峰，其中包含着多少酸、甜、苦、辣，恐怕只有他自己最了解其中滋味。

2014 年，陈贵龙遇到蝎毒疗法，加入中华汉方疑难病专家委员会，凭着努力钻研、不服输的精神，他奔赴全国各地多次参加蝎毒疗法治疗疑难病的学术研讨，深入地学习了中医文化、中医技术、中医原理，开拓了视野，提升了中医临证思维能力，体会到了中医药治疗疑难病的真谛。

衷中参西，创新疗法治大病

陈贵龙大夫是先学西医再学中医，因此他既有系统的西医知识，又有基本的中医知识，两种思维方式、两种知识体系的共存和碰撞，让他扩大了视野，开拓了思路，通过中西汇通，让他在运用蝎毒疗法治疗疑难病方面取得了显著的成绩。

肺癌患者张某，男，60 岁，胸闷，反复咳嗽痰中带血，2018 年在市医院确诊肺癌，在医院放化疗效果不佳。经人介绍来陈贵龙大夫处就诊。陈贵龙大夫运用蝎毒疗法对他进行治疗，不仅把病情控制住了，还通过不断的调整、坚持不懈的治疗，让他恢复得如同常人一样，至今仍然健在。

食道癌患者李某，男，64 岁，吞咽困难，省医院通过胃镜确诊为食道癌，省医院要求手术、化疗，患者担心副作用，不想化疗，陈贵龙大夫运用蝎毒疗法对他进行治疗，十几天就开始有效果，每年复查，各项指标逐渐改善。

陈贵龙作为一名西学中者，并没有被西医的思维捆绑，而是能够将西医与中医结合而用，这是十分难能可贵的。“难”的是他能够把中医和西医这两种完全不同的医学体系都掌握好，且不相互排斥，能为其所用；“贵”的是他能够充分利用所学中西两套医学知识来为广大患者解除病痛，且疗效显著，相得益彰。

如今中西医于陈贵龙大夫而言，不再是不可逾越，而是互为相应、互为开显。既通晓西医又学中医的陈贵龙大夫，如雄鹰张开双翼，开始搏击云天！

“医疗的本质是‘照护’，不是‘服务’，患者不仅需要治病，还需要从我们那里得到精神上的尊重。医者治病，无论患者高低贵贱，都应心怀慈悲，一视同仁，不求有所回报，但求无愧于心。”

从西医到中医再到中西医结合，从全科医生到疑难病专家，从医三十载，陈贵龙大夫以救死扶伤为使命，磨炼自身医术，通过不断创新、不断探索，走出了一条中西医结合治疗疑难病的独特之路，谱写着一曲曲精彩的生命华章！

于芸豪

默默地坚守，永远的口碑

于芸豪 男，出生于1978年，祖籍辽宁辽阳，2000年毕业于大连医科大学，2004年取得美国加州大学MBA学位，中华汉方疑难病专家委员会会员，中华民族医学会儿科分会会员。师从北京大学陈红教授学习小儿推拿，多次到北京首都儿科研究所进修学习儿童哮喘、儿童湿疹等多种儿童疑难病治疗，2015年8月到北京大学医学部进修学习，2016年8月到中国中医科学院儿科高级班进修学习，2016年9月受邀参加中国中医亚洲博鳌论坛。2016年，被中国新闻信息协会疑难病专家委员会授予“辽宁名医”称号。

锐意精进，探索学究

于芸豪出生在传统的中医世家，父母亲都是医生，家族在辽宁营口市享有盛誉。选择从事医生这个职业也是源于家庭的影响，从小在医学的环境中成大，目睹父母治病救人，这个过程让于芸豪很受启发。他感觉治病救人是一个非常令人欣慰和幸福的事情，因为能为更多的人提供帮助，让他们恢复健康，于芸豪觉得这很神圣，从事这个职业也很幸福，所以，从小就坚定选择医生这个职业作为一生的追求。

一条路的选择并不艰难，但真要走下去却并不容易。进入大学后，于芸豪立恒心要下功夫学习新知识，毕业后有了个人诊所，他仍然参加中国中医科学院、北京大学、河南中医药大学等全国性的培训，拜国医大师石学敏院士为师，学习针灸技术，并从全国首届仲景班毕业。直到今天，于芸豪大夫表示，自己仍在不断的学习当中。

在不断精进学习的路上，于芸豪觉得同为医生的母亲对他影响很大。于芸豪母亲 16 岁的时候开始从医，至今已有 60 多年了，是名副其实的老中医，一辈子在医生这个岗位上兢兢业业，为患者祛除病痛折磨，为当地无数的百姓带去健康。能够做有意义的事情，让群众对白衣天使满怀崇敬之情，而母亲的这种情怀一直激励着于芸豪不骄不怠、默默耕耘。

树高万丈平地起！一个人想要走更远的路，单靠自己是不行的，一个人或许会走得很快，但一群人才能走得更远，相互帮扶，依托平台成长提升，事业就会收到事半功倍的效果！

加入中华汉方疑难病专家委员会，使于芸豪的行医事业发生了质的改变。一个医生的本质还在于能够急患者所急，从根本上为患者祛除疾病。通过中华汉方疑难病专家委员会，于芸豪正式接触中医现代新疗法——蝎毒疗法，积极参加委员会的专家讲座，系统学习该疗法的中医理论和临床运用，一步一步到如今，他已熟练掌握新疗法的灵活使用。过去的一段时间里，他用蝎毒疗法治疗心脑血管类疾病，成功治愈了大部分的患者，且治疗周期大大缩短，从原来的长则两三年、短则一年半载，到现在三个月的疗程就能够使患者症状得到明显改善。这也让于芸豪感叹中医文化博大精深，处处有妙法，锐意进取，不断学究，就一定能够有各类疑难杂症的良好对策！

站在中华汉方这棵茁壮成长的大树之上，于芸豪感到无比欣慰，他看到中医事业的继续蓬勃发展，有无数中医从业者在共同奋斗，这条路他会走得更坚定！

方剂精准，猛药除根

中药的种类分为植物、动物和矿物药。药不同，治疗病症不同；病症不同，药量用法不同。于芸豪根据多年的临床经验总结出了一个经验，那就是不能一味地按照书本上的药量用法，一定要根据自己诊脉的结果来调整药量。“有些病用药就应该狠点，这样患者的病才能好得快。”于芸豪说。而实践证明，于大夫的药量用法是正确的。

于芸豪对蝎毒疗法经方的加减运用，给很多疑难杂病患者提供了解决之道。于芸豪说：“对于我们医生来讲，多一技之长，患者就多一份康复希望。”针对肺癌、肝癌这种非常棘手的“绝症”，于芸豪从之前的硬着头皮上，到现在的满怀信心，不得不说是他从中华汉方疑难病专家委员会众多同行、专家那里汲取的宝贵经验。于芸豪说：“我们这个平台汇聚了许多比较好的方法，经过了大量的临床检验，效果都很不错，对于一些十分危急的癌症，虽然说不能够完全治愈，但是减轻患者痛苦，延长其生命，逐渐消除病症，只要有一线生机，我作为医生，都不会放弃！”

“蝎毒是一个综合疗法，因为其稀缺性，相对来讲费用比较高，所以在跟患者沟通的时候，确实是需要下大气力，让患者知道我为什么要用蝎毒疗法，这种疗法究竟有哪些特点，它的优势在哪里，让患者从心里接受了之后，我再给他遣方用药。”于芸豪说。

因为有了诸多成功治愈案例，于芸豪用“蝎毒”治病，在患者间早有耳闻。一般经过悉心讲解，许多患者豁然开朗，听于大夫说自己的病因、病理有理有据，都称自己终于找对了医生。而每次治病收到非常好的效果，于芸豪都非常感激中华汉方，感谢蝎毒疗法创始人刘冠军教授。于芸豪说：“他给我们中医开创了这样的一种方法和药剂，给临床当中的患者带来了健康的希望。在未来的行医路上，借助蝎毒疗法，我还能够为更多的患者祛除病痛。”

在于芸豪从医之初，刚从学校毕业出来不久，就跟随名老中医郝万山老师学习伤寒病症的诊疗。有一天，一个高热寒战的患者就诊时发热40℃左右，用任何退热药都无法获效，郝万山教授开出一剂大青龙汤。大青龙汤出自中医典籍《伤寒论》，治疗以发汗解表兼清郁热为主。患者服下药后当天药效便发挥了，浑身大汗，汗出热退，身体开始转凉。让于芸豪十分惊叹中医方剂之奇效：“仅仅一服中药，抵得上千百颗西药丸，让患者跑最少的路，花最少的钱，还治好了病！”从那时起，他对中医更加深信不疑，更加热爱！

直到今天，于芸豪仍在中医事业上倾心付出，经他治愈的患者见到他都会热情地邀他到家里喝茶、吃饭。“时间长了，广大患者离不开我，我更离不开他们，他们的尊重和信任给了我很大的荣誉感，也是激励我坚守的最大动力，我还可以继续造福更多患者！”

汪宏

德医双馨疗沉疴痼疾，悬壶济世彰大医精诚

汪宏（法号宏进居士） 男，1972 年出生，陕西省淳化县人，中医主治医师，毕业于陕西中医药大学中医专业，陕西中医药大学国医传统疗法研究会顾问、陕西省保健学会中医保健委员会委员。1996 年至 2003 年供职于西安市中医医院，2003 年至 2014 年供职于陕西省乾县临平中心卫生院，2014 年至 2017 年初供职于陕西中医药大学第一附属医院；先后师从于国家级名老中医贾堃、中华医学会陕西分会肿瘤专业委员会副主任委员、西安市名中医薛陆军、陕西针灸名家郭尔夫、解放军 182 医院院长伊森礼等名医，精通中西医临床查体、辨证、辨病，擅于经方、针灸、罗氏新医正骨疗法、气功导引、艾灸、针刀等多种治疗手段的运用。擅长治疗冠心病、心律失常、脑梗、中风后遗症、老年痴呆、帕金森；颈椎病、腰椎间盘突出症、强直性脊柱炎、风湿、类风湿等骨关节疼痛疾病；胃肠疾病、子宫肌瘤、卵巢囊肿、乳腺增生及各种肿瘤。

陕西是中医药的重要发祥地之一，《黄帝内经》奠定了中医理论基础，得天独厚的地理环境造就了中药的“天然药库”，素有“秦地无闲草、自古多名医”之美誉。岐伯是上古时期最有声望的医学大家，被后世尊称为“华夏中医始祖”，黄帝与岐伯曾在这里谈医论道，形成了中华民族第一部医学巨著《黄帝内经》，创立“岐黄之术”，开中医学先河，成五千年经典。

身临千年历史，磬闻远古药香，汪宏大夫在体悟着中医药文化厚度的同时，也在一步步丈量着自己运用中医现代新疗法与各种疑难病搏斗的历程。作为中华汉方疑难病专家委员会“疑难病专家”、中华汉方疑难病专家委员会陕西分会名医的汪宏大夫，在疑难病治疗方面浸淫多年。他博采众长，精研医术，竭尽所能与疑难重症博弈、与大病危候对峙，凭借蝎毒疗法治愈了大量的疑难病患者，充分发挥了中医药在治疗疑难重症方面的特色与威力，为中医药治疗疑难病开辟了更加广阔的道路。

博采众长，精研医道

在汪宏大夫的中医路上，祖母是对他影响最早、最深的导师。汪宏大夫出身于中医世家，祖母是早年当地知名老中医，擅长正骨推拿，治愈了众多患者，深受当地民众的信任与爱戴。所以，像祖母一样行医救人的想法，自幼就在汪宏大夫的心里深深地扎下了根。

传统医学是一条秘径。古老中医的传统魅力，仿佛人人皆知，常人却又难以企及。其中的壁垒，除了艰深晦涩的文字，还有深信不疑的心智、长期修为的耐心。出于对中医的浓厚兴趣，高中毕业后，汪宏大夫进入陕西中医药大学学习。

中医学是经验性极强的科学，仅凭个人的点滴积累是远远满足不了临床需要的，而一家之言又往往失之局限造成门户之短见。因此，历史上许多名医都是广拜名师，熔百家精华于一炉。汪宏大夫拜师之多，可谓其中之典范。拜师就要拜名师，但又不限于名师，凡有一技之长于己者，均可登门请教。“事无常师，唯长是师”，应当作为求师的根本标准。

汪宏大夫曾长期供职于西安市中医医院、陕西省乾县临平中心卫生院、陕西中医药大学第一附属医院等公立医院，并先后师从于国家级名老中医贾堃先生，中华医学会陕西分会肿瘤专业委员会副主任、西安市名中医薛陆军先生，陕西针灸名家郭尔夫先生，解放军 182 医院院长伊森礼先生等名医。

先进疗法，攻“疑”克难

不断的学习进修，不仅提升了汪宏大夫的医术，也开阔了他的眼界。与此同时，汪宏大夫也越来越感觉到身处“大医院”的不足，体制内的种种限制似乎正束缚着自己医学才能的发挥。他渴望用自己的医术，为更多的基层百姓、为更多连大医院也束手无策的疑难病患者解除病痛。

2017 年初，他毅然决然地从陕西中医药大学附属医院走出来，开办了“汪宏中医诊所”。也许连汪宏大夫自己都想不到，他跨出的这一步，竟为他打开了一扇新的大门。

汪宏中医诊所开办后，汪宏大夫清醒地认识到，对于一些疑难病的治疗他仍没有取得满意的疗效。在目睹自己的同学运用蝎毒疗法三个月便治愈了脑梗患者后，他决心深入了解蝎毒疗法，一探蝎毒疗法治疗疑难病的究竟。

汪宏大夫放下门诊经营、生活琐事，先后远赴昆明、兰州、海口、呼和浩特、武汉等地，认真学习蝎毒疗法，并很快就将蝎毒疗法与他多年来的行医经验融会贯通。他运用蝎毒疗法成功治愈心脑类疑难病患者百余人，得到了患者的一致好评。

2017 年 6 月 22 日，汪宏大夫接诊了一位冠心病、脑梗患者。患者刘某，男，56 岁，口干，口苦，头晕，舌强，没精神，上楼气喘，大便次数减少，便秘 3 年，在医院经心电图、CT 等检查，诊断为冠心病、脑梗。汪宏大夫运用蝎毒疗法为其进行辨证施治，三个月后恢复正常，患者对疗效非常满意，随访 29 个月，患者无不适。

2017 年 8 月 17 日，汪宏大夫接诊了一位中风前兆患者。患者唐某，女，40 岁，右侧头木，眼干痛，耳鸣月余，在某三甲医院经颈部磁共振检查，以颈椎病诊断，住院治疗半月无效，经汪宏大夫诊断为中风前兆，汪宏大夫运用蝎毒疗法结合中药为其进行施治，第 3 天患者自诉自己会笑了，10 天患者活动完全正常，20 天后所有症状消除，至今未再复发。

2018 年 11 月 23 日，汪宏大夫接诊了一位帕金森患者。患者巨某，男，71 岁，上肢颤抖，不能端碗拿筷，在医院诊断为帕金森，汪宏大夫运用蝎毒疗法为其进行辨证施治，20 天后，患者手抖状况明显减轻，且可自行端碗吃饭，一个月后，患者手不再抖，随访至今未再出现上肢抖动现象。

仁者之心，医者大爱

“医之为道，性命判于呼吸，祸福决自指端”，所以医生被尊为白衣天使，更要注重人品端方，心术纯正。要得“普同一等，皆如至亲之想”，医者父母心，常施仁术，常怀仁爱之心。

“有事治愈，经常缓解，总是安慰”，这句话充分说明了医生在人们的生命里程中应当扮演的角色。“我们不一定能把患者治好，但必须做到让患者及家属感激”。汪宏大夫一直以此为准则，在面对患者时，无论是医疗还是生活，都会给予自己所能及的帮助。

“但祈世间人无病，何愁架上药生尘”，这是汪宏大夫从医以来的最大心愿，他没有感天动地的豪言壮语，始终追寻内心的平和，虽然不善言辞，淡泊低调，但却用实际行动诠释了“仁者之心，医者大爱”的价值理念。

“汪医生您可能已经不记得了，我是您治愈患者的儿子，免费送您一程。”一位出租车司机这样说。

“汪大夫您可能不认识我了，我是三年前在您那里治疗过强直性脊柱炎的患者，这点水果送您。”

张某 60 岁时诊断肺癌，西医给出结论不做手术能存活三个月，做手术可以存活五年，在汪宏大夫的治疗下，活了 22 年，80 岁后老年痴呆都分不清自己的儿子和孙子了，但是只要看见汪宏大夫就两眼放光，跑过来亲切地问一声“宏回来了”，汪宏大夫就是老人永久的记忆。

杨某 14 岁时诊断强直性脊柱炎，双腿僵硬如同粘在一起，基本不能行走，从病房到治疗室靠父亲抱来抱去，从每次治疗痛苦哀嚎到可以下床行走只用了 1 个月，随后跟随汪宏大夫修炼气功及五禽戏，成就了一份师徒情。

一路走来，汪宏大夫用爱创造了一个又一个奇迹，用信念不断谱写着新的医学神话。人们因他的毅力而感动，被他付出的努力而折服，为他取得的成绩而赞叹，他却淡淡的一句“这是一名医生应该做的”。做患者欢迎的好医生，是他毕生的追求。汪宏怀着对医学事业执着的爱，品味辛勤耕耘的苦涩和收获成功的甜蜜，实践着为医学事业奋斗一生的誓言。

验方验案

面瘫

【患者基本情况】王某，女，58 岁。

【问诊及诊断】主诉：口角向左歪斜 30 年。既往史：既往体健，否认手术、外伤史，否认传染病史，无过敏史，否认家族遗传病史。以往用药：针灸、中药、西药治疗因日久具体药物不详。经查：口角向左侧歪斜，人中沟左偏，吹气漏气，喝水漏水，左侧磨牙不能咀嚼，夹食不能反出，C1–C3 棘突旁压痛明显，L2 棘突偏右，颈椎活动度减小，左侧耳后压痛明显，左侧咬肌萎缩、软瘫。

【治疗方案】

第一疗程：

中药：天麻 15g，钩藤 15g（后下），柴胡 24g，秦艽 15g，防风 12g，白芷 12g，白附子 9g，僵蚕 15g，荆芥 9g，白花蛇舌草 15g，枳壳 10g，厚朴 10g，砂仁 10g（后下），刺五加 15g，升麻 10g。每日 1 剂，水煎服。

配合养肾活血药酒及硒灵芝胶囊。

效果：口腔内左侧空间增大，左侧磨牙能咀嚼，不再夹食，吹气漏气、喝水漏水好转，口腔咀嚼功能基本恢复正常，左侧咬肌软瘫改变不大。

第二疗程：

中药用补阳还五汤加味：当归 10g，川芎 10g，地龙 10g，桃仁 10g，红花 10g，黄芪 30g，赤芍 20g，大黄 10g，鳖甲 20g（先煎），白芷 10g。每日 1 剂，水煎服。

配合养肾活血药酒及硒灵芝胶囊。

【治疗效果】经过两个疗程治疗左侧磨牙咬合良好，口腔内左侧空间增大，左侧磨牙能咀嚼，不再夹食，无吹气漏气、喝水漏水，患者非常满意。现仍咬肌萎缩，继续坚持锻炼。

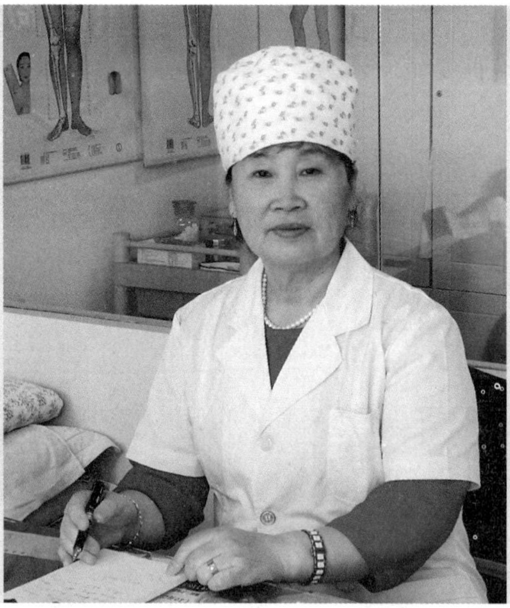

朴明子

心怀中医梦想，弘扬华夏名片

朴明子 女，朝鲜族，中共党员，出生于1955年，吉林省延吉人，现就职于吉林省延吉市仁康门诊。在朝鲜族固有文化的基础上，吸收中医学的理论，形成了独具特色的学术思想和治疗思路。多年的医院工作经历，让她掌握了扎实的医学知识，积累了丰富的临床实践经验。临证识精胆大，行医40余年，有着丰富的临床经验，多次参加蝎毒疗法的培训学习，尤其擅长运用蝎毒疗法治疗颈肩腰腿痛、风湿骨病。运用蝎毒疗法成功治疗了多位韩国患者，并对相关研究取得了突破性的进展，开启了蝎毒疗法弘扬发展的新局面。

医生是一种干到老、学到老的职业。知识要更新，书要不断读，一名有作为的大夫，知识面不能窄，要博学，在继承的基础上通过临证实践去发扬光大、去提高，创出自己的独特理论和技术专长。知识无涯，人生有限。以有限之年华，欲集无涯知识于一身，欲尝试治遍人类所有疾病，不可能也。所以还要由博返约，以简驭繁。既要做到在博览群书之后，归纳出其中的要点和规律，要有自己的观点和见解，否则就是死读书；还要在有了宽广的基础和全面知识之后，定向发展，在某个领域上多下功夫，深入研究，这样才能有更大的进步，才能更上一层楼。

朴明子大夫从医学院毕业后，先后在延吉医院、长白医院、现通医院临床工作几十年，锤炼了扎实的医学功底，于内科、妇科、传染病科、皮肤科诸科疾病之诊疗均有丰富的临床经验。然时代日趋进步，分工日益细致，某一科中某一病种又有堪作深入研究者，故欲求学识精湛、医术高超，必须由博返约，专科专治，方臻有所成就。

精通中文、韩语的朝鲜族名医朴明子不囿疆域、不囿常法。中医现代新疗法——蝎毒疗法一经推广，朴明子大夫便立刻参加学习，为此，还申请加入中华汉方疑难病专家委员会。她把全部身心倾注在了疑难杂症的研究上，尤其擅长运用蝎毒疗法治疗颈肩腰腿痛和风湿骨病，为很多韩国大医院治疗无效的疑难病患者解除了疼痛的折磨，为提高中医药的知名度与影响力、为发展东方医学做出了不懈的努力！

通中医法，治类风湿

研究表明，近 80% 的风湿骨病患者有发生心血管疾病、肺部疾病、消化道疾病和肾脏疾病的危险，可直接危及生命。特别是类风湿关节炎，反复发作，会侵害人体多处滑膜关节，致使肢体残疾。

风湿骨病常见的发病部位主要在关节，包括四肢关节、脊柱关节等。类风湿关节炎、颈椎病、腰椎间盘突出症等病痛一直困扰着很多患者，寒冷的气候可诱发风湿病或使病情加重，那种无以言说的痛苦让患者无法忍受。

朴明子认为，中医讲究经络畅通方能健康无病，若经络阻滞不畅，轻则不适，重则致病。而蝎毒疗法主要打通患者经脉，消肿止痛，缓解神经根压力，扩张血管，增加病灶部位的血液循环。朴明子大夫通过中医辨证施治，对类风湿关节炎标本兼治，将蝎毒疗法结合“埋、拔、熏、针、灸、敷、服、贴”等多种手法进行综合治疗，大大地增强了风湿骨病的疗效，缩短了患者病程。

走出国门，大放异彩

首次采访朴明子大夫时，她身着朝鲜族服装，宽松飘逸，色彩鲜艳，仿佛为祖国的中医药架起了一道横跨天空的彩虹。

朴明子的诊所精致、高档，凸显中医药治疗疑难病特色，对中医药推崇备至：进门看病要先脱鞋、换上玄关处准备好的室内拖鞋；门牌和所有的宣传语均用中朝两语，标志着每天出入这里的患者来自于中国、朝鲜与韩国。仁康风湿骨病门诊部整洁雅致的布局、全程韩语或中文的医患对话、恭谦有礼的医患交流，以及那种约定俗成的“无形规矩”，春风化雨、润物无声，让人耳目一新，体现着一种自律的精神，折射出朝鲜族世代相传的良好礼节，透露出医患双方的彼此尊重，更反映了国际友人对中医药的喜爱，反映了祖国医学的开放、包容，反映了中医药文化的传播不分种族、不分地域、不分国界！

祖国中医药，当惊世界殊。“不囿疆域，即是要超越职位高低、贫富贵贱、种族国籍的界限与距离，竭尽所能推动中医药文化的传播，为中医药更好地走向世界各地尽绵薄之力；不囿常法，即是要看清未来中医药发展的大趋势，锐意创新、另辟蹊径，汲取有可能代表未来方向的文化与技术，拓展自己的知识体系，提升自己的治疗水平，让更多的疑难病患者奔向生命的绿洲”。在延边朝鲜族自治州，中医药这团火同样燃烧得热烈，而朴明子大夫正高擎着火炬一路奔跑。

中医药走出了国门，世界对中医中药并不陌生，它不仅是中华民族的瑰宝，更是中国对世界的独特贡献。它以显著的临床疗效、浓郁的民族特色、独特的诊疗方法、系统的理论体系而屹立于世界医学之林，吸引着世界的目光，也让越来越多的人感受到了中医药的神奇。2015 年，屠呦呦凭借“青蒿素”获得了诺贝尔生理学或医学奖，更是打开了一扇中医药国际化的希望之门，在中国医学界和人类医学史上画下了浓墨重彩的一笔。

目前，国家正在为中医药的发展架桥筑路，“一带一路”开通了中医药驶向各国的“列车”，推动着古老的中医药走出国门，实现真正的国际化。不登高山，不知天之高也；不临深溪，不知地之厚也；不涉汪洋，不知异国之风情也；不出国门，不知中医之全球影响力也！

2016 年 9 月，朴明子大夫参加了为期一周的中华汉方疑难病专家委员会“中马国际中医药学术交流”。通过在吉隆坡中医学院的学习，通过在马来西亚最大的中西合璧医院和慈善医院、同善医院的参观，她增长了见识、开阔了视野，并深深地感受到了中华民族的强大，感受到了中医药文化的世界影响力，也激励着她去推动中国传统医学走出国门，将中医药事业发扬光大。尤其是作为一个朝鲜族名医，她更是志存高远，自觉责任重大。她告诉我们，她一直有一个梦想，那就是通过一已绵薄之力，开辟一个窗口，把中医现代新疗法——蝎毒疗法推向韩国，让韩国人也能“领教”一下中华汉方运用中医药治疗疑难病的实力。通过她的讲述，我们可以无时无刻地感受到她“国粹寻根、医学求真，弘扬中医文化、传承中医事业”的决心与使命。她的这个心愿同样也承载着我们的梦想、希冀和期许，让我们不禁为之动容。

如今，每年都有许多来自国际的中医同道找她交流，还有许多国外患者找她看病，“不以疆域自限”的她皆有问必答、有求必应，把与邻国同道的友好交往和对邻国患者的全力救治同样看成是自己的义务。她的医术、医德、品格、素养，得到了越来越多同行的认可和赞誉，而这一切，都离不开她对蝎毒疗法的专心研究，离不开她对仁康风湿骨病门诊部心血的付出，离不开她对自己中医梦的坚持与坚守！

“蝎毒疗法”坚持“走出去”与“引进来”两条腿走路，不仅在国内积极推广，也架起了国际学术交流的桥梁，阔步走向大洋彼岸，并多次在国际上斩获大奖，切实地为推动中医药的国际传播做出了贡献。

如今，蝎毒疗法的国际学术交流活动还在持续不断地开展着，朴明子大夫兴奋地说道：“蝎毒疗法传播的声音会越来越响、脚步会越来越快、距离会越来越远；我坚信，古老的中医药一定可以历久弥新，以崭新的形象走向世界，成为中华文化的又一张名片，焕发出勃勃生机。”

王国栋

肿瘤不再一刀切，勇做难病“开荒牛”

王国栋 出生于1977年，全科执业医师，现就职于吉林省吉林市昌邑区桦皮厂镇乔屯村卫生室，主攻专业为临床医学。擅长治疗心脑血管、肿瘤、妇科疾病等疑难杂症，在各类癌症和肿瘤的预防与诊治等方面已研究20余年，具有丰富的临床经验和突出的个人治疗特色。

年少心中铭医志

王国栋立志学医是受了父母的影响，在他还很小的时候便从父母那里得知医生是一份光荣且受人尊敬的职业，他当时就想，长大后去做受人尊敬的医生。王国栋说：“那时候我模模糊糊地认为，医生可以在任何地方帮助他人，很光荣！”

王国栋早期师承国医大师李士懋、中研院何绍奇教授、河北名医张伯石教授，他们对王国栋的要求都比较严格，而王国栋也利用这难得的机会，认真领悟中医知识，大胆实践和钻研，从而奠定了扎实的理论基础和中医诊疗技能。

1996年开始，王国栋行医至今，他从来没有停下医术提升和研究的脚步，一年间，门诊、学术会议、授课、外出进修等未曾间断；除此之外，他的大多数时间基本都是和患者一起度过的。

苦心探索逢“蝎毒”

长期以来，由于独特的饮食习惯，亚洲国家一直是胃癌、结直肠癌、食道癌等消化道肿瘤的高发地区；随着人们生活条件的改善，饮食种类呈现多样化，饮食方式不规律，导致消化道肿瘤患病率持续上升。

在胃、肠癌诊治领域，因其恶性、复杂的程度，大多数医生都将其列为“冷门”的研究方向。但就是这个不被重视、难出成果的领域，王国栋一研究就是20余年。“选择这条路很艰辛”，王国栋表示，但不选择亦会后悔，“从医的这20年，也是最激情澎湃的20年”。

王国栋介绍，早年的胃、肠癌患者，很多医院都无法治疗，尤其到了晚期，医院都会建议放弃治疗，很多食道癌、胃癌发现晚，就诊时已成晚期，患者当时的存活时间一般就几个月。王国栋根据师承下来的很多治疗这类病的自拟方开始研究和运用。那时也有很多癌症患者找到他，当时根据自拟方治疗食道癌、胃癌的理论基础已经成熟，但治疗周期一般较长，效果并不是非常明显。于是，王国栋便开始做起了艰难的研究：如何让患者能够在短期内达到理想的治疗效果，如何能让药物精准地作用于病灶？

由于肿瘤的治疗已是医学界的一大难题，并且早、中、晚期还具有不同的特征，这让王国栋的研究一时间陷入困境，就这样，他不停地翻阅医学药典，四处寻求指点，终于在一位医生朋友口中得知一种中医现代新疗法——蝎毒疗法，能够有效地治疗肿瘤。于是，王国栋开始研究和探索这种神奇的疗法，通过参加长达半个月的蝎毒疗法宣讲培训班，王国栋初步领悟其奥妙，掌握其方法，然后又加入中华汉方疑难病专家委员会，同经验丰富的专家、教授共同探讨交流，并先后参加蝎毒疗法的各种培训班20余次，为下一步临床治疗癌症提供了有效保障。

此后，王国栋大量采用蝎毒疗法治疗各类癌症，用事实有力地证明了中医治疗癌症不只是理论，实实在在的中草药完全可能治疗复杂的肿瘤疾病。

王国栋“以毒攻毒”的医治理论在当地独树一帜，吸引了许多患者闻讯前来，甚至还有侨居海外的同胞。王国栋对奇难杂症特别是癌症、血液病（如再生障碍性贫血、骨髓增生性疾病、骨髓增生异常综合征、白细胞减少症、白细胞增多症、血小板减少症、血小板增多症、贫血、红细胞增多症）以及子宫肌瘤、卵巢囊肿、乳腺瘤、心脑血管疾病、糖尿病等都有独到见解和疗法。

内外兼攻显中医奇效

“在过去人们的观念里，消化道肿瘤，手术治疗是主要的治疗方式；能够手术，就意味着极大治愈癌症的机会。在这样观念的影响下，逐渐地，对于消化道肿瘤的治疗，不管是患者还是医生，都越来越看重手术治疗，倚重手术治疗，甚至出现了不少过度治疗的情况。”王国栋描述道，“癌症进入中晚期，西医治疗一般采用术前先同步放化疗再手术切除的方式。但放疗在杀灭肿瘤细胞的同时，也会对邻近器官产生过度损伤，引起放射性炎症，让患者术后备受煎熬，而术后的化疗让患者的头发几乎掉光，身体状况备受摧残！”

王国栋认为，癌症的治疗不是“一刀切”，这种疑难疾病的治疗需内外兼攻。所谓“内外兼攻”，指的是根据患者病情需要，制定因人而异的个体化治疗方案，这也就是中医经常提到的辨证施治。

在中医领域寻找一套安全有效、不需放疗的癌症治疗新方案，可以大大减轻患者痛苦。“得了癌症，还能活多久？”王国栋说，“这是许多癌症患者的第一反应。”

王国栋从医20余年来，治过大大小小各种疾病，见过冷静、哭闹、歇斯底里，还有令人痛心的生死离别等，他始终以一颗敬畏生命、宽容谦卑、仁慈柔软的心对待每一位患者，所以，面对癌病患者，他总是先在精神上劝慰他们要以积极的心态面对癌症。王国栋说：“能活多久？这个问题没有确定答案，与患者的体质和心态、病情都有关系，另外有效的治疗也是关键因素之一。假如治疗及时，采用中医动态的疗法是有极大康复可能性的。”

用“救死扶伤”改写生命厚度

在医生众多的称号里，王国栋最喜欢的是“救死扶伤”。他永怀年少时的从医之志：“生命是坚固的，但也是脆弱的。每当我拯救一条生命的时候，我就感觉自己对得起这一身白衣！”

年复一年，王国栋每月还抽时间到因活动不便不能到诊所就医的重病患者家中探望、问诊，让无数患者感慨：“疾病催我去，神医唤我归。扁鹊今犹在，何愁顽症危！”

突如其来的癌症，也会让人有了更多时间来思考逆境、家庭和未来。人生如旅途，王国栋坦言，自己总是抱着必胜的决心去挽留那些准备“提前下车”的旅客。王国栋鼓励癌症患者用钢铁般的意志：活好每一天！有华夏千年的中医庇护，有“蝎毒”攻克，他一定会竭尽全力消除病魔。

王国栋说：“我或许无法延长生命的长度，但是我可以主宰生命的厚度。”这句话与其是对患者说的，在编者看来，更像是王国栋医生对自己的庄严承诺！

验方验案

脑梗、脑出血后遗症

【患者基本情况】患者李某某，女，68 岁。于半个月前突发口角流口水，言语不清，到吉林市人民医院检查：右脑大面积脑梗死，住院治疗半个月后来我处就诊。

【问诊及诊断】患者在诊所门口的车上进行诊治。检查：左侧肢体失灵，左侧上下肢肌力 0 级，精神恍惚，神志不清，语言不清，躁动不安，大便干燥，10 多天一次，如羊屎状，舌红少苔，右边有少许瘀斑，脉细数，血压正常。西医诊断：脑梗死。中医诊断：中风。

【治疗过程及方案】

中药：天麻 15g（打碎），钩藤 15g（后下），麦冬 20g，天冬 20g，白芍 20g，玄参 20g，生地黄 30g，枸杞子 20g，生龙骨 30g（先煎），生牡蛎 30g（先煎），龟甲 30g（先煎），代赭石 30g（先煎），川牛膝 30g，当归尾 20g，地龙 15g，石菖蒲 15g，火麻仁 30g，石斛 20g，沙参 20g。水煎内服，每日 1 剂。

治疗一周后，患者诸症减轻，神清语明，大便通畅，可以在家属的扶持下往前迈步，治疗两周后，诸症减轻。

2018 年 8 月 13 日复查，患者可以自己独立行走，神清语明，感觉全身乏力，左上肢不是特别灵活，舌淡苔薄白，脉沉细数。再次调整治疗方案如下：

（1）中药用补阳还五汤加减。

（2）配合养肾活血药酒及硒灵芝胶囊。

（3）配合宫氏脑针。

【治疗效果】共治疗 8 周，诸症基本消失，后回访无反复。

郭衍娇

怀仁者之心，精大医之术，行世间正道，解百姓急危

郭衍娇　女，汉族，1978年9月出生，祖籍山东东阿，毕业于长春中医药大学，执业中医师。吉林市郭医堂中医馆创始人，吉林市东广场门诊部院长。郭衍娇大夫是一位恪守医德的中医，更是一位充满大爱情怀的社会公益人士，倡导并创建“吉林市医路同行志愿者协会”，“关爱他人，奉献社会”已成为刻进她身上的闪耀品格。

志在传承，苦修医技回乡行诊

郭衍娇出生于中医世家，传承家业当一名中医是她的梦想。9年的耳濡目染，她从祖父那里初步掌握了一些常见病的诊疗技术。1997年，她如愿以偿地考入了长春中医学院中医专业，5年的刻苦学习，奠定了她扎实的传统中医理论基础。

毕业后，她顺利地进入一家公立大医院工作。然而，为了求得在中医药领域里有更大的发展，2005年6月，她毅然辞去了稳定的工作，去北京同春堂中医院打工并拜师学艺，从此开始了十多年的学习、实践、再学习、再实践的漫漫求索之路。她先后在五家医院和中医馆的工作学习经历，加上祖父传授给她的一些秘方，让有着过人天赋的郭衍娇总结出了一套完整的理论，并在实践中积累了丰富的临床经验。特别是针对“三高”、脑血栓后遗症、痛风等疑难杂症的诊治，是她的专业擅长，凭借一些独门医技，奠定了她自主创业获得成功的坚实基础。

有了高超医技傍身，加之在北京工作、学习期间所积累的经验之后，2012 年 5 月，她满怀信心回到吉林市，要在家乡开一家属于自己的中医馆，来回报这一方热土的养育之恩。2012 年 6 月，她开始筹办自己的第一家医疗机构。创办初期，她的家人都不抱支持态度，后来亲朋好友被她的医术折服，对她充满了信心，不仅不再阻挠，还给了她财力等方面的支持。于是，她开始办手续、租门面、设计装修，亲自布置室内设备、器具。2012 年 7 月，吉林市龙潭区郭衍娇诊所正式挂牌接诊，这个诊所就是郭医堂中医馆的前身。

虽然在前三个多月里，诊所一直处于非盈利状态，但是来自天津的一个患有过敏性鼻炎的女孩，让诊所再现了曙光。郭衍娇仅靠针灸就把女孩的病彻底治好，鼻子通了，头不痛了！这个女孩被折服了，也让附近的居民知道了这个小诊所里面有一位中医高手！截止到 2017 年 9 月，吉林市龙潭区郭衍娇中医门诊累计接待量已经达到 15 800 多人次。就诊人员除了吉林市患者外，还有慕名而来的北京、辽宁、广东、河南的患者，累计收到感谢信 500 余封、锦旗 24 面。首家诊所创业成功，不仅获得了精神和物质方面的积累，也使得她的创业视野更加开阔。

精研深究，探索中医妙法

行医多年郭衍娇大夫始终坚持不断精进医技，她多次进修于北京解放军总医院、309 医院等，练就了一手绝技。2015 年开始学习使用蝎毒疗法治疗疑难病，擅长治疗冠心病、风湿类风湿、中风偏瘫后遗症、顽固性偏头痛等疾病，尤其在治疗类风湿关节炎这种疑难杂症的时候，郭衍娇大夫使用蝎毒疗法配合中医经方或者针灸等方式，能够取得非常显著的疗效。郭衍娇大夫说：“蝎毒疗法中蝎毒抗炎、镇痛，能刺激胸腺分泌胸腺素，提高机体免疫能力，枸杞子、龙眼肉、山药等滋阴补肾，调理五脏六腑。蝎毒疗法治疗类风湿性关节炎病程较短，对没有服用过激素的患者，治疗效果尤为突出。”因其在使用蝎毒疗法治疗疑难病方面的卓越成就，2016 年其门诊吉林市东广场综合门诊部被中国医药新闻信息协会中医药临床分会授予吉林省第一家“蝎毒疗法防治疑难病－健康基层惠民工程”指定治疗机构。

她遵从古训，博古通今，倡导“绿色疗法”治疗小儿常见病，避免了输液抗生素带来的危害；“穴位激活增免法”治疗过敏性鼻炎、慢性咽炎，一针见效；使用“断层植入钩活疗法”治疗颈椎病、肩周炎、滑膜炎，东北三省仅此一家；自创静脉闭合术治疗静脉曲张，一次治疗终身受益，不易复发；联合应用高血压三联疗法，舌下取栓、降压棒植入、泡脚排毒等标本兼治，使血压保持平稳正常。此外，郭衍娇大夫对慢性咽炎、过敏性鼻炎、静脉曲张、慢性荨麻疹等症也有着独特的治疗方案。2016 年，郭医堂中医馆被吉林市诚信文化促进会评为“优秀诚信企业”。

中西结合，自创疗法解难病

为了改变西医疗法中的有病就输液、滥用抗生素类药物给患者带来的副作用，郭衍娇先后去河南、河北、湖北、辽宁等地考察学习，很快掌握了治疗各种疑难杂症的“蝎毒疗法”“中药透皮贴敷疗法”“小儿直肠给药疗法”“小儿推拿保健疗法”“臭氧大自血疗法”“舌下取栓疗法”“3D 针刀疗法”等现代新型疗法，并把这些“蓝色技术、绿色医疗”与中医、中药理论融合在一起，创造出了独具特色的“郭氏”中西医结合技术与治疗疑难杂症的专业治疗方法。

2016 年，她在吉林市东广场投资 150 万元，开办了包含十几个专业科室的综合门诊部——吉林市东广场综合门诊部。经过不懈的学习和努力拼搏，她的综合门诊部已经成为中华汉方疑难病专家委员会定点培训中心、中华汉方吉林市蝎毒疗法临床基地、中华医学会“五行工程”特色胃病临床基地。

综合门诊部开业至今，接诊量已有数千人。现在找郭大夫看病，都需要提前预约。同时，最初的郭衍娇中医诊所也荣获中华汉方疑难病专家委员会名医推荐门诊称号，并升级为郭医堂中医馆。

在多年的行医生涯中，她独创了号脉诊断病情的精湛医术。患者身体哪个部位疼痛，用针灸就能缓解病痛直至治好病症。为此，有人给她送来“三指掌天下，一针定乾坤”的锦旗。

她一贯倡导“蓝色技术、绿色疗法”的医疗理念，自创“穴位微创增免疗法”“断层植入钩活术”“静脉排淤闭合术”“高血压三联疗法”等多种独门医技，结合蝎毒疗法，为无数疑难杂症患者解除了病痛。她的精湛医术博得了各地患者的赞赏和好评，从 2012 年自主创业开办诊所至今，在短短的五年里，她不仅在吉林医疗行业稳稳地站住了脚跟，而且在全国中医行业美名传扬。

细微之处，方显大医精神

自郭医堂中医馆创办以来，郭衍娇大夫把每个月的17日设为固定义诊日。在大家的眼中，她是一位中医，更是一位爱心人士，截至目前，郭医堂已开展义诊百余次，送医送药累计21万元。由郭衍娇倡导组织的“吉林市医路同行志愿者协会”于2017年成立。协会以“扶危济急、扶倾济弱、博施济众”为宗旨，共开展了41次公益活动，帮扶困难人士320人次，捐款捐物累计20余万元。活动中，郭衍娇总是率先垂范，不计个人得失地倾情付出。

行医多年，让郭衍娇最难忘的病患是一对拾荒夫妇。这对夫妇在农村生活了几十年，无儿无女，丈夫患有脑梗、高血压、心脏病、风湿病，妻子患有严重的帕金森病，生活不能自理。初次见到这对夫妇时，他们住在回迁后无钱收拾的毛坯房，没有电灯、没接通上下水，电饭锅、袜子、捡拾来的废品等堆放在一起……屋子里弥漫着霉味和细菌，也潜藏着失火的危险。郭衍娇不顾脏乱差，安排好志愿者的任务分工后，挽起袖子就开始了检查、治疗、清扫、摆放等各种帮扶工作。三年来，她带领志愿者们为这对夫妇定期诊治，送去长期服用的药物；并为家里接通电灯，安装上下水管道，给卫生间安装拉门；彻底清扫了家里，居住的地方和物品存放的地方分开；购买了冰箱、洗衣机、简易的柜子、货架等，教会他们物品分类摆放，注意日常卫生；定期送去米、面、油等基本生活物资，至今累计捐款捐物40 000余元。如今，这对夫妻生活正常，并且与社区联络沟通，在没有吉林市户口的情况下，为他们办理了享受低保的待遇，今后的基本生活也有了保障。

2019年，一个叫小贺的女孩子被郭衍娇发现了。小贺很小的时候父亲离家出走，去年母亲又因心梗去世，爷爷把她领回来带在身边。这个孩子6岁就得了银屑病，整整6年没有得到治疗，第一次看到这孩子的时候，她的全身像包裹着盔甲，眼见着白色的皮屑哗哗掉落……，特别是头上，已经没有了头发，十个手指硬硬地像小树杈一样支棱着……志愿者们去的当天，温度是32℃，大家穿着的夏装，可是小贺还穿着加绒的冬季校服，因为她没有别的衣服。由于营养不良，12岁了身高只有1.1米，因为没有户口无法建立学籍只能旁听，同学们都叫她“黑孩儿”。面对这样的孩子，郭衍娇很快制定出对她的救助方案：迅速联络吉林市著名的侯氏皮肤医院，制定治疗方案，由于病情复杂，把小贺接到吉林市进行了长达两个多月的治疗，其间郭衍娇多次前往配合辅助进行心脏、感冒等病症的治疗。志愿者们为小贺购置全套的、一年四季的衣服，还有各种玩具、学习用品等一应俱全……村委会看到了志愿者团队为小贺所做的一切，深受触动，于是尽力沟通协调，正在为她办理户口，户口办理好了孩子就有了一个人正常成长生活的基本保障，小贺的人生就会逐步走上正轨。

平日里，郭衍娇和她的爱心团队参与城市爱心斑马线活动，提醒大家注意交通安全；在旅游区捡拾垃圾，成为市民爱护环境的模范；世界助残日里走进残疾人家里，为他们送去米、面、粮、油；九九重阳节，他们走进亿森林养老院，拉手谈心，载歌载舞，为老人们免费义诊；得知吉舒有个孤儿院都是被遗弃的残障儿童，生活无法自理，他们专门定制一个大蛋糕，给没有生日的孩子们过了一个集体生日，并且粉刷墙壁，装点房间，送去书桌书架和学习的书籍，更有大量的生活用品，周到细致地改善了这些被抛弃的孩子的生活环境。

怀仁者之心，修大义之术，行世间正道，解百姓病痛！面对荣誉，面对名利，她更加淡然，更加努力！她始终如一，秉承“大医精诚，仁爱厚生”的医学理念，救死扶伤，悬壶济世。她始终胸怀“医者仁心，大爱无疆，赠人玫瑰，手留余香”的心意帮扶弱势群体，弘扬正能量！这就是郭衍娇大夫创建公益慈善团队——“吉林医路同行志愿者协会”的使命和宗旨。

诸如此类的事情还有很多，2017 年，郭衍娇带领志愿者救助孤儿的事迹被《江城晚报》报道；2018 年，她的事迹被省委宣传部收录到《创新创业我的故事》并被龙潭区山前街道合肥社区评为“社区好人”；2019 年，她的事迹被吉林市委宣传部收录到《星光灿烂》。

播洒爱心，竭尽所能报惠社会

为了传承和弘扬传统中医文化，积极预防亚健康，避免亚健康的危害，郭衍娇系统总结整理了一套以中医理论为基础的“健康管理宣传资料”，建立了多个专业微信群定期发布健康管理知识。在她的中医馆和综合门诊部，建立了免费诊疗制度，针对残疾人和老年人，给予优惠诊疗，并赠送部分药物，开展针对手足癣、头癣免费治疗的业务。2016 年，她参加了吉林义工联盟，并当选为吉林市义工联盟医疗部部长。她经常在门诊部举办一些专业公益活动，宣讲健康管理知识；为义工家属免费诊疗，并每月举办一次大型义诊活动，为周边居民免费进行健康状况常规检测，免费建立健康管理档案。

在 2017 年抗洪救灾期间，她率先带领吉林市各民营医疗机构组建了“吉林市爱心医疗群”，组织群内人员捐款、捐物，并带队走进灾区运送救灾物资。灾后同 4 个村 15 户村民结成救助扶贫对子。

2020 年 1 月新型冠状病毒肆虐，各种消杀物品、防护用品成为了紧缺物资。郭衍娇第一时间拿出医馆的全部储备，同时联络各地的同行、朋友继续购买抗疫防护必需品，积极投入到各种捐赠、帮助和志愿者工作中。从 1 月初到 3 月初，郭衍娇向居民赠送防护口罩 520 个、消毒液 300 斤。其间，她还带领她发起组建的公益团队在吉林市多个社区内悬挂条幅，发放防疫手册宣传防疫知识，在防控卡点站岗，帮助社区做好消杀工作。5 月，吉林市新冠疫情防控形势骤然严峻，全市人民快速有序地开启了新一轮防疫阻击战。在这严峻的特殊时期，郭衍娇大夫和她的团队又一次快速行动起来，募捐了 5000 余元，购买了防疫用品和生活用品，全部用来慰问社区防疫一线的工作人员和志愿者。

郭衍娇大夫和她的公益团队，始终坚持着爱心奉献活动，他们像行走的阳光，温暖着周围，温暖着身边每一个需要帮助的人。

心灵在高处，方能俯瞰天地，视野不囿于当下，才能海纳百川！现在的她，心中怀着更大的志向，目标是三年内在东北三省开办两家医养结合的医院和养老院，还要建立起一套完整的“郭衍娇中医诊疗”和“郭衍娇中医健康管理”模式，向全国发展加盟连锁，将独门医技和学术传播出去，使祖国的中医学继续发扬光大！

伊永平

医者仁心解民疾苦，行医千里不忘初衷

伊永平　男，出生于1960年，山东淄博人，毕业于山东淄博卫校，现从事全科医疗。多次获得所在县、镇“优秀乡村医生”荣誉称号，所在卫生室多次被评为“十佳卫生室”，被县卫生局定为“中医药特色卫生室”。深入学习使用蝎毒疗法后，在擅长的神经精神类、脾胃、疼痛、心脑血管、股骨头坏死、颈腰椎病、带状疱疹、妇科类等多种疑难疾病的治疗中取得了良好疗效，为解决群众看病难的问题，常常远赴偏远乡村，精湛的医术和医者仁心深得广大患者的信赖。

学医明志，救民疾苦

自古以来英雄多出自平常百姓家，伊永平便是这样一位自幼和农民群众生活在一起的医生。说起从医的初衷，要追溯到20世纪70年代，伊永平自幼生活在山东省淄博市沂源县儒林村，当时的农民无法享受到最基本的医疗服务，大多数村舍卫生所仍然依靠血压计、体温计、听诊器“老三件”看病。可是，人生病总是要医治的，别无选择的情况下，有病患家的村民经常到寺庙求神拜佛来祈祷庇佑。普通的发烧感冒都靠自愈，有的能够凭借自身抵抗力痊愈，这很庆幸，但大部分的人都是拖得严重了才舍得走进诊所买几片药吃，身心备受折磨。不敢生病就是当时村民内心最真实的写照。家乡百姓的疾苦，激发起伊永平心头为民除病的理想，他立志从医，让农民群众不再治病难。

打铁还需自身硬，如学医除病魔，先要有过硬的本领。1980 年，伊永平被村里举荐到沂源县卫校学习 1 年，他十分珍惜这个来之不易的机会，在校期间伊永平铭记村民群众的信任，日夜辛勤研读。巍巍华夏，千年中医学，初尝其中味的伊永平如沐甘露，中华传统医学历史悠久，流传深远，其博大精深犹如浩瀚星空，他渴望摘一颗星辰，将治病救人的理想挥洒人间。

打铁铸剑，斩疾除病

1981 年，伊永平考入淄博卫校，凭借着山东汉子不服输、敢挑战的精神，面对艰深的中医学知识，他如饥似渴地啃食着这块“硬骨头”。苦心人天不负，1984 年伊永平以优异成绩从淄博卫校毕业，赢得学校师生的一致肯定。在初心使命的感召下，学成归来的伊永平义无反顾地投入到了最需要他的乡村医务工作中。

1987 年，伊永平在山东省精神病医院进修后，对精神类疾病中西医结合治疗颇有心得。精神病的诊断和治疗有其复杂性，中医认为阳虚为癫，阴虚为狂，与肝、心和情志相关；西医认为是生理、心理、社会环境等因素造成大脑功能失调，从而导致认知、情感、意志和行为出现障碍。伊永平采用中西医结合运用的治疗手段，目前已治愈超过 2000 例精神类疾病患者。

只要病魔仍在人间游荡，医学的发展就不能停下脚步。在伊永平从医的 40 年间，遇到过许多疑难杂症，他也曾束手无策，但秉承着新时代中医人的进取精神，他绝对不会向病魔低头。在西医未传入中国以前，我们中华民族的祖祖辈辈都用中医中药来治疗疾病沉疴，古老的医术挽救了无数人的生命。伊永平仍然坚信华夏中医孕育着无穷的智慧和方法，除了系统地学习《伤寒论》《金匮要略》等医学典籍外，伊永平还经常“走出去”，参加诸如“中国继续教育 21 世纪工程”等课程给自己“打铁铸剑”。

2014 年，伊永平在山东济南蝎毒疗法会议中有幸结缘一种新的中医疗法——蝎毒疗法，这给他带来了破除疑难杂症的新曙光。伊永平决定加入中华汉方疑难病专家委员会进一步交流学习，受蝎毒疗法创始人刘冠军的影响，同时也成为首批加入中华汉方疑难病专家委员会的民间中医。

中医主张的辨证论治，就是将医生经常提到的“望、闻、问、切”所收集的症状和体征，通过分析综合、辨清疾病的原因、性质、部位以及邪正之间的关系，对病症有了充分的认识，才能对症下药。伊永平学习并熟练掌握辨证论治，再结合多年的理论研究和临床实践，灵活运用蝎毒疗法，可以起到直达病灶的效果，使诸多疑难杂症迎刃而解，让越来越多的患者摆脱了疑难杂症的困扰。

岁寒松柏，誓言无声

“诊疗疾病无数，百姓随叫随到，有时冒严寒、踏冰雪，常常风里来、雨里去……”这是伊永平给广大农民群众留下的深刻印象。

选择了基层医疗卫生战线，就选择了默默奉献，这注定是一场不平凡的征途。40多年来，不论春夏秋冬，不论白天黑夜，伊永平作为一名乡村医生，始终将本村及周边群众的身心健康视为自己的责任。在伊永平心中，村民群众的病痛始终是他最牵挂的。因为扎根基层，周边群众大多对伊永平的电话号码谙熟于心。根据家人描述，他的手机每天二十四小时都是开机状态，有时深夜响起电话铃声，经过简短的询问，他便穿衣上路了……

甘之如饴，惠济于民

2016年的一天清晨，刚来到诊室的伊永平便迎来了一位77岁代姓男子，陪同前来的家人告知伊永平，老人身患肺癌，经检查已是晚期。患者全身浮肿，腿部肿胀尤甚，家人已开始为其准备后事了。奈何患者身心过于痛苦，家属不忍，便送至伊永平处诊治。肺癌的癌变有不同特征，伊永平运用蝎毒疗法使处方药效针对患处的扩散癌细胞发挥最大治疗效果。身患绝症的人，心灵往往非常脆弱和孤独，伊永平在治疗中不忘告诫患者家属，要经常给予患者情感上的支持。伊永平认为要战胜身体的病魔，先要战胜内心的恐惧，要治疗身体的顽疾，先要慰藉患者的心灵。经过他一个月左右的悉心治疗，患者浮肿消退，积液消失；继续治疗两个月后，患者病情基本稳定。伊永平再见目前尚健在的老人，他瘦骨嶙峋的脸颊也已经挂上了笑容。

心系群众疾苦，保一方百姓安康，伊永平展现了自古以来医者仁心的光辉形象。40多年来，他经常深入村民家里宣传健康知识，为周边村民讲解各种疾病的防治。

为了更好地服务村民群众，他坚持为不方便的病患送医上门。“我将用良知和尊严，按照良好的医疗规范来践行我的职业。”《希波克拉底誓言》中的这句话被医生用来鞭策自己，伊永平则用一生在践行。

验方验案

股骨头坏死

【患者基本情况】周某，男，48岁，山东省沂源县人。

【问诊及诊断】患者自诉半年来双侧髋部疼痛，提重物加重，走路时大腿前内侧疼痛，口服止痛药无效而诊，CT检查双侧股骨头坏死Ⅰ期。西医诊断：股骨头坏死Ⅰ期。中医诊断：髋骨痹。

【治疗方案】中药：当归10g，延胡索10g，陈皮10g，郁金10g，独活15g，白芷10g，肉桂10g，骨碎补15g，续断10g，狗脊15g，怀牛膝6g，透骨草10g，黄芪60g，土鳖虫15g，血竭3g（冲服），白术10g，龟甲50g（先煎40分钟）。每日1剂，水煎服，早晚各服1次。

配合养肾活血药酒及硒灵芝胶囊。

【治疗效果】服用四个月，病情缓解，走路不再疼痛，无其他不适感。嘱其不要做重体力劳动，后又服用两个月巩固治疗。随访两年无不适感。

张琼

心仁术精，祛皮之沉疴

张琼 女，出生于1972年，祖籍云南富源，毕业于云南中医药大学，中西医双执业药师、中医执业医师，现任曲靖市沾益区龙华街道北城广场罗育兰中医诊所全程医师兼妙灵药品经营部店长。她不断学习，博览群书，坚持订阅《中国皮肤性病学》《民族医药报》《中国临床医生》等杂志学习，及时了解皮肤病诊治的前沿信息和先进技术，并不断推动中西医结合治疗皮肤病临床应用的创新，使自己始终立足于皮肤科医学前沿。

全心致力于各种疑难皮肤病的研究与临床治疗，除了家学传承和自学进取外，还不断进修学习，拜师伏羲门符晓春大夫，参加吴雄志教授建立的太湖大学中西汇通、全国名老中医（郝万山、王国庆、黄煌）、国医大师（熊继柏、唐祖宣、李佃贵）授课的学术传承班，熟练掌握了舌诊、脉诊（道家脉学唐莹、脉学杨运高、危柏亘）及各种针法（火针传承人王林、八卦针付晓春、平衡针王飞）的应用，中医临床水平得到了质的提升，尤其是多次参加蝎毒疗法治疗疑难病，对皮肤病和其他疑难病的治疗有了更加全面的认知。

针对不同类型的顽固性皮肤病进行研究分析，对其病因、发病机理、治疗方法等进行反复研究论证，依据“治其外必治其内，治其内必治其根”的中医理论，坚持方药结合，辨证与疗程管理相结合的原则。在临床治疗上独辟蹊径，大胆创新，一人一方，创立了集杀毒、排毒、祛风凉血、养血疏肝、理气解郁、益气固表、疏风祛邪兼顾脾胃等诸多功效为一体，以中医为主的绿色治疗方法，进而驱除体内湿热瘀毒，修复和滋养表皮细胞，促进微循环，提高人体免疫功能，调节体内各器官相互平衡，做到了急治标、缓治本、标本兼治，在治疗青春痘、牛皮癣、白癜风、带状疱疹、神经性皮炎、过敏性紫癜、荨麻疹、湿疹等多种慢性顽固性皮肤病上形成了专科特色，并对心脑血管疾病、不孕不育、颈肩腰腿痛和糖尿病的治疗有独到见解，获得了患者的一致好评。

偏科亦有大作为

皮肤病名医，让人自然联想到张琼在诊治皮肤疾病的突出成就。她生于三代中医世家，自幼受家学熏陶，在父亲平生研学的基础上，结合自己的诊疗经验，把家传下来治疗青春痘、痤疮、荨麻疹、银屑病、牛皮癣、白癜风等皮肤病的验方进行反复研究改良。自 1994 年毕业以来，她一直坚持工作在临床第一线，每天为不计其数的各类皮肤病患者看病问诊，从来不用厂家药膏之类，外用药也亲自打粉，熬膏蒸制而成。

皮肤病种类繁多，不同的疾病具有相似的症状，同一个疾病会具有不同的症状，而且多种内脏疾病也可以体现在皮肤上，这都给医生的诊断带来挑战，误诊率高，根治困难，“内不治喘，外不治癣”，甚至已经成为一句中医界的俗语。

因为皮肤病反复发作、迁延不愈，大有“野火烧不尽、春风吹又生”的势头，致使患者一直走在“发作、缓解、治愈、再发作”的循环之路，许多门诊大夫都望而却步。但张琼偏偏钻研皮肤病，一干就是二十余年，并且做得声名鹊起，门诊量更是居高不下。之所以选择“皮肤科”这块看似不大却无比坚硬的骨头，既为传承父辈在治疗皮肤病方面的经验，更因为在她看来，皮肤科在别人眼里虽非大科、显学，但若能持之以恒，可达治他人不治之症的济世良医之峰！

多达 2000 余种的繁多病种、变幻多端的表观症状、错综复杂的内在联系，让张琼深陷其中，她勇敢接受病因病机繁且变、整体局部难对应的挑战，以平和、敬畏的心态面对每个皮肤病患者。张琼大夫把父亲在皮肤病治疗上取得的成就作为自己的起点，打破了皮肤病治疗的固定思维和公式，不会先入为主、照搬照用地去套方套药，而是竭力去探索出一条皮肤病治疗“减少时间、缩短疗程、更灵活多样、更完善成熟”的新路子，从而不断积累实践经验，不断提高认知境界，帮助无数皮肤病患者解除了身体上的疾病。

皮肤科，这已经成为张琼大夫的治学追求，行医这么多年，在家传中医的基础上她毫不懈怠地学习，研究各种皮肤病的中医治疗妙法。通过与穴位经络疗法及中医现代新疗法——蝎毒疗法的接触，她终于探索出了皮肤病治疗的规律，找到了最适合患者、最安全有效、最省钱的中医经络治疗方法。经大量临床实践证明，对久治不愈、常规治疗方法和药物均不能奏效的患者，对病情反复发作、靠反复用激素药维持的患者，对患皮肤病多年、身体长期有皮损、溃烂、瘙痒等症状的患者，均取得了令人满意的临床效果。张琼大夫用实际行动证明，“偏科”亦有大作为！

透过表象探本质

皮肤是五脏六腑的“镜子”，皮肤病多是六淫、七情、痰饮、瘀血等邪气蓄积不能疏散，郁久顽恶，邪盛正衰超过常态形成，故而在中医辨证论治上，不能“见皮治皮”，要明辨阴阳、表里、寒热、虚实及所有相关脏腑、经络之间的关系，得出恰当的证，从而确定治法方药。

对皮肤病来说，大夫是“透过现象看本质”，患者却是“透过表象看效果”。或脸或身或四肢，无论是皮损（如斑疹、丘疹、水疱、脓疱、风团、结节、鳞屑、糜烂、痂皮、溃疡、脓性分泌物等），还是色泽（如白、红、暗、紫），还是数量多寡，皮肤病外在的表现是肉眼可见的，如何让皮损消除，让皮肤色泽恢复正常，让数量和面积减少，让奇痒难耐、疼痛钻心的切身感觉得到减轻乃至彻底消失，这些都是患者真正关心的问题，是反映大夫治疗效果的“晴雨表”，也是衡量大夫技术水平高低的重要依据。所以，治疗皮肤病是最考验效果的，那是一寸一寸的见证，是一丝一毫的察觉，是一日一换的蜕变。如果治疗皮肤病没有看到“本质”的真本事，就会被凸显在皮肤上的“表象”所敷衍！

于精细处见功力，于细微处见疗效，于微观处见全局，张琼大夫的治疗思路和方法，经过了无数疑难杂症病例的检验！这些临床病例和成果体现并将回馈到以后来找她看病的皮肤病患者身上，让诊断更及时、更准确，治疗更安全、更有效！

比如痤疮，张琼大夫认为，表现在患者的面部、胸部、背部上，面部又分前额、左、右、下额，根本原因是肺主皮毛、肝主疏泄、脾主运化功能失调，导致湿热瘀阻，故治则以疏肝、行气、清肺、化湿为主，方用葛根汤、清肺枇杷饮、三仁汤、柴胡桂枝干姜汤辨证加减。过敏性紫癜大多以风邪、寒邪为主，治则以祛风透邪、温脾、清热凉血为主，方以六君子汤、过敏煎、五苓散、小柴胡汤加减化裁。对于银屑病的治疗，以驱邪固本、养血祛风润燥加以“蝎毒疗法”，大大提升了中治疗药效果，缩短了疗程。对于神经性皮炎，以肝风为主，肝失疏泄，气郁化火，火盛生风，治则为疏肝解郁、清热养血，重用槐花、紫草。荨麻疹和湿疹是一种虚实夹杂、实于外而虚于内的疾病，风邪、寒邪、饮食失节、脾湿胃热、内伤七情或劳累过度、气机郁滞致使脏腑功能失调均会引发该病，处以消风散、龙胆泻肝汤、除湿胃苓汤、苓桂术甘汤、羌活胜湿汤、玉屏风散辨证施治。白癜风是一种先天禀赋不足和后天失养导致的疾病，与血虚、血热、血燥、肝风内动有关，常用四物汤、桃红四物汤、柴胡疏肝散、消风散、玉女煎、如意黑白散、二仙汤、地黄饮子为方辨证加减。

从整体观出发，从全局性考虑，进行综合的思辨，重视四诊收集到的信息，重视整体体质与局部皮损的关系，于纷繁复杂的症状中把握住了真正主导皮肤病病机的“证”，确定治法方药，因此得出来的辨证结论更为全面，遣方用药疗效更高。

古人云：“见痰非治痰，见血非治血，识得个中趣，方为医中杰”。张琼大夫采取中药内服，并将家传调治药液直接涂于皮肤损害处，或又施以刺络拔罐、针灸，改善皮肤损害的病理变化，终止皮损扩散，以修复和滋养皮肤表皮细胞，提高皮肤细胞代谢能力，使整体症状得到改善，局部皮疹亦快速消失，不仅大大缩短了治疗周期，还能够帮患者节省治疗费用。

心诚不畏看病难

每周一、三、五、六、日来找张琼大夫看皮肤病的患者都会排起长龙，还有不少患者专从外省慕名而来。来诊所看病的患者多是行色匆匆，“全副武装”，有的以口罩遮脸、有的帽檐压得很低、有的长袖包裹严实。进了诊室，坐到张琼老师面前，这些患者才“卸下武装”，对张大夫寄以期望。他们都是被痤疮、牛皮癣、荨麻疹、过敏性紫癜等顽固性皮肤病困扰的患者，或头部、或面部或颈部或四肢，或脓疱累累或奇痒无比或皮损遍布，他们的身心正在备受皮肤病折磨。

除身体损伤外，皮肤病患者更要面对心理上的考验。很多皮肤病患者都会有外观容貌的改变，这种变化，为他们的生活、工作和社交带来了明显的阻力，大众对其所患皮肤病的误解和偏见，令他们产生抑郁、自卑、焦虑等的悲观心态。更糟糕的是，很多皮肤病都有反复发作和迁延不愈的特点，这就意味着皮肤病患者要长期生活在痒、痛的折磨和他人异样的眼光下，导致了身体和心理的双重疾病。

皮肤病患者难免心情急切、情绪急躁，这极其考验一个皮肤病大夫的经验和耐心，又逼着大夫快速拿出治疗有效的“佐证”。对于张琼大夫来说，难度和压力可想而知！面对各种皮肤病复杂的病因和患者极为迫切的治疗需求，张琼大夫秉着一个医者的职业精神，不避污秽，不嫌烦琐，详细询问，全面诊断。在一天三十多位皮肤病患者，皮肤病的类别五花八门，几乎不间断的看病过程中，张琼大夫都自信从容、游刃有余，没有表现出一丝的愁色和烦躁，沉得住气，不见一丝一毫的慌张。

正所谓，无症奈何难辨识，当责四诊未曾精。她的中医基础理论功底扎实，对证候信息分析处理的能力强，通过望、闻、问、切，心里对患者病情早已是明晰如镜，展现出了一名专家级别医生的素质，而能承受住这份冷静和果断的，则是她几十年治疗皮肤病经验的积累、总结。

张琼大夫说道，自己今天能够在皮肤病治疗方面取得的成就，得益于家传渊源，更得益于中医现代新疗法——蝎毒疗法的运用。其实，显著的疗法真正源自她对学习中医的热衷和努力以及持之以恒的研究探索，她对自我的认知虚怀若谷，从不标榜个人的成就。

在她看来，医生就是为了帮助患者解决痛苦，越是那些难治并给患者带来痛苦的病，她就越有兴趣钻研，并把它征服。看到太多皮肤病患者身体受到折磨，精神还要承受压力，她于心不忍；看到太多皮肤病患者心急如焚、病急乱投医，原本很快就能痊愈的，由于得不到正确的诊断治疗，贻误了治疗时间，甚至滥用激素、免疫抑制剂、抗生素、抗过敏类药物等，留下了众多后患，她比患者还要心急。为此，她下定决心，要让更多皮肤病患者获得康复。

皮肤疾病虽然不是什么“大病”，但落在每个患者身上，没有得到确切的治疗，就是饱受折磨的疑难杂症。张琼大夫取精而用宏，平淡之处见奇功，心无旁骛地沉浸在自己拿手的皮肤病领域，做到心中有患者，妙手祛沉疴，真正诠释了仁心仁术的大医精神！

徐国明

讷言敏行存仁心，妙手施治祛肿瘤

徐国明　男，江西九江人。毕业于江西中医药大学，曾在部队担任军医，转业到地方后行医至今二十多年。中医全科执业医师，擅长治疗妇科不孕不育、风湿骨病、心脑血管病、肿瘤等疑难杂症。他热爱医疗事业，专攻常见疾病，因其质朴的品格和精湛的医术，勇挑医者担当，深受同行和患者的一致好评，在人民群众中立起了“大医精诚”的金字招牌！

徐国明自幼体弱多病，18岁就跟当地的名老中医李久秀学习中医，在部队服役期间，一直从事医疗工作，并在部队医学院深造学习，服役期满，转业回当地被分配在涂埠镇渔业队卫生所，积极从事基层医疗服务，一边为当地老百姓治疗各种疾病，一边继续学习中医，后毕业于江西中医药大学。经常外出学习中医及各种适宜技术，2017年在河南中医药大学参加全国中医临床人才仲景名医特训班，并以优异的成绩毕业，2018年获得仲景学术进步奖。为提高疑难杂症的综合治疗水平，徐国明拜蝎毒疗法创始人刘冠军教授为师，专注研习汉方医学及蝎毒疗法的临床应用，随着多年经验积累，已经在不孕不育、风湿骨病、心脑血管病、肿瘤等疑难杂症领域取得成绩。

仁心妙手治疑难

早上八点，在九江市永修县涂埠镇渔业队卫生所（徐国明中医诊所）里，二十多位患者正在耐心排队等候问诊，为他们看病的，是疑难病专家徐国明医生。

记者见到徐国明时，他正为68岁的涂大爷切脉，双眉微蹙地向涂大爷的儿子仔细询问他的身体情况。涂大爷前一段失眠，近段时间略有好转，时间长了会心烦，易睡易醒，感觉浅睡眠状态时间较长，饮食正常，大小便也正常。徐国明又仔细查看涂大爷的舌苔，“舌质淡白，舌苔厚腻；脉象寸关浮，尺沉。”徐国明双眉舒展微笑着说，“老爷子，你这个病没什么大碍，中医里这叫阴实证，我给你开几服药回去吃，没事儿了多走走，散散步，保持好心情比什么药都管用！”随后徐国明开了一张处方：熟地30g，丹皮12g，酸枣仁30g（炒），远志6g，丹参12g，百合30g，沙参15g，砂仁9g，白术20g，黄柏9g，甘草3g，共5剂。乘着涂大爷去药房抓药的间隙，徐国明拉着涂大爷的儿子悄声说：“你父亲可能得了肺癌，尽快去医院做个检查，如果确诊，也不是不能治，但最好先别让你父亲知道，患者心情愉悦，有助于康复，这5服药吃完，我再给你父亲看看。”

从早上八点一直忙到下午快两点，午饭都没顾得上吃，徐国明一共看了24位患者。“来我这儿的基本上都是大病患者，好多还是外地无法治疗而赶过来的，自己加加班，也能尽量减少患者的负担。”徐国明笑着说。

徐国明坦言，他除了看病和患者沟通外，不太善于言辞。午饭间隙，记者和徐国明聊起了他的一些诊疗事例和中医的理念。

2008年，九江新建县时年15岁的女孩小勒，因患肠结核，四处求医但疗效甚微，以致生命垂危，其祖父听人介绍将她带到徐国明处求医，经过徐国明精心诊治，终于将小勒从“鬼门关”拉了回来，治疗近三个月后完全康复。2018年小勒婚后不孕，又是徐国明治好了她的病，并于2019年产下一男孩，一个人甚至一个家庭的命运就这样由徐国明改写了。

从医27年来，徐国明始终坚持“医者父母心”的原则，始终把患者的生命安全放在第一位。

纵论肿瘤施治法

从一名默默无名的基层医生，到远近慕名来求医的患者络绎不绝，徐国明医生秉持着医者仁心、大医精诚的理念，并不断严格要求自己，不间断地继续学习。

当聊起徐国明擅长治疗的疾病，他的话匣子一下子就打开了。妇科不孕症、疼痛骨病、心脑血管病、肿瘤，这些疾病都是真正意义上的疑难病，而说起徐国明最为擅长的肿瘤，记者不由得怀疑他是否真的不善言辞。

徐国明认为，肿瘤的病因，不外乎人体内部阴阳平衡失调、脏腑功能紊乱及外邪侵犯两个方面："肿瘤大多都属'阴实之证'，这其实是疾病传变的一个过程，从'阳实'到'阴虚'，再到'阳虚'，最后传变为'阴实'。这个传变过程，也是人的身体机能衰退、劣化的过程。"因此对肿瘤的治疗，必须注意辨别阴阳气血的盛衰和脏腑经络的虚实及邪正双方力量的对比。肿瘤与人之正气就像地里的草与苗，毒草生长迅速，常常夺取土壤中的营养，致使禾苗营养不足、颗粒无收；要想收成好，必须有效地抑制土壤里的毒草生长，培育好禾苗。处理好消瘤与扶正的关系，在扶正中祛邪，祛邪不伤正，提高人体的免疫力，改善精神状态，而且治疗不能有伤害性，就是无损伤治疗。

有句话说，"肿瘤患者一半是被饿致死的，一半是被吓死的"，这话虽然有些夸张，也从侧面说明了正确面对肿瘤的重要性。大夫医治的是"心"，患者求医求得是"希望"，最高明的医术是能够给患者开出一剂"希望的药方"。从某种程度上来说，癌症治疗的成功，是由大夫与患者共同决定的。

甘做中医一"痴人"

中医看病是一件很耗神和体力消耗很大的工作，但徐国明工作了大半天却依然精神百倍，他说看病虽然精神高度集中，于他来说却是一件很轻松、很快乐的事。"我看病很兴奋，有时候持续到晚上都还在琢磨：那个患者为什么还没好呢？想到最后就欲罢不能了，半夜起床翻书拟方是常有的事儿。"徐国明说，患者好了对他来说也是享受，患者受益比什么都重要，看到患者欢欣的笑脸，所有的付出都是值得的。

直到现在，徐国明还在每天不断地看书学习，记者在他的诊室看到书柜里全是中医相关书籍，其中中医经典、中药、专业病相关诊疗书籍最多。他说医学发展很快，中医学的宝库博大精深，需要不断学习才能应对新的挑战。那些艰涩的文字经由他的解读，恰似赋予了生命，在他脑子里成了灵活的治病“工具”。

正是因为对中医的热爱，徐国明对那些夸大疗效、欺骗患者、有损中医名声的事很是痛恨。他说中医疗效好，但是要实事求是、适度合理，我们的治疗攸关患者的健康与生命，来不得半点虚伪和骄傲。

徐国明热爱着他的中医，关爱着他的患者。在27年的从医之路上，因为这份痴迷和深沉的爱，让他时刻铭记责任，想患者之所想，急患者之所急。他始终秉持着一颗赤诚的心，不断坚定着自己解除患者痛苦的信念和理想。

韩延龙

中医世家三代传承，针心针意惠泽苍生

韩延龙 55岁，中医执业医师，北京医景堂疑难病医学研究院宁夏分院特聘专家。1992年毕业于山西中医学院，后又进修于北京中医药大学，其诊所曾荣获“慢性病疑难病康复行动进万家定点合作单位”“北京医景堂疑难病医学研究院男科合作门诊”“中医名家工作室”等荣誉。中医世家，目前已经传到第三代，在长期的工作中积累了丰富的临床经验，擅长治疗各类妇科、不孕不育、男科、脾胃病、骨关节病等疑难杂症。近几年，韩延龙医生多次前往全国各地学习各类针法，广猎众家之长，在自己临床经验的基础上取长补短，并结合蝎毒疗法开展骨关节疼痛疾病的治疗科室，取得了很好的效果。

一方水土养一方人，一方山水有一方情。不同地域的风土人情不一样，容易患的疾病也不一样。

灵武市属典型的温带大陆性干旱气候，冬春长，夏秋短，冷热悬殊；其东部山区属鄂尔多斯台地，包括丘陵、沙漠，占全市总面积的89%。当地人们长期在这样的气候环境下工作和生活，自然避免不了各种骨关节问题。另外，宁夏是中国的回族之乡，回族普遍信仰伊斯兰教，而伊斯兰教教徒的五大功课之一便是斋功，即每年封斋一个月。在斋月期间，教徒从日出到日落期间不进饮食，直到太阳西沉才进餐，再加上其他不健康的饮食习惯，从而为各种脾胃病的发生埋下了伏笔。

灵武市如此鲜明的地方特色和浓厚的民族特色不仅形成了地域性的疾病，也成就了主攻地域性疾病的当地名医——韩延龙。

中医世家，三代传承

悠悠华夏，人才辈出，悠远岐黄，代有精英。几千年的发展，祖国医药学已经成为一个系统完备、博大精深的学科，“继承与发扬”是每位中国医学工作者的理想，但近年来中医传承却历经坎坷，发展之路令人隐忧。

韩延龙医生认为中医传承之所以问题重重，第一是因为中医不好学，中医是一个抽象的三维或者四维的学科，对抽象思维要求比较高；第二是临床经验传承不足，中医注重时间的磨炼与经验的积累，没有一代两代三代人的传承，很难学好。

现在有很多中医不会看病，为什么？因为没有得到很好的传承。他们虽然是正规学校毕业，但是一般从十八岁才开始学医，二十几岁就开始行医，平时的临床实践也并不能做到师傅与徒弟一对一的交流，做不到所谓的师傅手把手地教徒弟，跟世代传承的中医人相比，算是半路出家了。另外，现在虽然有很多确有专长的传承，但有的仅仅是挂个名号，并不会把真正的东西告诉徒弟，遇到问题还是要靠自己去解决。

韩延龙医生对于中医传承的理解源自深厚的家学渊源，他出身于中医世家，目前已经传到第三代。父亲是赤脚医生，其高超的医术在生产队时就深受父老乡亲的欢迎，他幼承家教，四五年级写作文的时候，谈理想就是要学医，加之自身体弱多病，更加坚定了要学医的信念。韩延龙医生 1992 年毕业于山西中医学院，在灵武市中医院工作两年后开办了灵武市第一家个体诊所，至今已 27 年。大女儿继承了他的衣钵，目前是中医执业医师，小女儿也说要好好学习，长大以后跟姐姐一样给爸爸当助手。

用好基本功，治好疑难病

来找韩延龙医生看病的基本上都是其他患者转介绍来的，有本地的，有外地的，为什么？因为韩延龙医生基本功好，不按规矩出牌，“尤其是搞中医的，不能按规矩出牌，要是按规矩出牌能治好，早就在其他人那里治好了”。

韩延龙医生看病很快，三个手指头往下一按，再拿起来就知道是什么病，敏感度非常强。偶尔时间会长一点，但大多数情况下按下去拿起来就知道是胃胀了，还是腰疼了，然后再到诊查室里边用手指敲一敲，印证一下自己的判断准确不准确，了解一下病程有多长时间了，是先治胃呢，还是先治腰呢，方子就在头脑中出现了，这是其他人都做不到的。

针法绝妙，各猎所长

韩延龙医生看病好，不仅得益于其扎实的基本功，也得益于其绝妙的针法。除了在父亲那里习得的针法外，韩延龙医生自己也一直在学习，并汲取百家经验，不断提升自己的临床诊疗水平。2015 年师从程氏针灸传人纪晓平先生学习程氏针法，同年与针灸三通会长贺林先生学习临床针灸实用技术；2016 年在广州普济骨伤研究院向党中旭教授学习解剖学知识；2017 年跟随非物质文化遗产传人曹世和先生学习中华芒针；2018 年多次随宫氏脑针创始人宫长祥先生学习脑针治疗疾病的方法与思路；2020 年随通督疗法创始人王庆跃学习通督针法。

百穴易得，针术难求，但这种只能意会不能言传的学习技巧却在出身于中医世家的韩延龙医生身上，显得异常简单。韩延龙医生的针法可以用精、准、快来形容，虽然有着二十多年的临床经验，但是每次取穴时依然非常认真，一个一个确认无误后才会下针，“看病一定要准确，这是一个医生的基本功，要不就跟杀人一样，一针下去就把人结束了，所以绝对不能留第二针”，有的患者来体验一次病就好了，所以很多外地的患者都会慕名来到这里。

验方验案

卵巢早衰

【患者基本情况】陶某，42 岁，女，已婚。2019 年 10 月 18 日初诊，因月经七个月未来就诊。平时月经规律，末次月经 2019 年 3 月 25 日，无明显诱因，近段时间感觉头晕，耳鸣，腰酸，烦躁易怒，胸胁胀闷，汗多，性欲下降，阴道干涩。查舌淡黯，苔薄黄，脉弦细，平时身体健康，月经量中等，色红，白带无异常。22 岁结婚，生一男孩，无流产史，性激素水平检测：ER 35pmol/L，LH 15.02mU/mL，

FSH 20.12U/L，提示：卵巢早衰。中医辨证：肾虚肝郁。

【治疗方案】方用：归芍地黄汤合养血舒肝汤合二仙汤加减。中药：当归、白芍、熟地黄、山萸肉、山药、丹皮、柴胡、龟甲、淫羊藿、仙茅、黄柏各适量，水煎服。

配合针刺：太冲，合谷，太溪，三阴交，血海，足三里。

【治疗效果】治疗三个月后，患者头晕，烦躁易怒，并有少量白带，月经仍未至，但觉腹胀，遂加丹参、桃仁、白芍，又服 1 个月，诸症消失，月经来潮。

【按语】此病案血虚伤津累肾伤肝，妇女以血为主，经血的排泄与肝肾有关，而阴阳消长转化的演变与子宫及其脉胞络冲任等有关，《景岳全书》曰："善补阳者，必于阴中求阳，则阳得阴助，而生化无穷；善补阴者，必于阳中求阴，则阴得阳升，而泉源不竭。"

赵野

杏林巾帼赛须眉，冰城玫瑰展英姿

赵野 女，出生于1973年，黑龙江哈尔滨人，毕业于黑龙江中医药大学，中医执业医师，悦仁中西医门诊部负责人。2017年5月30日，其门诊揭牌成为中华汉方疑难病专家委员会“名医推荐门诊”；2021年5月8日，其门诊揭牌成为北京医景堂疑难病医学研究院（平房）疑难病临床学术研究中心。出身于中医世家，自幼耳濡目染，受父亲影响，踏上中医之路，行医二十余载，基础理论扎实，技术精湛，擅长治疗心梗、脑梗、冠心病、癫痫、帕金森、顽固性失眠等各种疑难杂症；未病防治，免手术治疗儿童腺体肥大及各类鼻炎。

在黑龙江省哈尔滨市平房区，有这样一位女中医，她以柔弱之躯体践行大医精诚，以勤劳之汗水浸润患者生命沃土，以精湛之技艺创造人间奇迹，滋滋行医二十余载，竭尽所能与疑难重症博弈，与大病危候对峙，凭借着高超的医术，治愈了众多患者。“医术精湛、医德高尚”是患者对她最朴实的评价，她就是赵野大夫。

在悦仁中西医门诊见到赵野大夫时，她正坐在诊室里诊治患者，和想的一样，赵野大夫有着一股与生俱来的亲和感，以女性特有的细腻温暖着患者，举手投足间尽显一位“老”中医的风采。

立志中医，用执着铭记医者初心

出身于中医世家的赵野，祖上几代行医。“我几乎是闻着中药味长大的，对中医耳濡目染，有着极深的感情。”赵野说，十几岁便会背记汤头歌诀，熟记药性，钻研祖上传下来的中医书籍、家传秘方。她至今还记得父亲教她辨别中药种类和质量的情形。父亲严谨的治学态度，更是对她起到了言传身教的作用。

高中毕业后，出于对中医的浓厚兴趣，赵野大夫进入黑龙江中医药大学学习中医。中医理论、方剂、穴位、中医经典著作……大学时间里，赵野大夫如饥似渴地吸收着中医学的精华。

大学毕业后，赵野大夫的中医梦得以实现。然而，当面对患者繁杂的病象，她深刻感受到光靠学医的满腔热情和书本所学的“家当”，不足以应对临床的万般情形。为了尽快掌握必要的中医治疗方法，赵野常常向前辈虚心求教、刻苦钻研；工作之余，翻阅医书、废寝忘食。这种勤学苦练的作风在她日后的职业生涯中一直坚持着。

咬定青山不放松叫倔强，巾帼不让须眉是勇气。赵野大夫凭着对中医事业的热爱和人生信念的坚持，始终直视所行之路的方向，遵循本心，真实从容。二十年如一日，默默地工作着、奉献着、追求着，谱写着动人的华美乐章。

专攻疑难，用奇术诠释医者仁心

疑难病，不仅是患者心中难以逾越的鸿沟，也是很多医者倍感头疼的疾病。它并不是一个规范的学术名词，而仅仅是医学界和民间广泛流行的口头语。可以说疑难病涉及人体的各个系统，包括了人体的许多疾病，概括了临床上众多的奇病、怪病、宿疾、顽症，以及病情复杂的疾病，是一个广义的概念。也包括某些功能性疾病、慢性疾病、某些精神疾病和诸多诊断不明的疾病、恶性肿瘤及众多的综合征等疾病。

从医近20余年的赵野大夫，有胆有识，医术高超，敢于向疑难杂症“亮剑”，以攻克疑难杂症为自己努力之方向，让无数的疑难病患者获得救治、转危为安。

医海无涯，然人生有限。以有涯之生欲尝试治遍所有疑难杂症，不可能也，必会失诸精专；欲浅尝辄止妄陈杂术，不可取也，终不会有任何成就。对于各种疑难杂症，罕有科科精通者，必须由博返约，专科专治，方有所成。

蝎毒疗法治疗疑难病的领域宽泛，赵野大夫专于心、一于志，选择最能发挥自己技术专长的心脑血管领域，将心脑血管疾病作为自己的主攻方向，一直沉浸其中，积累了丰富而独特的临床诊疗经验。治疗冠心病，免放支架，3 个月临床好转；治疗脑病，修复大脑受损神经疗效独特，开辟了心脑血管疾病治疗的新途径。

2018 年 7 月 23 日，赵野大夫接诊了一位男性脑梗患者，50 岁，该患者刚从医院出院，左侧肢体功能障碍，语言不清，不能站，不能坐，不能走，赵野大夫运用“蝎毒疗法”与中药结合对其进行辨证施治，十五天后，患者能扶东西走路，一个月后，患者能独立行走。

“找赵野看病，不需多言，她轻点手指，回眸片刻，再加上偶尔的几句询问，中医‘望闻问切’一气呵成，处方便在她笔下生花。捧着轻轻的处方签就如同捧着一份沉甸甸的健康。开五帖药，三帖便好了。”一个曾被赵野大夫治愈的患者这样说。

亦医亦友，用热情展现医者爱心

医生和患者本应该是同一战壕的战友，医患关系的实质是利益的共同体，因为“医”和“患”有着“战胜病魔，早日康复”的共同目标。战胜病魔，既要有医生的精湛技术，又要靠患者战胜疾病的信心，与医生的积极配合，也就是说对医护人员的绝对信任。赵野大夫，在长期与病魔作斗争的过程中，与患者形成了亦医亦友、医病医心的医患情缘。

“作为医生就应该多为患者思考，要尽量为患者的利益着想。当医生的，医术很重要，但更重要的是要有医德。医学是人的科学，不是冷冰冰的数据和图形，而是对人的关怀和温情。”这是赵野大夫常常挂在嘴边的话。

千百年来，医生一直是个神圣的职业，值得尊重的职业。“医者父母心”是古人对医者道德修养的精辟总结。从医二十多年来，赵野大夫急患者之所急、想患者之所想，坚持“医者父母心”的原则，对待患者不分贫富、地位高低，始终把患者的生命安全放在第一位，受到了患者的一致好评。

“赵大夫为人处世相当好，虽然来找她治病时间不长，但感觉赵大夫脾气特别和蔼，我能遇到她给我看病，心里觉得挺高兴。”诊所里的患者李某见谁都这样说。

都说疑难病是富贵病，但许多经济困难的患者都是她的“粉丝”。赵野大夫坚持诊治原则，能不用的药坚决不用，能省的费用一定要省。她常说：“己所不欲，勿施于人，我们都有亲戚朋友，都不希望他们高价看病。同样，我把患者当成朋友，对患者负责，他们自然就信任你。”正是这样的医者父母心，让她坚守了一名医生的道德底线，也赢得了更多患者的敬佩。

在赵野大夫诊所的墙上挂满了锦旗，她的出现，为中华汉方疑难病专家委员会注入了一股刚柔并济的力量，透过墙上一面面锦旗，让我们看到了她勇克疑难、济世救人的滚烫之心，她用自己的努力与实力证明：成名医，并非是男性专利；治疑难病，女人亦可以撑起“半边天”！

胡千军

栉风沐雨四十载，厚德精业济苍生

胡千军　男，出生于1962年，湖北武汉人，执业中医师，中华汉方疑难病专家委员会刘冠军弟子，中国民间中医医药研究开发协会中医膏方养生分会第一届理事会理事。出身于中医世家，熟读中西医经典著作，17岁开始临床至今，善用经方、验方、单方，加上点穴、推拿、针灸、气功的综合疗法，标本兼治，疗效独特，用中医整体观念、辨证论治理论与临床实践相结合，敢于创新，擅长风湿、腰痛、坐骨神经痛、颈椎病、不孕不育等疾病，每每出奇制胜。对一些怪病、难病如癫病、白癜风、各种毒蛇咬伤等有自己的看法，对妇女月经不调、输卵管堵塞、宫寒、各种囊肿等导致的不孕有独特见解。

黄冈地处“吴头楚尾”，是鄂东文化的发祥地之一。据专家考证，吴、楚、汉等古老文化在这里相互交汇融合，其文化面貌颇具特色，带有浓厚的“巴水蛮族”遗风；自古以来就是中医药健康文化兴盛之地，始于魏晋，兴于唐宋，盛于明清，源远流长。黄冈名医辈出，名著众多。这里诞生了一代医圣李时珍、“中华养生第一人”万密斋、“北宋医王”庞安时、脉学鼻祖王叔和等200余位名医。巨著《本草纲目》，被誉为“东方医学巨典”，入选《世界记忆名录》；《脉经》《伤寒杂病论》《万密斋医学全书》《医学述要》等名篇名著，推动中华医药走在世界前沿，为人类健康做出卓越贡献。

而今，这方水土又孕育出了一位优秀医生——胡千军！他，出身中医世家，师承名医；他，医术高明，真诚服务于病患者。行医三十余年，他用妙手仁心驱散了患者的伤痛；几经岁月沉浮，他用医德和医术带来了无数康复的佳音！

矢志岐黄，精研医术

“吾生也有涯，而知也无涯”，这句话用在博大精深的中医求学路上，可谓再恰当不过。在这条以勤为径的路上，胡千军将“做一名优秀中医”作为人生信条，摒弃杂心乱念，捡拾着沿途的珍宝。

胡千军出生在湖北新洲一个贫苦家庭，兄弟姐妹众多，生活很艰难，其童年大部分时间生活在外祖父家。胡千军的外祖父是当地有名的老中医，方圆几公里的民众都会慕名而来，求医问诊。几把草药就可以治愈顽疾，这在当时还是孩童年纪的胡千军眼里万分神奇。耳濡目染之中，胡千军便会跟着父亲一起上山采药。虽然年纪尚幼，但几十种草药形状功效他已烂熟于心。渐渐地，这株崇尚中医的幼苗在胡千军心里生根发芽。

长大后，胡千军报考了中医专业，之后以优异成绩取得了全国执业中医师证书，成为一名执业中医师。从业之后，其也没有停止学习的步伐，不仅利用闲暇时间学习，还每年专门空出一段时间去参加各种医学技能培训，提升自身医术。

中医学的历代名著，是祖国医学宝库中的璀璨明珠，是中医理论的源泉。为医者，自应当学习好中医典籍。熟读《内经》则增人智慧，于病理可左右逢源；熟读《本草》则方自我出，不受古方局限；熟读《伤寒》《金匮》，则辨证施治有法可循。胡千军医生博览典籍，博采众方，在繁忙的工作之中充实自身。他将各种理论融会贯通，指导临床实践，取得了一定的成绩。

福泽患者，真诚为民

“凡为医道，必先正己，然后正物。正己者，谓明理以尽数也；正物者，谓能用药以对病也。”四十余年来，胡千军牢记祖辈的传统教训之医生以医德为重、医者仁心，一心只为患者着想。

从医以来，胡千军始终把“病人第一，生命至上；不为良相，当为良医；福泽患者，真诚为民”作为自己行医的座右铭，还把这句话刻在了诊所牌匾上，时时警醒自己。

胡千军认为，作为一名医者，要视患者为亲人，患者的生命高于一切。他还说，医生不仅仅要有对患者的高度责任感，还要有精湛的医术，这是行医之本，拥有这两样才能在医治患者的时候做到谨慎细致，做出精确的诊断。

在他看来，学医其实就是修身，作为医生要谨于行，精于思，笃于学，勤于省。对待患者的时候，检查不在多少，在于必要；药不在贵贱，在于对症；关爱不在言语，在于人心的感知。

亦余心之所善兮，虽九死其犹未悔。从医多年，初心不改，仍旧以患者的健康为己任，将患者放在第一位。病者必寄信于医，医必寄怜于病者。正是如此，胡千军医生才能够赢得患者的信赖。

结缘蝎毒，攻疑克难

秉承着对病患负责的态度，胡千军加入了中华汉方疑难病专家委员会，系统地学习了蝎毒疗法，还受到众多名老中医的点拨。胡千军表示，中华汉方疑难病专家委员会这个平台给他提供了与同行交流切磋的机会，让他学习了众多名老中医多年行医总结下来的经验，让他少走了很多弯路。当然，重要的是，胡千军在这个平台学习到了蝎毒疗法，并在临床上取得了好的疗效，救治了众多疑难病患者。

患者卢某某，男，76 岁，因突发中风急送当地县人民医院抢救治疗。医院 CT 检查：（1）右侧额叶脑出血，破入脑室系统；（2）双侧基底节一放射安区多发小梗死灶。医院要求开颅手术，因家庭经济困难，患者年龄大，害怕开颅手术危险，患者家属要求不手术，保守治疗，用西医药静脉滴注，治疗二十多天无效果。后转到中医院治疗，用中西医综合治疗半个月左右亦无效，经朋友介绍于 2018 年 6 月 6 日来胡千军门诊就诊。患者来时用车送来，走路要人搀扶，精神不佳，言语低微不清，头晕，头闷胀痛，双手抱头，表情痛苦，痴呆，全身无力，下肢无力偏重。经胡千军治疗半月后，症状减大半，头不晕、不胀痛，经过 1 个月治疗患者症状全消，精神尚佳，走路有劲。

在胡千军的诊所里，挂满了众多被治愈病患送来的锦旗，对此，胡千军谦虚地说道：“患者的痊愈就是我的追求，如今虽载誉而行，更要保持初心，不忘医者使命，今后更要切实为广大患者服务，不能愧对任何一位求助于我的患者。”

作为一名医务工作者，胡千军用一颗悬壶济世的仁爱之心，在医学研究道路上上下而求索；作为祖国的一份子，胡千军用一颗中医报国的赤子之心为健康事业贡献自己的一份力量。回望过去，那些荣誉已经过去，医学之路本来就是一个高峰连着另外一个高峰，放眼未来，他始终以不以物喜、不以己悲的乐观心态在研究医学的道路上砥砺前行，展现大国中医的时代风骨！

验方验案

多囊卵巢综合征

【患者基本情况】江某，女，28 岁。闭经 2 年四处治疗无果，经人介绍，来我门诊治疗。

【问诊及诊断】主诉：绿色带下、量多，小腹胀痛，腰酸胀痛，乳房微胀痛，既往月经衍期、量少、色暗紫，体胖，身高 150cm，体重 80kg。来我门诊时，闭经已达 2 年左右，结婚三年多未孕。经医院 B 超检查，诊断为多囊卵巢综合征，医院治疗无效果。脉沉细涩，舌质红薄黄苔。西医检查：黄体酮卵泡素不足，胰岛素高，双侧卵巢呈多囊性改变，无排卵。妇检：慢性盆腔炎，输卵管不畅，宫颈炎Ⅱ度。诊断：多囊卵巢综合征，不孕症。

【治疗过程及方案】

第一步：补肾促排卵，15 天时间。

中药：熟地黄 15g，山茱萸 10g，白芍 10g，当归 10g，何首乌 20g，黄精 10g，枸杞子 10g，菟丝子 10g，女贞子 10g，肉苁蓉 10g，陈皮 5g，紫河车 10g。水煎服，每日 1 剂。

配合养肾活血药酒及硒灵芝胶囊。

第二步：活血化瘀通经，使子宫内膜脱落。

中药：丹参 20g，泽兰 15g，当归尾 10g，川芎 10g，赤芍 10g，红花 10g，桃仁 10g，益母草 20g，牛膝 10g，合欢皮 20g，半夏 12g，胆南星 15g，石菖蒲 15g，香附 10g，郁金 12g，穿破石 30g，炮穿山甲 6g（研磨冲服）。水煎服，每日 1 剂，早晚服用。

配合养肾活血药酒及硒灵芝胶囊。

艾灸痞根穴。

【治疗效果】治疗 3 个月，月经正常，体重降至 60kg，临床治愈。4 个月以后，父母及本人来门诊感谢，说已怀孕。

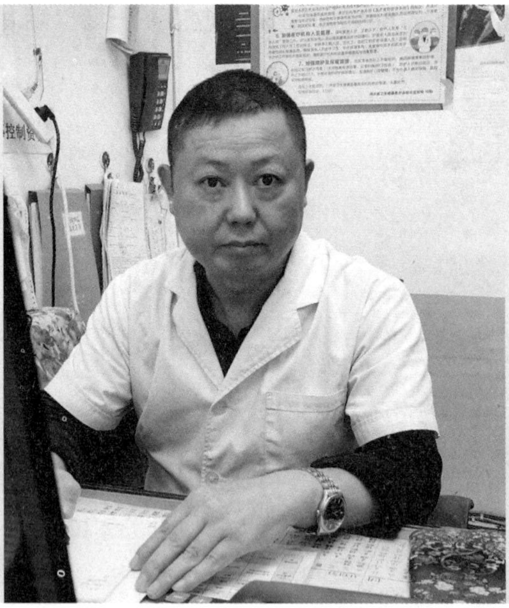

吴前进

路漫漫其修远兮，“吴”将上下而求索

吴前进 男，生于1970年，湖北秭归县人，执业中医师，出身于中医世家，自幼受中医启蒙教育，秉承了父辈的医德医风与医术，有着浓郁的中国传统文化气息和历史责任感。从医近三十载，其辨证精确，用药独特，疗效确切，声名远播，深受广大患者信赖！擅长运用中西结合的方法治疗各种常见病和部分疑难杂症。如各型颈腰椎病，呼吸系统疾病中的哮喘病，心脑血管疾病如冠心病、脑梗死后遗症中的偏瘫失语、脑萎缩，顽固性失眠，肿瘤的调理，女性的月经不调、盆腔炎，男女不孕不育症以及顽固性皮肤病。

高峡出平湖，当惊世界殊。湖北宜昌地区的秭归县，地处川鄂咽喉、长江西陵峡畔、三峡大坝库首，是伟大爱国诗人屈原的故乡。屈原漫漫求索、九死未悔的执着精神；独清独醒、立志修名的清廉思想；“宁葬于江鱼之腹中”，亦要“哀民生之多艰”的奉献精神深深地融入了中华民族的血脉，滋养着一代代优秀儿女，更是惠及和影响着屈乡人民。

今人不见古时月，今月曾经照古人。无论时光如何流逝，都割不断中国传统文化对中医中药的滋养，割不断历史的纽带，割不断吴前进对传统的尊重和对中医的情感。屈原名句“路漫漫其修远兮，吾将上下而求索”，这句话深厚的内涵，对吴前进的求学和行医之路产生了深邃的影响。

立志从医，潜心求索

吴前进自幼聪慧，颖悟好学，出身于中医世家，拥有五代以上中医秘传眼科技术，随父亲攻读诸子百家，也为他走上行医之路赋予了“父母之命”的因素。“读方三年，便谓天下无病可治，及治病三年，乃知天下无方可用。”这是唐代名医孙思邈对当时那些一知半解、存在自满情绪的医生提出的警语，也让吴前进深刻地认识到要成为一名良医，必须博极医源，精勤不倦，不能沾沾自喜，自命不凡。因此，他对《黄帝内经》《伤寒论》《金匮要略》《温病学》《医宗金鉴》等一些经典医著经常读、反复读，用时即可信手拈来、左右逢源。

1989 年，19 岁的吴前进就读于宜昌卫校秭归分校临床医学专业。上课不做笔记的他，很快引起了老师的注意。一日，老师将他叫到家中，问其上课为何不做笔记。吴前进说：“我听您的课听得太过痴迷，忘记做笔记，并已将您授课的内容全都记在脑中。”随即吴前进模仿老师讲课的神态，将老师讲课的内容一字不差地从头背诵，让老师对其大加赞赏。自此，老师经常将他带到自己家里为他上针灸课，并让他掌握了一针透两穴等独特的针刺方法。老师的指点教诲让他在学业上大受裨益，也成了他在接受教育的过程中最重要的一段经历。

22 岁从宜昌卫校秭归分校毕业后，为了支援边区，他来到了山顶上的月明卫生所工作。由于当时交通不便，他一个月回老家一次，而从山脚到山顶，他需要步行 4 个小时的山路。就在这样一个封闭的环境里，他看病读书，静心学习，一点一点摸索着走进他所向往的领域，也因此造就了一身不凡的本领。因为热爱，所以他心甘情愿地在这里吃苦钻研，医技也在临床长期的磨炼中得以升华。

我们都觉得“爱”很温暖，愿意用阳光来比喻，但真正像太阳一样的爱，恐怕又给人带来压迫感。倒是月亮，本身并不发光，却能照亮夜行人的道路。吴前进在月明卫生所待了八年，虽然清苦，但他始终让自己拥有月光一样的隐忍，月光一样的慈悲，为广大的急危重病患者照亮了漆黑的山路。

遇见“蝎毒”，医技升华

需要面对的病人和病种很多，有些病种根本没有见过，而自己会诊的又多属病情危重的患者，这让他倍感掣肘。他思忖：医乃仁术，人命关天，岂仅有同情心而无不学无术之人所能为之？为此，他踏上了求学之路。十几年的时间，他辗转全国各地学习，虽然学习精神可嘉，但对于很多疑难病依然望而却步。

2015 年的 5 月，他在朋友的介绍下有缘结识了蝎毒疗法，被中华汉方疑难病专家委员会深厚的文化底蕴和做人、做事、做医的理念深深吸引。“医者仁术、大医精诚”“不为良相、愿为良医”“医者父母心、不贪患者金，修合无人见、存心有天知”，这些行医宗旨在他看来，是为弘扬现代医生的浩然阳刚之气，是他一直以来追求的目标。

运用蝎毒疗法一个月的时间，他就治疗了 20 多位疑难病患者，其中一位肝癌浅昏迷患者在短短的一个星期内所有症状几乎消失，15 天左右恢复得和正常人一样，大大提高了患者的生存质量。还有一位脑干出血后遗症患者，通过开手三阳，上调血压、下调大便等治疗手段，短短的十天左右就能在搀扶下下床走路。

类似的患者还有很多，他在运用蝎毒疗法治疗心脑血管病、肝癌、结肠癌、食管癌、癫痫、中风等疑难病方面取得了非常不错的效果。在他看来，疑难杂症是最能彰显中医优势特色的领域，而蝎毒疗法做到了，他做到了！

神奇脉诊，指断乾坤

“有其病必有其脉，有其脉定知该用何药”。脉搏是生命最忠实的呼唤和节奏，小小脉搏的每一次跳动，都是在传达着人体各器官运行状态的信息，其强弱、快慢等每丝细微的变化，都暗示着生命的密码所在。

脉诊是一个医生的基本功，但其中也有许多令人捉摸不透的玄机。“春得秋脉必知死，死在庚辛申酉里。夏得秋脉亦如然，还于壬癸为期满……”吴前进的脉诀功夫已经达到了炉火纯青的地步。中医之所以是中医，就是在于再先进的仪器也难以取代它的意象思维。脉诊的感觉不是凭空的，而是十分锐利的。这就象一把菜刀，知识是铁，智慧是钢，脉诊的感觉就是刀刃，是锋。

除了是一位疑难病专家，他也是一位“收藏家”和“书富翁”，除了家传珍本秘籍外，在他家中还有珍藏多年的《寿世保元》《图注难经脉诀》等中医典籍。他说，这些书籍曾有人出高价购买，但都被他婉言谢绝。他认为，这些书籍都是祖上或是自己所拜名师留给自己的宝贵财富，是他们总结了一辈子的心血，是已经镌刻进自己骨头里、流淌在自己血液中的对名老中医精神的恪守，他将一代代地将其传承下去。应我们的要求，他小心翼翼地从书柜中找出珍藏多年的医方抄本，那泛黄宣纸上用手画的人体图和涓涓小字，让我们感受到了一种温度，感受到了贯穿岁月的光芒，感受到了他作为一个中医人的责任感以及隐藏在内心深处的传承情怀。

立志要如山，行道要如水。不如山，不能坚定；不如水，不能曲达。吴前进踏着岐伯、仲景先贤们走过的路义无反顾地前行着，就如脚下那奔流不息的长江水一样，虽然蜿蜒曲折，但他却始终目标明确、坚定，在成就疑难病名医的道路上大步“前进”。

验方验案

肝癌

【患者基本情况】余某，湖北省当阳人，男，60 岁。患者主诉肝区不适，厌油，食欲不佳，乏力半年余。确诊为原发性肝癌伴肝内转移，门静脉瘤栓。因本身是医生，知道癌症传统治疗状况，故多方求治均未取得明显进展，特来我处治疗。

【问诊及诊断】患者面色灰暗，面露痛苦状。上腹部隆起，触之有包块。辨证属中医“癥瘕”“肥气”“积气”“积证”，治疗予行气散结，理气活血，益气扶中，清热解毒利湿。

【治疗过程及方案】中药：人参、丁香、苏木、桃仁各 18g，桂枝、姜黄、虻虫、苏子、降香、没药、香附、延胡索、水蛭、阿魏、艾叶、川芎各 6g，九香虫 12g，吴茱萸 2g，大黄、益母草各 24g，鳖甲 60g，米醋 250mL。前 18 味药共研为细末，加米醋熬浓，晒干，再加醋熬，如此 3 次，晒干，然后把益母草、鳖甲、大黄 3 味粉剂与之调匀，装胶囊每粒 0.3g，每次 5 粒，或散剂每次 1.5g，穿破石 50g，藏茵陈 15g。煎水冲服，每日服 4 次。配合蜈蚣、僵蚕、蜣螂、壁虎、五灵脂各等分共研细末口服，每次 2g，每日 4 次。

配合养肾活血药酒及硒灵芝胶囊。

辅助疗法：（1）针刺：太冲 + 蠡沟 + 足三里 + 中封 + 内关，留针 10 ～ 15 分钟，泻法。（2）艾灸：隔附子饼灸右期门、上脘穴，用附子饼下垫丁桂散少许，艾灸右侧痞根穴，每天 20 ～ 30 分钟。

【治疗效果】总疗程 10 个月，患者精神状态正常，面色红润，食欲好转，生活能自理，无消瘦，复查无转移，患者及家属表示非常满意。

德艺双馨的医师风采铭记在患者心中

柴志华 男，汉族，出生于1972年。毕业于甘肃省中医学院，全科主治医师。先后在金川区中医院风湿科、金昌爱德中医康复医院、金昌市康复中心医院任职，目前是柴志华中西医诊所的主要负责人。

1997年至2000年期间，先后跟随北京协和医院焦树德教授与北京中医药大学周乃玉教授学习中药治疗风湿骨病，跟随北京中医药大学臧福科教授学习大成派推拿按摩技术，跟随朱汉章教授学习针刀技术，拜师李柏松教授学习八字针灸。2000年至2015年期间先后跟随齐永教授学习易医学脐针疗法在临床中的应用；跟随平衡针灸创始人、北京陆军总医院王文远教授学习颈肩腰腿痛治疗技术，先后师承王文远教授系统学习平衡针灸疗法在临床中的运用技术，汉方医学传人、蝎毒疗法创始人刘冠军教授研习汉方医学及蝎毒疗法在临床中的应用。

具有近30年临床经验，擅长运用中药和平衡针灸相结合，在临床中以风湿骨病、心脑血管病及常见病、皮肤病、慢性病诊治为主。对风湿骨病、心脑血管疾病和慢性复合性疾病有独特见解及临床效果，并对多种针灸针法和按摩（正骨复位、保健）有一定研究，辅助调理心理失衡人群（心理抑郁）、病理失衡人群（疲劳亚健康）、疾病形成人群（三高综合征）及慢性复合性病症等，深受广大患者好评。

与“医”结缘，改写人生轨迹

今年49岁的柴志华是永昌县六坝乡人。在他12岁那年，父亲因病去世，使这个原本就不富裕的家庭更加困难。家人把希望都寄托在成绩一直名列前茅的柴志华身上，希望他能通过高考跳出“农门”。然而，命运却和他开了一个大玩笑，让他错失高考。当时的高考制度是首先要参加预选考试，合格后才能参加正式的高考。柴志华自幼成绩优异，然而，就在为高考做最后冲刺时，他的身体突然出现了严重的类风湿病症状：全身关节肿痛、僵硬，而且发展很快，仅一周时间，就到了吃饭连碗都端不住的程度。柴志华回忆说：“当时，我连笔都拿不住，怎么考试？在临近高考前几天，我一个人悄悄离开了学校。”讲到这儿，柴志华沉默了，接着长长地叹了口气。

但是，柴志华因病无缘高考而跌入人生低谷时，却因为治病让他遇到了改变他人生的一个人。柴志华在治病期间，遇到了一位中医大夫。这位大夫40多岁，曾就职于西安博爱医院，停薪留职后在永昌县城开了一家私人诊所。

“我记得第一次去他的诊所看病，遇到一位患腰椎间盘突出症的老人，上下床都特别困难，我就很自然地主动帮老人脱鞋、穿鞋，扶老人上下床。”就是这样一个不经意的小举动，柴志华受到了这位大夫的特别关注。

“给我治病时，这位大夫问了许多关于我的家庭、生活等方面的情况。有一天，他对我说，小伙子，如果你今年高考落榜了，就来给我当徒弟吧！一边学医，一边为自己治病，将来也有一技之长了。”错过高考的柴志华激动不已，仿佛一束光照在人生的道路上，于是便拜了这位中医大夫为师。从此正式与“医”结缘，踏出治病救人的第一步。

经过一段时间的潜心学习，柴志华掌握了一些基本的中医知识。随后，又来到兰州市中医学院系统地学习中医知识，拿到毕业证书后，他便在永昌县城开了一间中医诊所。经过努力，他先后拿到了中西医结合本科文凭、全科医学（中医类）中级资格证书。

1997年，柴志华来到金昌，在市区长春路开了一家中西医结合诊所。说起开办之初，柴志华还讲了件“有趣”的事儿：“开诊所要有药，货架上、柜台里都要摆出个样子来，可那时付了房租后，根本没有多余的钱进药，所以，就向开诊所的同学和在制药厂工作的同学‘赊药’，才算是把门店‘装点’起来了。”

诊所开起来，就要给人看病，这就要考验技术了。初出茅庐的柴志华有自己的一套方法。在接诊中，遇到一些解决不了的病症，他就亲自陪病人到医院看病，直接同主治医生交流，一来二去，凭着一股子好学劲，市区几家医院的好几名大夫都成了他的朋友和老师。为了提高自己的能力，他走遍全国各地，哪里有专家、学者的讲座或培训，他就去哪里。渐渐地，他的医术得到了患者及同行的认可。2004 年，他参加在兰州医学院举办的全国全科医师培训，2013 年又被聘为金川区中医院风湿科主任。

前师之鉴，续写奇效疗法

中医灿烂辉煌的历史长河中，正是一味味神奇的中药发挥着救死扶伤的巨大作用，它凝结着数代中医师的智慧和经验，至今仍将康复福音洒满神州大地！如何将中医药的传承延续，正是当代中医事业继承者们思考和努力的方向。中医现代新疗法——蝎毒疗法的诞生，拉开了中医中药继往开来的新篇章。其法是在继承传统中医药的基础上，融汇现代科技最新成果，给中医药攻克治疗疑难病赋予了新的生命力。

柴志华积极向蝎毒疗法创始人刘冠军教授，学习汉方医学及蝎毒疗法，他凭借着过人的努力和天赋，认真汲取师傅经验，积极请教探索，在新疗法的临床技术上突飞猛进。几十年的深厚经验，使他成为蝎毒疗法专家级医师，深得师傅刘冠军认可。

柴志华根据患者临床的辨证、辨病诊断，将蝎毒药品再配合配伍严谨、组方缜密的经方，随症加减，对各类疑难病和慢性病发挥出了确切疗效，实现了无数疑难杂症患者的康复梦想。

温润谦和，儒医风范

柴志华原本成绩优异，却因病放弃高考，承受着来自身体与心灵上的双重煎熬；又因治病与“医”结缘，最终通过努力走出了一条属于自己的“医者”之路。他胸怀感恩，心中充满对治病救人的无限激情；传奇色彩的人生，注定将为医师的一身白衣增添夺目的光彩！

衣着干净整洁，态度温文尔雅——柴志华给记者留下了深刻的大医风范印象。

生活中的柴志华为人亲和，俨然一位长辈兄长模样，这在他行医过程中则体现为对待患者熟稔如亲。一位在柴志华中西医诊所就诊的患者这样形容道：“柴医生不仅医术好，脾气也好，对待患者如同朋友一般。”这是柴志华的患者表达的一致称赞。

医术高超，也是柴志华赢得广大患者信赖和认可的有力证明。柴志华凭借着多年行医经验，用针刀、推拿按摩配合蝎毒疗法的中药配方为无数风湿骨病患者解除了病痛折磨。

近三十年的从医路，他不改初心、兢兢业业、心无旁骛，切实为广大患者服务，护佑一方百姓健康。

医虽小道，乃仁术也。要以身尽之，方能尽其业。要自强不息，止于至善，发皇古义，融会新知。柴志华一直以这句话提醒自己，全身心投入到医生这个职业当中，从未懈怠。学术上，他独立思考、触类旁通，精研深究；临床上，他举一反三、圆机活法，博采众长、融会贯通，或针刀、或推拿、或中药、或多管齐下，治愈众多风湿骨病、心脑血管病、慢性复合性疾病等患者，让仁心仁术的光辉中医师形象深深地刻印在人民群众的心中！

汪成

情倾杏林与时俱进，心忧苍生博采众长

汪成 女，54岁，云南玉溪人，毕业于云南中医学院，大学本科学历，中医主治医师，中华名医协会会员，中华国医大师协会会员，中国民间中医医药研究会会员。出身于三代医学世家，从事医疗事业三十余年，精研医理，喜爱钻研，多次参加国内外中医药、针灸等多个科目的进修学习，积累了丰富的临床经验。曾在《家庭医药》《名医》《医药前沿》《中国农村卫生》《中国保健营养》等医疗杂志上发表多篇论文。2020年12月，参与的“中医现代新疗法——蝎毒疗法治疗疑难病”项目荣获中国中医药研究促进会科技进步二等奖。擅长心脑血管疾病如高血压、中风后遗症、冠心病，糖尿病，痛风，颈腰椎病，风湿疼痛，妇科，各类急慢性和疑难病的治疗，开展儿科、成人的绿色疗法，如针灸、推拿、拔罐、刮痧、小儿推拿、贴敷、体质调理等。

她医术精湛，有着深厚的中医底蕴，是中医国粹的传承者。她医德高尚，有着悲天悯人的心肠，是大医精诚理念的践行者。她就是云南医生汪成，一位从“杏林深处”走来的妙手中医。

学有传承，矢志岐黄

汪成大夫出身于三代医学世家，父亲母亲都是当地有名的中医，擅长治疗各种疑难杂症。在 1979 年，她的父母就成立了个体诊所，1987 年更是开设了当地的第一家私立医院——玉溪市针灸康复医院。受父母的熏陶，汪成自幼喜爱医学，一心想把父母的医术传承下去。

“我幼年亲眼见证了众多在医院确诊的胃癌、骨癌、乳腺癌等患者在父母的精心治疗下恢复健康，当看到治愈患者和家属开心地感谢父母，医患之间那种亲人一般的关系，觉得作为一名医者，能为患者解除病痛是多么的有成就感。”

在汪成父母的书房里摆放了《黄帝内经》《难经》《伤寒杂病论》《神农本草经》《针灸大成》《温病条辨》《本草纲目》等各种中医经典，只要有时间，她就会在书房阅读这些书籍，在阅读过程中，更是深深爱上了祖国的瑰宝“中医”。

1986 年从成都中医学院毕业后，汪成正式踏上行医之路。行医 30 余年，一路艰辛，一路成长。这个看似“文弱”的女子，硬是凭着对中医事业的执着坚守，为无数患者送去健康，为无数家庭带来欢乐，用一颗赤诚之心诠释了一名中医人的仁心大爱与责任担当。

精进不休，臻于至善

“功夫在诗外”。要想吟诵出名句名篇，只沉浸在诗歌的海洋中是不够的，必须要博览群书，走遍天下，体味各种人情风俗。养情、明理、固志的功夫到了，写诗时才有水到渠成的潇洒。

而要想成名医，也得学养深厚，博采众长。如名医张仲景所说“勤求古训，博采众方”，亦如药王孙思邈所说“博极医源，精勤不倦”。正是因为这份对医道的不断追求，对医术的不断突破，才让众多中医大家在历史的长河中熠熠生辉，光彩夺目。

行医三十余载，汪成大夫一直勤于思、敏于行，学习的脚步从未停止。她密切关注国内外的学术动态，经常到各地研修学习，积极参加各种技术培训和学术交流。通过不断的培训学习，汪成大夫的医术水平也越来越高。

随着党和国家的重视，随着中央和地方都接连出台政策对滥用抗生素的遏制，中医药事业的发展迎来了难得的机遇，而在临床诊疗中充分发挥中医药特色优势，必将是“后输液时代”的可行道路之一。

作为一名基层大夫，汪成大夫亲见、亲闻、亲历、亲自感受着这一切，在这样的一个大背景下，她通过努力学习新思路、新理论、新技术、新经验、新方法，最终跟上了中医时代的节奏，跟上了医学发展的趋势，跟上现代技术的进步，并在这一过程中再次领略到了中医药的独特魅力。

有方奇术，妙克疑难

2015 年 7 月，汪成大夫加入中华汉方疑难病专家委员会，并先后到郑州、昆明、大理等地参加蝎毒疗法治疗疑难病初级班、高级班、专科班的学习。通过对蝎毒疗法的认识和了解，在临床上运用蝎毒疗法治疗疑难病取得了很好的效果，成功治疗了颈椎病、腰椎病、乳腺病、乳腺增生、痛经、前列腺炎、水肿、低血压、失眠、郁症等病例，深受患者的信赖与好评。

“自从接触蝎毒疗法以后，在治疗疑难病方面，有了更好的武器，以前不能治疗的一些病例，现在胸有成竹能够拿下。”汪成大夫说。

在 2016 年的时候，汪成大夫曾接诊过一位抑郁症女患者。患者 42 岁，因家庭变故，受到打击出现精神状态失常，白天无法正常工作，长期失眠，眼部红肿胀痛、视力下降。期间去玉溪市第二人民医院，反复住院 3 次，治疗后不见好转，接着又去昆明南大脑科医院住院两次，效果不佳。患者想自杀的念头越来越强烈，后来又前往昆明金海医院住院治疗，还是未见好转，反而越来越严重，甚至出现了闭经、脸上布满黄褐斑、口臭痰多、紧张恐惧等症状。经汪成治疗 1 周后患者睡眠有所改善，治疗二十天左右，睡眠完全恢复正常，患者想自杀的念头也消失了，心情大有好转，有了笑声，能敞开心扉地沟通，口臭减轻，舌苔厚腻减轻，三个月左右病情痊愈。

好的疗效给了汪成大夫极大的胆识与勇气，也让她在运用蝎毒疗法治疗疑难病方面取得了不俗的成绩。之后，汪成大夫以蝎毒疗法为武器，在攻克疑难杂症的没有硝烟的战场上，纵横驰骋，无往不利，成为了远近闻名的疑难病专家。

德高为患，有口皆碑

作为医生，不仅要有精湛的医术，还要有高尚的医德。从医以来，汪成大夫一直勤勤恳恳，不骄不躁，用行为诠释了自身的追求，被患者称赞为“为患者而生的医生”。

“视患者为亲人”，这是汪成大夫日常工作的真实写照，也是患者对她的称赞。她坚持人性化治疗，坚持做一个既有技术，又有温度的医生；她坚持与患者充分沟通，耐心解答患者疑问，想患者之所想，急患者之所急，让医患关系更和谐；她以精湛的医术和高尚的医德赢得了患者及其家属的肯定。

“记得有位痛风患者因为病痛的折磨妻子离婚走了，半夜打电话给我，一个大男人哭着给我讲了两个小时，当时我认为自己作为一名医生，已经转化成患者的亲人了！”

博学而后成医、厚德而后为医、谨慎而后行医，点明了行医过程中需要的美好德行。德行有亏者，不可以为医；好逸恶劳者，不可以从医。医生不是一个低门槛的职业，医学不是一门通俗易懂的学科，只有像汪成大夫这样的善学者、博思者，才能支撑恒久，集大家之长，成为一名优秀的医生。

潘兴旺

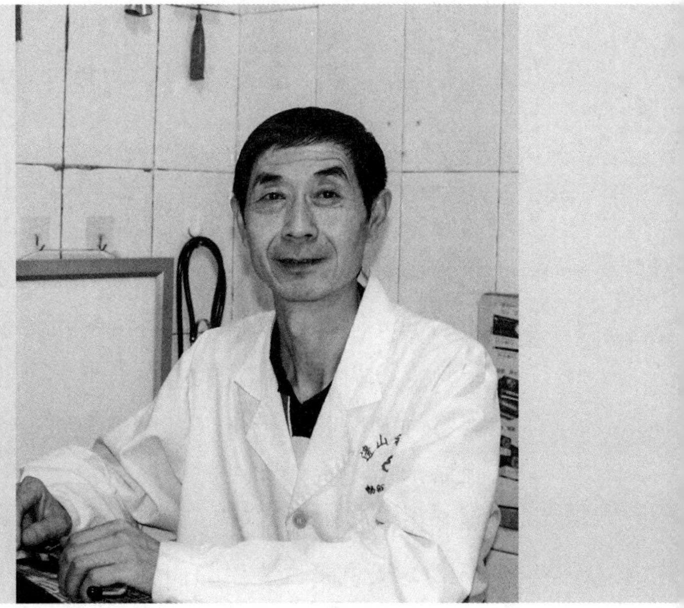

用精湛医技和明世医德，护佑苍生的一方良医

潘兴旺 男，山西省忻州市人，执业医师，当地著名儿科名医、疑难病专家，秉承传承家学、弘扬中医学之志，一直辛勤耕耘在医疗第一线，注重家学传承与中西医前端学术相结合，始终把提高自己的中医技术作为首要任务，不断学习先进经验，提高医疗质量和学术水平。通过应用中西医结合方法去探索、研究、提高、总结、创造出新的更有效的治疗方案，并不断经过临床检验，去解决更多的疑难问题，形成了一套行之有效的临证辨证体系和独特的、讲究实效的、有创见的医疗风格，大大提高了临床疗效。

擅长中医内、外、妇、儿诸科，对小儿感冒、咳嗽、哮喘、腹泻、厌食、鼻炎、消化不良、便秘、遗尿、多动症等儿科多系统疾病和儿科顽疾的诊治具有丰富的经验，且擅长运用蝎毒疗法治疗冠心病、脑梗死、脑血栓、慢性哮喘、慢性肠胃病、风湿病、腰腿痛、癫痫、子宫肌瘤、卵巢囊肿、肿瘤等疑难杂症。

家传中医，衷中参西疗沉疴

潘兴旺大夫的名医成长史，出于家传、师授和自学。他不仅继承了父亲的临床经验和诊疗技术，而且沿袭了耿直、忠厚的家风。潘兴旺大夫勤奋好学，善于思考，为人宽厚善良，沉静内敛，随父习诵医典、识医认药，传承父亲医者情怀，在父亲的影响下，他立志做一名大夫，并和父亲一样，选择了衷中参西的中西医结合道路。在忻州卫校和山西中医学院的学业结束后，他分别到宁武县管涔山林业局职工医院、山西省肿瘤医院、忻州市人民医院进修，掌握了扎实的西医理论和临床技能，培养了缜密的思维方式和严谨学风。祖传中医和西医医学的碰撞，开阔了潘兴旺大夫的眼界和思路，使得他能够从更高的角度审视中西医学，同时游刃有余于中西医学之中。他秉承胡成林等先师们开放、创新、融合的先进理念，在漫漫从医实践中孜孜求索，敢于挑战，逐渐形成了独到的见解和思路，建立起一套完整的病症诊治体系。

从宁武县来到忻州市，他硬是凭借自己先前的管理经验和高超技术，带领自己的医护团队钻研中西医结合之路，打造突出中医特色的基层社区医疗服务，在这里用短短几年的时间闯出了一片天地。但随着诊治的患者越来越多，疾病越来越复杂，缠绕在他心中的“如何更有效地结合中西医的优势诊治疑难杂症”的疑问，仍不断地驱使着他四处学习，寻找满意的答案。

潘兴旺大夫是家传中医出身，又在北京大学医学部全科医生高级研修班等西医院校系统学习过西医，长期在知名医院从事临床工作，参加过各种医学交流座谈，而后又归队研究中医治疗疑难杂症，是一个典型的中西医汇通派。独特的从医和求学经历，加上他博极医源、致知力行的勤求博采，使他逐渐参悟了中医学的理论精髓和学术价值。潘兴旺根据多年经验，发现西医较快，但是易复发，中医慢，但是能治根治本。通常的诊断治疗上，他采用中医的“望”“闻”“问”“切”方法查体和必要的西医辅助检查，综合判断患者病灶根源，逐渐形成了中医为主、西医为辅、内涵深刻、逻辑缜密的中医诊疗思想，而这也是他临床治疗疑难杂症取得疗效的根本法宝。

精于儿科，尤擅疑难杂症

每天从早上 6 点多，潘兴旺的诊所就已经挤满了患者，候诊椅上也是坐得满满当当，虽然患者较多，但是在医护人员的有序组织下，这里排队取号、检查、看病，有条不紊地进行着，形成了秩序井然的就诊氛围。

在一个房门紧闭的独立诊室内，潘兴旺大夫全神贯注地为患者把脉、问诊、开方，不被诊室外络绎不绝的看病长队影响和干扰，尽可能地给予每一位前来诊治的患儿家属和疑难病患者充足的交流时间。在这里看病的每一位患者都能感受到自己得到了重视，觉得让潘兴旺大夫给自己看病，信得过，既稳妥又放心。

潘兴旺大夫早上一旦在诊室落座，整个上午基本上就没有时间和机会再站起来，除了要穿插着看小儿患者和疑难病患者，大脑不停切换频道以外，还要给出不同的、准确的诊断和治疗方案。潘兴旺大夫承担了极重的工作量，也面临着各种疑难病症的考验，既要服务尽可能多的患者数量，又要维持医疗的高水平和有效率，他和团队里所有的医护人员都为此付出了极大的耐心和心血。

潘兴旺大夫精于儿科，对小儿感冒、咳嗽、哮喘、腹泻、厌食、鼻炎、消化不良、便秘、遗尿、多动症等儿科多系统疾病和儿科顽疾的诊治具有丰富的经验。

唐代医药学家孙思邈认为“生民之道，莫不以养小为大，若无小则不能成大”，提出了学习和研究小儿医学的重要意义。孙思邈《千金方·少小婴孺方》把儿科列在卷首，也充分说明他十分重视幼科疾病。在他的影响下，潘兴旺大夫特别注重儿科和研究儿科疾病方面的治疗技术。

“难治者，莫如小儿，名之曰哑科。以其疾痛不能自达；且其脏腑薄，藩篱疏，易于传变；肌肤嫩，神气怯，易于感触；其用药也，稍呆则滞，稍重则伤，故不透生化之源者，断不可作儿科也”，由此可见小儿患病最易多变，易寒易热易虚易实，轻病容易变重，重症容易转危甚至导致死亡。为此，2016年，经相识的大夫介绍，潘兴旺得知一种现代中医新疗法——蝎毒疗法，便在当年参加了由中华汉方疑难病专家委员会组织的蝎毒疗法治疗疑难病培训宣讲。听过宣讲，潘兴旺认为蝎毒疗法提高了自己的看病能力，同时加强了中医理论水平和知识水平，对儿科疾病和慢性病等疑难病有了新的认识和治疗方法。

潘兴旺大夫精通中医理论，能够联系儿科实际，把小儿特有的生理和病理特点融入中医的理论体系里，应用于临床治疗，都能收到很好的疗效。他在为患儿看病时，仔细诊察，望面色，听声音，嗅气味，观察小儿口舌中血络色泽，并详细向患儿家长询问患儿发作时间、食欲、睡眠、打鼾与否等等，每一个细节都不放过，用药力求精练轻巧，采用质地轻灵、清淡平和、患儿乐于接受的方药，且绝不采用起效快但对患儿健康有隐患的治疗手段，推崇中药内服外敷、小儿穴位推拿等中医特色疗法。

对于成人疾病，潘兴旺擅长运用蝎毒疗法治疗冠心病、脑梗死、脑血栓、慢性哮喘、慢性肠胃病、风湿病、腰腿痛、癫痫、子宫肌瘤、卵巢囊肿、肿瘤等疑难杂症。他既能坚持中医的优势和特色，又能接受新事物，不断学习和汲取新知识，经过几年时间的临床实践，通过分析病史、拟定治法、总结疗效，最终验证了蝎毒疗法行之有效的临床效果。

蝎毒疗法使潘兴旺的医术又迈上了一个新的台阶，也让他对中医之道的理解更加深刻，为中西医结合诊治疑难病找到了最佳的结合点，将西医的化验检查作为中医望、闻、问、切的延伸和补充，使诊断和疗效评定更客观化、科学化，也为几乎穷尽所有药物的疑难病患者找到了可治疗的方法。

随着治愈患者越来越多，潘兴旺的名气也越来越大，口碑越来越好，与此相应的是找他看病的患者也越来越多，这样的一种循环仿佛看不到尽头，而他依然兢兢业业、勤勤恳恳，坚持在临床一线，不管多晚都要坚持看完最后一个患者。只有对医学的热爱和对患者的负责，才会让他不惜投入时间和精力，尽最大努力给每一位患儿、每一个疑难病患者、每一个家庭带去希望。

看病不在于快，而在于认真有效

在门诊上，潘兴旺大夫对孩子和蔼可亲，和颜悦色，而对陪伴孩子来看病的家长，他却非常严格。小儿“寒暖不能自知，饮食不能自节”，这个“知”与“节”的度，只能孩子的家人掌握。因此潘兴旺大夫会根据孩子病情，告诉家长可能引起孩子生病的原因是什么，应该在生活中怎么注意，怎么护理。此外，“治未病”也是潘兴旺大夫治疗儿科疾病的一个重要原则，尤其是他对患儿疾病的发展预测，每每心中有数。四诊过后，潘兴旺大夫常常会提醒患儿家长疾病后续会往何处发展及会有什么演变，从而在疾病微而未深之时，见微知著，掌握病变发展的态势，抓住最佳的时机进行治疗，将疾病治愈在初期阶段。对于一名大夫来说，要想将自己的治疗预案实施在疾病变化之前，做到有的放矢，全靠一个医生的经验和对“火候”的把握，太过用药则用药过猛，容易对患儿造成其他伤害；太慢则会滞后于病情变化，药不对症，致使病情加重。潘兴旺之所以能把握得当，离不开几十年工作经验打下的坚实基础。

潘兴旺大夫对待看病诊断永远严肃认真，对患者不吝言语，讲解得十分透彻，与患者和家属进行良好沟通，重视病史及现症的全面分析。对疑难杂症，他总是耐心细致地搜集病史和诊查资料，对患者的病情、用药情况、辅助检查结果等都做到了如指掌，将其作为诊治的重要参考。对儿科疾病，他更加细致入微，儿科之所以被叫作“哑科”，就是因为孩子们不会表达或表达不清楚身体的变化，比其他科更难判断，更考验医生的观察细致和临证经验。他本着“医者父母心”的道德胸怀，为患儿们忙碌不已。即使患者再多，他也从不敷衍草率，这样他就必须早上班、晚下班，耐心地诊治完最后一个患者才离开诊室。行医这么多年，他到底看了多少小儿患者，治愈了多少疑难杂症，拯救了多少生命，已经无法确切统计，但可以肯定的是，这些患者都是他一个个尽心尽责诊治过，无微不至关怀过的。他常说：“选择了医生这个职业，就是选择了奉献。”这种对工作极端负责、对患者极端热忱的精神赢得了广大患者的崇敬和爱戴。

谭和珍

妇科见真知，一生一件事

谭和珍 女，1977年出生，本科学历，妇产科临床专业，执业医师，国家级名老中医、北京中医药大学教授刘景源弟子，中华汉方疑难病专家委员会“中华妇科名医”。毕业于南华大学临床系，曾先后在南华大学第二附属医院、冷水江市人民医院进修学习妇产科，奠定了非常扎实的临床基础。其勤于学习、善于钻研、不断积累，曾多次到北京大学、北京中医药大学进修学习中医，开拓了中西医结合治疗疑难杂症的思路，进一步提高了中医临床妇科疾病的诊治水平。自加入中华汉方疑难病专家委员会以后，多次参加蝎毒疗法治疗疑难病高研班、专科班的学习，掌握了运用“蝎毒疗法”治疗疑难病的理论和方法，并付诸于临床实践，广开思路，大胆应用，认真总结，临床治愈了很多之前从来没有接触过的疑难病。对妇科领域的常见病、多发病及疑难杂症有丰富的临床诊断和治疗经验，擅长运用“蝎毒疗法”治疗不孕不育、乳腺增生、急慢性盆腔炎、宫颈糜烂、子宫出血、输卵管堵塞、附件囊肿等各种妇科顽疾，并皆取得了显著的治疗效果。

转战妇科不曾悔

本是全科医生的谭和珍，是从什么时候开始想要转战妇科的呢?

大概是听到越来越多的女性来到门诊问她“医生，我还能不能怀孕”的时候，大概是看到身边的女性因为不孕不育而濒于家庭破碎的时候，大概是同为女性，深知女性疾苦，特别能感同身受的缘故。

从全科转到妇科并不是一件容易的事情，谭和珍着实下了一番苦功夫。她首先自我摸索，有同行给她指点，可以研读《伤寒论》，但由于其深奥晦涩难懂，半年下来，只学会了一个小建中汤的药方，且用不熟练；然后她开始抄经方，把涉及到女性方面的疾病进行分门别类的记录，每当有患者来看诊，她都会照着抄录的经方开药。这种方式，起初屡试不爽，可经不起时间的考验，时间长了之后，患者越来越多，各种各样的情况不一，根本不可能一比一对照着经方来。

此路不通，需要另想办法，恰逢疑难病专家刘冠军教授在广东讲课，谭和珍抽时间去听了一期，这次听课很是受益，让她对妇科疾病有了全新的认知，此行也接触到了蝎毒疗法，了解到它对女性疾病有着非常好的疗效。

紧接着她参加了“中医新疗法——蝎毒疗法”治疗疑难病的培训，从蝎毒疗法治疗疑难病初级班、高研班、专科班到贺氏三通针灸提升班、舌诊脉诊提升班、禅意艾灸实战班，这一路系统地学习，让她在运用“蝎毒疗法”治疗妇科顽疾等各种疑难病上不断取得突破，愈加得心应手。

2018 年，她实至名归地被中华汉方疑难病专家委员会授予了“中华妇科名医”的荣誉称号。

锦旗深藏情与真

从转型妇科以来，谭和珍接诊的不孕患者不计其数，收到的感激更是数不胜数，满墙的锦旗书写着一个又一个曾求子心切的家庭从心灰意冷到满怀希望的故事。

在这些满是故事的锦旗中，令谭和珍记忆尤深的一个患者是这样的：

王女士结婚两年了，一直不曾生育，为了查找原因，王女士去了广东省许多大医院做检查，除了输卵管不通之外并没有多大的问题，吃了很多药总是无法治愈，婚姻关系处在破碎边缘。2017 年，在多方打听之下来到了谭和珍门诊，谭大夫看了一扎的化验单后，建议其丈夫也去做一下检查。丈夫做了检查后得知，不孕的很大一部分原因来自于丈夫。找到了根源，病就很好治了，谭和珍为夫妻双方分别开了药方，并配合蝎毒疗法巩固治疗，不到半年的时间，王女士发信息告诉谭和珍，自己怀孕了。

从这件事，谭和珍真正感受到，孩子对于一个家庭的重要性，他是维系婚姻的纽带，更是构起稳固家庭的桥梁。

积累经验创新高

人生苦短，转眼行医已有十二载，谭和珍在妇科顽疾方面积累了很多的经验。她认为，诊治时，辨病先于辨证是诊治妇科顽疾的重要步骤。

辨证虽有由博返约、执简驭繁的优势，但“望、闻、问、切”所获疾病的信息有限，对许多妇科顽疾而言，凭此难断症结所在。以主症命名的中医“病类”诊断仍属宏观认识疾病的范畴，无助于了解不同疾病所具有的不同性质与特点，亦无助于辨证论治。

如果能够博采西医诊断之所长，收集足够的客观体征和微观信息，更能客观反映不同病种特有的病因、病理等。

谭和珍对妇科专科的热爱已经深入骨髓，每一个来诊的患者，她都细致入微地询问其学习、工作、情绪、习性、精神压力、生活环境、家庭情况等，并将通过观察神色、语言、皮肤等得到信息以及体格检查、实验室检测资料均记入病历，为诊断（包括中医辨证）提供详尽依据。

慢慢地，她将中医辨证优势和西医辨病优势充分结合来为广大妇科顽疾患者精准制定治疗方案，疗效显著，相得益彰。

活到老，学到老，一生只为一件事。妇科顽疾让谭和珍倾尽全部心血，可她无怨无悔，反而很庆幸走上了中医的道路，没有学中医，没有后来转型妇科，她不知道原来自己能够发挥这样大的光和热，照亮了自己，温暖了患者。

陈并成

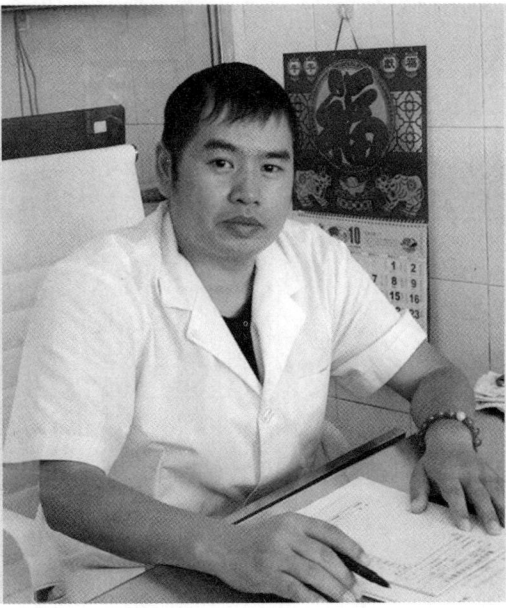

调气修心，行医德为先

陈并成 男，出生于1973年，德庆县德城镇居民卫生站及德健堂诊所主诊医师，国医大师唐祖宣弟子。自幼立志行医，善于研究并应用中医技术，在技术创新的同时，始终牢记医德为首，德技俱佳，术仁并重，将大医情怀深植内心，倾心于疑难杂症的研究和临床治疗，并积极应用中医现代新疗法——蝎毒疗法，在疑难病治疗方面取得显著成效。在当地开设了一家具有中医特色的大型诊所，以中医治疗各种病症以及慢病调理为主，特别在治疗鼻炎、冠心病、高血压等疑难病方面有显著的疗效，在当地有极高的口碑，深受当地群众的信赖。

陈并成医生从汗牛充栋的中医典籍中汲取知识，从名医大家那里学习宝贵的临床经验，融会贯通，博采众长，在历代中医名家理论的基础上创造出了“六气平阴阳”理论，在临床实践中取得良好效果。

诵读一遍《心经》是陈并成医生每天的必修课，尤其是这两句“菩提萨埵，以般若波罗蜜多故，心无挂碍。无挂碍故，无有恐怖，远离颠倒梦想，究竟涅槃”，不仅用来自省，也用来济世救人。

在各种医书中，似乎并没有典故记载《心经》可以入药治病。《心经》原出自于佛教经文，由唐玄奘译，是般若经类的精要之作，在陈并成这里，却被用于经方救人，还自创了一套医治心法，首次听到后，甚是不解。

在深入的交流中得知，陈并成之所以用《心经》入药，是因为遵循“上医调气”的医治法则。所谓上医调气，并不是大众通俗理解的调理气血，而是要修心调气。修心调气与中药搭配，让患者的病情药到病除，医治效果事半功倍。

行医之路一波三折

出生在本不富裕的家庭，让小小年纪的陈并成早早地便懂得什么是责任，什么是担当，在其他小朋友还在上学的时候，陈并成就想要通过学习一门手艺赚钱养家。还是孩子的他，根本不知道热爱什么，学习哪一行，三百六十行，行行摸不着头脑，最后他听从母亲的建议——学医，主要是因为母亲发现乡里邻村医生很少，学医回来还能谋个生路。

一入医学深似海，从此深研是医书。决心学医后，陈并成每天背《伤寒论》条文，背得滚瓜烂熟，但即便如此也并不能行医开药，他意识到医学知识的重要性。18岁那一年，他跟随500多人的考生一同参加卫校的选拔考试，最后只选取60多人，他是其中幸运的一员。重入学堂，陈并成倍感珍惜，他的内心告诉他，等顺利毕业，一定要开一家药铺，济世救人，而这样的一个声音为他以后的行医路埋下了坎坷的一笔。

入学后，陈并成发现课程表都被西医填满，本有六学期的课程，中医只有一学期，而且授课老师都是刚刚毕业的大学生，根本学不到中医的真本领。学习了三年，他带着满腔热血向亲戚朋友借了一笔钱，看中一家门店开药铺，初生牛犊不怕虎，根本没有想过病员从哪里来的问题。没过多久药铺倒闭了，资金也赔个精光，这时候他 24 岁。

由于要还欠款，他不得不转行，但在转行还清欠款后他又打起了继续行医的主意。母亲劝他，即将要娶妻生子的年纪，还是稳妥一些好。其实，只有他心里清楚，行医的初衷早就改变了，他已经爱上了医学。于是，他毅然决然回到了桂东人民医院实习，在实习的日子里，他看到很多患者来自德庆，心里仿佛有一束光，正指引着他。

实习结束后，陈并成在德庆镇找到一家门店开始挂牌营业，因为没有资质，牌匾上只能写上“陈鸿成住所”，没有病员，他不再选择坐以待毙，而是主动出击。

他每天蹲守在曾经实习的医院门口，仔细观察着每一位来往的患者，其中有一个患者已经连续输液好几天，他拦住问是不是高烧不退，对方点头，他向患者保证，他开一个处方，患者照着抓药，次日即可退烧，若没有效果分文不收，并嘱咐患者不论效果如何，一定要打电话告知他。

那天晚上他彻夜不眠，面对结果的未知，也是面对前路的未知，是否能真正走上行医之路，患者的结果至关重要。第二天一大早他接到电话，得知患者的高烧已退，想要找他继续开处方治疗。

他欣喜若狂：我有患者了！

拜师学医善创新法

行医之路平坦而开阔，来找陈并成医生诊治的患者越来越多，就这样，陈并成医生在“陈鸿成住所”做了七年的“地下医生”。

2004 年，他终于备齐一切资质，转为“地上”，更名为“德庆镇居民卫生站”。他的医术已经足够纯熟，可他仍谦虚学习，定期外出向优秀的医生学习。2015 年底，他加入中华汉方疑难病专家委员会。2017 年 5 月 27 日，陈并成拜国医大师唐祖宣为师，正式成为国医大师唐祖宣弟子，学习其学术思想和临床经验，体会医道、医德、医术的精髓。他多次走出国门，前往马来西亚、泰国、新加坡、日本参加国际中医药学术交流和学习国外先进医学技术。

除此之外，他也好钻研，通过和形形色色的患者接触，他发现很多病皆与七情六欲有关，来看诊的很多慢性疑难病也与之相关，他统称之为“情绪病”。面对“情绪病”的医治，陈并成有自己的绝技，他主要通过两大方面进行诊治，第一是医术，第二是沟通。

人的情绪主要表现为喜、怒、忧、思、悲、恐、惊，而这七种情绪如果自己处理不当，很容易郁结于心，形成疾病，可恰恰有太多人不知道该如何排解情绪，常常受到它们的控制。他曾遇到过这样一个患者：2021 年 2 月，一个患有乳腺增生和子宫肌瘤的患者通过朋友的介绍找到陈并成医生。通过了解得知，病情的根源在于患者丈夫出轨，患者经常和丈夫发生争执，心怀怨恨，久而久之气郁于心。找到病因后，陈并成发现想要根治此病，还需要心药医，这个心药就是沟通，此时他担任的不仅仅是一名中医，还是一名心理辅导师。他用《心经》的心无挂碍试图对患者进行心理疏导，再配合中药调理，很快患者的病情好转，和丈夫的关系也缓和不少。

这样的医治方法是中医和传统文化的结合。而能够体悟到中医和传统文化的方法，主要得益于他信仰佛教的缘故。从小受到母亲的影响，他经常和母亲一起诵读《心经》，诵读遍数多了，逐渐有了自己的领悟，他发现医病先医心，医心就要舒心。

救人同时不忘育人

中医与传统文化结合的医治方式，已经成为了陈并成的治疗优势，很多人愿意排队等几天的时间，也愿意跨越半个地球来找他看病。

后来，他又把从汗牛充栋的中医典籍中汲取到的知识，从名医大家那里学习到的宝贵经验，融会贯通，博采众长，在历代中医名家理论的基础上创造出了“六气平阴阳”理论，“六气者，风热暑湿燥寒……一年圆运动，春木主生，夏火主长，秋金主收，冬主藏，中土主化。”他在治疗患者的时候，熟练运用该理论，辨病因病机，遣方用药，在治疗上达到了较好的效果。

由于懂得的医生少之又少，陈并成更想把这一理论传承下去，于是他开始开班授课，为培育中医人才沥心呕血、甘当人梯。他对学生要求严格，同时言传身教，普及《心经》，毫无保留地把“六气平阴阳”理论以及临床实践经验传给学生。到目前为止，培训人数已经达到两百余人，且培训效果显著。

一边治病，一边育人，陈并成把自己的光和热全部奉献给了中医。他把时间分成了两大部分，坐诊时间皆为周一至周六的上午，下午修心备课。

自从踏上中医的道路起，一颗真心从未改变，救人、育人，大医精诚、仁德为先八个大字始终闪闪发光，照耀着他的身和心。

晏文贵

妙手回春能济世，德高医精暖万家

晏文贵 男，出生于1953年，辽宁凌源人，中共党员，乡村医生，执业中医师，凌源市先进卫生工作者。从医四十年来，他立足农村，在最基层的医疗卫生工作岗位上默默奉献，守护着村民的健康。凭着崇高的医德、精湛的医术，为患者除疾祛病，排忧解难，赢得了群众的信赖和赞誉。擅长冠心病、脑血管病后遗症、中风偏瘫、老年性痴呆、脑萎缩、帕金森、风湿性关节炎、类风湿性关节炎、强直性脊柱炎、股骨头坏死等疑难杂症。

三指在手腕上一搭，病情枝枝蔓蔓一清二楚；细细银针轻轻一扎，腰酸背痛无影无踪；司空见惯的茎叶花果，妙手熬出一碗本酽酽药汁，悠悠苦香中痼疾即去。浸润中医药事业四十余年，晏文贵大夫以医之技、仁之德、爱之心，不遗余力地为民解病痛、护健康，将几十个春秋年华根植在凌源的一方杏林之园。

念民生疾苦，立从医誓言

为人子者不可不知医，不知医为之不孝。这句话在今天看来有些严苛，但却是晏文贵大夫年少时内心所想。1953 年晏文贵大夫出生在一个农村家庭，那时的农村信息闭塞、交通不便，村里有知识有文化的人很少，常年缺医少药也没有卫生常识，乡民因为得了一点小病得不到及时医治，结果小病变大，大病变重，最后被夺走了生命。在晏文贵大夫六岁的时候，其母亲便因病不治去世，疾病对母亲与老百姓的生命的危害深深地印在了晏文贵幼小的心灵里。所以做一名行医济世、治病救人的医生是晏文贵幼年时代最大的理想。

1970 年，晏大夫有幸在村卫生所工作，负责抓药，正式走上了学医之路。文以载道、医以文传，晏大夫深知医学就存在于浩瀚的医学典籍之中，故在村卫生所抄方抓药期间，攻读《黄帝内经》《伤寒杂病论》等大量医学经典。这使他的医学理论素养非常丰厚，为以后学医从医打下了坚实的理论基础。

1997 年，晏大夫进入当地卫校学习三年，大有收获，扎实了中医理论基础。在校学习期间，一边学习，一边实践，利用单验方为广大群众防病治病，小有所获。从卫校毕业后，晏大夫正式开始自己的行医生涯。

自此之后，在晏大夫的行医路上，他遇见更多的患者，看到更多的人生百态与酸甜苦辣。但不管世事如何变化，这个看似文弱充满书生气的医生，内心始终坚如磐石，用一颗纯朴善良的心，尽自己最大的努力为自己的患者带去健康。

滴水映出七彩光，平凡孕育高风尚！作为一名普通的乡村医生，晏文贵大夫用行动践行了自己的诺言，用真情赢得了一方尊重和患者信赖。在这个平凡的岗位上，他默默奉献、任劳任怨、倾注了毕生的精力和心血。虽然没有豪言壮语，没有惊天动地的业绩，但是，正是他几十年来扎根基层，心系群众疾苦，关心群众安危，才巩固了基层卫生网络的网底，保障了一方百姓的健康。

修得岐黄术，克难写春秋

随着晏文贵大夫的知名度越来越高，前来求医看病的人也越来越多，甚至心脑血管病、股骨头坏死、脑瘤等疑难病患者也纷纷来晏文贵大夫处求医，面对着一张张被疾病折磨的面孔，听着一声声痛苦的哀叹，晏文贵大夫心里隐隐作痛，为自己不能尽快解除患者痛苦而苦恼不已。

直至 2015 年，晏文贵大夫机缘巧合加入了中华汉方疑难病专家委员会。在这个平台上，晏文贵大夫受到了众多名老中医的指点，连续参加了蝎毒疗法治疗疑难杂病的初级班、高级研修班、专科班，深入学习了蝎毒疗法，并熟练运用于治疗疑难病的临床实践中。

2016 年 10 月 25 日，晏文贵大夫接诊了一位癫痫患者。患者高某，女，18 岁，由于车祸惊吓刺激而发病，发作时四肢抽搐、角弓反张，口吐白沫，神志不清，经市医院急救，转危为安后又反复发作数次。晏文贵大夫运用蝎毒疗法结合中药为其进行施治，用药 10 天症状明显改善，发作次数明显减少，每天轻微发作 2 至 5 次，1 个疗程基本控制不再发作，经过 4 个月的治疗，患者已完全康复。随访半年未复发，临床治愈。

2018 年 8 月 23 日，晏文贵大夫接诊了一位亚急性冠心病准备放支架的患者。患者赵某，男，61 岁，胸闷气短、头晕乏力、脘腹胀满、面色苍白，在医院经心电图、CT 等检查，被诊断为冠心病。医院医生建议患者住院做支架手术，患者不愿意手术。晏文贵大夫运用蝎毒疗法为其进行辨证施治，3 个月后患者恢复正常，随访一年未复发，临床治愈。

“他山之石、可以攻玉”，晏文贵大夫综合了蝎毒疗法治疗疑难病的优势，把传统汉方的精华与中医现代新成果有机结合，在治疗心脑血管、疼痛、癫痫等疑难病上独树一帜，让蝎毒疗法的临床应用如一颗璀璨的明珠放出了夺目的光芒。

修从医之德，怀仁爱之心

从医者，必有医德。中国自古就有“医乃仁术”的医学定义，认为医生的道德水平直接关系到其完成医疗活动的方方面面。医德医术，密不可分。几千年来，历代医家这样一个共识从未改变过：道德高尚是大夫角色的重要特征，只有品德高尚的人才有资格成为一名医生。

我国古代医生择徒甚严，曾明确提出“非其人勿教”。南宋医学名著《小儿卫生总微论方》中，开篇第一卷便为《医工论》，对于医德重要性的论述更加直接：“凡为医道，必先正己，然后正物。正己者，谓明理以尽数也；正物者，谓能用药以对病也。”

在四十年的行医生涯中，晏文贵大夫时时不忘将先贤的谆谆教诲放在心上，在工作中以热忱之心对待患者，以解除患者疾苦为己任，竭尽全力为患者服务。无论业务多么繁忙，任务多重，始终坚持定期出诊。

“晏大夫医术精，医德高，能遇到晏大夫这样的医生，真是我的福气。”一位被治愈的冠心病患者手捧锦旗说道。

夫能行救人利物之心者，莫如良医。晏文贵大夫儒雅的风度，神情中透着成熟与稳重，眉宇间充满平和与安定，我想那就是中华传统医学文化沉淀出的风骨和气质吧。滋滋行医四十载，日升日落，春夏秋冬，晏文贵大夫德术兼修，普施仁义，勤勉地工作、生活、学习，为患者解忧愁，展现了大爱的情怀，彰显了名医的本色，成就了一番济世救人的医学事业。

陈智敏

除顽疾、济世人，一颗医心善始终

陈智敏 男，全科主治医师，毕业于湖南中医药大学。曾在基层任站长职务16年，拥有20多年临床工作经验，擅长中西结合，专注各种疑难病的研究和攻克，对各种疑难杂症的诊治经验丰富，目前运用蝎毒疗法治疗不孕不育症、子宫肌瘤、卵巢囊肿、多囊卵巢、乳腺增生、腰颈椎病、风湿骨痛、中风偏瘫、冠心病、颈动脉斑块、肝炎、肾炎、肝硬化以及肿瘤、干燥综合征、鼻炎、顽固性失眠、痔疮、严重贫血、疳积、小儿多动症、面瘫、血小板减少症、荨麻疹、湿疹、带状疱疹、痤疮、白癜风、牛皮癣等疑难病具有显著的效果。凭着高超的医术和高尚的医德，为无数患者解除了病痛，最大限度地满足了广大疑难病患者的就诊需求，赢得了患者的高度赞扬和认可。

驱车赶往吴川，来到陈智敏医生的门诊已经下午三点多钟了，天气阴阴沉沉，路面有些湿滑，似乎刚下过雨，陈智敏医生的门诊旁停满了车辆。未走近，便听到患者的呻吟声，大厅坐满了人，几位护士正在根据处方为患者抓药。

在大厅的右侧，陈智敏医生在为病人看诊把脉。在此间隙，我们发现来这里看病的人大部分都是来复诊的，还有一些是经过病患介绍专门过来找陈智敏医生看病。

在与复诊病人的闲聊过程中，得知他们患的都是疑难病，有的是风湿骨痛，有的是肝炎、肾炎，也有的是冠心病，他们都是在大医院治疗很久不见成效，病情一再加重，经济支撑不住，听别人介绍，抱着试一试的心态来到陈智敏医生的门诊，没想到妙手回春的陈智敏医生利用短短的时间便让病人的病情明显好转，减轻了病人的痛苦。

年纪虽小，志存高远

谈及对中医的热爱，陈智敏医生要把时间轴拉回到小时候。那时候他的身体羸弱，父亲意识到健康的重要性，想要让他接触中医，便有意识地让他读医书、背经典，没想到激发了他对中医的浓厚兴趣。虽然是爱玩的年纪，但是陈智敏把玩耍的时间都花费在了阅读《药性赋》和经方上面，越熟读经方越感知自己医学知识的匮乏，高考报志愿时，他丝毫没有犹豫地选择了医学专业。

后来他开始不满足于现状，频频向多位民间名师学习。其中有一位陈梅寿医生，擅长治疗疑难病，得知这个消息后，陈智敏立刻前往拜师学习。因为疑难病是他从来没有涉及的领域，而且疑难病正是拖垮一个又一个家庭的元凶。就这样，他跟随陈梅寿医生学习了两年，专攻疑难杂症。在跟随这些名师学习的过程中，他愈发感知到中医的博大精深，此时扎下的基本功，让他一生受用。

从 1999 年陈智敏正式开始接诊看病，至今已经有 22 年的时间了。他见到太多形形色色的患者，医治好的患者不计其数，他记得最清楚的是一位脑萎缩合并帕金森患者：患者发病已经有五年的时间了，瘫痪在床也有两年的时间，长期患病让病人表情淡漠、四肢浮肿、呼不能答……患者家属在百感交集的时候找到了陈智敏医生，像是抓住了最后一根救命稻草。陈智敏医生利用所学，仅治疗 3 天，病人四肢开始消肿，精神好转，治疗 15 天后，患者能应答，也能进食，手脚不仅能自主活动，还能走路了。家属激动得无以言表，而陈智敏也感觉到不可思议。此时他才真正感受到中医原来有这样“神通广大”的本领，短短的 15 天时间，唤醒了一位脑萎缩患者的自主意识，也唤起了陈智敏医生要成为一名疑难病专家的渴望和激情。

目标坚定，攻克疑难

从此之后，他的目标更坚定了：专攻疑难病领域。2015 年，他接触到了蝎毒疗法，这更为他研究和攻克疑难病领域锦上添花。自此到2019年，这5年时间成为陈智敏医生最具挑战也最充实的时间，他为了深耕治疗疑难病领域，不把自己禁锢在那个有边界的能力范围之内，以极大的勇气填补着临床对于干燥综合征、血小板减少症等罕见疑难病治疗的空缺，进一步完善和扩充了自己治疗疑难病的病例库。经他治愈好转的有风湿骨痛、颈腰椎病、肝炎、肾炎、肝硬化、冠心病、鼻炎、面瘫、不孕不育、多囊卵巢、子宫肌瘤等病患者数不胜数，延伸出了对许多疑难病种乃至闻所未闻的各种疑难病的挑战和攻克。

这些疑难病在陈智敏这里已不算难症，可当他第一次遇到干燥综合征患者的时候，着实让他费了工夫。

2017年，一位患病2年的50岁患者，经常会出现口干、口渴、眼干，说不了话、发不了音等，大量喝水也解不了渴，且大便排不出，走路时经常摔跤，严重时甚至呼吸困难，曾于吴川市人民医院就诊，治疗一段时间无明显效果，又送到附属医院治疗一段时间，症状还是没有明显改善，家人实在是不知道该如何是好，这时候，患者女儿想起了自己的乳腺增生就是被陈智敏医生治好的，便抱着一丝希望，把患者送到了陈智敏中西医诊所。

对于干燥综合征，陈智敏见所未见，一时之间根本无从下手，但是看着病人遭受疾病的折磨，家属投来的企盼目光，医生的责任感让他不忍心退缩，也不能够置患者于不顾。他开始翻医书，查病因，找破解方法，根据多年的医术积累和治疗疑难病的经验，陈智敏终于下结论，认为此病以肾脾阳虚为病机，治则以强肾固脾为主。

虽然经过了精准的辨证和用药，陈智敏仍很忐忑。他运用蝎毒疗法治疗1个月后，没想到患者说话有力了，手脚也有力，也能入睡了，不仅患者家属激动，陈智敏自己也是激动万分。患者经过巩固治疗2个月，诸症皆消，并且2年未再复发。

临证思维，中西结合

这个案例给了陈智敏医生莫大的信心，他把这个患者的详细情况记录在案，不忙的时候反复查看，以期再遇到同症状的患者时能在最短的时间内查明病因，对症治疗。

此时的陈智敏医生真如高明在《琵琶记》里写的那句话“一举成名天下知”，之前来找他看病的可能是乡里邻村的人，现在来找他看病的人可囊括到全省，有的患者不惜驱车千里，专门找陈智敏医生看病。

陈智敏医生更忙了，可他的精力依旧很旺盛，用他自己的话说“有那么多患者找我医治，是我的荣幸，我只能用更大的热情和更精湛的医术来回报他们”。

在看诊治病的时候，陈智敏医生除了具有中医临证思维外，还熟练掌握了现代医学知识，将中医辨证和西医辨证相结合，统筹兼顾，综合考虑，明确诊断，提高了应用中医方剂辨治西医疾病的思维能力，这让患者在较短的时间内感知到了病情的明显好转，极大提升了患者对中医的信任度和满意度。

在采访结束时，陈智敏医生用“智集中西济世人，敏锐组方除顽”作为结尾，这句话是他用来解读自己的名字“智敏”，也是自己的座右铭，始终这样奉行。

马
明

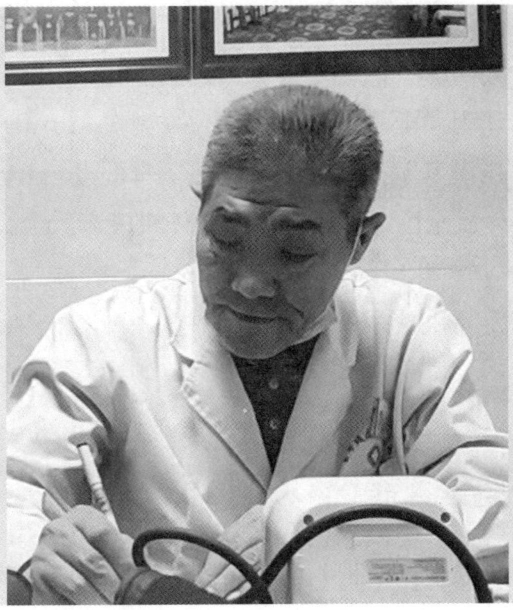

扶贫济世乃立良医之本

马 明　男，出生于1955年，回族人，祖籍甘肃宁县，执业医师。凭借着孜孜不倦的钻研精神，拓展了多种疾病的治疗方案。他博古通今，中西融合，理论精深，经验丰厚，尤擅蝎毒疗法结合自身中医理念遣方用药，至今已治愈的心脑血管类、妇科类、糖尿病、癌症等疑难杂症不计其数，是百姓声口称赞的专家级医师，是地地道道的民间中医高手！

他是身残志坚的光荣医师代表，更是扶贫济困的先锋开拓者。1993年以来，他多次被玉门市委、市政府评为“残疾人自强模范”“卫生系统先进个人”，2001年2月，获得甘肃省残联“首届甘肃省十大杰出残疾人评选活动提名奖”；2002年，被甘肃省省民委、团省委、省青联评为“甘肃省第二三次民族青年团结进步先进个人（模范个人）”；2002年1月，被甘肃省玉门市政协五届委员会评选为“优秀政协委员”；2003年6月，被甘肃省人民政府残疾人工作协调委员会评为“全省扶残助残先进个人”；2004年6月，玉门市妇女儿童工作委员会授予“爱心使者”的荣誉称号；2005年，获得玉门市“全民创业之星”的荣誉称号；2008年2月，被甘肃省酒泉市委宣传部评为“首届全市十大残疾人自强模范”；2008年3月，被甘肃省委、团省委、省青联评为甘肃省第二次各族青年团结进步先进个人；2011 年 8 月，被省委统战部、省民委、省青联评为甘肃省第三次各族青年团结进步模范个人，被省残工委评为“全省残疾人先进工作者”；2014 年 10 月，被省人社局和省残联授予“全省自强模范”称号。2019 年 5 月 16 日，还被评选为“全国残疾人自强模范”，参加了第六次全国自强模范暨助残先进表彰大会，并受到了党和国家领导人的亲切接见。

世界以痛吻我，我要报之以歌

马明大夫于 1955 年出生在甘肃省会宁县一个叫马家堡的偏僻山村，那里山大沟深，十年九旱，自然条件和生活条件相当恶劣。1960 年，他的左腿不慎摔伤，造成髋关节粉碎性骨折，韧带断裂。对于当时贫寒的家境来说，根本无钱医治，他每天只能躺在土炕上，左腿也逐渐转变成了陈旧性粉碎性骨折。

1964 年，常驻村里的一名社教工作组领导在了解到他的病情后，建议其到当地医院医治，并答应所有的医药费由组织出面解决。经过医院连续四个月的治疗，他的病情基本稳定并顺利出院。回家休养了整整 4 年，身体已无大碍，但左腿已经落下了跛足。1968 年，13 岁的马明才开始上学。初中时，正值“文化大革命”，他被迫终止升学考试，被推荐到定西卫校上中专。然而，学校对新生体检的政策是不培养残疾人学生，他仅仅上了一个月的中专学校就不得不再次被迫终止学业。离开学校时，班主任老师送给他几本中医典籍，分别为《中医基础学》《本草纲目》《伤寒杂病论》《黄帝内经》，并交给他一份学校的推荐信，正是从这开始，马明大夫便与中医结下了不解之缘！

带着学校的推荐信马明大夫来到村大队，大队领导出于对他这样一个残疾人的关心照顾，安排他到大队卫生所取药，在这期间，他读完了老师送的书本，并请教学习了基本的治病经验。从 1984 年开始，国家实施“两西”移民计划，马明大夫一家迁移到玉门镇北门村落户。村委会领导听说马明大夫会看病，就在刚修建好的村委会腾了一间办公室当药房，当时，药房里没有一样药，他每天坐在药房，主要是给患者开处方，患者只能在其他地方取药。按当时的政策，开处方可以收取适量的费用，但他却分文不取，基本都是义务诊疗。由于医疗实践的日积月累，也由于勤奋钻研，积极探索，马明大夫的诊疗水平有了大幅提升，前来村卫生所看病的患者也越来越多。

2000 年，马明大夫通过玉门市农业银行贷款，在玉门市玉关路买了一栋总面积达到4800平方米的楼房，其中大部分做门诊用房，输液床位扩展到24张。2015年，马明大夫在市领导和市残联负责人的举荐下，主动承担起填补玉门市残疾人专业康复机构空缺的任务，历时两年的重新建设，2018年，玉门市残疾人康复中心正式投入运营。

风雨见真章，报恩百姓医

马明大夫始终感恩着社会对他的关爱，尽心尽力用实际行动扶贫帮困助残，力所能及地回报社会。2008年，四川汶川大地震发生后，他带头捐助2000元；2013年，甘肃省定西市岷县、漳县交界发生6.6级地震后，他通过市残联，向灾区捐助1000元；1999年，老家马家堡村修建小学时，他捐助5000元……多年来，他救助处于最困难时期的9名贫困少年儿童完成了学业；先后多次为社会公益事业和学校捐款17万余元，1994年至今为玉门贫困家庭和残疾病人减免医疗费达20余万元。他始终坚信爱国家、爱社会，就是做人之本，立家之本，也是做好医疗事业的根本。

作为少数民族的马明大夫，在做好医疗服务和多种经营的同时，还发挥自己民族人士和长期行医治病、接触社会面广的优势，经常向少数民族群众宣传党的民族宗教政策，传播正能量，协助政府调解处理民族矛盾，为玉门市民族团结事业贡献了自己的绵薄之力。

1998年以来，马明大夫先后当选为玉门市历届政协委员，2017年，又当选为酒泉市第四届人大代表。他认真撰写提案、注重调查研究、反映社情民意，为政府决策提出自己的建议想法。他真诚希望，无论回族还是汉族，大家都是平等的，都应该和谐相处，并在药房张贴了民族团结的宣传标语，继续带头做好民族团结工作。

群众满意，继当永前

解除人之病痛，助健康之完美，是医务工作者的首要责任。在多年的医学研究中，马明大夫发现，近年来，由于生活习惯和饮食的改变，长期高脂饮食、吸烟、饮酒、情绪紧张、缺乏锻炼，久而久之人们会产生高血压、高血脂等症状，严重时可能导致中风、心脏病、动脉硬化等，这都是因为大量的饱和脂肪酸和胆固醇、低密度脂蛋白在血液中积聚，造成酸性体质产生的症状。这些酸性物质会进一步促使体内大小动脉粥样硬化，造成恶性循环，加重心脑血管疾病的发生、发展。

马明大夫通过数十年的时间，对1000余例高脂血症患者进行临床治疗和随访、探索，最终发现中药组合配方治疗高脂血症效果最佳，其中蝎毒疗法发挥着举足轻重的作用。蝎毒疗法是一种中医现代新疗法，它依据中西医结合循证医学的原则，与中医临床辨证论治相结合，配合中医经方等组方，内服外贴敷及针灸拔罐等辅助治疗的综合技术。

通过临床实践证明，蝎毒疗法治疗高脂血症的中药组方确实具有良好的降脂效果。患者服用这种治疗高脂血症的中药组方1～2个疗程后，通过复查，血脂基本上都已经降至正常范围内，其中临床症状完全消失，属完全治愈者为900余例，占82%；临床症状大部分消失或血脂有效下降者200余例（多为肥胖者），占16%；通过临床实践，“蝎毒疗法”治疗高脂血症的中药组方有效率达98%。停药一个月后随访复查血脂都在正常范围，并无一例复发。

千里之行，始于足下。马明从一个穷苦人家走出来，拖着残疾的身躯，既历经磨难又沐浴恩泽，他一步一脚印，学医问药、刻苦求知，没有忘记政府和社会的帮扶。从医几十年来，他在自己平凡的岗位上默默耕耘、兢兢业业，在不断提升医疗技术的同时，他深知医德和责任心的重要。只有经历过地狱般的磨砺，才能练就创造天堂的力量！从走上工作岗位那天起，他就树立了“做个让病人满意的好医生”的信念。目前，马明大夫虽年逾古稀，却还在继续为弘扬中医发挥余热，每天坐诊，为更多的患者祛病除忧，用他的话讲就是：“人生于世，事业为先，命未归日，继当永前，不可休矣！”

王应文

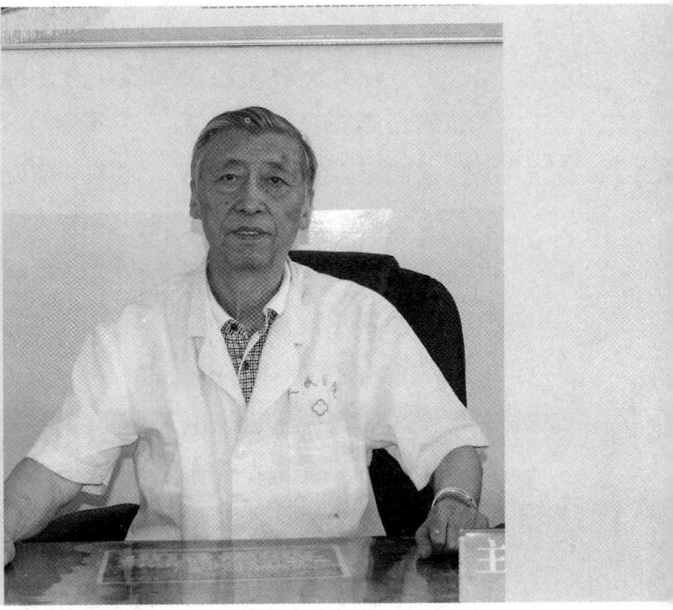

医者童心，70岁的“心脑血管病专家”

王应文　男，出生于 1951 年，山西吕梁人，曾担任中阳县卫生院院长、中阳县人民医院药剂科主任、中阳县医院外科医生、门诊功能科主任、中西医结合科主任、医教科主任，县医院退休后，为发挥专长开办诊所。长期从事临床一线工作，凭着几十年来刻苦钻研中医典籍和认真临证处方用药所下的功夫，打下了扎实的专业知识，并积累了丰富的医疗实践经验。秉承中西医结合理论、勤于临床实践、勇于创新，潜心攻研各种奇难杂病、顽固慢性病和老年病，以蝎毒疗法治疗心脑血管病为主，并擅长治疗消化系统、呼吸系统、泌尿系统等各种疑难杂症。

人到七十古来稀，王应文今年已经 70 岁了，对于大多人来说，已经是赋闲在家、安享晚年的年龄，“经霜叶更红，有梦人不老”，对于王应文大夫来说，这才正是他事业的“黄金期”。

在他看来，医生是终身职业，年岁越大，经验越丰富，而且自己花了那么多心血和精力，将人生最美好的年华都投入到医学中了，如果不再从事这个行业了，难免有些可惜。即使自己不出诊了，还是会有人通过各种关系找上门看病，与其这样，不如每天抽出时间坐诊，既方便了患者，自己也乐在其中。

王应文大夫有着最全面的医、教、研经验，在长期的医、教、研生涯中，无论是技术、眼界、视角还是管理能力，都获得了很大的提升。王应文大夫始终把临床工作放在第一位，但是关于一些疑难病的治疗，却始终是摆在他面前的一道难关，像强直性脊柱炎、风湿病、癫痫及高发的心脑血管病，都是以县医院的医疗技术水平所无法解决的难病、大病。医学的每一项进步和突破都是艰难的，身在其中要守得住寂寞，面对威胁患者生命的疑难病无可奈何，让他更加坚定了疑难病的研究方向，而攻克心脑血管疾病，更成了他的奋斗目标和勤求博采的动力，也让发扬光大中医成了他坚定不移的追求。

从县医院退休后，他开办了王应文诊所，为开展疑难病的诊治工作提供了更加自由的空间，也是在此时遇到了他“穷一生之智、竭一身之虑”都在寻找的疑难病治疗的新疗法——蝎毒疗法。由此也实现了传统中医与现代西医的完美契合，并以心脑血管疾病等多种疑难病作为突破口，不断向疑难病种领域延伸，将门诊打造成了特色鲜明的疑难病诊疗中心。能成为一名济世救人的大夫令他感到幸福，而能在自己所向往的疑难病治疗领域中独当一面，把自己的医术发挥到极致，造福更多的疑难病患者，更是大大延长了他的事业线，为他打开了“柳暗花明又一村”的新世界。

艺术人生，从戏曲舞台到医学舞台

活到老，学到老，这几个字在王应文大夫身上体现得淋漓尽致，从他的人生经历上便可以看出。

在18岁当上赤脚医生后，因为喜爱文艺，王应文大夫报考了中阳县晋剧团，从此开始了他十年的艺术生涯。“台上一分钟，台下十年功”，必须苦练不辍，才能掌握唱念做打、手眼身法步等基本功，正是这“夏练三伏、冬练三九”的刻苦训练和坚持，让他活灵活现、形神兼备地塑造了戏曲舞台上多个鲜活的形象。

在结束自己的戏曲生涯后，他又再次投入到自己热爱的医学领域，他对自己有着明确的人生定位，就是终归要为医学事业执守和奉献终生。在他看来，“医者，艺也”，传统戏曲艺术同中医有相通之处，二者都是中华传统文化的精粹，可以称得上是“医艺同源”。从事戏曲表演的十年岁月，让他更加懂得了将戏曲中蕴藏的魅力，补充到自己的医学工作中，把医学当成艺术一般对待，恪守美的传承，坚守艺术的精神高地，设身处地感受患者的喜怒哀乐，心系患者的生命安危，将为人民服务的信念自始至终地贯彻到自己的每一份工作中去。

干一行、爱一行，钻一行、精一行，重新进入医学领域，回到零的起点迈出新的一步需要极大的勇气。王应文付出了不亚于学习戏曲的努力和艰辛，通过几十年不断的学习和临床经验的沉淀，从赤脚医生到主任、院长，这一条晋升之路，他踏踏实实一步一个脚印，如同攀登一座高峰，虽然经历了很多坎坷，但坚持下来，回头一看：他这位基层出身的赤脚医生竟然也到达了别人没有抵达的高度，登上了更高的医学舞台。

近半个世纪的在戏曲表演和行医上走过的路，映照着他丰富多彩的人生。身体硬朗的他幽默风趣、乐观豁达、神采奕奕，人生际遇犹如沧浪行舟，他都能坦然接受，进行苦乐转化，其积极乐观的态度也感染和影响着身边的许多人。虽然不再从事戏曲工作了，但他仍不时哼唱上几句，比划两下、走下台步，保持着对艺术的兴趣和年轻的心态，其从容的神态中显示出丰富的阅历，坚定的步履下沉淀出悠远的底蕴，救死扶伤的身影里更涌动着不认输、不服老的志向和活力。

事业蜕变，从主任、院长到心脑血管病专家

“细推物理须行乐，何为浮名绊此身”，怀着这样的心态，王应文大夫在近半个世纪的时间里以行医为乐，淡泊名利，坦然做人。随着工作经验的积累和能力的不断提高，王应文大夫的职位不断攀升，但是他从来没有把仕途当作自己的方向，他知道自己早晚还是要回到临床中、回到疑难病的诊治中去，这是作为一名医生的职业素养和要求，也是对生命追求的渴望与本能。几十年的从医经历，让他更加清楚自己能做什么、不能做什么的边界。每一个让医生无能为力的疾病和身患这种疾病的患者，都是给医生留下的功课，而“发病率高、死亡率高、致残率高、复发率高、并发症多”的心脑血管疾病的治疗困境也亟待破解。在他的心底，有一种不能释怀的冲动，一个更深远的想法，一个更宏大的抱负——他要为攻克心脑血管病，为造福更多的患者，再尽一份心，出一把力！

退休后，王应文大夫在中阳县开办了自己的诊所。回到了临床第一线，他依然兢兢业业，对技术精益求精，努力开拓着中医治疗疑难病的新途径、新方法，并开始将心脑血管疾病作为一个课题重点进行研究和探索。在他看来，中医看病就要看特色，而这个特色，就是对某一种病有很好的疗效，这些病，别人不能诊治或不能获效，而到你手里却能妙手回春。为了突出中医特色，王应文大夫将心脑血管疾病

作为一个突破口，再次全新出发，开启了疑难病诊治的新征程。

病无止境，所以学无止境，不管年纪多大，工作经历多么丰富，王应文大夫从不故步自封，也不保守。他经常出去学习先进技术，广泛吸收营养，了解心脑血管病最新的理论和研究成果，力图打破传统治疗模式的桎梏，改变心脑血管疾病如冠心病就要放支架或终身服药的局面。功夫不负有心人，2015 年他接触并学习了中医现代新疗法——蝎毒疗法，一下子便点燃了他对这项创新疗法的热情，从此以后他把所有的精力都倾注到这项技术的学习上，这一学一用就是 5 年，而这 5 年也是他一生中受益最大的 5 年。蝎毒疗法不仅为他开创了一条中西对应、病症结合的临床治疗新思路，更给了他信心和支柱，为疑难病的临床诊疗提供了最坚强的后盾。

蝎毒疗法治疗多例心脑血管疾病的效果，印证了他的判断。患者张某，67 岁，胸闷、心慌、气短，周身乏力疲软，经山西省一院确诊为冠心病，需要手术治疗。因不接受手术返中阳县接受中西医治疗 3 个月后得以缓解，后又复发如初，遂来到王应文大夫诊所用蝎毒疗法治疗。治疗 1 个月诸症均减，第 2 个月症状消失。类似这样的例子数不胜数，其治疗心脑血管病的疗效充分证实了蝎毒疗法令人满意的临床效果。

“潜心攻研各种奇难杂病、顽固慢性病和老年病，以蝎毒疗法治疗心脑血管病为主，并擅长治疗消化系统、呼吸系统、泌尿系统等各种疑难杂症”，中医现代新疗法——蝎毒疗法也填充和刷新了他的履历和专业特长，他对此感到骄傲，因为这份履历上浓墨重彩的一笔可能改变了很多患者的一生。

敬老尊老，从仁人之术到仁人之德

“老吾老以及人之老”，王应文大夫的诊所尤其关注老年人身心健康，体现着中华民族的优良传统美德，也激发着王应文大夫把更好的技术、更好的药品应用到老年疾病的治疗中，并以同理心悉心关爱老年病患的身心健康。老年人诸脏腑、器官之功能日渐衰退，脏腑功能由青中年的旺盛状态转入年老的衰退阶段，在这个过程中，人体气机升降以及血液的运行无力而呈迟缓状态，成为冠心病、高血压、中风等老年病多发的主要原因。根据这一理论及多年经验，他更注重具有“增强心肌活力、养护心脑血管、促进气血运行、改善脏腑功能”等诸多功效的蝎毒疗法的运用，将其用于治疗冠心病、脑梗死、高血压、糖尿病、中风偏瘫、老年痴呆等老年人常见慢性病，收效卓著，求医者络绎不绝。

除了技术择优上，在医疗工作中王应文大夫更注意用温和可亲的态度对待患者和家属，不少家庭几代人都是他的老患者、老朋友，也有父母带子女、爷爷带孙辈前来诊病，在为患者的服务中，他收获了乐趣和满足。在他的诊所，总能看到两眼有神、一头鹤发、说起话来底气十足的他就像自己家中的长辈一样，不厌其烦地反复嘱咐患者不要饮食不节，保持心情愉快、要遵医嘱，才能有助于病情康复……谈笑风生中便缩小了与患者之间的距离。携一身沧桑一路走来，道不明走过了多少崎岖，说不清经历了多少风雨，难能可贵的是他依然保持着一颗“医者童心”，知足常乐，仁者长寿。

王玉华

一朝恩泽杏林，一生增耀白衣

王玉华 女，出生于1977年，籍贯广东吴川，执业医师，2002年毕业于湖南南华医科大学，本科学历，现任海南省乐东黎族自治县杏华门诊部院长。从医至今19年，矢志不渝地献身于中医事业，她崇尚医技，勤奋好学，博采精研，中西汇通，不断学习新理论、新技术，具备较深的理论造诣和丰富的临床经验。自接触蝎毒疗法以来，她拓展了疑难病的治疗领域，让疑难病患者不出门也能享受到专家级的技术服务，深受患者及家属的爱戴。

医之磨砺，躬行不怠

好学是王玉华大夫最突出的优良品格，出于热爱，她潜心学医，并且以优异成绩从湖南南华医科大学毕业。纸上得来终觉浅，绝知此事要躬行，开办诊所是王玉华大夫医术成长的重要阶段，在钻研中提升，在提升中实践，只有在自己的医术上不断下功夫，才能让患者少受病痛的折磨和治病的“苦”。但任何事物的达成都不是一蹴而就的，背后必然经历了千磨万仞的考验。

王玉华大夫经常抽出时间拜访各地名医，谦虚请教，经常参加北京中医药大学、北京大学医学部等院校组织的进修培训，多次从各种学术交流会上汲取经验。在熟读中国经典医著的同时，在“春播行动”众多老师的启蒙指导下，她从《伤寒论》《金匮要略》等经典中学会了六经辨证、经方加减的应用等。

苦心孤诣，求仁得仁

作为个人行诊的医生，不仅在疾病的治疗领域上要通晓宽广，更要有“专精”的本领。各种类型的疑难杂症就像患者身体里的沉重包袱，而如何卸下包袱，就是王玉华大夫经常要面对的难题。从医十几年积累的临床经验，在她看来还远远不能满足患者期望治愈疑难杂症的需求。王玉华大夫深得中医理念熏陶，她知道，治难病，归根结底要用中医疗法凿山开路，只是该如何找对方法？如何提高效率？

寻路多波折，王玉华大夫投入了大量精力从中医找法子，一天找不到，心里就感觉不踏实，总感觉疑难病患者会因为自己技艺不精，从而失去治愈的机会和康复的希望。这种不满足于现状的精神，使得她不断地突破超越现有水平和条件。

一次行诊中，她从患者那里听闻中医蝎毒疗法可以治难病。王玉华大夫当即感到，中医还有崭新的领域自己从未抵达过，当天便开始收集相关资料，从网络、从书籍找到了大量关于蝎毒的论述和文献。

为了一探究竟，王玉华大夫多方打听，得知中华汉方疑难病专家委员会正在举办蝎毒疗法的相关培训，于是她带着笔记本，像重新投身校门一样，去探索崭新的知识。经过系统的培训，王玉华大夫感慨万千，中医文化博大精深，只要用心钻研、用心探索，就一定可以寻得妙法良药。为此，王玉华大夫特地拜蝎毒疗法创始人刘冠军为师，努力学习该疗法在治疗疑难杂症方面的临床运用。

如今，王玉华大夫经常用蝎毒疗法联合加减独活寄生汤治疗腰椎盘突出及腰椎骨质增生患者，用蝎毒疗法联合加减桂枝汤治疗上半身汗出十几年的患者，用蝎毒疗法联合加减麻黄汤治疗类风湿病患者，收到了显著的治疗效果！

从“心”出发，谨行不苟

王玉华大夫善于钻研，笔记随身携带，在学习、临床工作之余，细心记录学习随记、临床特殊典型疑难病案、临床有效方药和自主创新经验，凭借对患者十多年治疗追踪记录，自拟中药配方在儿童常见病等方面也取得很好的疗效。

既要药到病除，又要从“心”治愈，这是王玉华大夫的基本诊疗理念。她通过耐心与患者沟通，不断深入地了解患者的生活习惯和环境，从而探知患者的得病原因，综合考虑患者情况。

她坚持身心一体，认为身和心的疏通缺一不可，她为风湿骨病患者活血通络，促进肢体神经复苏的同时，嘱咐他们加强运动锻炼，饮食清淡，保持心情的舒畅很重要。经过一段时间的有效治疗，风湿骨病患者都能在她这里看到康复的希望。一些患者还和王玉华大夫成为了好朋友，每月都会去她的诊所做康复理疗。患者直言不仅骨骼重塑了，“三观都重塑了”，“这是我很大的收获，人生观、世界观都发生了改变，开始积极健康生活”。

19 年来，王玉华大夫积累了大量且真实有效的一手临床经验，严格要求自己在治疗病症患者时，必须首诊就出明确的诊断，这样才不会延误患者病情，才能给出有效的治疗方案！

“每一次医疗差错，对医生可能是万分之一，但对患者来说却是百分之百。我只有用百分之百认真负责的态度，才能换取患者的信任、理解和支持。”在采访中，王玉华大夫强调的这种精神，不禁使人心生敬佩！

用“心”行医，收获赞誉

选择当“医生”的人，大抵都对这份职业有着一些特殊情结，王玉华大夫也不例外，她一直觉得医生是个庄严的字眼，穿上白大褂，她觉得很光荣，但承载这份光荣的是一份沉甸甸的责任！

王玉华大夫同情热爱患者，深具悲悯情怀。通过对患者个人和家庭情况的了解，她总会设身处地地为经济困难的患者提供见效快、价格低的治疗方案，尽量分担患者除了疾病以外的压力。她认为：“一个好医生应该是在疗效相同的情况下，尽量为患者节约。可用可不用的药就不用，疗效相同的药则选择便宜的。”

如果有重病患者，她会根据患者的病情每隔一段时间就去探望。曾有一位萎缩性慢性胃炎并伴有轻微抑郁的女性患者，整日心思凝重，常常无故与家人发生争吵，使其不能顺利按疗程治疗，严重影响了病情恢复。为了能让她得到更好的治疗和康复，王玉华大夫在给她精心制定治疗方案的同时，经常抽出时间和患者促膝谈心，从病情恢复、家庭关系等各方面帮助疏通她的心理障碍，后来每次一吵架，她家人都跑来找王玉华大夫，邻里街坊经常开玩笑说王大夫不仅管治病，还管调解家庭矛盾。

经过一段时间中药治疗和康复调理，患者不仅饭量大增，还能迈出稳健的步子，并且能保持良好的心态，脸上常洋溢着满意的笑容，而这又是王玉华大夫一面锦旗里的故事。

“如果有机会，我还会继续拜师学习。”这就是王玉华大夫，她传承精华、守正不古，永怀谦虚好学精神，以仁心施仁术，妙法起沉疴，始终在自己的工作岗位上默默付出，为解除患者疾患而贡献着自己的光和热！

李福应

行医50余载，经验多、信得过

李福应 中医全科医生，从医50余年，积累了宝贵经验，对多发病、常见病和疑难杂症的诊治均有丰富的临床经验。在上海中医学院函授班学习3年，集众名师的特长并结合自己临床50余年的经验，融会贯通，大胆研究开拓新的治法用于临床。对中医经典著作和历代名家学术思想颇有研究，对疑难杂症的诊断治疗有独到的见解，并在多年的临床实践中形成了自己的风格与特色，擅长心脑血管病及各种风湿性、类风湿性关节炎、强直性脊柱炎、腰椎间盘突出的治疗。

高水平的好中医不一定局限在高层次的医院，民间和基层常常藏有高水平的中医而不为大家所熟知。

不患莫己知，求为可知也。对于已经看了50余年病的老中医李福应来说，自行医以来不担心没有病人，担心的是患者来了、自己有没有为他解决疾病的技术和能力，也不怕自己名气不大、没人知道自己，只求自己成为有真才实学、看家本领，值得为人们知道的中医。

李福应大夫已经年近古稀，几乎是伴随着共和国一起成长起来的，与新中国一样经历坎坷、斗志昂扬，在20世纪70年代便以赤脚医生的身份行走在乡间田野，在国家积贫积弱、缺医少药的年代，他凭着一根银针、一把草药，积极创造条件为解决当地农民缺医少药、看病难的问题贡献了绵薄之力，在国家繁荣富强时他更不断学习现代前沿、显效迅速的中医方剂和治疗技术，不断提升疑难复杂疾病诊疗水平，通过临床实践，推动了中医药学为广大患者服务的步伐。

春去秋来，寒冬酷暑，青灯黄卷，躬身临床，李福应大夫十九岁行医至今，半个世纪的从医生涯，其救死扶伤人数众多、阅览中医典籍广博、积累临床经验丰富、蕴含仁医品德深厚，对患者命运影响久远。他目睹着、感受着、参与着中医药事业的进步和奋进，一直未改献身岐黄、为往圣继绝学、传承发展中医药的初衷，通过勤于实践、不断探索，日积月累，医疗经验日臻丰富，做到了“对常见病有把握，疑难病有办法，特殊病有思路”，在多年的临床实践中形成了自己的风格与特色，擅长心脑血管病及各种风湿性、类风湿性关节炎、强直性脊柱炎、腰椎间盘突出、妇科疾病、不孕不育等疾病的治疗。李福应大夫在疑难病领域拥有着足够的胆量和自信，这正是他诊治疑难病的经验赋予他的，让他可医旁人不敢医之病，能治旁人治不好之疾。

“与国成长杏林翁，悬壶济世五十年；赤脚田垄疗疾苦，紧跟时代见变迁；广览群书觅妙方，博采勤求问道难；薪火相传师恩重，鼎力传承学识渊；孜孜以求研医术，细疗慎微看疑难；心怀恻隐解苦厄，德行操守旷古贤；学验俱丰声誉隆，白头更觉前程远；淡泊名利忠医职，大医精诚多奉献；不负年华写春秋，医者无悔再登攀”，李福应大夫能成为一名深受人们尊敬和爱戴的老中医，不仅因为他在中医学术上虚心好学、师古创新、经验丰富、疗效显著，更因为他处事谦和、为人低调、待人友善，具有高尚的道德情操。

19岁看病，跟师学习开启医学之路

李福应大夫行医的起因，源于自己年轻时得了腿疼病，看了一年多西医不见好转，反复发作，迁延难愈。在当时医疗资源普遍匮乏的年代，为了治好自己的腿疼病，李福应学起了《赤脚医生手册》。勤学研读中李福应对自己的腿疼病渐渐有了一个明确的认识，那就是“不是中医不行，而是辨证思维错误”，自己的腿疼病症一派寒湿之象，根源是在于“寒湿”，治宜温阳补血以治其本，散寒通滞以疗其标。李福应找到中医大夫，给出自己见解，拟以阳和汤加减，经过治疗，方症合拍，病获捷效。这个亲身经历让李福应大夫更加意识到了四诊合参和辨证施治的重要性，中医不像西医单就症状治病，必须追根究底地推论疾病真正的原因，临床上不应拘泥于一方一药，关键在于辨证明方，这也成了他今后行医的一个尤为重视的指导思想。

从求医问药，到苦读医书，自学成才的李福应大夫推己及人，决定更深入地研究医术。在19岁时通过跟师学习，临证抄方，为自己铺垫了一条开悟中医之路。两载时光，与师父形影不离，风雨无阻，不管是坐诊还是每一次下乡出诊，师父都会对患者的病情特点、自己的处方用药和临床用药给他重点提示，有时还联系这一类病症的病因病机、证候异同、常用方药及特殊用药给他作系统讲解。师父用几毛钱的中药就能看好复杂病的临床疗效，更是让李福应大夫深感钦佩，让他亲身体会到了中医的神奇及帮助患者解除病痛后，那种油然而生的自豪感和成就感。李福应大夫也会经常与师父探讨病情，并认真思考、仔细揣摩、熟记于心，只要有点滴经验、体会或教训，他都及时用笔记本记录下来。如此经久积累，他的理论和实践均得到了不断提高。等到对李福应的医术放心时，患者来看病，师父就先让李福应诊断拟方，然后再由自己过目，指点修正一下，就可以让患者抓药了。

此外，李福应大夫还读了许多历代医家名著，如《黄帝内经》《伤寒论》《本草纲目》《金匮要略》及历代各家的医案、医论、医话等，理解了中医强调的整体观念和辨病辨证相结合的施治理论，学到了如何遣方用药、得当配伍等系统知识。而通过读书及跟师学习，让李福应大夫收获最大的是明白了学医重在心悟、举一反三，掌握了中医整体理论和辨证施治要则，即查病治病要从整体看问题，看得愈全面、愈具体，获得良好疗效的可能性愈大。

在李福应大夫正式独立行医时，还很年轻，虽是一个初出茅庐的小医生，但得益于两年以来师父的言传身教，以及在上海中医学院函授班的3年学习，已让他纯熟掌握了多种常见病、多病发的诊疗方式和技术。李福应大夫临床辨证准确，立法慎重，选方用药考究，配伍合理，药品精当，药量精确，价格颇廉，疗效卓著。李福应大夫在大队医疗社干了6年，于当时的医疗条件下和缺医少药的穷乡僻壤中，没有让一个阑尾炎和肠梗阻患者送去医院做手术，而是通过中医治疗便使病情康复，在关键时刻显露出了扎实的医学功底和高超的医术，真正地做到了及时有效地为患者排忧解难，深得病家的欢迎，这也让他名气大增，方圆十里的患者都乐于找他看病。

51年行医，经验丰富专研疑难杂症

凡学医者必然会经历三种境界：甫行医时，初生牛犊，满腔热血，大有“读方三年，便谓天下无病可治”之感，希望来诊的患者越多越好，并自信能为所有的患者解除疾苦，此第一境界；行医既久，患者越来越多，治不好的病也越来越多，乃生“治病三年，乃知天下无方可用”之叹，于是反躬自省，上下求索，唯期不负患者之信任于万一，此第二境界；经历了初出茅庐的年少轻狂和自省求索的苦乐悲欢，医术日益趋于精纯，内心逐渐归于平淡，虽仍时遇诸般疑难杂症，却已在日复一日地尽心临证与用心读书中渐臻成熟而归于平淡，此第三境界。

李福应大夫行医51年，早已经从第一境界到达了第三境界，而每一阶段的过渡都建立在大量的临床实践和经验总结之上，而这些又都是在临床上摸爬滚打、日积月累积淀而成。作为一个优秀、全面的中医内科大夫，李福应大夫一直以专研疑难杂症、提高临床疗效、缩短病程和防止复发为目标，对于治疗中医内科疑难杂症，形成了“脾胃为本，脾胃为基”的学术思想和医疗风格，更由于精于辨证，往往能够化繁为简，破除虚象，抓住核心病机，一矢中的。在李福应大夫看来，脾主运化，喜燥恶湿，胃主受纳，喜润恶燥，同属中焦，脾胃一脏一腑，一阴一阳，一升一降，一纳一化，一表一里，形成了制约、互用、协调、和合的稳态关系，共同完成后天的受纳、运化、培育、滋养功能，实现“清阳出上窍、浊阴出下窍；清阳发腠理，浊阴走五脏；清阳实四肢，浊阴归六腑”的正常升降运动。脾胃小而言之是纳化升降，大而言之可联系诸脏，畅达六腑，通行经络。根据脾胃的特点，在临床中尤应注重调护脾胃，必须时时考虑脾胃能否胜药，胃气一败，百病难治。调治脾胃不仅适用于脾胃病，各脏腑疾患，凡与脾胃直接间接关系者，皆可调治脾胃以助胃气、以除病邪。

面对千变万化、纷繁复杂的疑难杂症，李福应大夫从调治脾胃入手，运用中医现代新疗法——蝎毒疗法治疗，并拜原河北中医学院中西医结合医院院长、河北医科大学中西医结合学院主任医师、教授姬承武为师，使得自己在疑难病的理论认知与治法方药上都有了很多创新与提高。他在运用蝎毒疗法对疑难杂症的临证中，锐意进取，努力求索，博采众长，兼收并蓄，为己所用，多获奇效，其尤擅诊治中医内科疑难重病，对心脑血管病及各种风湿性、类风湿性关节炎、强直性脊柱炎、腰椎间盘突出、妇科疾病、不孕不育、乙肝、肝硬化、牛皮癣等疑难病颇具心得。

一冠心病患者，女，50岁，胸闷气短许多年，到医院检查，医生让做支架手术，因不接受，经人介绍找到李福应大夫诊治，患者服药3个月后心悸胸闷、心前区疼痛不适大有减轻，治疗过程共服药6个月，所有不适症状基本消失，疗效较为稳定，再未出现胸闷气短不适感。

山西榆次一位半身不遂的患者，女，70多岁，不会说话、不能下床活动，由于和李福应大夫不同处一地，所以本人不便过来诊所治疗。李福应大夫和其女儿联系，通过微信视频，察看患者病症，经过认真交流，仔细辨证后，运用蝎毒疗法治疗，总共治疗两个月，让其重拾了生活的希望。

李福应大夫天生就有一股不妥协、不服输的精神，这从他自学医书，治好自己的腿疼病就可见一斑。从医多年，面对让所有医生都感到棘手的疑难杂症时，他总有一种挑战心理。用他自己的话来说就是：看着病人好不了，自己也难受。对于找上门来的身患重病的患者，他从来不推脱，而是竭尽全力、不厌其烦地调治，直到患者痊愈为止，其专业、负责的态度，有口皆碑。凭借扎实的基础理论和多年的临床经验，他治愈了许多疑难杂症，治好的患者更是数不胜数，终于领略到了“行至水穷处，坐看云起时”的美妙境界。

69岁人生，术精岐黄献身中医事业

“书痴者文必工，艺痴者技必良”，李福应大夫少时学医，矢志岐黄，对中医事业的执着以及对待患者的关怀体恤几十年如一日。在平凡的工作中，在看似永恒不变的日日夜夜里，他心无旁骛地坚守和奉献了五十多年，没有极致的人生修为，又怎能达到今天的人生高度？

李福应大夫是一位医德高尚、医术精良的老中医，他不仅临床经验丰富，而且医疗作风严谨，在辨识病症、因疾下药方面有独特建树，对疑难杂症的研究更是高人一筹。此外，他谦逊随和，勤俭知足，淡泊名利，做事周详，对人宽厚仁慈，无论身处顺境逆境，总是超然静颐，荣辱不惊。

如今的他依然躬身在临床一线，发挥着光和热，用有生之年的余辉继续照亮着中医传承和探索之路，在平凡的岗位上为大众的健康事业默默耕耘、初心不改，继续为患者点燃着生命之光，在为患者的服务中收获乐趣和满足，也赢得了患者及其家属的敬重、爱戴和信任。

白录

耄耋之年初心在，老骥伏枥志犹坚

白录 男，陕西凤翔人，生于1944年。中医内科主任医师，毕业于陕西中医学院，大学毕业后一直在陕西省宝鸡市凤翔区工作，从事中医临床工作五十余年。自2006年从宝鸡市凤翔区中医医院退休后，除继续返聘于原医院外，还在宝鸡市金台区仁济诊所从事中医医疗工作。刻苦钻研，积极实践，能正确运用中医中药理论于外感病及内科诸杂症，疗效颇佳。擅长治疗冠心病、高血压、脑梗后遗症、帕金森病、胃肠病及各种疼痛，对肺癌、胃癌、肠癌、前列腺癌、乳腺癌、子宫癌等癌症的治疗有独到之法，对月经不调、痛经、乳腺增生等疾病的治疗亦颇有心得。

几千年来，中医药保障了祖辈人的身体健康，在中医药发展的过程中，离不开古今名医大家做出的巨大贡献。在我们身边就有这样一位行医半个世纪的老中医，他几十年如一日扎根基层，怀着对卫生事业的无限忠诚，以精湛的医术造福广大患者，谱写了一名中医医生的高尚情怀，深受当地群众的爱戴和好评，他就是陕西中医白录！

在金台区仁济诊所见到白录大夫时，他正和蔼可亲地接待着市外慕名求治的患者。只见他一边详细察看患者的面色、舌苔等表象，一边倾听患者的诉说，一边在患者手腕的寸、关、尺部位摸脉象，凝神细思，似乎同时用指尖在聆听，然后做出精准的诊断。

历缺医少药，踏医学之程

白录大夫于1944年出生于陕西凤翔的一个小乡村。受父辈熏陶，酷爱祖国医学。在五六十年代，农村交通不便，信息闭塞，经济落后，缺医少药现象十分严重，白录长期耳闻目睹农村缺医少药、村民被疾病折磨痛苦、婴幼儿高死亡率等现状，觉得医生是一个能帮助广大群众解除病痛的崇高的职业，便萌生了学医的念头。从此在他幼小的心灵悄悄地种下了一颗希望的种子：长大后当一名医生，悬壶济世，守护健康！

1964年白录大夫考入陕西中医学院，开始六年制的大学学习。他格外珍惜来之不易的学习机会，如饥似渴地徜徉在知识的海洋。六年中，他印象最深刻的是那段在学校的操场、草地、宿舍、教室背中医四大经典《黄帝内经》《伤寒杂病论》《难经》《本草纲目》以及方剂歌诀、诊断歌诀、中药药性赋的岁月。时至今日，他仍能完整流利地背诵出书中的论述。也正是当时单调而反复的背诵，为他日后集中医大成打下了坚实的基础。

1970年从中医学院毕业后，白录曾在宝鸡市凤翔区涧渠乡卫生院、彪角镇中心卫生院短暂工作过，随后长期在宝鸡市凤翔区医院、宝鸡市凤翔区中医医院工作。他先后跟随多位名师学习中医，通过长期虚心跟师学习，深感名师的接诊之工、辨证之巧、医道之圣、疗效之奇，在潜移默化中继承了名师的宝贵经验，中医理论、临床实践、方药应用不断提高，成为医院里年轻的业务骨干，受到患者的认可和同事的肯定。

岁月流转，如今白录大夫已经从医五十余载，从青丝到满头银发，从风华正茂到耄耋之年，他传承发展祖国医学，探经络、攻顽疾，扬国术、树仁心，医治了无数疾病，救治了无数患者，成为陕西中医界的翘楚，同时也赢得了百姓的爱戴和信赖。

“做医生五十年了，已经记不清治过多少人了。在很多家庭里，我治愈过三代人，我也很感谢他们信任我。既然选择了当一名医生，就要努力提升自己的医德、医术，为广大患者的身体健康略尽绵薄之力！”

妙术克疑难，枯木也逢春

“日月星气辰，生命源自然，天下本无不治之症，不过疑难杂症也；木火土金水，万物皆规律，世上定有克疾良方，只是珍稀罕见哉。”尽管今天的医学有了较大发展，然而疾病种类繁杂，变化多端，疑难病患者的病痛仍然不能较为满意地得到解决。

疑难病，是指在诊疗当中病因复杂未明、诊断难以统一、医治难度较大的一类疾病，对疑难病的治疗效果是衡量一名中医技术水平的标志，谁能在疑难病的临床治疗上有所建树，谁就站在了中医临床的制高点。

白录大夫研究疑难病诊治多年，积累了丰富而独特的临床治疗经验；他在疑难病领域纵横捭阖，对危急重病辨证精准，大胆投方，常打破常规，独辟蹊径而获效；为众多的患者解除了痛苦，受到周边群众的一致好评！

2019 年 5 月 20 日，仁济诊所接诊了一位冠心病患者。患者马某，女，60 岁，劳累后出现心前区疼痛，胸闷，大约持续 5 分钟，经休息可缓解，在宝鸡市中心医院诊断为冠心病，医院要求做支架，患者拒绝手术。白录大夫采用中药：荆芥 6g，防风 10g，党参 10g，白木 10g，生黄芪 30g，当归 10g，云苓 10g，桂枝 10g，柴胡 10g，桔梗 10g，枳壳 10g，大云 15g，砂仁 10g，白芷 6g，五味子 12g，山药 30g，生甘草 6g。5 剂，水煎服，每日 1 剂，早晚分服。患者服药 10 天后，心悸、胸闷、心前区疼痛不适已改善，服药 3 个月后，以上症状基本消失，疗效显著。

2018 年 10 月 19 日，仁济诊所接诊了一位帕金森患者。患者庞某，女，67 岁，震颤多年，在医院检查确诊为帕金森，多处治疗效果不明显。白录大夫采用中药：党参 10g，白术 10g，生黄芪 30g，当归 10g，茯苓 10g，远志 10g，酸枣仁 10g，桑寄生 15g，山楂 12g，地龙 12g，川芎 10g，桃仁 10g，红花 10g，牛膝 10g，川断 15g，山茱萸 10g，五味子 12g，甘草 6g，鸡血藤 30g。每日 1 剂，水煎服，早晚分服。配合养肾活血药酒及硒灵芝胶囊。30 天后，患者震颤好转，一年后，检查基本正常。

像这样临床治愈的疑难病患者还有很多，白录大夫灵活运用蝎毒疗法结合中药、针灸综合施治，尽可能降低医疗成本，提高医疗效果，治愈了不少疑难杂症，谱写了一曲曲感人肺腑的生命赞歌！

漫漫医路初心在，老骥伏枥再出发

七十古稀、八十耄耋。按照常理，这个年纪已是含饴弄孙、颐养天年的时候。可是白录大夫的做法却让我们大为惊讶——很难想象，这位年近八十高龄的耄耋老人竟然还在坚持坐诊。

“做了一辈子的医生，年纪大了，孩子们都劝我在家休息，享享清福，可是我现在身体还很健康呢！我也放心不下那些需要我治疗的患者，只要我身体允许，我还是会继续做下去，尽我所能！”从白录大夫坚定的话语中，我们看到的是一个老中医的坚守。

古云“医乃仁术，医者仁心”“无德不成医”。医疗问题首先是道德问题，它体现了以人为本、生命至上的社会伦理。行医者首先需要具备仁慈之心，关爱患者，倾听患者的疾苦，怀着仁慈之心去医治他人。从医五十余载，白录大夫一直秉着以人为先、以德为本、以患者为重的从医理念，医术精湛且平易近人！

“哪里不舒服？”“血压、血糖要控制好！”“一定要清淡饮食！”“看一下舌苔”“换一个手把脉”这是白录大夫每天说的最多的话，在了解患者病情进展后，根据病情变化再调整治疗方案；虽然每日患者量众多，但是白录大夫对每位患者都不厌其烦地交代治疗当中的注意事项。

在白录大夫的抽屉里，整齐地存放着满满一沓患者的感谢信，除了称赞医术精湛，更多的是感恩他对患者的认真细致、满怀热忱，一张张略微泛黄的信纸，一段段饱含深情的言语，就像一个个无声的军功章，诉说着对生命的大爱。

多么敬业的医者，多么仁慈的老人，他的心里确实一直牵挂着他的患者，也一直不忘中医的传承和发展！以身作则，默默奉献，心怀苍生，大医为念，老骥伏枥，却又奔忙不止，这就是令人钦佩的老中医人白录！

陈樟林

病魔薄情人有情，甘做悬壶济世医

陈樟林 男，出生于1970年，全科执业助理医师，现就职于福建省泉州市安溪县龙涓乡福都村第一卫生所。擅长运用蝎毒疗法治疗肿瘤、心脑血管疾病。2019年荣获首批“安溪县基层好医生”。

辍学从医成大道

1986年9月，16岁的陈樟林因身患慢性骨髓炎而辍学，这也成为激发他自学中医的动机。在医疗条件相对匮乏的年代，生活的乡镇诊所对这种疾病基本束手无策，家人带着他数次辗转在省内外医院，经过西医系统的诊疗，仍然起不到根本作用，反而使原本就不殷实的家底逐渐消磨殆尽。陈樟林望着父母因为操劳渐渐显露的银发，感受着身体里病痛的折磨，也曾一度感到人生灰暗，内心痛苦无比！

慢性骨髓炎是一种对青少年危害极大的疾病，患者全身症状一般不明显，表现为患肢增粗、组织厚硬、有色素沉着、周围肌肉萎缩。急性发作时可有全身中毒症状，年幼者因炎症可导致关节屈曲畸形，后期还可能并发关节强直、癌变等。

从熟人那里，陈樟林的父母道听途说了一些中医疗法，其效果还难以得到证实。但是陈樟林将这一切记下了，从那时起，他便决定自学中医，让在西安交大读研究生的堂哥帮忙买了套中医教材，从最基础的《中医基础理论》开始学起，再从乡间中医那里借来一些残破的中医书卷研读，越学下去，陈樟林对中医越感兴趣，也逐渐看到了治愈自己的希望！在父母的鼓励和自己的不懈努力下，陈樟林从中医中找到良方，并最终治好了自己在大医院都未能治愈的慢性骨髓炎。自此他对中医的兴趣便一发不可收拾，并深深地沉迷在中医神奇的救治疗法中！

此后，陈樟林开始进入村卫生所工作，曾参加东北针灸经络研究会针灸函授班，并通过成人中考进入福建卫生学校医士班，1997 年于福建卫生学校毕业。在 2004 年时取得了乡村医生证；2017—2018 年两次参加广东巫氏古中医传承学习；2019—2020 年参加华医世界私塾班学习；2018 年，陈樟林通过努力学习，取得了乡村全科执业助理医师证。

心系故乡行医路

陈樟林自幼聪慧，他似乎对中医奥义有一种天生的通达，这在他最初自学自医的时候就可见一斑！从福建卫生学校毕业之后，陈樟林多次受邀在城市工作，但是他毅然决定留在家乡——这个自幼生长的地方！为家乡的病患撑起一片天，就是他学医的初心，他总感觉，不将自己所学用于贫穷的家乡，人生感觉“少点什么”，行医路就“走不踏实”。

作为一名福建人，陈樟林医生身上淋漓尽致地体现着福建人的特点：坚韧，敢于拼搏。爱国爱乡、敢拼会赢的精神深深地影响着陈樟林，让他在学医之路上，始终不忘初心，从来没有故步自封，以一种敢为先的品格迎难而上，扎根基层。

现已 50 多岁的陈樟林，在泉州市安溪县龙涓乡福都村第一卫生所执业乡医这个岗位上已经干了 30 年了！从感念自幼患病的艰辛，到感念患病乡民的疾苦，陈樟林积极探索各种困扰患者的有效疗法。看到农村里很多人因为一些慢性病没有得到康复治疗，丧失劳动能力甚至生活不能自理，造成家庭陷入雪上加霜的绝境，陈樟林心系患者，急患者所急。类风湿关节炎、中风后遗症等一些慢性病症的患者看病时，很多患者自己都感到无望，只求缓解病症，他却不愿放弃，还为此翻阅大量中医古籍和现代药方。

携“蝎毒”战病魔

蝎毒疗法，在陈樟林的从医生涯中绝对具有里程碑式的意义。陈樟林为提高自己的理论和实践水平，更好地用中医药为群众服务，多年来，通常都是利用书籍、网上音视频课程，认真学习中医名家学说技艺，正是在不断学习中，一种新疗法的出现，让他眼前一亮。

那是2017年，中医现代新疗法——蝎毒疗法的出现，让陈樟林看到了治疗疑难杂症的辨法。通过中华汉方疑难病专家委员会平台，他多次参加平台组织的蝎毒疗法培训班，并拜刘冠军为师学习深造。

陈樟林向来敢于创新，敢于打破固守成规，积极吸收新技术。加入中华汉方，习得蝎毒疗法，还得到众多临床经验丰富的老中医的指导，这让他在治疗一直深感头痛的类风湿关节炎和心脑血管疾病方面也有了确切的中医疗法。

类风湿关节炎治愈难度极大，临床表现就是对称性的关节肿胀疼痛，还有压痛、晨僵，而且多发生于小关节，比如双手以及双足趾小关节。

陈樟林介绍说："中医讲病因，类风湿关节炎是在一定的体质虚弱的基础上，外界的风寒热、风湿热乘虚而入，留驻经络关节，而导致气血不通所致。这里面的分型大概分为第一湿热阻络，第二寒湿阻络，第三寒热错杂，第四毒热瘀痹，就是比湿热成毒因素、程度不同，还有一个主要就是肝肾亏损、痰瘀阻络，大概分型就是这几个型。"

我们从陈樟林相关病案经验得知，患者经过蝎毒疗法的正规治疗以后，取得了满意效果。“蝎毒疗法”含有蝎毒成分，它含有镇痛活性肽、抗炎因子等多种活性肽成分。陈樟林通过蝎毒疗法结合辨证分型中药方剂以及辅助治疗方法治疗类风湿，见效快，远期疗效明显。

擅用“蝎毒”，开拓“通心”

学习“蝎毒疗法”以来，陈樟林开拓了疑难病治疗的思路，对近年来高发、高危的心脑血管类疾病的认识更为深刻，其中中风后遗症、冠心病是他治疗较多的疾病。

冠心病是一种冠状动脉发生动脉粥样硬化病变引起血管腔狭窄或阻塞，造成心肌缺血、缺氧或坏死而导致的心脏病。典型症状是因体力活动、情绪激动等诱发，突感心前区疼痛，多为发作性绞痛或压榨痛，也可为憋闷感。疼痛从胸骨后或心前区开始，向上放射至左肩、臂，甚至小指和无名指，休息或含服硝酸甘油可缓解。胸痛放射的部位也可涉及颈部、下颌、牙齿、腹部等。胸痛也可出现在安静状态下或夜间，由冠脉痉挛所致。疼痛逐渐加剧、变频，持续时间延长，祛除诱因或含服硝酸甘油不能缓解，此时有可能发生心肌梗死。陈樟林运用“蝎毒疗法”解决的众多常规方法难以解决的疑难病案例中，其中就包括冠心病。

经过这几十年的临床经验积累，陈樟林认为，很多疑难病症想要彻底去除病根，只能寻求中医辨证施治，采用优质中药，同时还要根据个人体质配方，契合中医的整体观念，不偏向一处，而是兼顾全身五脏六腑，确保治愈不复发。

薄情于利，恩惠于民

一个医生的从医生涯中，治愈疑难杂症固然重要，但平常生活中还是常见病的治疗最为普遍；能不能不厌其烦，一心一意，几十年如一日地对待每名患者，在陈樟林看来，这才是一位基层乡医应该坚持不懈的职责！在治疗小儿常见病，如发热、咳嗽、腹泻等，陈樟林尝试用纯中药绿色敷贴疗法，既能节省医疗成本，又可以快速见效，而且这样孩子对中医治疗就没有恐惧感。不仅如此，陈樟林在治疗一些农村常见病、多发病上，采用针刺、艾灸、拔罐、刮痧等方法，有效减少了抗生素、激素的使用，让中医的健康理疗理念深入更广大的民心。

走访中，记者还听到当地村民提到，陈大夫常常对一些经济贫困的患者减免医疗费用的事迹。例如，曾有位经济困难的癌症患者，陈樟林得知情况后，只收取了基本药费，直接免除了治疗费用。

多年来，真正让陈樟林感恩的是神奇的中医。陈樟林表示，师爷唐祖宣国医大师书写的“大医精神”牌匾时时激励着自己，将进一步继承师父刘冠军（蝎毒疗法创始人）的学术思想和临床经验，向着精研医术，救死扶伤，服务群众的名医大道上接力传承，让蝎毒疗法拯救更多疑难病患者，继续为中医事业发展奉献自己的一份绵薄之力！

验方验案

面瘫

【患者基本情况】患者刘某，男，53岁。自述4天前晨起发现左脸麻木，饮汤水左口角漏水，于2020年2月12日来我处治疗。

【问诊及诊断】现病史：体温36.5℃，心率67次/分钟，血压104/71mmHg。左侧表情僵硬，一侧额部及面颊平坦，抬头纹消失，眼裂扩大，眼睛不能完全闭合，左眼酸痛不适，口角向右侧歪斜，鼻唇沟居中，鼓腮左侧嘴角漏气，不能噘嘴吹气，漏食漏水，伸舌居中。左耳前酸痛，口苦，饮食正常，二便调，舌紫红，苔黄厚腻，脉濡缓无力。辨为面瘫，证属气虚血瘀，风寒中络，痰热阻络。治宜补气祛瘀，疏风散寒，泻热化痰。

【治疗方案】

（1）中药：方选小续命汤、牵正散、大黄附子细辛汤加减。

麻黄6g，葛根15g，白附子9g，全蝎9g，炒僵蚕10g，黄芪15g，防风9g，当归9g，川芎9g，桂枝尖12g，赤芍12g，白芷9g，大黄12g，白附片15g，细辛8g。水煎服，每日1剂。

（2）配合养肾活血药酒及硒灵芝胶囊。

（3）针刺：阳白透鱼腰，太阳透下关，地仓透颊车，双巨髎，下关、牵正、翳风等，开手三阳。配合电针。

2月18日复诊：

面瘫好转，左耳前酸痛缓解，口苦，饮食正常，二便调，舌紫红，苔黄厚腻，脉濡细无力。证属气虚血瘀，风寒中络，少阳热郁，痰热阻络。处方如下：

（1）中药：葛根30g，白附子9g，蜈蚣2条，炒僵蚕10g，黄芪15g，防风9g，川芎9g，赤芍12g，白芷9g，大黄15g，白附片15g，细辛10g，胆南星10g，黄芩10g，北柴胡10g，天花粉10g。水煎服，每日1剂。

（2）配合养肾活血药酒及硒灵芝胶囊。

（3）针刺：阳白透鱼腰，太阳透下关，地仓透颊车，双巨髎，下关、牵正、翳风等，开手三阳。配合电针。

【治疗效果】前后治疗半个多月，面瘫基本恢复正常，诸症消失。

王鑫艳

丹心铸就回春术，妙手解忧送子人

王鑫艳 女，出生于1975年，湖南长沙人，中西医结合副主任医师、中医针灸师、中医美容师，北京医景堂疑难病医学研究院湖南分院副院长、妇科特聘专家，现就职于长沙市雨花区福友康综合门诊部。出身于中医世家，幼承家训，励志苦学，跟随祖父和父亲学医，以光大中医妇科为使命。先后在湖南省长沙县观佳卫生院、湖南省长沙第二人民医院、湖南省长沙马王堆医院从事妇科临床工作。擅长妇科诸症：月经不调、闭经、痛经、盆腔炎、附件炎、子宫内膜息肉、子宫腺肌症、卵巢囊肿、子宫肌瘤、不孕症、HPV感染疾病及乳腺小叶增生、溢乳、乳腺囊肿、乳腺纤维瘤等，内科诸症：冠心病、高血压、糖尿病、中风、偏瘫、帕金森、肺癌等，外科诸症：股骨头坏死、风湿、类风湿性关节炎、带状疱疹等。

面对饱受病痛煎熬的患者，她用热心、耐心和细心给予他们最大的鼓励。面对疑难重症，她辨证论治、妙手回春，彰显巾帼风采。她说，于她而言，人间最美的画面是饱受病痛的患者露出笑脸，世上最动听的音乐是婴儿的第一声啼哭，人生最大的喜悦是能用自己的所学为女性健康保驾护航。她就是医生王鑫艳，一位只愿用“平凡”二字来诠释自己事业的中医人。

幼承庭训明医理，精研练就回春功

王鑫艳大夫出身于中医世家，祖父与父亲都善岐黄之术，并且乐施好助、仁爱慈善，有仁者风范，是早年长沙周边有名的老中医，常年运用传统的中医中药为周围的村民治病，治愈了众多患者，深受当地民众的尊重与爱戴。

王鑫艳大夫幼时天资聪颖，勤奋好学，跟随祖父、父亲学医，熟读《药性赋》《汤头歌诀》《濒湖脉诀》《神农本草经》《伤寒论》等中医经典。9 岁便跟随祖父与父亲上山采药，小小年纪就熟悉了许多中草药的药性、功效等。潜移默化中就爱上了医学这行业，15 岁便随父亲学医，经常跟随父亲翻山越岭去患者家看病，从那时起就对很多病例有了认真记录，积累了大量的临床经验。她对中医的喜爱与悟性博得了祖父的赏识，并得到了祖父的真传，打破了“传男不传女”的家规，生前更是将《济阴纲目》《傅青主女科》等古籍善本医书交给了她，希望她将中医妇科发扬光大。

众所周知，中医学是一门实践性学科，如果没有广泛的临证实践和名师指点，很难领会到中医理论的深奥，通过跟师耳濡目染、口传心授、临证分析等，才能真正学到中医名家独特的学术经验。

深感责任重大的王鑫艳大夫从未停下学习的脚步，多次到湖南省广播电视大学、湖南省长沙市妇幼医院、中南大学湘雅医学院、北京中医药大学进修学习。2015 年 5 月加入中华汉方疑难病专家委员会，多次参加蝎毒疗法治疗疑难病高研班、专科班的培训，系统学习了蝎毒疗法治疗疑难病的理论与实践，并先后到新加坡、马来西亚参加国际名医学术交流。

“得先天传承之厚，去后天勤奋之功。”王鑫艳大夫以传承中医妇科为使命，滋滋行医二十余载，在中医妇科领域，辛勤耕耘，潜心钻研，孜孜不倦，精于求证，终于走出了一条独具特色的妇科疑难杂病的治疗之路。

施古方以新法，为妇科扬仁术

妇科病难治！明代薛雪著《校注妇人良方》开篇即有“病一也，而妇人为难；医一也，而识病为难”。《产科百问》序中则说：“盖医之候病止于四术，而切脉为下。望、闻、问三事，可施诸丈夫婴儿，而每穷于女妇。”妇科诸多病症与隐习有并，医患皆有难以启齿之虑，问之则医危，不问则病危。妇科识病之难苛于诸科，自古就有“宁医十丈夫，不医一婴儿，宁医十婴儿，不医一女妇”云云。再加上妇科疾病病因多、病机复杂等，治疗起来更是增加了难度。

然而在王鑫艳大夫看来，妇科病也易治。关键是如何加强基础理论的熟练掌握，临床实践的灵活运用，不断探索总结，只要找到“证”的本质，明析客观规律，辨“疑”不惑，治“难”不乱，自可得心应手，化解疑难病为可辨可治。“世上只有‘不知’之症，没有‘不治’之症”。如果不能治，那是我们尚未认识客观存在的许多确有疗效的“未知方药”的缘故。《内经·灵枢》云：“未可治者，未得其术也。”

王鑫艳大夫认为，妇科疾病病位主要在于冲任、胞宫，是女性生殖系统的病变。但局部的疾病可以影响整体，而整体的病变又可突出反应于生殖系统。因此，对于妇科疾病的治疗，不能单纯针对局部，更重要的是着重于整体的调节。治疗原则主要是针对其病因病机，并通过调节脏腑气血达到调理冲任的目的。

如治疗月经失调类疾病，不但从病论治，而且对于月经的周期、经色、经质、经量的病变都要加以分析。按照“寒者温之，热者清之，实者泄之，虚者补之，下者上升之，上者降之，崩者、漏者收之，闭者、瘀者开之”等法则进行调治。也就是通过温、清、补、泄、疏、升、降、收、开等法则，使机体阴阳趋于相对平衡，气血调和，月经才能恢复正常。

王鑫艳大夫认为现代的解剖学、药物分析学和疾病检测手段等值得中医学习借鉴，但中医的阴阳五行、经络气血、辨证论治等精髓至今仍为西医所不能及，因此，在妇科疑难病的临床诊治中，注重西医病因与中医辨证相结合，在发挥中医学四诊八纲优势的同时，参考现代技术检测结果，结合实验检查、“CT”“B超”等手段，综合分析、找出原因，使“四诊”深入到微观层次进行辨治，可提高了临床疗效和辨证论治水平。

十年磨成一剑，育胎送子有方

中医药治疗不孕不育有两千多年的悠久历史，中医经典中更是留有诸多关于不孕不育的记载和治疗方案。李东垣《脾胃论》曰：“真气又名元气，乃先身生之精气也，非胃气不能滋之。”又说：“脾胃之气既伤，而元气亦不能充而诸病所由生也。”《圣济总录·妇人无子》曰：“所以无子者，冲任不足，肾气虚寒之故也。”《格致余论》曰：“今妇人无子者，率由血少不足，以摄精也。”张介宾《景岳全书·妇人归·子嗣》曰：“产育由于气血，气血由于情怀，情怀不畅则冲任不充则胎孕不受。”

《女科经论·育门》曰："肥盛妇人禀受其厚，恣于酒食经水不调，不能成孕，以躯脂满溢，温脏闭塞子宫古也。"《医宗全鉴·妇科心法要诀·调经门》曰："不孕之故伤冲任或因积血胞塞热。"

王鑫艳大夫总结分析了古代名医名家诊治不孕症的学术思想及临床经验，继承其精华之处，并根据辨证论治，制定了中西结合的独到相应治法，形成了"不孕不育→病因→证型→运用蝎毒疗法治疗"的鲜明诊治特色，抓住了治疗不孕的主要环节，在治疗不孕不育方面彰显了中医独特的优势，故而在临床治疗上常获事半功倍之效。

对于不孕不育患者，什么是治愈，怎么来统计治愈率，那只有让疗效来说话。有了孩子、生下孩子才是治愈，来不得半点虚假。

在王鑫艳大夫门诊里，时刻可以感受到温度和生命力，帮助许多家庭拥有爱的结晶，是世间最好的成全。一路走来，王鑫艳大夫最喜欢收藏这些新生儿的照片，那么多小生命被抱在她怀里的温润，那么多幸"孕"妈妈目光中流露出感激的氤氲，那么多的真情告白，让她尽显一名医者的仁爱和温情！

春风不语、芬芳自来。忙碌，是王鑫艳大夫工作的主旋律，她在岁月的打磨中炼就了精湛的医技，游弋于中西医之间让她在解决妇产科疾病方面更能融会贯通，终成一位为女性健康保驾护航的杏林"高"手。一路走来，其收获了众多的锦旗与赞美。但她说，医学无止境，只有坚持下来的人，才能会当凌绝顶，一览终山小，她愿做一名不懈的攀登者，守护生命的花开，聆听生命的乐章。

验方验案

不孕症

【患者基本情况】患者余某，女，35岁，长沙县人。初诊：2016年7月。既往月经正常，于婚后第一年孕2月余自然流产，未清宫，此后自觉小腹疼痛不适。加之一次外出突遇暴风雨，即出现月经失调，月经周期推迟至40天，或两月一至，经行腹痛甚，经量明显减少，色暗红，2年来常感小腹冷痛，精神不振，畏寒肢冷，2年余未再孕。B超检查未见明显异常。

【问诊及诊断】妇科检查：宫颈轻度糜烂，子宫后位，无明显压痛，双侧附件轻度压痛，无明显增粗。舌暗红苔稍灰，脉沉。辨证：肾气虚衰、寒凝血滞、胞脉不通、胞宫失养所致不孕症。治则：温经散寒，活血祛瘀通经。

【治疗方案】《医林改错》少腹逐瘀汤加减。

处方：（1）中药：炮姜6g，川芎9g，当归10g，益母草30g，延胡索10g，小茴香10g，肉桂10g，赤芍10g，制香附12g，蒲黄10g（另包煎），五灵脂12g（另包煎）。7剂，每日1剂，水煎2次冲合，分3次温服。

（2）配合养肾活血药酒及硒灵芝胶囊。

⑶外用药：蒲公英30g，路路通30g，威灵仙30g，透骨草30g，乳香15g，没药15g，红花15g。用纱布包好，微波炉加热3分钟，待适温放于小腹热敷30分钟，每日1次，每剂药可用6次，连续用2个月。

【治疗效果】

二诊：2016年8月1日。患者服药7剂，配合药包外用后，精神好转，畏寒怕冷减轻，小腹时见冷痛，舌暗红，苔薄白，脉沉。守上方10剂。

三诊：2016年8月12日。患者自诉症状明显好转，月经来潮5天，量多，有少许血块，继守上方，间断性服药2个月（每次来月经前，连服5天），后少腹痛基本消失，每月月经如期而至，无不适症状。于2017年6月停经37天，查尿妊检HCG（+）。追踪足月产下健康男婴。

【按语】患者不良生育史，治疗时应审证求因，辨证论治，查找自然流产的原因，治疗时应兼顾。平素劳累以致肾气虚衰，阳气不能温煦胞宫，致使月经来潮时小腹疼痛。后外感寒湿邪，病情加重，出现一派寒象。寒为阴邪，易伤阳位，寒引内收，寒凝血滞，胞脉不通，胞宫受寒失养，不能孕育。针对病因，以温经散寒、活血化瘀之剂，间断服药2个多月，诸症悉解，经自调和，摄精成孕。

李金泉

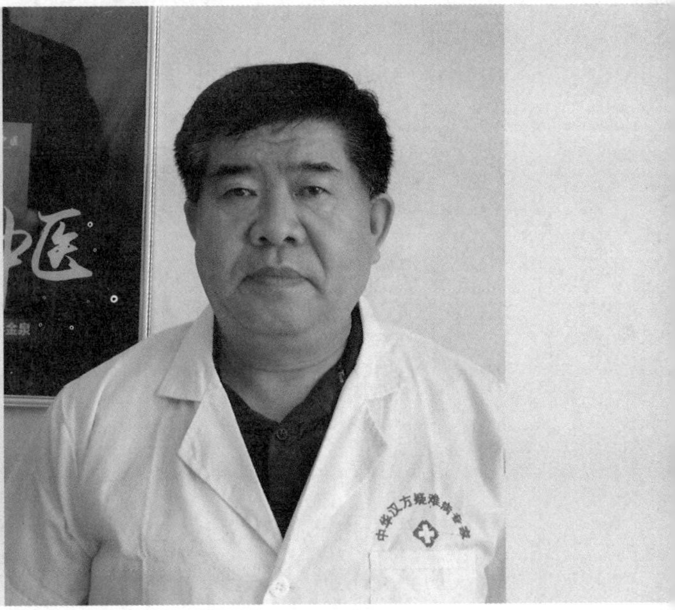

悬壶济世三十载，妙手仁心一生情

李金泉　男，1966 年出生，山东高密人，大学本科学历，毕业于原武汉军区医学院中西医结合临床专业，中医执业医师，著名中医内科专家王凤岐、吴大真教授弟子，“蝎毒疗法”创始人刘冠军教授弟子。出身于中医世家，1983 年在部队从医，1991 年在地方从事医疗行业，2005 年开设中医门诊至今。擅长治疗各种肿瘤，心脑血管，妇科常见病，皮肤病等疑难杂症。

在山东高密有这样一位医生，面对病魔，他化身为光，把黑暗照亮；面临死神，他化身为侠，以血肉之躯，筑起生命的堡垒。诊桌前，他是悬壶济世、医术高超的著名疑难病专家，挽救过无数患者的生命；患者面前，他是一片仁心、赤诚坦荡的实践者，给需要救助的患者带去生的希望。牵阴阳，引五行，不舍昼夜，愈精愈诚；医顽疾，救四方，天地逆旅，守正守德。山高路远，难挡他奔行的脚步；寒风骤雨，难凉他行善的热血，他就是医生李金泉。

在李金泉大夫的诊所，一大早诊所里外就已经挤满了人，都是来找李金泉大夫看病的患者，有的是复诊患者，有的是慕名而来的初诊患者。不远千里而来的患者表示：“之前找了好多地方看病，总是看不好，病情还一直反复，后来听说李医生治疗心脑血管疾病很有一套，所以就过来看看。”复诊患者说道：“我是来复诊的，吃了一疗程的药，现在症状基本消失了。”

自幼立下学医志，六代传承有后人

中医世家指家传三代以上都从事中医医疗工作，并至今仍有传承人在从事中医医疗工作。从中医药发展的历史来看，中医世家起着承上启下、传承中医药的重大作用。自古以来，很多名医大家出自中医世家。

明代著名医药学家李时珍就是出身于中医世家，年轻时本想走仕途，却三次考试不中，后随父学医，由于有得天独厚的条件，加上自己勤奋钻研，所以最终成为一代名医。由于勤奋著述，广搜博罗，写出了流传于世的《本草纲目》。据不完全统计，历代名医中，大多具有世医之家的背景，90 位国医大师和 100 位全国名中医中也有不少世医之家的背景。可以说，世医之家是培养名医的摇篮。

李金泉大夫祖上五代都曾是有名的老中医，由于他们医术高超、医德高尚，每天上门求医者络绎不绝，家里各种锦旗、镜匾挂满了墙。李金泉大夫从小耳闻目睹长辈济世救人之术，感受患者身心痛苦，便立志长大从医，解除更多患者的痛苦。

“小时候，常看见患者来时愁容满面、痛苦呻吟，经祖父与父亲医治后重见笑容，恢复健康。当时就觉得，祖父与父亲很伟大，医生非常神圣。从那时起，我对医生这个职业充满无限向往。”

李金泉大夫天资聪颖，学习勤奋，在祖父辈的熏陶下，他幼年时就背诵《药性赋》《医学三字经》等中医歌诀。初中时，更是自学了《内经》《伤寒论》等传统中医药学名著。这些为他日后从医奠定了扎实的理论基础。

李金泉大夫真正走上从医之路，是在他 18 岁参军入伍后。1983 年 10 月，血气方刚的李金泉大夫响应祖国的召唤，光荣应征入伍，在部队正式从医，八年的军营实践丰富了他的医学理论和医疗知识，提升了他的医疗水平。1991 年他转业后在地方从事医疗行业，2005 年开设中医门诊至今。

行医三十多年来，从青涩年华到鬓染霜华，李金泉大夫心怀对中医的一腔赤诚，孜孜不倦汲取中医精华，传承中医精髓，更是凭借着高超的医术为无数患者解除了病痛，最大限度地满足了患者的就诊需求，赢得了患者的高度赞扬和认可。

潜心求索精医技，妙用“蝎毒”治疑难

医学的海洋浩瀚无边，疾病也在时时变化当中，如果一直固守自封，将跟不上医学前进的步伐。而且祖国医学博大精深且变化无穷，不能只局限于形式，而应该融会贯通不断精进，这样才能懂疾病之变幻，解患者之痛苦。

尽管李金泉大夫已经小有名气，在疾病治疗方面颇有建树，但他还是保持着极强的学习精神。在工作之余，他多次前往济南、北京、郑州等地医疗机构进修学习。并先后拜王凤岐、吴大真教授为师，汲取百家经验为己所用，提升自己的临床诊疗水平。

在疑难病治疗方面，李金泉大夫一直坚信中医药在疑难杂症的治疗上大有可为。他也在一直努力深入挖掘、发扬中医药的精粹，吸收有利于提高临床疗效、可以为广大疑难病患者解除痛苦的新技术，以便更好地发挥中医药特色治疗优势，更好地为广大疑难病患者提供优质、价廉、安全、便捷的中医药服务。

全蝎或称为全虫，是我国传统的名贵中药。全蝎入药在我国已经有两千多年的历史，在《诗经》《开宝本草》《本草纲目》中均有记载。《本草纲目》记载了蝎子具有息风止痉、通经活络、消肿止痛、攻毒散结的功效，古人曾用蝎子治疗诸如痉挛、抽搐、中风、半身不遂、口歪眼斜等症疾。

自 2016 年加入中华汉方疑难病专家委员会以来，李金泉大夫辗转多地先后多次参加中医现代新疗法——蝎毒疗法的学习，掌握了蝎毒疗法治疗疑难病的精髓。他学以致用，在心脑血管类疑难病和皮肤病治疗领域，迅速打开局面，取得了显著的疗效。

厚德怀仁千般赞，救死扶伤医者心

著名医学家、现代外科之父裘法祖教授说：“德不近佛者不可以为医！才不近仙者不可以为医！”明朝裴一中《言医·序》中说：“学不贯今古，不通天人，才不近仙，心不近佛者，宁耕田织布取衣食耳，断不可作医以误世！”是故，学医第一步是：明德，厚德，厚德方可承载智慧以济度众生。作为一名医生，首先需要的是有医德。

李金泉大夫从医以来，一直以“做人要有人格，看病要有医德，贫莫贫于无才，

贱莫贱于无志，缺此不可为良医”为座右铭，本着初心不改、治病救人的原则，不因名气大而骄傲自满，不因医术高而怠慢任何患者，以仁者仁心塑造高尚医德，真心实意为群众办实事，为患者排忧解难，展现了大爱的情怀，彰显了名医的本色，赢得了广大患者的信任和尊重。

“人很和善”“如沐春风”是从修和中医门诊走出的患者给李金泉大夫最多的评价。“态度好”“收费低”“替我着想”……提起李大夫的医德，每个来访的病患都会竖起大拇指。

“作为一名医者，本本分分做人，踏踏实实行医是我终身的追求。”这个追求说起来简单，做起来却很难，这是无数人难以做到且难以坚持的事情。对于李金泉大夫来讲，一生短暂，求的是问心无愧，无愧于天，无愧于地，无愧于患者，无愧于自身！

庄子说：“朴素而天下莫能与之美。”三十余载杏林路，在李金泉大夫的心中，始终坚守的是“悬壶济世”的情怀。摸爬滚打、积少成多的实践经验，让他深得百姓信赖，佑一方安康。他的朴素成就了美的医德、美的医术，也成就了最美的感动。

验方验案

牛皮癣

【患者基本情况】患者，女，67 岁，牛皮癣 25 年余。

【问诊及诊断】

主诉：胳膊、腿部、后背奇痒，易抓破。

现病史：患者自述患牛皮癣 25 年余，于胳膊、腿部、后背较重。病情较重时奇痒，易抓破，流脓血。曾用激素治疗 1 次。

检查：患者老年女性，痛苦面容，不停抓挠身体某些部位。面部无鳞屑，于胳膊、腿部及后背可见大片鳞屑，腹部散在一些小鳞屑。其特点是胳膊、腿部及后背出现片状丘疹红斑，腹部丘疹红斑呈个体状、大小不一。红斑表面覆盖多层银白色鳞屑，部分红斑部位被抓破出现出血点，重者出现脓血水。

诊断：牛皮癣。

【治疗方案】

中药：羌活 25g，独活 25g，荆芥 20g，防风 25g，火麻仁 30g，大黄 15g，苦参

40g，鸡矢藤60g，艾叶10g，红藤20g，蛇床子30g，露蜂房20g，蛇蜕25g，蝉蜕15g，银杏叶30g，红景天30g。水煎服，1日2次。

外洗：芒硝200g，明矾150g，野菊花100g，花椒100g，苍耳子100g，苦参100g，地肤子100g，除芒硝、明矾外，其余加水2000mL浸泡30分钟，武火煎至1000mL左右，加入芒硝、明矾融化，趁热洗患处。

【治疗效果】

患者自述用药1个月后，瘙痒明显减轻，腹部红斑稍淡化。用药2个月后，部分鳞屑脱落，背部瘙痒稍重，其余均可。用药3个月后，全身无红斑，无鳞屑，无瘙痒。回访1年余，未复发。

【按语】牛皮癣又称银屑病，是一种常见的慢性、顽固、易复发皮肤顽疾，其特征是出现大小不等的丘疹、红斑，表面覆盖着银白色鳞屑，边界清楚，银白色鳞屑剥脱后会有出血点。好发于头皮、四肢伸侧及背部。中医辨证分析，牛皮癣多属于“白疕”“蛇虱”“松皮癣”的范畴。病因病机为：风热湿邪外侵，客于皮肤，入于血分，而发于肌肤，或因情志不畅，郁而化火，饮食不节，湿热内生，火郁而发，达于肌肤，日久气血虚亏，经脉肌肤失养，干枯脱屑。

蝎毒疗法治疗银屑病，可通行经络血脉，把五脏六腑及血脉、经络之热毒排出。口服中药通脉六味：火麻仁、大黄、艾叶、苦参、红藤、鸡矢藤，清除血液垃圾；祛风四味：羌活、独活、荆芥、防风，祛风胜湿力强；心二味：红景天、银杏叶，活血化瘀益气；解毒温通药：露蜂房、蛇床子清热燥湿解毒。加上皮肤引药蝉蜕和蛇蜕，再配合梅花针扣刺拔罐拔出淤血，使旧血去，新血生。另配以外洗方药解毒凉血，去毒生新。整个方案内服外用，局部辅助刺血综合运用，治疗时间短，愈后复发率低。

陈方程

闯疑难关只为从医行善

陈方程 男，汉族，江西省景德镇市乐平市众埠镇人，1975年出生于中医世家，行医27年。先后获得执业中医师、执业药师、执业中药师、全科医师和中西医结合主治医师，本科学历，学士学位。擅长运用中西医结合方法治疗风湿骨病，颈肩腰腿痛；2015年加入中华汉方使用蝎毒疗法医治各种疑难杂症，擅长疼痛类疾病治疗，特别是治疗强直性脊柱炎、股骨头坏死、中风、偏瘫、面瘫、痛风有疗效；在根据中医九种体质调理亚健康及鼻炎、皮肤病、静脉曲张等方面都有较深的研究和治愈的经验。

追寻医路，方证初心

陈方程出身于中医世家，一脉相承的中医师就有八代。从他记事起，他的曾祖父、祖父、父亲都是当地受人信任、小有名气的老中医。他从小读课外读物，人家孩子背唐诗，而他的父亲要求他背诵汤头歌诀。现在他还记得父亲说：“熟读唐诗三百首，不会吟诗也会吟；背诵汤头三百首，不会开方也会开；要想当医生就要先打好基础”。父亲还经常向他讲扁鹊、华佗、张仲景、孙思邈、李时珍等古代名医治病救人的故事。从小耳濡目染就立下学医之志，怀有行医之德。

陈方程祖籍为药都樟树，其高祖父陈早林为晚清名医，曾祖父陈春书为民国时期名医，遂以高、曾祖父名中各取一字，医馆命名为“早春堂”，医馆门前贴有一联，“平衡阴阳求其本治未病一心向早，合璧中西运乎气起沉疴三指回春”，字里行间凸显其家风和医风，也是对他走上和走好行医之道的诠释。

其父陈尧三为主治医师，陈氏子孙行医恪守“七有”准则，即医德“有仁、有礼、有节”，治疗急性病需“有胆、有识”，治疗慢性病需“有守、有方”。陈方程将祖传的医风一以贯之地实践在平常的问诊治疗中，在当地享有盛誉。

人家学中医，要么科班出身，要么师承前辈，而陈方程的行医之路与众不同，走的是“五道”并驱之路。陈方程毕业于江西丰城卫校，因为是中专水平，自觉起点低，所以他想迎头追赶，于是，便自考了江西中医学院中医专业和九江学院临床专业，分别获得中医学专业大专文凭和本科文凭，进一步夯实了中医理论基础。

陈方程采用多点执业行医，其中乐平市众埠镇濮家村陈方程卫生室是为方便当地群众就医的诊所，主要诊治农村的常见病和多发病。而乐平早春堂中西医结合门诊部，主要运用中西医结合的方法，除治疗常见病和多发病外，还诊疗一些疑难病和慢性病，并且因为治疗疑难病有所创新被中华汉方疑难病专家委员会授予“疑难病专家”称号。

治疗疑难病路上的闯关人

行医之初基础要打牢。学中医必背和熟记四本小经典即《药性赋》《汤头歌诀》《濒湖脉诀》和《内经知要》。虽是小册子，但对陈方程影响都很大，经过熟读烂记，为他学习中医基础理论、伤寒论、温病学、中医诊断学以及中药学和方剂学提供了很大的帮助。

随着诊疗疾病的广泛深入，他深深感到“学到用时方恨少”，在临床实践中，陈方程不止一次发现了自己理论和医术上的不足，有时真到了“寸步难行”的地步。但是，陈方程胸怀弘扬世家中医的志向，于是，他决定带着问题，走出诊所，向医学前辈和各领域专家、教授求教。他先后认真学习了国师大师唐祖宣和杨建宇教授讲授经方的理论，汲取王为兰教授中医治疗强直性脊柱炎的经验，以及周婉华教授传授虫药的应用技术和经验，并且学到王基功教授传授的小针刀技术。

2015年，当得知一种全新的疗法——蝎毒疗法后，陈方程不远千里赶去参加蝎毒疗法宣讲班，在刘冠军教授的详细传授下，陈方程学会弄懂了“蝎毒疗法”治疗疑难病的原理和运用思路。结合自身经验和前辈、教授们的言传身教，程方程之前感到十分头痛的疾病不仅迎刃而解，在临床中遇到新的疑难病也能够自如应对了，学术理论水平也在此期间有了质的飞跃。

守正创新，贵在坚持

学好用好中医实用技术要贵在坚持，陈方程在刚接触蝎毒疗法时，景德镇市应用蝎毒疗法的医生就有10多人，而到今年剩下只有一二人了。但是陈方程应用蝎毒疗法，治疗疑难疾病的范围越来越广，前来求医问药的患者越来越多，使用蝎毒疗法的技术越来越精湛，治疗效果越来越好。用陈方程自己的话来说就是：他从不放弃对能治病救人良方的学习和运用，自始至终做到了四个坚持。

一是坚持精读相关资料，吸取百家之长，借鉴治疗经验，有效地指导治疗疑难病的实践。

二是坚持良好的医患沟通。医生对症用药，患者乐意服用，双方密切配合达到最佳的治疗效果。

三是坚持用药原则。他的蝎毒疗法治疗原则是：急性病有胆有识，慢性病有守有方。对急性病如真心痛（急性心肌梗死），当机立断运用蝎毒疗法，以起沉疴；对慢性病如顽固性偏头痛、带状疱疹后遗症等病，守方服药几个月，达到满意的效果。

四是坚持疗程。有些慢性病和疑难病，不是几天半个月可以治愈的。蝎毒疗法治疗疑难病和慢性病必须坚持按疗程服药，这样才能防止复发，达到治愈的目的。

在辨证诊治中，要充分发挥中医适用技术的医疗效应。应用蝎毒疗法治疗疑难病他的体会是深刻的。急则治其标、缓则治其本，而蝎毒疗法治疑难病，标本可以同治，急缓可以共用。如治疗脑梗，梗死的急性期用蝎毒祛瘀消栓，打通脉道，防止偏瘫恶化；恢复期采用蝎毒疗法活血化瘀，修复神经，促进早日康复。又如治疗颈腰肩肢诸痛，早期应用蝎毒疗法活血止痛，效果明显；后期养阴补肾，巩固疗效。

在治疗中，用药必须灵活。在应用蝎毒疗法时，他用心领会，不生搬硬套，往往别具匠心，与众不同。他会根据病情和患者的需求，采用不同的方法，既与汤剂合用，又与西药同用，也单独使用；既是君（主药）又是臣（辅药）。就以治疗心脑血管病为例，治疗脑卒中以汤剂为主，以蝎毒为辅；治疗心绞痛，以蝎毒疗法为主，汤剂为辅；治疗高血压病先以西药为主，蝎毒为辅，血压稳定后单用蝎毒疗法，其疗效都比较显著。

采访陈方程医生时，我们悄然发现他的微信上有句赫然醒目的个人签名——“医生的本质就是行善”。这句话或许是陈方程医生对自己树立的职业操守，或许是他有感而发的真情流露。从对陈方程医生的了解中，我们不难看出他对“从医为民行善”的恪守与始终如一。大道至简，返璞归真，一名医生，如果心怀济世，那么他的每一步路都走得无比自信而坚定。

验方验案

顽固性偏头痛

【患者基本情况】夏某，男，54 岁，乐平市高家镇北山夏家人，农民工，就诊日期 2020 年 12 月 17 日。

【问诊及诊断】

主诉：左侧头痛，伴头晕失眠 6 个月。

病史：患者在浙江杭州打工，2020 年 6 月 11 日患感冒，在当地小诊所就诊，感冒痊愈后，仍有点头痛，没有在意，随后左侧头痛逐日加重。曾先后到杭州、上海和广州多家医院诊治，时好时发，未见效果，共花费诊疗费 12 万余元，不但头痛未见改善，而且痛无间歇，日轻夜重并出现头晕、失眠和消瘦症状，病情逐日加重。

主症：形态消瘦，痛苦面容，左侧头部疼痛如针刺状，尤以太阳穴旁最甚，夜间更加难忍，夜不能眠，腰膝酸软，体重逐日下降，靠服用止痛片度日。就诊中，时而呼痛，时而叹息，心情焦虑。舌瘦而少苔，色赤而散有瘀斑，脉细涩。血压 147/99mmHg，心率 91 次 / 分钟，血脂、血糖正常。

诊断：偏头痛。根据病情和病程以及治疗经历诊断为顽固性偏头痛，属肾阴虚瘀血型头痛。

治法：滋阴补肾，活血祛瘀，通络止痛。

【治疗方案】处方：桃仁 10g，红花 10g，川芎 10g，白芷 10g，蜈蚣 6g，黄芪 20g，党参 20g，远志 9g。水煎服，每日 1 剂，两次分服。每次加服养肾活血酒（10 毫升），连服 5 天。

西药：卡马西平 0.1g，Bid；尼莫地平 20mg，Bid；维生素 B12 0.25mg，Tid；维生素 B1 200mg，Tid。

复诊：患者面带笑容，疼痛明显减轻，只有夜晚偶发几次，失眠、头晕症状也有改善，如上法再服用10天。

三诊：各项症状基本消失，患者提出服用汤剂不太方便，改用养肾活血酒液（10毫升）加复方羊角颗粒（主要成分：羊角、川芎、白芷、制草乌）。服用1个月，停用西药。

四诊：各种症状基本消失，体重增加，如前方法再服1个月。

【治疗效果】1个月后随访，基本上没有再发生头痛现象。

王凤翠

妙手铁腕降痫魔，医者仁心济世人

王凤翠 女，出生于1966年，山东莱西人，国家级名老中医刘景源弟子，中国医药新闻信息协会中医药临床分会委员。毕业于中山医科大学临床专业，从事医学事业近三十年。毕业后在医院工作约十年余，自2000年起，开办诊所至今。多次到北京大学和北京中医药大学进修学习，具有坚实的理论基础和丰富的临床经验。擅长运用蝎毒疗法治疗各种疑难杂症，尤其在心脑血管病的治疗上见解独到，疗效卓越。她撰写的论文《蝎毒疗法治疗成人癫痫的临床应用》荣获首届仲景中医药发展国际论坛“优秀论文奖”，由国医大师唐祖宣为她颁发获奖证书。

“妙手铁腕降痫魔，医者仁心济世人”，这是她向癫痫病发起的挑战，更是她矢志不渝的崇高追求。她用平等的尺度丈量癫痫患者，为癫痫患者矫正了精神的方向，为癫痫患者扶正了人生的坐标，她就是山东医生王凤翠！

出身西医，心向中医

中国的传统文化用一个词表示便是“源远流长”，中医的历史也在这片肥沃的土壤中扎根生长、积厚流光。从原始社会便有“神农尝百草”的医学文化初现，再到后期千余年的形成发展，“中医药学”作为中国土生土长的医学文化，挽救了无数民众的性命，上到战乱频繁的致命伤口，下到平民百姓的头疼脑热，中医学在其中作用甚大。可以说直到中世纪前后，与西方“放血疗伤”的办法相比，中医学的水平一直是在世界医学领域中遥遥领先的。如今“西医热”冲击了这脉传统文化，但也有人“弃西从中”，而王凤翠就是这样一个医生。

王凤翠大夫曾经是一名西医大夫，而在其十几年的行医过程中，她发现了一个现象，就是很多患者的常见病在西医无法确诊，也无法治疗，而传统中医却能给出解决的办法。

“在医院里的时候，经常搞会诊，我就跟着学，会诊时确实很严谨很务实，各个细节和生理反应指数都是一丝不苟的进行，但最终结果，还是让患者吃药，并没有什么良好的建议和措施。”

“就感觉，各种答案在教科书里都摆着，你遵照执行就行了！再者西医治病的方法给人带去痛苦太多，我有点于心不忍。”

为此，王凤翠大夫曾多次参加各种中医培训班，并师从多名知名中医大师。通过在各种平台与中医同道切磋，经过多名中医大师春风时雨般的教诲，她学到了许多具体的中医知识，在中医医学理论、诊疗经验、用药特色等方面渐有领悟，更树立了“不为良相，愿为良医”的济世理想，也更让她懂得了一个医者“修合无人见、存心天地知”的医者本分。

在王凤翠大夫看来，中医和西医形成的历史背景不同，学术体系更存在着明显的差别，但是中医的工作对象是人，西医的工作对象同样是人，中医的奋斗目标是治病保健康，西医的奋斗目标同样是治病保健康，二者在理论上无法结合，但在治疗上可以互相合作，二者既是事业上的同行，又是共同战胜病魔的战友，最终都是为了治愈疾病，可谓是“殊途同归，优势互补”。为此，她在临床上治疗疑难病坚持“西医诊断、中医辨治”的诊治思路，在明确西医诊断的基础之上，再进行中医的辨证，从而将西医的微观、局部观、病原观与中医的宏观、整体观、机体反应观有机地结合起来，把对疾病的整体认识上升到中西医结合的认识水平，由此既克服了传统中医忽视局部的不足，又纠正了单纯西医忽视整体的偏向，为中医的辨证拟方奠定了更加确切的基础。

癫痫可愈，疗法需新

癫痫即俗称的“羊角风”或“羊癫风”，是大脑神经元突发性异常放电，导致短暂的大脑功能障碍的一种慢性疾病。作为一种脑部慢性非传染性疾病，癫痫的发作并不罕见。世界卫生组织关于癫痫的资料显示，世界上高达10%的人一生中会有一次癫痫发作，但一次性的发作并不意味着患有癫痫，癫痫是指两次或两次以上的无端发作。

癫痫发作之后虽然可以恢复如常，但其对人体造成的危害却是实实在在的。若癫痫患者在发作时神志不清，可能会导致摔伤；发作时口腔有分泌物，可能会造成窒息；持续的癫痫发作可以导致呼吸暂停而使得大脑缺氧；癫痫发作时高频放电直接对大脑造成伤害，时间长了会导致记忆力减退、智力低下等。

更严峻的是，癫痫不仅是一个医学问题，更是一个社会问题。癫痫严重影响患者包括求学、就业、婚育、社交等日常生活，长期照料患者、社会歧视等因素也会给家人带来沉重的经济负担和巨大心理压力。

中医认为癫痫的发生是由风、火、痰、瘀为患，导致心、肝、脾、肾脏气失调，肝肾阴虚、阴虚则阳亢，阳亢则肝风内动、亢而热盛、热盛化火、火极生风、风火相助为患，另脾虚失运、清气不升、浊气下降则痰涎内结、痰迷心窍、心血不遂而瘀，瘀则经络不通，痰阻血瘀上扰清窍，终致癫痫发作。

目前癫痫的西医疗法包括药物治疗、手术治疗、神经调控治疗等。传统中医治疗癫痫则采用定痫熄风、平肝泻火、祛痰开窍、活血化瘀为治疗方法。两种治疗方案都能在一定程度上控制癫痫的发作频率和减少其发作程度，但都不能从根本上治疗癫痫。所以，寻找一种见效快、疗程短、无副作用的治疗方法尤为重要。

巧用“蝎毒”，攻克癫魔

秉承对患者负责的态度，坚定为恢复患者健康而奋斗的目标，王凤翠大夫一边行医，一边学习，只为能够更快更好地治愈病患。2014年她加入了中华汉方疑难病专家委员会，学习并引进蝎毒疗法，并应用于癫痫病的临床治疗中，取得了显著的治疗效果。

张某，男，26岁，4年前因脑外伤引起外伤性癫痫，口服开普兰控制病情。停药后病情即可发作，大发作时突然意识丧失，继而强直阵挛性痉挛，面色青紫，口吐白沫，持续数十秒或者几分钟后痉挛发作自然停止，进入昏睡状态，醒后头痛、烦躁、疲乏，对发作过程不能回忆；小发作时，突发性精神活动中断，意识丧失，两眼凝视，叫之不应，不伴运动症状，一次发作数秒。经王凤翠大夫诊断：患者属颅脑外伤引起脏腑功能失调，风痰瘀血蒙蔽清窍，扰乱神明所致。治疗上用蝎毒药品配合中医中药治疗。

患者，李某，女，45 岁，3 年前因脑瘤手术后引发癫痫，每逢月经期发作。发作时昏仆倒地，不省人事，口中呜呜有声，伴双目上视、牙关紧闭、颈项侧扭、手足抽搐。多处求医，效果欠佳，遂来王凤翠大夫处就诊。经王凤翠大夫诊断：以头颅神机不用为主，脏腑功能失调为本。患者肝肾心脾脏气不足，再加上体内痰火瘀堵，病邪滞留。治疗上用蝎毒药品配合中医中药治疗，三个疗程后效果确切。

一路走来，王凤翠大夫用精医博爱续写着蝎毒疗法治疗疑难病的一个又一个传奇佳话，但她始终怀谦逊之心、习大医之术、行济世之道，如同一颗传统医学文化中的明珠，闪耀着中医药攻克疑难病的希望之光。

马秀琼

无悔青春从医路，扎根基层守初心

马秀琼 女，47 岁，四川省通江县人，中医执业医师，中共党员，通江县第十八届人大代表，1992 年毕业后，进入医院住院部工作一年，1993 年进入鹦哥嘴村卫生室工作至今。从医二十多年来，临床经验丰富。擅长治疗类风湿、心脑血管疾病、妇科、疼痛科、结石等疑难杂症。

她不是清泉，却滋润着每一位患者久旱的心田；她不是火炬，却给无数渴望康复的患者送去温暖与光明。疾病在她的抚慰下消退，痛苦在她的笑容中减轻。雪一般的衣裳，有着雪一般温柔的内心，勇敢是她的担当，敬业是她的素养，专业是她的灵魂，奉献是她的品质。她就是四川医生马秀琼！

当记者见到马秀琼大夫时，她正在诊室诊病，来这里看病虽说不像大医院那样拥挤，但是每天的接诊量也是不少，测量血压、检查血糖、望闻问切，许多慢性病、常见病都可以在看似简单的检查中得以发现，检查过后她会细致耐心地为患者提出合理的建议，叮嘱他们服药的注意事项，帮助他们养成良好的生活习惯，待患者如亲人般，受到了大家的一致好评。

情系乡村基层，勇担健康使命

身穿白大褂，戴着一副近视眼镜，说起话来柔声细语，笑起来亲切谦和，这就是马秀琼大夫给笔者最深的印象。这样温和耐心富有爱心的女医生，符合笔者心中对巾帼名医的所有想象。

要说起马秀琼大夫与身上的白大褂结缘，其实与她的母亲有一定关系。“在我很小的时候，有一次母亲生了病，虽然去请了医生，但医生却迟迟未来，最终导致母亲病情加重。这件事促使我立志从医，让更多的患者能够通过医学恢复健康。”

1992 年毕业后，马秀琼进入民胜乡医院工作，正式踏上行医之路。原本马秀琼大夫留在医院当一名医生是十分惬意的，可是，她却主动申请调到鹦哥嘴村卫生室，成为一名基层医务工作者，并且一待就是二十余载。在鹦哥嘴村，无论是大街小巷，还是简陋的房舍，都留下过她为老百姓治病的足迹。

马秀琼大夫说：“到基层去，是我自己的选择。因为我从医那么多年，接触到了很多有困难的病患，意识到基层门诊部非常需要我们。每当我看到他们经过我们的医治而日渐康复时，作为一名医生的成就感和使命感便油然而生。我晓得，我离不开基层，也离不开那些需要我们的患者，我想，这就是我的一种情怀吧。”

在刚刚成为基层医生的时候，马秀琼面临着医疗设施匮乏的窘境，马秀琼大夫表示，既然硬件设施短时间内跟不上，那就先提升自身。寂静的深夜，村里一片黑暗，唯有一处隐隐透出光亮，那是马秀琼大夫在彻夜苦读，只为打下扎实的理论基础，为更多患者服务！

“那时候村卫生室各方面的条件都比较差。基层医疗不单要治病，还要教会老百姓怎么样预防疾病。说实在的，基层医疗工作不好做，有时候碰到比较难搞的事情，自己心里也曾想过打退堂鼓。但在越来越多的人走出村落，走向繁华的都市的背景下，我深知在大山深处、广袤的乡村，必须要有人支撑起乡亲们健康生活的希望，所以我觉得我必须要留下来。”马秀琼大夫说道。

在我国的卫生事业中，乡村医疗卫生事业起到了至关重要的作用，作为一名基层医生，马秀琼大夫用实际行动践行着大医精诚。漫漫二十余载，她不忘医者初心，勇担健康使命，是百姓的健康守护者，是群众的贴心人。

锤炼精湛医技，一心专攻疑难

从医之路从来都不是一个平坦的路，艰难晦涩的中医古籍、一个比一个棘手的疾病、日复一日年复一年的看诊开药……但是她从来都是甘之如饴，以一个医者之心，认真对待每一次的问诊，用心对待每一位患者。遇到棘手的疾病，她就翻阅古籍，或是虚心求教其他医生，将这个疾病的病因病机以及治疗方法完全搞明白，正是因为她这种“爱较劲”的特点，让她成为众多患者口中的好医生。

说起疑难病，顾名思义，“疑”就是疑惑，犹豫不决；“难”就是艰难的，不容易。中医文献早就有疑难怪症的记载，张仲景则以“怪病”“难治”“不治”等命名，说明疑难病的治疗难度。虽然现代社会的经济和医疗水平有了显著的提高，但疑难病治疗疗程长、易复发、久治不愈、花费高的特点，让很多小康家庭一夜返贫，让很多原本就不富裕的家庭雪上加霜。

多年的基层行医路，不仅没有磨灭马秀琼大夫对医学的热爱，反而让她越发下定决心要攻坚克难，致力于疑难病的研究。从心脑血管疾病到妇科杂症、泌尿系结石、胆结石、类风湿关节炎等疾病，马秀琼大夫都有自己的见解。2016 年马秀琼大夫参加了中华汉方疑难病专家委员会，系统学习了蝎毒疗法，又拜师于蝎毒疗法创始人刘冠军，深得刘冠军教授的真传，更是让她在治疗疑难病的道路上越走越远。

患者张某，患病十多年，不能行走，只能依靠轮椅，双手双脚严重畸形，全身多处肌肉萎缩，生活根本无法自理。针对患者病情，马大夫结合患者的临床表现，进行综合全面分析，采用中药关节贴敷，自拟“蚂蚁驱风散”，配合系统治疗，逐步缓解病痛、改善病症，最终取得良效。

恪守医者仁心，诠释大医精神

为医者，当悬壶济世、仁心仁德，以治病救人为己任。救死扶伤，解除患者痛苦，维护患者健康，是医务工作者的神圣职责。医务工作者除了要有过硬的业务技术外，更要有一颗全心全意为人民服务的心，这是基本的、必备的条件，这也是马秀琼大夫一直恪守的原则。

在采访时，笔者深深感受到患者对马秀琼大夫的高度信任，对此，马秀琼大夫解释，这就是跟患者沟通的重要性。她说：“患者来看诊，心情本来就十分的忐忑紧张。我们做医生的，要做到诚信、尊重、同情和有耐心。对患者我们要实话实说，给他解释清楚病情，同时沟通的时候一定要有耐心和同理心，这样在治疗的时候患者也会很配合，治疗的效果也会得到相应的提升。”

作为一名党员，一直以来，马秀琼大夫都始终以一名共产党员的信仰严格要求自己，对党忠诚，兢兢业业为群众解除疾苦，这也成了她一生不变的价值追求。她几十年如一日坚持，始终无怨无悔，任凭岁月磨蚀，朴实纯粹的初心，滚烫依旧。在她心中，没有什么比治病救人、为人民服务更光荣，党旗下的誓言就是此生不渝的初心。

“我以前找马大夫看过病，在她的精准诊疗下，药到病除。马大夫不但医术精湛，还非常有爱心，对于经济情况不好的贫困户看病，她一向都是费用全免，我看病时还给我免了一部分费用。”

“马大夫不但医术很好，还很有耐心，待人热情，是一位处处为患者着想的好医生。”

这一句句赞美之词的背后，是马秀琼大夫厚德医术的真实写照。她说：“作为一名共产党员，治病救人是医者本分，只要能让患者恢复健康比什么都重要，这是医者职责。”

莫道无名，人心是名。二十余载从医路，马秀琼大夫用大医精诚、妙手仁心的医者本色彰显了共产党员的初心与使命，用六千多个日夜的坚守谱写出至真至诚的大医精神，在广大患者和百姓中树立了可亲、可信、可敬的良好形象，赢得了人民群众广泛的爱戴与敬重。我们相信，在未来，马秀琼大夫必将不忘初心，砥砺前行，用医者至精至诚的真谛，谱写出更多感人肺腑的医者之歌！

刘洁

矢志杏林不言悔，精诚为医济苍生

刘洁 女，出生于1964年，陕西宝鸡市人，先后毕业于陕西中医学院、北京中医药大学，副主任医师，中医执业医师，陕西省宝鸡市金台活水诊所所长，北京医景堂疑难病医学研究院特聘男科专家，国医网健康顾问委员会主任委员。曾先后工作及进修于陕西蒲城县医院、陕西西安西北有色金属职工医院、北京协和医院，1992年开办中医诊所至今。擅长以针法、艾灸和传统中医药治疗冠心病、偏头痛、中风、老年性痴呆、帕金森、阳痿、早泄、胃病、盆腔积液、乳腺增生、痛经、子宫肌瘤、外阴白斑、不孕不育、hpv阳性、肾病综合征、颈椎病、腰椎骨质增生、股骨头坏死、类风湿、眩晕症、带状疱疹、前列腺病、肺癌、胃癌、肠癌、前列腺癌、乳腺癌、子宫癌等。

中医代代传承，绵延不息，为国人的健康做出了巨大的贡献。在这个历史悠久的行业里，有许多医术高明的好中医，他们用仁心仁术抚去了疾患的病痛，用儒道医德带来了康复的福音，是中医行业发展传承的中坚。而陕西宝鸡活水诊所的刘洁大夫，就是其中的一位。这位在中医学中浸淫多年的中医专家，治病救人，悬壶济世，身体力行地为中医行业贡献着自己的力量。

艾熏飘香，氤氲袅袅，一踏入活水诊所，就能感受到专属中医的“味道”，飘散的是淡淡艾香，就连医患之间的交流也轻柔舒缓了许多。柔声细语，秀气温雅，是刘洁大夫给人的第一印象，其学识渊博、医理深厚、医道精熟、医德尚美，倾倒了经她接诊的每一位患者与家属。

心有所向，素履而往

众所周知，一名合格的医生不仅要有高超的医术，更要有高尚的医德和端正的医风。唐代孙思邈《千金要方·序》中有言：“人命至重，有贵千金，一方济之，德逾于此。”元朝曾世荣的《活幼心书》更是有云：“凡有请召，不以昼夜寒暑远近亲疏，富贵贫贱，闻命即赴。”

而刘洁大夫选择做医生，则和其幼年遇到一个不合格的医生有关。在刘洁大夫小的时候，因为奶奶生病去请医生，结果医生没请来，还被那位医生骂了一顿。从此之后，她就立志长大了学医，并把“当个合格的医生”这个理想写到了日记本上。

但是从医之路并不是那么简单，枯燥的医学名词，晦涩的医学理论……刚开始接触的时候，对于年轻的刘洁来说，真的是太困难了。但是一想到自己当初从医的原因，她胸腔里就冒出一股不服输的火气，她一定要坚持到底。初具名医风骨的刘洁勤学苦读，最终以优异的成绩完成学业。

《易经》有云：“素履之往，独行愿也。”人生一世，长途漫漫，唯有昂然独行，方能稳步致远。成为一名医生后，刘洁在诊桌前一坐就是几十年，日复一日，年复一年。每日重复的看诊、开方子，几十年来这一套步骤不晓得已经重复了多少次，但刘洁从来没有生出退却的心思。对她来讲，从医，就是一辈子的事情。

为医之道，至精至微

古人有云“博采其辞，乃择可观”。而今医学进展日新月异，作为医者亦需博众家之长，采他山之石，铢积寸累，日就月将，才能水到渠成、融会贯通。“取医道之精，博众家之长”是刘洁从医一直以来的坚持！

刘洁认为，从医不是一件简单的事情，因为医生并不是一份职业，不是谋生的手段，而是一个治病救人的岗位。从医也不是拿到执业证书就行了，而是要继续不断地学习，才能更好地创新，运用更合适的疗法治愈患者。

多年来，刘洁经常求学于北京、南京、成都、西安等地的大医院，同时搜集阅读医疗经典著作，学习最新最有效的方法和技巧。忙碌之余，她总会手捧医书，随时随地都不忘学习充电。在医学上，她立足于中医辨证，把新科学、新理论应用到古老的中医药文化中。通过不断总结分析临床经验，其在治疗疑难杂病、慢性病等方面有了巨大突破。

用中药替代输液，减少抗生素的使用是中医界有识之士一直以来研究的课题，西医在疾病的救治中固然功不可没，但同时也给生命带来了不可忽视的风险。能吃药就不打针，能打针就不输液，能用中医治疗就不首选西医，这应该是符合人道救治准则，也是行家看好的医疗模式。

最近几年，刘洁积极跟进现代特色疗法、绿色疗法的平台，尤其是跟进学习并运用刘冠军教授开创的蝎毒疗法、宫长祥教授的宫氏脑针、刘英辉教授的数字针刀、王琦国医大师的九种体质调理（未病先防，已病防变）、亚宝集团提供的春播行动（纯中药穴位透皮贴），治疗内科、外科、妇科、男科、儿科等 20 多种疑难病，医技更是精益求精；患者无论年龄、性别、妇女之疾病，皆不打针不输液，运用独特的针法、艾灸和传统中医药来治疗，且疗效确切！

超高之技，屡克疑难

疑难杂病有五个特点：久治不效；身患多种疾病；兼症或并发症多，且同时有几种主症；脉诊与舌诊、主观症状与客观检查互相矛盾；对药物反应不正常。疑难病之难，不是难在无证可辨，而是难在证多杂乱，难分难辨，难以定论，无从下手。

疑难杂病虽然比较难以治疗，但是作为医者，刘洁并没有退缩、回避，而是迎面直上，多年来，凭借其辨证准确，用药精专，配伍灵活，疗效显著，治愈了大量的疑难重症，深受广大患者的爱戴和欢迎。

杨某，男，72 岁，老年痴呆症两年，胸闷、气短、乏力、不思饮食、大小便不知、长期用尿不湿、四五天大便一次，不愿睁眼，不愿意说话，胸口胀痛，动则气喘吁吁，汗多，一年内曾多次住院未减轻，2018 年 11 月 14 日经好朋友介绍，被家属推着轮椅来到活水诊所专找刘洁大夫就诊。经望、闻、问、切、查体后，确诊为老年痴呆症夹阳明腑实证等一系列综合症状，因其病情复杂，刘洁大夫给以宫氏脑针、蝎毒疗法和中药汤剂治疗。治疗一个疗程后，患者有了食欲，睁眼认人了，渐渐拒绝老伴搀扶，扎完脑针能自己在诊所前后走动，开始体贴老伴。慢慢大小便皆知道，话也多了起来，会笑了，会和人打招呼了，并由老伴陪同送来感恩锦旗一面。

凭借着在疑难病治疗领域取得的成绩，刘洁的活水诊所先后被中华汉方疑难病专家委员会授予推荐门诊，为蝎毒疗法治疗肿瘤、心脑病、妇科合作推广门诊。

中国医学博大精深，源远流长，深深根植于华夏大地，炎黄子孙世世代代赖其佑护。没有中医的持续发展，便没有中华民族的繁衍生息。为使中医宝库愈加充盈，从古至今，一代代中医名家满怀仁爱之心，坚定济世之志，防治并重，造福百姓。刘洁行医 30 多年，辛勤耕耘，屡建功勋，更是为发展中医药事业贡献了一份绵薄之力。

验方验案

乳腺纤维瘤

【患者基本情况】韩某，女，76 岁，两年来左胸乳房和左侧腋窝时发隐痛，2017 年 12 月 28 日，经宝鸡市高新医院超声检测出：左侧乳腺 3 点方向距乳头根部约 2.5cm、距皮约 0.9cm 处有大小约 1.9cm×1.2cm×1.8cm 单发实性包块，RI-RADS 4a 级。超声引导下活检穿刺，同时确诊为左侧乳腺单发胶质性乳腺瘤和乳腺管瘤，建议手术切除。又去陕西省西京医院进一步得到确诊，于 2018 年 1 月 9 日在女儿陪同下前来活水诊所治疗。

【检查及诊断】患者失眠，食欲不佳，疲乏无力，面色无华，萎黄青滞，小便正常，大便不干，两日一次；望诊：舌体胖大，气郁线明显，两边有齿痕，舌质青滞，舌苔黄厚腻，舌根部脉络青粗而长，脉弦细。患者否认有遗传和传染病史。诊断：中医诊断为乳癖；西医诊断为左侧单发性乳腺纤维瘤合并乳腺管瘤。治疗原则：扶正祛邪、健脾疏肝、活血逐瘀、软坚散结。

【治疗过程及方案】

一诊：2018 年 1 月 9 日，主要扶正气，先解决失眠和饮食问题。

（1）中药：归脾汤加建曲 30g，鸡内金 10g，焦三仙各 10g，黄芩 15g，合欢皮 15g，莲子心 10g，朱砂 3g（每晚睡前 10 分钟冲服），夏枯草 30g，白花蛇舌草 30g，半枝莲 30g，延胡索 15g，白芍 30g，青皮 20g，郁金 20g。7 剂，水煎服，每日 1 剂。

（2）配合养肾活血药酒及硒灵芝胶囊。

（3）心理辅导；隔日开启一次乳房扳机点并配合局部围刺。

二诊：2018 年 1 月 17 日，患者情绪较好，睡眠改善，疲乏无力改善，可以吃半个馒头，喝一碗稀饭；感觉乳房还隐隐作痛，但比以前痛轻，乳房包块有了活动度。

（1）中药：党参 12g，白术 9g，黄芪 30g，茯苓 10g，陈皮 12g，香附 20g，郁金 20g，川芎 15g，枳壳 12g，赤芍 12g，柴胡 15g，甘草 10g，生麦芽 30g，皂刺 80g，浙贝母 15g，玄参 12g，生牡蛎 30g，鸡内金 10g，焦三仙各 10g。7 剂，水煎服，每日 1 剂。

（2）配合养肾活血药酒及硒灵芝胶囊。

（3）同时外用芒硝 80g、五倍子 50g 同研细末，配合亚宝帖穴位外敷。

（4）心理辅导；隔二日开启一次乳房扳机点并配合局部围刺。

三诊：2018 年 1 月 24 日，患者疼痛减轻，左侧纤维瘤活动度变大，质软，边界清晰，形态规则。因其家属恐怕癌变，要求防癌变，所以予以防癌药物。

（1）中药：黄芪 30g，党参 12g，白术 9g，淫羊藿 30g，肉苁蓉 12g，山萸肉 9g，天冬 12g，天花粉 15g，枸杞 12g，女贞子 15g，沙参 15g，蛇莓 30g，白花蛇舌草 30g，蛇六谷 30g，石上柏 30g，龙葵 30g，半枝莲 30g，山慈姑 30g，昆布 30g，黄药子 20g，夏枯草 30g。7 剂，水煎服，每日 1 剂。

（2）配合养肾活血药酒及硒灵芝胶囊。

（3）同时外用芒硝 80g、五倍子 50g 同研细末，配合亚宝帖穴位外敷。

（4）隔二日开启一次乳房扳机点，配合禅意灸进行调理。

四诊：2018 年 1 月 30 日，患者无需女儿陪同，自己一人来到诊所，颜面红润，见人爱笑喜言，治疗方案同三诊。

五诊：2018 年 2 月 7 日，患者左乳疼痛基本消失。去医院超声检测结果为左侧乳腺 2 点方向距乳头根部约 1.3cm，距皮约 0.8cm，大小约 2.2cm × 1.1cm × 1.7cm，单发实性包块，RI–RADS 3 级。RI–RADS 4a 级降级到 3 级，乳腺管瘤消失。继续按三诊方案（去掉艾灸）巩固 7 天。

六诊：2018 年 2 月 14 日，肿瘤明显变小、变软。

（1）中药：当归 12g，党参 12g，白术 9g，黄芪 30g，陈皮 30g，香附 20g，郁金 20g，川芎 15g，枳壳 12g，赤芍 12g，柴胡 15g，甘草 10g，生麦芽 30g，皂刺 80g，浙贝母 15g，玄参 12g，生牡蛎 30g，山慈姑 30g，昆布 30g，黄药子 20g，夏枯草 30g 。7 剂，水煎服，每日 1 剂。

（2）配合养肾活血药酒及硒灵芝胶囊。

七诊：2018 年 2 月 20 日，肿瘤明显变小，由核桃大的包块变到花生米大小，患者表示非常满意。放弃后续治疗。年后电话回访，说像黄豆粒一样小，一切正常。

半年后再次随访，包块基本消失。

【按语】中医认为乳腺肿瘤多由于情志不遂，久郁伤肝，或受到精神刺激，导致肝气郁结，阻滞气机，或是肝肾不足，冲任失调，衍生气滞、痰凝、血瘀而致乳房肿块。治宜疏肝解郁、化痰散结、活血化瘀为主，同时对于非乳腺恶性肿瘤配合中医外治疗法，如针灸、按摩等，可达到事半功倍的效果。

马慧

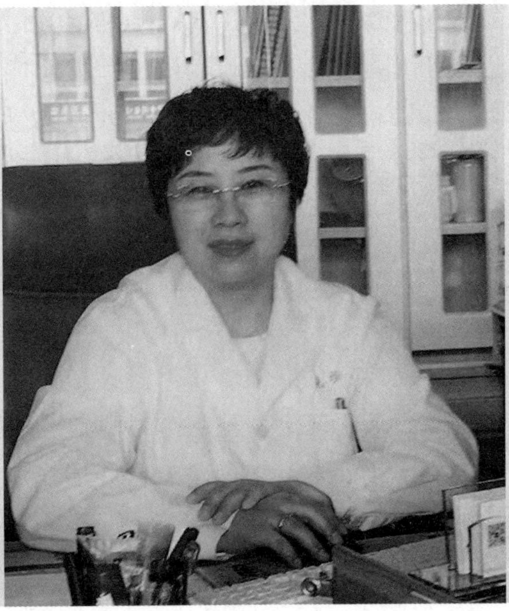

当好老百姓的“健康守门人”

马慧 出生于1969年，祖籍甘肃张掖。全科主治医师，现就职于甘肃省张掖市马慧诊所，专业为临床医学，擅长治疗小儿常见病、多发病，尤其擅用“蝎毒疗法”治疗心脑血管、肿瘤、妇科疑难杂症，从医30余年，具有丰富的临床经验，得到了患者的一致好评。

矢志不渝，拜师淬成高徒医

马慧立志学医是源于从小自己患病。在她7岁刚上小学那年，得了脑膜炎，主治医生为了她的治疗，多次去外地请教学习，历经半年时间，将她从死亡线上拉了回来。从那时起，对医生的向往和崇敬之情就在内心生根发芽了。从小她就认为医生是一份光荣且受人尊敬的职业，她当时就想，长大后去研究脑膜炎是怎么发病的？为什么把她折磨了半年之久？长大后带着这些疑问，她决定踏上学医之路。

马慧从1990年开始行医至今，她从来没有停下医术提升和研究的脚步，门诊、学术会议、授课、外出进修等未曾间断。马慧早期师承北京中针埋线医学研究院创始人杨才德，学习杨氏 3A+ 疼痛的治疗，又跟随河北名医赵广强教授学习穴位贴敷以及小儿常见病、多发病的治疗，2018 年拜刘冠军教授为师。她将中医辨证优势和西医辨病优势充分结合，大胆实践和钻研，从而奠定了扎实的理论基础和中医诊疗技能，为疑难杂症的治疗提供了有力技术支撑。

术业专攻，妙法祛痛

有这样一个群体，守护着街坊邻里的健康，被群众称为家门口的“120”。这个群体就是诊所医生。马慧作为一名平凡的诊所医生，从医至今已有 30 余年，她经常活跃在大街小巷，上门看诊、开展疾病防控、公共卫生知识宣传等，把健康送进千家万户。

身穿白大褂，眼神坚毅睿智，笑容亲切谦和，这就是马慧大夫给人最深刻的印象。从走上工作岗位的那一刻起，她就立志要把自己的毕生精力奉献给“医生”这一崇高的职业。始终兢兢业业，恪守医者责任，在平凡的岗位上坚守着对医者的最初信仰。

她是一名优秀的中医，术业有专攻，依靠精湛的医术，在类风湿病治疗方面誉满张掖；她是一位友好的“大姐”，温和且耐心，凭借诚挚的关怀，成为广大患者的贴心知音。

马慧最擅长治疗的类风湿关节炎是一种病因未明的慢性、以炎性滑膜炎为主的系统性风湿免疫性疾病，被称为“不死的癌症”。高发年龄为 40 ～ 60 岁，发病率女性为男性的 2 ～ 3 倍，其特征是手、足小关节的多关节、对称性、侵袭性关节炎症，经常伴有关节外器官受累及血清类风湿因子阳性，可导致关节畸形及功能丧失。研究显示：75% 的类风湿关节炎患者在发病两年内即可出现骨破坏，未经治疗的类风湿关节炎患者 3 年致残率高达 70%。疾病初起，多因风湿与寒或热相合，表现为单个或多个指、掌、腕关节肿胀、疼痛、晨僵等症；中期虚实相兼，痰瘀痹阻，寒热错杂；晚期肝肾亏损，气血不足，以关节畸形、肌肉萎缩、关节脱位为主要表现。

马慧大夫通过总结临床实践经验，将当代医学的同学科理论大胆应用于临床，在治疗类风湿病方面形成了一套完整的治疗方案，深得广大类风湿病患者的信赖。

善始者实繁，克终者盖寡

诚然，许多人做一件事，开始的时候，做得好的有很多很多，但能够像马慧这样30年如一日，把一件事做好的却寥寥无几。生活中有很多勇立潮头、力挽狂澜的勇者，也有很多甘于平平淡淡、默默奉献的平凡人。马慧没有掷地有声的豪言壮语，却用生命去热爱医疗工作；没有孤芳自赏的清高，只是脚踏实地地履行着一名诊所医师的职责。她是一个平凡而普通的女人，一个默默无闻的医务工作者，却用自己的坚守在工作岗位上演绎出了精彩的人生。

漫漫从医路，回想这30年来，马慧深刻地认识到诊所医生是一个光荣且神圣的工作，虽然在工作中会遇到一些麻烦，会受到一些误解，但仍然要不忘初心，一如既往地坚持下去。“我只是千千万万个诊所医生中最普通的一个，既然选择了这个职业，哪怕有很多艰辛，我也会热爱我的职业并好好干下去，希望将来有更多学习和培训的机会，能让我的医术更加精进，为患者群众尽心服务，为中医医疗事业尽微薄之力。”马慧认真地说。

在许多人急匆匆寻求通往更高处的路径，在时代的洪流中追名逐利，自幼立下医生梦想的马慧，从大学毕业到诊所工作，她选择沉下心来、扎根基层，她常豪情自诩：“街道诊所可以说是‘首诊在基层，康复在基层’的关键，我的使命就是当好老百姓的‘健康守门人’。”

验方验案

帕金森

【患者基本情况】汤某某，女，54岁，右侧手、腿及嘴唇抖动三年余，加重半个月，医院诊断为帕金森，经治疗后效果不明显来我处治疗。

【问诊及诊断】三年前不明原因出现嘴唇抖动，紧张、生气的时候更明显。继而出现右手抖动，右腿抖动，安静时候右腿特别明显，影响正常生活，加重半个周。查体：患者生命体征、血压、血糖均正常，舌苔稍厚，舌尖红，有瘀点。睡眠质量差。大小便正常。医院诊断为帕金森，又称震颤麻痹。

【治疗方案】

（1）中药：柴胡10g，郁金12g，黄芩12g，竹茹15g，枳实12g，白芍15g，半夏 15g，白术 15g，陈皮 10g，茯苓 30g，胆南星 12g，僵蚕 12g，天麻 6g（冲服），钩藤 15g（后下），龟甲 30g（碎成小粒先煎 40 分钟），制白附子 15g（先煎 40 分钟），白芷 9g，甘草 6g，地龙 15g，蜈蚣 3 条（研末冲服），土鳖虫 5g（研末冲服）。水煎服，每日 1 剂。

（2）配合养肾活血药酒及硒灵芝胶囊。

（3）配合针灸：循环针 7 天 1 个疗程，共治疗两个疗程。

【治疗效果】服用五天手腿不抖了，嘴唇稍有抖动。继续服用半个月，患者儿子发来视频，患者能绣十字绣了。上方稍作加减继续服用两个月回访，抖动症状完全消失，无其他不适症状，患者及家属很满意。

陈思建

精研医术，与病患肝胆相照

陈思建　男，66岁，四川仪陇县人，执业中医师，毕业于仪陇县卫生学校。从事医疗工作47年，曾多次在成都、北京、宁波等地医疗机构进修学习，擅长肝病、心脑血管疾病、中医内科疑难杂症的治疗。

从青春年少意气风发，到集纳睿智两鬓斑白，陈思建大夫用大半生的时间在杏林驰骋，且歌且行。四十七载从医路，他始终心无旁骛，专注攻克疑难杂症，尤其是在肝病的诊治上造诣颇深。他像一名白衣战士，用执着的态度帮助病患走过健康的禁区，更像一位白衣天使，用关爱为身处黑暗的患者播撒光明。

7月的四川，热浪涌动，生机勃勃，而南充仪陇陈思建大夫所在的思建诊所更是忙得热火朝天、不可开交，前来找陈思建大夫看病的患者络绎不绝。

立志中医，唯精唯勤

陈思建大夫出生在四川仪陇县一个偏远的山村。在20世纪60年代，尽管新中国已经成立十年有余，但国家有限的医疗资源大都集中在城市，广大农村地区普遍缺医少药，不仅农民看病难，还随时有传染病大流行的危险。身处缺医少药的环境，目睹着父老乡亲的疾苦，陈思建幼小的心灵受到了极大的冲击，便立志学医，成为一名好医生。

“我们那里十年九荒，缺医少药，生病只能靠拖，拖好了就好了，拖不好就死了，当时我想我要是医生就好了，那样就能为众多民众解除痛苦！”

中医药学是中华传统文化的一部分，要想真正掌握它、运用它，不熟读经典，深入钻研，精思敏悟，通过实践，融会贯通，是不可能得其精髓而有所造诣的。“自古医家出经典”，历代著名医家多数都是依靠经典而获得成就的。

陈思建深知医学经典的重要性，在立下从医志向之后，他花费大量时间诵读了《黄帝内经》《伤寒论》等中医经典，并在跟师期间，背诵了大量中医成方、名方和偏方，这为以后学医从医打下了坚实的基础。

1971 年，陈思建进入仪陇县卫生学校，在校期间，陈思建除了认真学习各门功课外，还利用课余时间和假期为知名老中医抄方，学习专家的临床经验。毕业后，正式踏上行医路!

古语有云：天下之至变者，病也；天下之至精者，医也。虽然陈思建大夫对不少病症都有自己的独特见解和治疗方法，但他从来不满足，在他的诊所里，放了很多书籍，只要有时间就认真学习。此外，为提升自身医术，他曾多次到成都、北京、宁波等地医疗机构进修学习。

有方奇术，妙手治肝

肝脏是人体内最大的消化腺，是体内物质能量代谢的“中心站”。据估计，在肝脏中发生的化学反应有 500 种以上。它分泌胆汁，帮助消化饮食；它把吸收的氨基酸合成蛋白质供给我们机体能量，让我们能够精力充沛地完成一天的工作；它能贮藏和燃烧体内的脂肪，控制我们的体形；它是脂溶性维生素的贮存器官；它还能够氧化、还原、分解体内的毒素，是人体最大的解毒器官。

常见的肝病有肝炎、肝硬化、肝脓肿、原发性肝癌等，肝炎主要以慢性肝炎为主，按病因学分为慢性病毒性肝炎、自身免疫性肝炎、药物毒性肝炎、遗传性疾病以及其他原因不明的慢性肝炎。而病毒性肝炎以乙型肝炎最为常见，乙肝病毒是一种世界性传染疾病，据统计全球携带乙肝表面抗原的人数超过 2.8 亿，而中国更是乙肝的高发区。

陈思建钻研肝病多年，将肝病作为自己的主攻方向，一直浸润其中，通过一心一意对肝病治疗的研究与探索，结合自己多年的临床医疗实践，注重阴阳平衡、扶正祛邪，形成了自己独特的应用中西医结合的方法治疗肝病的新思路，走出了一条极其不平凡的“治肝道路”。

在采访陈思建大夫时，我们见到一位曾经他诊治的肝病患者。据患者介绍，自己患乙肝 11 年，曾在陈思建大夫诊所治疗过两次，效果很不错。

“感谢陈大夫，折磨了我多年的疾病终于治好了，陈大夫是我的救命恩人，真的太感谢了！”面对记者，他感慨地说道。

陈思建大夫在治疗肝病时胆大心细，谨守病机、慎思明辨，准确判断病情，突破了肝病治疗的多重误区，有效阻断了病情的恶化，谱写了一曲曲感人肺腑的治肝佳话。

医乃仁术，无德不立

健康所系，生命相托，是为医者一生的信仰。古人有云“大医精于业，诚于心，厚于德”。行医者必先有仁心，然后乃得有仁术。只有有德之人，才具有从医的资格，才能做到对病家高度负责，尊重生命、敬畏生命于终身。作为一个合格的医者，需胸怀仁心，秉持仁德，手握仁术，心系患者。只有这样，才能做到医术与医德的融合发展。

“我的梦想就是让大家免遭疾病的痛苦，永远健康快乐地生活，真正做到‘天下无疾’。解除患者的痛苦和负担是我的职责。同时，我也时刻铭记自己是一名治病救人的医生。”

医生多一分认真，患者就多一分康复的可能。作为一名医生，不仅仅是诊病开药，更多的还得密切关注患者的心理动态，充当心理师的角色。

大部分患者因为缺乏必要的医疗知识，常常在听到医生的诊断后慌乱无比。这样一来，相比较起身体上的疾病，可能心理上的负担会让患者更加痛苦，甚至是加速病情。每次患者问他：“吃完这个药就会好吗？”他并不会立刻给出具体的答复，因为对于患者来说，在康复之前一切都是未知数。

四十七载从医路，陈思建大夫以一种对生命不离不弃的执着情怀，弘扬医者“救死扶伤、精诚仁善”的精神品格和高尚情操，他把自己的良心当作承诺，用精湛医技解除了一个又一个肝病患者的痛苦，成为他们“肝胆相照”的好朋友！

关水丽

心诚则术高，品正则路远

关水丽 女，出生于1972年，祖籍广东省清新县，执业医师。拥有三十余年的临床经验。多次参与“蝎毒疗法”的培训学习，多次参加全国疑难病专家交流研讨会，主要擅长治疗不孕不育症、疼痛骨科及心脑血管疾病等各种疑难杂症。

心诚热爱，铸高超医术

关水丽大夫出生在医学世家，从她的祖父开始就行医，她自幼跟父亲学医，初中时熟读各类医书，也由此对学医产生了十分浓厚的兴趣。在中医的熏陶下成长，后又进入医学院读书，所读的西医和以往的理念不同，这既是一个崭新的开始，又是一次融会贯通、历练提高的阶段。毕业后她进入医院实习，在院期间多次受到主任医师的栽培和引导，在中西医结合的基础上，同时为了医疗事业上成长更快，她决定自己独立开办中西医结合诊所。

作为女性医师，关水丽大夫在妇科疾病的攻克上颇有成效。妇科炎症使很多女性深受其害，以至于谈“炎”色变。她对此有丰富的治疗经验，妇科炎症重在消除细菌、霉菌、阴毒，采用纯中药配方治疗，清浊毒、杀病菌，净化了内环境，炎症自然消除。

关水丽大夫介绍说：“随着生活节奏的加快，女性在工作中面临越来越大的压力。许多女性会忽视自己的健康，导致越来越多的女性不孕。”女性不孕相较男性不育而言更为复杂，引起女性不孕症的原因很多，其中包括：输卵管性不孕、卵巢性不孕、子宫内膜异位症、内分泌性不孕、免疫性不孕、习惯性流产、子宫性不孕、盆腔性不孕、宫颈性不孕等，此外人工流产导致的不孕症也不可忽视。

女性不孕具有月经不调、痛经、无月经或异常阴道分泌物的特征。女性若存在长时间备孕却不孕的情况，应尽快做相关检查，以便能够找出原因，尽早治疗。“越早治疗，治愈率就会越高，如果长期得不到治愈，病情就会更加严重。”关水丽大夫说，“所以，不孕患者不要过早放弃治疗，要乐观面对，对现代医学要有足够的信心。”

关水丽大夫曾用中药遣方治好多例女性不孕症，她认为女性不孕患者，重在调理身体，按照中医观念，就是调整人体的阴阳平衡。她通过中医现代新疗法——蝎毒疗法辨证施治，祛除湿气、体热，患者体质恢复效果十分明显。“很多妇科患者有的已经在医院做过手术，导致身体遭受创伤，不孕症久治不愈，已经到了不能再‘动刀子’的地步，只能采用中药调理。”经过关水丽大夫一段时间的中医治疗，很多不孕的患者成功妊娠，而不孕症的成功治愈为关水丽大夫赢得了赞誉。此外，关水丽大夫采用蝎毒疗法在女性痛经、子宫肌瘤、卵巢囊肿等疾病的治疗中也取得了不错的效果！

术高德馨，行良医大道

长期的职业生涯使关水丽养成了良好的素质和道德。她每天提前半小时上班，最后一个下班，夜间急诊随叫随到早已成为习惯。这么多年来，关大夫每年完成的工作量始终是超负荷的。“上班就精神抖擞，全神贯注，忙到晚上六七点钟她还精力充沛。”这是关水丽的丈夫对她的形容。记者不禁好奇地问：“关大夫哪来这么大劲头？”她笑笑说道：“其实很简单，我热爱这个岗位，医生这份工作需要强烈的责任心，再加上有很多病患在等我看。想想那些患者，不仔仔细细地为他们做诊断，又怎么对得起自己这身白大褂？”

采访的过程中，记者看到有等了很久的患者，关大夫就主动加班加时去给他们做诊断。她的丈夫总提醒她："病人永远看不完，约到明天再做吧，都这么晚了，赶紧回家吃饭吧。"可关大夫的回答却让人深思。"其实病人也很累，从早到晚地等着，有病在身的人尚且如此，作为医生又有什么辛苦的呢？想想患者比我们更累。我们是健康人，他们是病患者，身体和精神上受到双重打击。他们的累，是精神累，家庭累。咱们能多看一个就多看一个，减轻他们的精神压力，让他们早日康复。"

关水丽的丈夫潘启鑫也是一位有着多年经验的医师，他们属于伉俪诊所，潘启鑫大夫常常不忍妻子过于劳累，会主动帮她分担，而关大夫对丈夫的帮助也心怀感恩，夫妻二人，几十年如一日，因为有着共同的事业和爱好，始终相濡以沫地在普通而不平凡的岗位上默默耕耘。

医疗的进步，不仅体现在医术疗法上的创新，还体现在诊疗方式的改变。"以前看病，患者要走好远的路。"关水丽说，"现在好了，有了现代通讯工具，患者可以通过手机联系我。微信上每天都有患者源源不断的信息，有个香港的患者就是通过视频连线看诊。"有时下班了，她也在和患者用微信视频沟通病情，经年累月，从不抱怨。

采访中，关水丽大夫向记者交心谈到：有时自己很想好好睡一觉，现在想明白了，要好好爱护自己的身体，只有自己身体好了，才有机会能够帮助到更多人。一个朴实无华的心愿，不禁让人感慨万千！

她，出身于中医世家，自幼耳濡目染，后又师承名门，在中医传承的熏陶下精研医理医术，为探寻中医文化之源不断努力；

她，平和典雅，医者仁心，从医30余载坚持临床实践，并不断总结经验和探索救治方法，始终以救治和解除患者病痛为己任；

她，积极上进，孜孜不倦，勇于开拓危重症中西医合作救治的新领域，效果卓著；

她，乐于言传，善于身教，擅长运用中医理论和法方调治未病，努力将"蝎毒疗法"发扬光大。

医人无数，锦旗不断，从不好高骛远，贪图虚荣，她却总说自己谈不上淡泊名利，只是简简单单做好自己的工作，只想着自己做的事情对社会有用就好！

彭
华
正

术中求上进，医德无止境

彭华正 男，中华汉方疑难病专家委员会疑难病专家、广东省家庭医生协会副会长、大湾区中医药真实世界研究中心特聘专家、资深中医师、华正针济的创始人。出身于中医世家，毕业于湖南中医药大学，国医大师熊继柏教授中医学术经验传承人。先后到北京军区总医院、湖南泓仁医馆等机构进修学习，2016年5月加入中华汉方疑难病专家委员会学习蝎毒疗法，在临床上治疗疑难病取得很好的疗效。1998年开始从事中医药工作至今，拥有23年从医经历，擅长用蝎毒疗法配合针灸、中药治疗各种慢性病、中风后遗症、高血压、糖尿病等。

他，是全心为民的“民医”；

他，是深明医理的“明医”；

他，是盛名远播的“名医”；

他，几十年如一日守护着茂名的一方土地，只为从小种下的中医梦，只为一方百姓的身体健康。日日伴着星光钻研医书，又随着星辰解衣入眠，因做的是热爱之事，虽然每天寥寥四五个小时的睡眠，但是让他倍感充实和满足。

他，就是广东茂名“岭南名医”彭华正。

扎根基层，救死扶伤

若被问及最让自己感到开心的事情，彭华正毫不迟疑地认为是治好患者的疾病，那种感觉太让人自豪。此时的彭华正已经在基层行医二十三年了，很多人不知道，1998 年在河北医科学校毕业后，他被安排到吴川市人民医院上班，穿着干净的白大褂，整点上、下班，条件好、待遇优，是多少人羡慕不来的好工作。

工作了一段时间之后，他总感觉受限，从小向父亲学到的中医技术也不能很好地发挥出来，患者提到他，也只是说他是一名大夫，壮志未酬的感受让他每天如坐针毡。他终于按捺不住和父亲说出了自己的想法，父亲也赞同他回到基层，既能用中医特长帮助更多需要的人群，也能把怀德济世的中医精神代代相传下去。

有了父亲的支持，彭华正很快辞去了大医院的工作，回到了生他养他的高州根子，成立旧田卫生站，开始了尽显才能的中医生涯。志存高远不免会有些好高骛远，当各种各样的疾病需要诊治的时候，彭华正才意识到自己中医技术的匮乏。尤其是最想攻克的中风和偏瘫，用针灸治疗效果最好，而针灸却是他的薄弱项，于是他开始向名中医学习。面对信任，面对医生的天职，他多次硬着头皮去学习针灸，尝试用针灸给患者治疗中风。经过实践，患者终于康复了。

这件事给了彭华正很大的自信心，他开始把重心放到中风、偏瘫等疑难病上面，跟随国医大师石学敏教授继续深造，熟练掌握“醒脑开窍”针法，并且在临床应用中取得了良好的效果。

患者为重，使命难违

“华正针济”的称号不胫而走，在乡野小镇，得慢性病的人有很多，尤其是中风和偏瘫，其中任何一个病，几乎都能拖垮一个家庭，彭华正深知黎民百姓的生活不易，特此制定一个规则，对患者一般的针灸和拔罐一律免费。这样的优惠必然会让门诊损失一部分的收入，可他不在乎，他认为医生是用来治病救人的，不是用来广揽钱财的。

2016 年 5 月 12 日，彭华正正在去往湖南长沙的路上，接到一个熟悉的电话，患者家属诉说女儿中风正在省医院抢救，命悬一线，他二话没说，立刻退票，直奔省医院。

在 ICU 病房外，彭华正等了将近两个小时才有机会进到病房内，在病房看到患者脸色苍白，身上插着好几根管子，昏迷不醒。从切开的气管口看到黏稠的浓色泡沫痰，用压舌板压开患者口中可见舌苔黄腻，切脉是细、滑数。当时的诊断为痰热闭阻清窍之中风阳闭证，用化痰清热、开窍醒神的方法治疗，选用了熊继柏教授的经验方涤痰汤加味，同时配合针刺，最后吩咐家属取 5 剂中药，每天 1 剂，鼻饲。

救治完患者之后，彭华正匆匆赶往湖南学习，次日课堂上，他接到患者家属的报喜电话，患者奇迹般醒过来了。一颗悬着的心也放下来了，他终于可以安心学习了，挂了电话的那一刻，他不知道自己的眼角早已流出了“骄傲”的泪花。

彭华正在心里暗暗发誓，一定要更加精进医术，创立华正针济脑病特色诊疗中心，绝不让患者耽误治疗时间。2016 年 5 月，他加入了中华汉方疑难病专家委员会，系统地学习蝎毒疗法。在实际应用蝎毒疗法的时候，彭华正认识到蝎毒疗法的神奇之处，他试着把针灸、蝎毒疗法融会贯通，使医术更上一层楼。

推陈出新，全心为民

彭华正推出的“针灸 + 理疗 + 中药”的模式受到了政府部门、同行以及患者的认可，2018 年，旧田卫生站被推荐为全国“中医创强”国检单位，国检期间得到了领导们一致的肯定。该站的模式同时也受到了媒体的关注和推广。2018 年 6 月 12 日，英德市、韶关市、翁源县等地的政府部门领导前来考察参观，准备借鉴该站的模式。

医术超群、仁慈心善已经不足以形容彭华正，为了更方便患者就医，他工作站除了设立看诊室、针推室、理疗室、针灸室、会议室、vip 休息室外，还与人合作开办了养老院——华正针济脑科医院，不仅让老人的身体健康得到保证，还让老人的晚年有所寄托。

来这里就诊的患者、康复的老人都会把彭华正医生当作最亲的亲人，每次见到他，都会拉着他的手不愿放开。

为了倡导全民健康，传播健康知识，从 2015 年开始，他每个月至少开办一次免费公益健康讲座，宣传教授中风防治、中医养生、中医防治高血压、冠心病等内容。

对于彭华正来说，他始终信奉唐代孙思邈在《千金要方·序》中写的这句话：“人命至重，有贵千金，一方济之，德逾于此。”他更是“病人第一，真诚为民”，并把它当作行为准则。

这么多年，心里只有中医，只有病患，如若可以，彭华正更愿意以身入药，为患者治病。可是一个人的力量终究是有限的，他早已意识到这一点，于是他开始开设中医培训班，把自己的毕生所学毫无保留地传授给如他般热爱中医的医生们。在课堂上，他对自己的学生只有两点要求，第一要以病人为中心，第二要把所学知识融会贯通。

如果把彭华正比作天上的一颗星，那么他将是最闪亮的那一颗；如果把他的胸怀比作河流，那么将会是汪洋大海；如果人生可以有重新选择的机会，他只想更早地创立“华正针济”，传承精华，守正创新，济世为民，造福百姓。

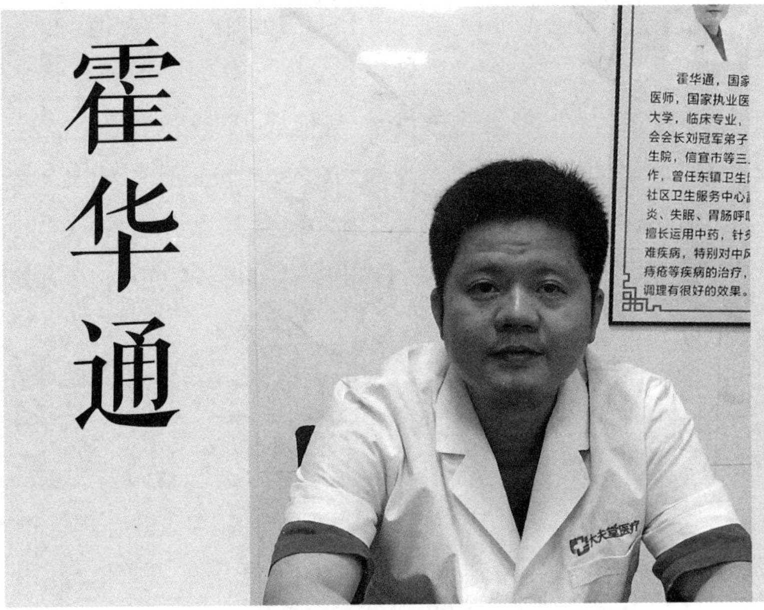

择一行业，爱一终生

霍华通　主治医师，全科医师，执业医师，毕业于广东医科大学，临床专业，曾在信宜市贵子卫生院、信宜市第三人民医院从事临床工作，曾任东镇卫生院副院长、东镇街道社区卫生服务中心副主任。对感冒、鼻炎、失眠、胃肠呼吸道疾病有独特效果。擅长运用中药、针灸、膏药治疗各种疑难疾病，特别对中风、各种疼痛、妇科、痔疮等疾病的治疗以及高血压、糖尿病的调理有很好的效果。

窗明几净，是霍华通的大夫堂门诊给人留下的第一印象，往里走，左手边的第二个房间是他的诊室，墙壁上挂满了患者送来的锦旗。在这里每天接诊各类病患，他都能游刃有余地处理，街坊四邻看到他，隔着老远都会和他打招呼。从医者，不仅有一颗仁心，还有一颗坚持不悔心。

济世救人，医心当先

面容和蔼，谈吐儒雅，让第一次见到霍华通的患者心里的紧张感缓和不少，在把脉时，他会和患者唠唠家常，询问家庭情况，从这些“闲聊”中，他也能获得很多信息，故而可以准确地判断出患病的症结所在。比如，女性的乳腺癌，有可能是和家人的相处不和谐，经常发生争执，闷气得不到及时排解造成的，还有受到经济条件限制，病情一拖再拖，从轻病拖成了重病。

有了这些“闲聊”，霍华通医治的时候更有针对性，若是经济原因，他会不收或收很低的医药费，若是其他原因，他会和患者进行深度的沟通，试图疏解心绪。很多病，在他的诊治下，都能在短时间内得到治愈。在从业的二十年里，霍华通没少遇到这样的患者。

2015年的时候，一位类风湿患者通过病患之间的介绍找到他，患者骨瘦如柴，双手皆已变形，根本无法劳动，家里一度入不敷出，了解情况后，他悄悄告诉护士，对这位患者“特殊对待”，告诉患者今天正好是门诊的中药免单日，可以免费看病抓药。这样做，既不让患者难堪，也让患者更有信心积极治疗。后来患者知道了其中原因，硬是带着一大袋家里刚丰收的嫩花生来感谢他。

对于霍华通来说，出生并生长于闭塞的小村庄，他很清楚贫穷的滋味是怎么样的，而贫穷最大的敌人是疾病，而现实却是，贫穷似乎和疾病总能扯上关系，以至于越贫穷的人，越舍不得医治，病情越来越严重。他现在所做的这些，就是尽自己的绵薄之力，他希望以后能够更有能力帮助到更多的人。

坚持热爱，无悔于心

霍华通在小的时候，见到、听到最多的便是中药材，由于外祖父和舅爹都是中医，父亲也有心让小霍华通学习中医，所以，只要有时间，父亲就会带他去外祖父家，和外祖父、舅爹待在药铺，看他们如何看病，如何抓药。那时候他只是觉得很有趣，穿着白色大褂，坐在诊桌前为患者把脉，俨然一副天使的模样。

耳濡目染间，霍华通对中医产生了浓厚的兴趣，从最基本的识药开始，到如何号诊，准确认清人体的穴位等，他都专注而认真地学习。时间倏忽而过，霍华通马上要参加高考了，报考学校时，他三个志愿全部都选择了医学，最终被南方医科大学录取，得以系统学习医学理论知识。

学成归来后，他并没有像外祖父和舅爹一样直接回来开诊所，而是去了医院，在医院一待就是十三年，其间，他看到了医疗的现状，医院治病依赖西医，医疗设备先进，可是很多疑难病只能通过手术和化疗完成，对患者身体的摧残极大，而他从小接触的中医，在医院却没有发挥的余地。他认为中国上下五千年留下来的医术，不应该被西医完全取代。

此时，他想到了在老家成立中医诊所的外祖父和舅爹，心里油然而生的想法愈加强烈。他辞去医院的工作，回信宜成立了门诊，后来发现大学同学林清华在离这不远的电白有一家自己的诊所，为了能够让诊所更好地发展下去，他特别邀请了林清华成为合伙人，成立了现在的大夫堂门诊。

作为一名中医主治医生，多年的从医和学习经历，让他练就了一身的本领。他精于探索中医治疗疑难病，不囿于形式，从中医经方到民间验方，从名医大家到医者同行的方法，只要是能够发挥中医药作用的，对治疗疑难病有临床效果的，他都一概采纳，融会贯通，目的是为了给患者提供更好的治疗方案，尽快减轻患者痛苦。

精益求精，终身奋斗

如此忠爱中医，不仅因为它是中国的传统医术，还因为它治疗的疾病范围广、效果好，从根本找问题，追本溯源，能治病还能防病，这是西医远达不到的。最主要的原因还是“热爱”，没有热爱，一切便是空谈，霍华通也很难坚持下来，更没有心力和气力多为患者考虑。

如今，霍华通对中医的研究颇为透彻，自2001年开始，他就相继在基层卫生院、信宜市第三人民医院、信宜市东镇卫生院工作，多年的看诊、辨证、遣方用药，让他积累了丰富的临床实践经验，在中医治疗疼痛、中风、肿瘤、高血压、糖尿病等疑难疾病方面取得了一定成果，也获得了患者的一致好评。

他始终坚信佛经所说的“佛菩萨之善疗众病，即：（1）善知病。（2）善知病源。（3）善知对治疾病之法。（4）善治病已，令当来更不复发”。事实也的确如此，他用一颗善心治病，患者的身体康复了，甚至比患病之前更有蓬勃的生命力。

医者有仁心，医病医根本，是霍华通从始至终在遵循的。对待患者，不问贵贱贫富，长幼妍蚩，怨亲善友，华夷愚智，皆一视同仁，如亲如友。他心里始终在燃烧着一把热爱中医的火，这把火让他兢兢业业坚守岗位，深研中医不断求突破，延长患者的生命力，成了他终身奋斗的事业。

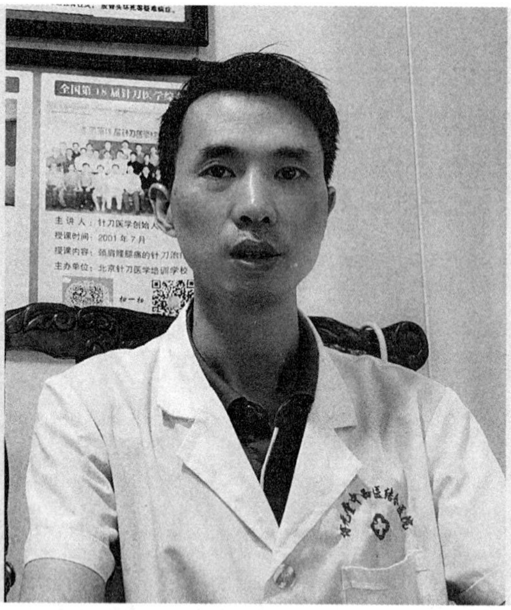

周杜兵

以我砥砺前行，愿天下无病可医

周杜兵　男，出生于1981年，祖籍贵州遵义，中西结合临床执业医师，毕业于贵阳中医学院中西医结合专业，行医20余年，现任职博元堂中西医结合医院院长，多次到北京、贵阳、重庆、南阳等地学习针刀医学、疑难病的诊治新技术，并向同行不断虚心请教，拜民间医师为师。经多年临床实践，其总结出来一套自己的诊疗经验，尤其擅长使用蝎毒疗法治疗小儿气管炎、小儿哮喘病、小儿遗尿、小儿多动症等儿科疾病以及冠心病、脑梗死、中风后遗症、肿瘤、乳腺增生、附件囊肿等疑难病，荣获绥阳县人民政府2021年度中国医师节“优秀医务工作者”称号。

好学擅摸索，丰富从医术

周杜兵出生在农村一个平凡的家庭，家里排行老三，当时正值改革开放初期，1997年，周杜兵从中学毕业，父母见他身体比较虚弱，建议读卫校，周杜兵便在卫校完成了3年的理论知识与医院实习。1999年开始跟随其外公遵义市名老中医、中医副主任医师邢玉屏学习中医。老中医邢玉屏从县中医院退休，自己开办了一家中医诊所，在当地颇有影响，患者群众对他的认可和尊敬也影响着周杜兵，慢慢地周杜兵开始熟悉并热爱中医，将中医作为了一门探究的学问，想像外公一样，为弘扬中医学做出自己的贡献。

据记者了解，周杜兵大夫从上卫校开始就每天勤学苦读，常常为了弄懂一种脉象、一个方剂而废寝忘食；常常为了多学一些课本上没有的医学知识而遨游在课外的中医学书籍的海洋中。上天从来都是眷顾那些勤奋的人，正所谓天道酬勤。日复一日、年复一年，周杜兵大夫通过不断钻研、不断探索，终于练就了属于自己的“独门秘籍”。

在周杜兵 20 年的从医经历中，每当遇到一些饱受疾病困扰的患者带着期盼的眼神前来寻医问药时，他的心中也常有愧疚，因为有些疾病他还不能完全解决，而想要提高，就必须外出学习。2001 年至 2008 年，他曾多次参加针刀医学交流会议，并多次参加中华汉方疑难病专家委员会、春播行动全国高峰论坛及其他单位组织的中医药适宜技术培训班或交流学习会议，2018 年受邀参加北京医景堂疑难病医学研究院携手 CCTV 发现之旅栏目组聚焦先锋栏目录制。

眼界决定境界，思路决定出路，通过不断的学习、丰富的临床实践，周杜兵彻底打破了传统的治疗观念和之前的质疑心理，他遵循经典、坚持探索，经过中华汉方疑难病专家委员会的系统培训，他对中医现代新疗法——蝎毒疗法的临床运用已经谙熟于心，在运用蝎毒疗法治疗疑难病方面取得了显著的成绩。“当看到很多患者在我的精心治疗下得到康复，我觉得我所付出的都值了。”周杜兵大夫说道。

以毒祛沉疴，迎康复锦旗

不建立信仰的大夫，不能长久立足！一个大夫的行为，和他的价值观及信念有绝对的关系；

不突出专长的大夫，不能发挥极致！一个大夫的价值，和他能不能把自己的专长打造成自己的绝活息息相关；

不继承创新的大夫，不能修身成才！一个大夫的成长，和他能不能承接岐黄薪火、传承名老中医衣钵密不可分；

不全心为民的大夫，不能赢得尊重！一个大夫的成就，和他服务的疑难病患者人数成正比。

一提起周杜兵大夫，多数患者就会竖起大拇指。其实，周杜兵大夫如此受欢迎，就在于他治的病够稀奇、够疑难，并且能治愈！周杜兵大夫把蝎毒疗法积极践行于临床的疑难病治疗，他擅长中西医结合治疗多种疾病，并把心脑血管疾病作为自己的主攻专科。

中风、脑血栓是极其危险的疾病，并且发病逐年趋于年轻化，给患者带来痛苦的同时也给其家人带来很大的负担，很多患者没有抓住初期黄金治疗时机，造成后面治疗繁杂且容易形成很多后遗症。

2014 年，一位 45 岁的冠心病男性患者，在医院做冠状动脉支架术后，仍感咽喉干、胸闷胸痛、背部疼痛，长期服用中西药物治疗，收效不显著，前来周杜兵大夫门诊治疗，经沟通后使用蝎毒疗法治疗 3 个月，上诉症状基本消失，患者对治疗效果非常满意，带着康复的喜悦送来一面锦旗。

2017 年，一位腰椎滑脱的 42 岁女性患者，右侧下肢疼痛无力，疼痛严重时需要就地平躺，不管是在田间劳作，还是在家做家务。在医院检查后得到的结论是必须手术治疗，因患者家境比较贫困，同时担心手术风险等因素，治疗延期了大半年的时间，经人介绍来周杜兵大夫门诊医治。当周杜兵大夫看完她的资料及体格检查后，拟定一个治疗方案（针刀闭合性松解术 + 蝎毒药品 + 中药汤剂 + 腰背夹）综合治疗，通过 1 个多月的时间，患者疼痛基本解除，患者及家属非常高兴，将锦旗亲手挂到了周杜兵大夫的诊所里。

周杜兵大夫今年 40 岁，这个年龄虽然并不符合人们常识里老中医的形象，但自古英雄出“少年”，更有青出于蓝更胜于蓝的说法，他以成功治疗疑难病的真实病例，充分证明了不是老中医，治病也专业！

一份荣誉，一种责任

从叫停门诊输液，到倡导中医药治疗，国家的政策方针和舆论导向正在改变着广大患者的就医意识与就医行为；国家大力提倡基层建立中医诊所，并且放松了开办中医诊所的要求；未来人人基本享有中医服务。

中医新疗法的创新发展彰显了关爱民生的崇高情怀，必将会让中医药惠及千家万户，这也让周杜兵大夫真正体会到了作为一名医者的价值与使命。中医药的生命力在于临床疗效，所有继承与创新的出发点和落脚点都是为了更好地提高中医药的临床疗效。蝎毒疗法在中医药学的创新方面做了大量的探索性工作，采用全蝎入药、掌握经方精髓、依据循证医学的治疗原则，既突出了中医特色，又充分利用了现代科学技术，取得了很好的临床疗效，开辟了一条治疗疑难病的蹊径，为中医药攻克疑难病提供了新的启迪。

周杜兵大夫说道：“蝎毒疗法并不仅仅是治疗某种疑难病简单的一招一式、一方医药，而是建立了一套详细的理论体系，有着完整、独到的技术理论和具体的技术运用规律，是可以拿过来就能用、就能复制的。”他表示，自己将在中医药治疗疑难病领域继续钻研，取得更大的突破，用精湛的医术和高尚的医德救治更多的疑难病患者。

凡是关乎患者健康福祉的事，周杜兵大夫都将事事在心；凡是关乎探究解决疑难杂症的事，周杜兵大夫都将事事尽力。或许，这就是周杜兵大夫诊所里，面面锦旗所散发出来的耀眼品格吧，或许，这就是周杜兵大夫要践行的使命吧！

他的医者仁心和人文关怀，映射着他行医操守中的每一个动作，让他以技取信、以德行医，成为了一个有着作为医生的天然信仰、对生命尊重的善良医者；邢玉屏、耿富泽、刘冠军等师父的言传身教对他的成长成才和中医开悟起到了关键作用；周杜兵大夫也是一位救死扶伤、仁爱为本的民间医生，他把自己的成功建立在广大疑难病患者健康的基础之上，竭尽全力为疑难病患者解除病痛。

始终铭记在心的行医格言“博学善思，固本正元；愿天下无病可医”，使得这位80后年轻大夫有了坚定的信仰、精湛的医术和富足的内心，很多疑难病患者在他精心的调治下恢复健康，也让他更加坚定信念，在从医的道路上继续走下去，在正闪光的年华带着一身锐气、一份执着继续人生理想的追求！

刘理新

中医世家杏林薪传，悬壶济世医者仁心

刘理新　男，出生于1968年，山东滕州市人，主任医师，中西医结合专业，自幼受中医熏陶，精研医典，勤于实践，深得中医学要旨，行医三十年，临床经验丰富，为众多疑难病患者解除了疾苦。擅长运用蝎毒疗法治疗脑梗死、脑出血、冠心病、高血压、糖尿病及颈肩腰腿痛、心梗等；男性弱精症、少精症，女性盆腔炎、子宫肌瘤、腺肌症、不孕不育疾病；肝癌、肺癌、胃癌等肿瘤疾病。

神采奕奕又不失中医世家传承下来的严谨，温暖和煦又散发着学者身上独有的儒雅气质，未曾会面时，就已从多位朋友口中听说过刘理新大夫的大名。笔者见到刘理新大夫的时候，他正在诊室专心致志地为患者诊病、开药，神态间透出温文尔雅和严谨认真，一言一行尽显学者的儒雅风范。

中医世家，百年传承

《礼记》云：“医不三世，不服其药。”这句话传达的意思就是“古之中医强调经验积累和传承，如果一名医生没有三代行医经验的传承，人们是不找他看病的”，所以中医世家一直是让百姓感觉亲切又敬重的一种家族存在。这不但说明中医世家的发展历史源远流长，而且也说明其所传经验较之一般医家的经验来说更加珍贵。

虽然随着时代的变迁，“中医世家”似乎渐渐淡出人们的视线，但一代又一代中医后人，却始终深耕在城市一隅，执着地继承并发扬祖辈留下的岐黄之术，只为让更多患者受益。而对于出生于六十年代的刘理新来说，这份中医世家传承理念更是融于血脉。

刘理新大夫一家三代都是中医学者。他的祖父刘荣贤，自幼淳厚、勤奋好学，读私塾十四载，博学多才，通五经，善书法，原是乡里闻名四方的教书先生。由于当时农村识字的人很少又缺衣少药，他就边教书边研习医学，对中医针灸颇有造诣。在年近四十岁时，一场突发瘟疫痛失次子、三子，于是痛定思痛，决定弃教行医。在众乡邻支持与帮助下，开药铺济世救人。重医术更重医德，不分贫富贵贱，一律诚心待人，口碑颇佳，至今四方乡邻仍赞扬不绝。新中国成立后，刘荣贤带头加入医联，并将全部医产捐献给医联。1974 年，其更是不顾八十六岁高龄赴枣庄市北庄编写中医医案，并辅导医学院毕业生临床实习，努力为医学事业发挥余热。

其父幼承庭训，根底深厚，熟谙岐黄之术，精于辨证论治，常年跟随祖父行医，为民除疾解患，造福一方，深得当地群众信赖。其先后任鲁桥联营院长、西苍卫生院院长，多次受到上级医疗单位嘉奖，1960 年更是获赠山东省中医验方集锦一套。

刘理新自小耳濡目染，跟随长辈学习，对中医有着深厚的感情。他总是说，中医是我们中华民族的灵魂，继承和发扬它是每个中医学者的梦想，也是每一个中医学者的责任，用它为患者治好病更是一名中医的使命。

在从医的 30 多年里，由于受祖父与父亲的影响，刘理新大夫对于中医经典的理解，对于望、闻、问、切的把握，对于经验秘籍的积累，都从家族的传承中继承下来并有自己的创新，在中医药方面有研究、有见解、有成果。

孜孜以求，解危救疾

自古以来，中医大夫治病救人，就如“考试”一般，虽说是患者来求助大夫，可同时也是患者对大夫的医术进行测试。从某种意义上来说，这个患者就是“出题人”，他可能完全不懂医学，但却扮演着权威考官的角色，掌握着试题的正确答案。

刘理新大夫每天都在面临这样大大小小的“考试”，但他总是从容自若、胸有成竹，并最终交上了一份份满意的答卷。

尽管如此，刘理新大夫仍然保持着超强的求知欲，不断地走访全国各地拜师学习，汲取新的医学知识，提升自身的临床技术。2016 年，在机缘巧合之下，刘理新大夫结缘“蝎毒疗法”，加入到了中华汉方疑难病大家庭，并连续多次参加“蝎毒疗法”研修班。通过刘冠军会长的教诲，通过在这个平台与诸多中医同道切磋，他全面掌握了这项医疗技术和临床治疗方法，并将学到的知识应用到临床实践中，治疗了无数疑难病患者。

患者刘某，男，71 岁，冠心病史多年，在人民医院检查为：（1）冠状动脉粥样硬化性心脏病；（2）不稳定型心绞痛；（3）心功能Ⅱ级（NYHA 分级）。人民医院建议手术治疗，患者家属不同意，要求药物治疗观察，于 2020 年 6 月 6 日来刘理新大夫门诊就诊。患者自诉心前区疼痛，每天发作数次，甚至数十次，严重影响生活。刘理新大夫运用“蝎毒疗法”结合中药为其进行辨证施治。从 2020 年 6 月 6 日至 2020 年 10 月 18 日，前后用药 100 天，患者临床症状基本消失。

“在没有学习蝎毒疗法以前，我更多的是治疗一些常见病，像一些疑难病之类的，确实比较棘手，但是经过培训和实践，蝎毒疗法让我在医学之路上越走越远，也治疗了越来越多的患者。”刘理新大夫说道。

疑难杂病就像是医生行走在医学之路上的高山险峰，而中华汉方疑难病专家委员会则是帮助医生征服这些高山险峰的平台。对刘理新大夫来说，当他熟练掌握蝎毒疗法之后，他的心情无比感慨，就好比一个人历尽艰辛爬上险峻高山之后，回首看那危险陡峭的山峰、壮丽绝美的景色，油然而生的自豪感。

大医精诚，惠济苍生

为进一步弘扬祖辈精神，振兴中医事业，刘理新大夫于 2021 年创立了“刘氏百草堂”。草堂古色古香、干净整洁，营造出沉稳雅致、简约大气的中医特色文化底蕴，散发着悠远的人文气息，传承着国医的精髓，体现着仁医的风范，置身此地，患者可以完全地放松身心。琳琅满目的道地药材、疑难病专家的厚重牌匾，更增加了患者对刘理新大夫中医实力的信赖。

在刘氏百草堂，一幅题有“大医精诚”四字的书法显得格外引人注目。古有言，大医医国，中医医人，下医医病。宋代范仲淹更有言：“不为良相，即为良医。”医与相可以同日而语。可见为医是多么神圣的使命，肩负着与治国良相同等重要的责任。“精”，体现了中医的医道精微，要求精勤治学，精研医道，追求精湛的医术；“诚”，体现了中医人格修养的最高境界，要求心怀至诚于内，言行诚谨，表现在为人处世、治学诊疗、著述科研等方面贵诚笃端方，戒诳语妄言、弄虚作假。

“精诚”是中医药文化的核心，同样也是刘理新大夫中医事业生涯中不会磨灭的灯塔与路标。刘理新大夫与他的刘氏百草堂承载着他传承中医药文化精髓的责任与使命，更承载着他的济世梦、中医梦，闪烁着“大医精诚”的智慧光芒。

刘理新大夫谨遵古训、博采众长、精研经典、勤于临床。在他的身上，我们能够感受到他对传统中医药文化的热爱，通过他强烈的求知欲望，以及他与时俱进的思想和力量，我们有理由相信，刘理新大夫未来一定能够为中华古老的中医药事业灌溉出一片新绿。

验方验案

冠心病

【患者基本情况】患者邵某，女，66岁，两年前无明显诱因突然心悸气短，经某医院检查确诊为冠状动脉粥样硬化性心脏病，曾住院数月好转出院，近一周症状加重，于2019年4月18日来我门诊治疗。

【问诊及诊断】现症：心悸、气短，伴胸闷乏力，纳可，寐不安，二便可，面色苍白，舌淡，苔薄白，脉细沉。西医诊断：冠状动脉粥样硬化性心脏病；中医诊断：心悸。治疗原则：温补心阳，安神定悸。

【治疗方案】

针灸取穴：内关、郄门、膻中、三阴交、足三里、心俞、膈俞、厥阴俞、肺俞。

中药：丹参30g，生黄芪30g，桂枝10g，白芍10g，补骨脂6g，浮小麦30g，瓜蒌10g，薤白10g，红参10g，莲子心6g，冬瓜皮10g，牛膝10g，石决明30g，红景天30g，银杏叶12g，五味子10g，麦冬10g。水煎服。

配合养肾活血药酒及硒灵芝胶囊。

【治疗结果】经治疗三个月，心悸气短症状明显减轻，诸症基本缓解，生活如常。

【按语】患者久病体虚，损伤心阳致心悸气短，胸中阳气不足，不能温固而胸闷乏力，故当温补心阳、安神定悸。内关为心包之路，别走少阳，郄门为心包之郄，两者合用，重于补心，可养血安神。膻中为宗气之所聚，泻之可理气机，解胸闷。

三阴交为三阴之交会，足三里为强壮要穴，调理脾胃，两穴共奏补益气血、调补阴阳之功。心俞、膈俞、厥阴俞、肺俞均为足太阳膀胱的背俞穴，共施针法可壮心阳、温心经。诸穴合用再加上中药及蝎毒常规疗法配合，可标本兼治，收到很好的效果。

于刚荣

妙手仁心除病痛，医德双馨沐春风

于刚荣 女，1963年出生，山东烟台人，副主任医师，1983年毕业于文登卫生学校，先后在辛庄卫生院、蚕庄卫生院、招远市供电公司卫生室工作。从事临床工作三十七年，热爱学习，大胆创新，不断躬行，自2017年6月接触“蝎毒疗法”以后，她几乎把所有心思都放在疑难病的研究上，多次参加蝎毒疗法治疗疑难病初级班、高级班、专科班的培训，系统掌握了蝎毒疗法治疗疑难病的理论和原理，擅长脑出血、脑梗后遗症、帕金森综合征、面神经痉挛、瘫痪、过敏性鼻炎、颈肩腰腿痛、更年期综合征、失眠等疾病的治疗。

面对饱受病痛折磨的患者，她用热心、耐心和细心给予他们最大的鼓励；面对棘手的疑难重症，她辨证论治、妙手回春。在患者眼中，她是医术精湛的“微笑天使”，在同事眼中，她是处理疑难杂症的“行家里手”；在同行眼中，她是热衷公益的“爱心专家”。她就是山东医生于刚荣！

择医为业，一片丹心

初次见到于刚荣大夫时，她正在给一位刚诊治结束的患者开处方，患者对于病情和用药的疑问很多，有些问题反复提了好几遍，于刚荣大夫在处方上提笔写几个字，就要抬头回答患者的提问，神色间却没有一丝不耐烦，脸上始终挂着和蔼的微笑。

这种面对患者的和蔼态度，是于刚荣大夫用近四十载的临床工作修炼而来的，性格温和的于刚荣，在言谈举止中，有一种“化于形而敛于内”的精神气质。

回忆起当年选择从医的契机，于刚荣大夫仍然记忆犹新——“小时候常常看到家人亲戚生病了就去医院找医生看病，那时开始就对医生充满敬佩。长大懂事后，我对于医生这个职业也慢慢了解得更多，便暗暗立下决心，将来也要学医，并成为一个以治病救人为己任的医生。”

一颗名为“理想”的小小种子就这样在她的心里发了芽。在中专志愿的填报上，于刚荣义无反顾地选择了医学专业，数年的苦读使她在毕业后如愿成为了一名医生，并先后就职于辛庄卫生院、蚕庄卫生院、招远市供电公司卫生室。

选择，意味着面对，也意味着放弃。在于刚荣大夫的生命中，选择了做医生就意味着放弃回家与亲人相互陪伴；选择了治病救人，就意味着要面对医疗上的种种风险和万千可能。

“只有真正热爱一个职业，才能做好这个职业，医生也不例外。真正爱这个职业的时候你就不觉得累，更不会无谓地去发一些牢骚。如果再让我做一次选择的话，我依然会选择当医生。阅尽生死，执业如履薄冰，方寸之间，尽显英雄本色。虽然面对一些晚期患者不乏无力回天的遗憾，但也总有患者治愈的欣慰和满足。”于刚荣大夫说道。

谦逊好学，不断提升

凡能成就一番事业的医者，无不悉心耕耘于知识的原野，艰辛跋涉于治学的道路，学无止境，技无穷涯，由此实践和开拓出一片丰沃的土地。“勤”是升岱岳之径，“苦”是诣扶桑之舟，于刚荣大夫就是这样的耕耘跋涉者。

“富不学富不长，穷不学穷不尽。外行变内行，学习是桥梁”，学习是激励于刚荣大夫不断进取、奋发向前的力量源泉，更是她成就名医的基本途径。于刚荣大夫的从医经历，实际上就是一个不断读书、不断学习的过程，既向古人学，也向今人学；既向书本学，也向老师学。

于刚荣大夫说自己平生没有什么特殊的嗜好，一直以工作、读书为乐，开门即问疾苦，闭门便阅沧桑。正是由于在经典上打下了比较牢固的基本功，正是由于反反复复的诵读经典来不断地深入感悟其中的真知灼见，所以才大大地提高了她的医学素养。此外，她还尽可能地多学习和掌握现代医学知识，扩大知识面，不断吸取现代科学的养分，完善与发展自己。

自从接触蝎毒疗法以来，于刚荣大夫多次参加蝎毒疗法治疗疑难病高级研修班，在白天诊病遇到疑难杂症，她常于夜深人静之时阅读大量医案，浏览汉方名医群中他人治病经验，并对疑难病治疗潜心研究、深入探索。黄卷青灯是知己，晨钟暮鼓是良朋，耐得住寂寞，守得住清苦，她的医术突飞猛进，她的临床经验与日俱增。

情系患者，德艺双馨

“人之所系，莫大乎生死”，是故“医者，赞天地之生者”，行“济命扶危”之仁德。医务工作者不仅需要尊重生命，不懈探索以使医术精湛；更要行仁术，施仁爱，对待患者“一心赴救”“普同一等”。

从医近四十年来，于刚荣大夫早已诠释了医德的深刻内涵；用朴实无华的行动，诠释了一个医者铁骨铮铮的崇高和医者父母心的谦卑。

作为一名医务人员，于刚荣大夫自知肩负着重大责任，每天面对若干被重症折磨的痛苦面孔，听到的是呻吟，见到的是焦躁，感到的是烦恼，也许是职业的特殊性，面对患者饱含求生渴望和对医生企盼的眼神，对医生这个神圣职业的担当和责任油然而生，于是她始终把患者放在了与自己亲人的同等位置上，学会了换位思考，领会了将心比心，心中揣着“挽救一个病人的生命，就挽救了一个家庭的幸福”的信念。始终以“假如我是一个病人”的指导思想真诚对待每一位患者，以亲切的问候拉近与患者及家属的距离，以扎实的医学功底、良好的医学理论基础、丰富的临床经验得以将一个个危重患者转危为安，从此回归家庭，回归社会。

历尽千帆青云志，仁心仁术守初心。近四十年行医路，于刚荣大夫用自己的佛心仁术写就了每天行医问药的临床生活，照亮了一个又一个与她有缘的疑难病患者。

验方验案

糖尿病坏疽

【患者基本情况】患者刘某，男，48岁，2017年7月14日前来就诊，左手食指因木棍刺伤，引起手指感染，在其他诊所治疗数月不见好转并且逐渐加重，市人民医院大夫建议住院截指，患者因害怕截指，经人介绍到我处求医。

【问诊及诊断】左手食指上节内侧有2cm×1cm紫黑洞，整个食指黑紫并波及中指根部及手背，肿胀不能屈伸，针管冲洗手指前端有漏道流出。患者自述患糖尿病8年。辨证分析：气血瘀阻，筋脉失养。诊断：糖尿病坏疽。

【治疗过程及方案】

中药：黄芪60g，石膏30g，茵陈60g，丹参30g，郁金15g，天花粉30g，熟地黄30g，柴胡15g，黄芩15g，党参15g，苏子30g，川椒10g，山药30g，车前子30g，五味子15g。10剂。

配合养肾活血药酒及硒灵芝胶囊。

【治疗效果】用药后，伤口逐渐愈合，肿胀减轻，手指渐能活动。效不更方继续以上治疗，7月26日复诊，改善良好，患者十分满意。

苏雷

苦学活用为疑难，术业专攻除病魔

苏雷 男，出生于1973年，济南商河县人，现为商河苏雷诊所执业医师，商河县“蝎毒疗法”重点推荐名医。从医20余年，在国家医学期刊发表论文10余篇。曾获县市中医技术二等奖、“汉方杯”全国基层名医百强。擅长治疗帕金森综合征、牛皮癣、心脑血管疾病、风湿、类风湿、高血压及肿瘤等疾病。

以父为荣，传承医钵

苏雷的父亲为当地乡医，擅长治疗妇科、呼吸系统、心脑血管类疾病。幼时其家庭的中医氛围十分浓厚，苏雷清楚地记得，每每放学走进家门，便能看到各科疾病的患者，听到父亲与患者的对答，闻到浓浓的药香味，时常感受到病患急切的心情和康复后的感激之情。他说：“也许是因为耳濡目染的原因，我从小爱闻药香，最喜欢看到患者医好后快乐的样子。”

自幼苏雷便认识到能帮助患者解除病痛，为他们带来欢乐幸福，是一件很有意义的事情。在父亲的影响下，1989年，苏雷就读于德州医专，1993年毕业后在商河县当地乡镇中心卫生院工作，1997 年开办商河苏雷诊所至今。

受父亲影响，苏雷从小就对张仲景、华佗等先辈大医耳熟能详，并且心生崇拜。从德州医专毕业后，被分配到乡镇中心卫生院工作，边工作边学习，学西医也学中医，从偏重西医到以中医为主学方向。走到今天，来自父亲作为医生的光辉形象始终在苏雷的脑海涌现，他立志要传承医钵，帮助患者解除病痛，为他们带来健康幸福，给自己也给父亲赢得更多赞誉。

求索医术路漫漫，绝处逢源新疗法

在医术精进上，苏雷除了自学《伤寒杂病论》《神农本草经》《本草纲目》《医学衷中参西录》等医学典籍以外，还经常积极参加各种中医和中西医结合的培训学习。尤其在参加 2014 年山东济南蝎毒疗法会议后，当年便决定加入中华汉方疑难病专家委员会，成为首批加入中华汉方疑难病专家委员会的医生。

没有正确的方法，对疑难杂症的治疗如逆水行舟。漫长而未知的病痛，给了苏雷思考的时间和动力。苏雷认为疑难杂症因其病因多，病理复杂，多涉及几个脏器和多条经络，单药或合用几味药是远远解决不了问题的，这就需用多种性味各一、归经各异的中药复方妙用，联合多种治疗技法，协力达到治疗目的。

中医诊断以“四诊合参”即望、闻、问、切和“八纲辨证”即阴阳、表里、虚实、寒热为主导；探求病因、病灶、病性以及疾病的发展趋势，多是根据复杂的病因、多端的病机，联合应用多种中药复方、多种治疗方式，天人合一整体辨证，全面兼顾制定汗、吐、下、和、温、清、补、消等治法综合施治。

苏雷接触蝎毒疗法后，正式从西医向中医转换，对中医的治疗又有了全新的认识。疑难杂症介入“蝎毒疗法”可以标本兼治，具有明显优势，主要表现在：一人一方，针对性强；整体辨证，系统性强；防变防复，预见性强；显效价廉，实用性强；没有创伤，不易复发。

“蝎毒疗法”丰富了苏雷的临床治疗疑难杂症的经验，他主要沿用中医辨证论治的理念治疗各种慢性疑难疾病。从辨证论治到蝎毒疗法，苏雷认为中医整体观念非常科学，中医整体观辨证治病不能拘于一脏一腑，而是一脏有病，五脏来助。比如风湿、类风湿疾病，其主症是关节肿痛、活动不利，病位在关节，病机是风寒湿热诸邪杂合，相关脏腑有脾、肾、肺、心、肝五脏。

临床上根据影响的脏腑不同，可分多种类型，治疗方法也各不相同。需要根据不同的类型确立不同的治疗方案，但其又相互联系。如肾痹，治疗方法为养肾活血、祛风通络止痛，其相关的脏为肾。但肝主筋，脾主水谷运化，肺主宣发，心主血脉，血脉充盛则病愈快，血不荣则病难愈，故对肝、脾、肺的干预均可影响肾痹的治疗。

通过反复论证，苏雷发现蝎毒疗法治疗冠心病效果明显。蝎毒能激活心肌细胞膜离子通道，修复受损心肌，激活心肌活力；配合经方中药治标实阴寒、痰浊、血瘀交织为患，又治本虚阴阳气血亏虚，因是标本兼治，故可取得较好效果。

医生树丰碑，患者给口碑

每个医生都有自己对这个职业的理解，苏雷始终坚守着朴实的观念：“治病救人”四个字就是对医生这个职业的全部概括。他认为救治患者和很多因素有关系，如医院的条件设施，自身的技术水平，患者自身病情的变化，家属的配合，患者的经济条件等等。

苏雷说：“医生不是万能的，有些病情拿不准，就要持续关注，多方求索。”

苏雷坚信事在人为，有病就有医。但作为医生也有无助的时候，有义务充分了解病患的病情，并把所有能够缓解患者病情、解除病患痛苦的方法都应用上，此因素是医生无法抗拒的，但只能尽力，面对疑难杂症的患者应一心赴救。

作为一个临床医生，苏雷认为抛开客观因素，医生都能做到的就是“见彼苦恼，若己有之，一心赴救，无作功夫形迹之心”(《大医精诚》)。如果一个医生把患者的病痛当成自己的病痛，他就一定能一心赴救，不做功夫行迹这些表面的工作来敷衍患者。无论是白天还是深夜，苏雷都能认真去查看每一位患者，工作不分是医生的还是护士的他都干，责任无论是你的还是我的他都认真负责到底，随时观察和及时处理患者的病情变化。有时候像卧床病患大小便不能自理这种事儿，苏雷也精心护理。

苏雷正是靠着精诚的医风，收获了一面面锦旗。当医生一心为民时，就会得到人民群众的真心拥戴，而苏雷真正做到了无私奉献。

攻苦茹酸，犹记传承

“学中医很枯燥，但我喜欢中医，并且我很高兴看到身边的年轻人开始越来越多地关注中医，信任中医。”苏雷说，“年轻的医生一旦投入进去，就会发现中医文化的博大与魅力，随着国家对中医的大力支持，中医疗法将在疑难杂症的治疗上越来越普及！”

任何一条通往美好理想的路都布满荆棘，医生在治病救人这条路上也从来没有一帆风顺，“我从来都没有想要放弃，相反我非常热爱我的工作，为病人解除痛苦带给我莫大的成就感。”苏雷说，“非常有幸结缘‘蝎毒疗法’，希望通过我能够让更多人认识‘蝎毒疗法’，让疑难杂症患者得到‘蝎毒疗法’的有效治疗。”

罗新彪

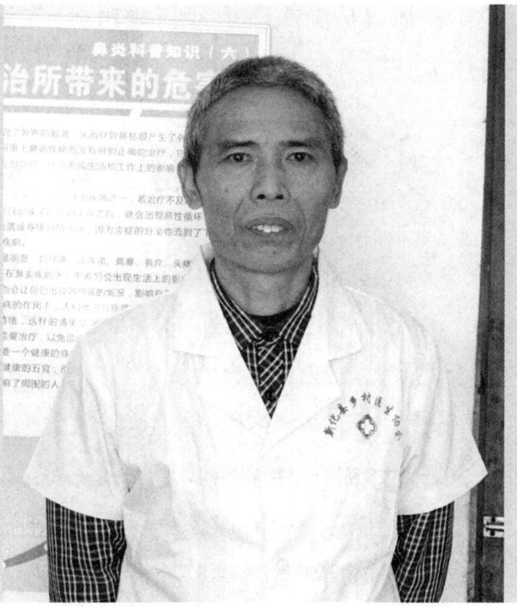

身怀岐黄技，胸藏济世心

罗新彪 男，出生于1968年，湖南新化人，中医主治医师，执业药师，全国优秀基层卫生工作者，三十多年如一日扎根于基层医疗工作，守护一方百姓健康，赢得了广大患者的信赖与赞誉。擅长治疗冠心病、高血压、糖尿病、中风、偏瘫、帕金森、股骨头坏死、风湿、类风湿性关节炎、带状疱疹等疑难杂症。

中华民族，上下五千年，流淌在其间的文化与瑰宝数之不尽，令一代又一代的中华儿女受益匪浅。神秘的东方国度，古老的东方传说，千年岁月的砥砺，万病回春的神奇，共同造就了中医在中华大地的地位与价值。

千百年来，每一个时代里的中医都用低调的华彩彰显着永恒不变的魅力，用高超的医术谱写着一个又一个神奇；千百年来，有无数优秀的中医闪烁在历史长河中：扁鹊、华佗、张仲景、孙思邈、李时珍……他们是值得人们永远铭记的名医。

而在湖南省娄底市新化县文田镇，就有一位远离喧嚣、心境高远的“传统中医的守望者”。他是一个“铁杆”中医，以救死扶伤、治病救人为神圣职责，以德术兼修、济世行仁为最高理想，开办了一家独具特色的中医诊所，开辟了一席圣洁之地，提供了更加专业化的中医诊治，开展着中医现代新疗法对各种疑难重症患者的救治工作，他就是湖南医生罗新彪！从医三十年来，其凭借大医精诚的仁心和至臻至纯的仁术赢得了广大患者的众口称赞。

精于业，医者贵医“难”

“医不贵能愈病，而贵能愈难病……病之难也，非常医所能疗，故必有非常之医，可疗非常之病”。所谓疑难病，是指病因复杂，症状怪异多变，难于辨证和诊断，久治无效或缺乏有效治疗方法的疾病群。

从踏上行医之路以来，罗新彪大夫精研典籍，博览群书，求知明理，善于总结，谦虚好学，融汇百家经验于一身，在医术一道上做到了“精专”二字，精于疑难病治疗，专注于为患者解除病痛。罗新彪大夫不仅是中医主治医师，还是执业药师，明医理，懂药象，面对各种疑难杂症，临危不惧，与时间赛跑，与病魔斗争，巧施妙手，拯救病患于危难之中。

“别人看得了的病，你找别人看；别人看不了的疑难病，你来找我看”，这句话出自罗新彪大夫的口中。他遇到疑难病从来不畏惧退缩，反而会兴奋，会把它当成是挑战极限的一个机会。因而现在他门诊碰到的几乎都是疑难杂症，各种各样。

2018 年，罗新彪大夫机缘巧合邂逅“蝎毒疗法”，通过对蝎毒疗法的学习与深入探究，丰富且扩大了他治疗疑难病的领域与范围，显著地提高了疑难病的治疗效果。截至目前，他已成功运用蝎毒疗法治疗了冠心病、高血压、糖尿病、中风、偏瘫、帕金森、股骨头坏死、风湿、类风湿性关节炎等各种疑难病，深受广大疑难病患者好评。

患者，女，77 岁，神志不清、不省人事。罗新彪大夫察患者平卧于床，气息微，呼之不应，按之不痛，脉微，以针刺人中、内关、合谷 15 分钟，见手开始抽搐，口微张，好像在说话但听不清语言，细查左半身痛觉消失，判定中风。后来见患者已经清醒，结束诊疗，嘱咐患者转院治疗。后因疫情影响，患者在当地诊所治疗，然而效果不佳，后又邀请罗新彪大夫诊疗。罗新彪大夫查患者精神欠佳，神智欠清，左侧肢体肌张力 0 级，无食欲，头晕，无力，脉沉细微，苔薄白。用四逆汤、小续命汤配合蝎毒疗法治疗 6 周，患者病情恢复满意。

不求大而全，贵在专而精，罗新彪大夫说自己既然选择了蝎毒疗法，就一定要在疑难病领域大展拳脚，但前提是不能丢掉一个“专”字，哪怕是任何殊荣、任何挫折都不能动摇自己遵循的这个“专”字。

诚于心，做人要讲“诚”

“诚”即“真诚”“诚信”，是人之所守，事之所本，只有做到内心诚而无欺的人，才是自信的人，才是可以取信于人的人。

罗新彪大夫认为，一位大夫不能不经过思考就对患者说出“你怎么才来啊”“这种病我治不了”“你想吃点啥就吃点啥吧”这样的话语，让患者遭受毁灭性的打击。患者既然到你这儿来看病，往往是带着苦痛和绝望，与其说是到你这来看病，不如说是到你这儿来寻找希望。对不治之症的患者，罗新彪大夫尽自己最大的努力让患者减轻痛苦，延长生命，让患者快乐而又有尊严地活着，他认为，这也是一种有效而且有价值的治疗。

其实，医学本身就具有复杂性、不确定性和多变性，因此并不是所有的疑难病患者都能治愈，当然，也并不是每位重病患者都是绝症。能否治愈，在罗新彪看来，医生需要下功夫，但最重要的还在于患者。若患者有积极向上的、开朗的心理，则病易治；反之，若患者心中忧虑不安、恐惧异常，则生机极易断灭。因此，罗新彪在临床上绝不用很悲观的语气和患者说话，也绝不告诉患者没有希望了，而是反复对所有的疑难病患者交待：要相信自己！

济于世，行医勿忘“德”

所谓“医德”，顾名思义就是医生的职业道德。关于做医生所必备的职业道德，被称为“药王”的唐代大医学家孙思邈在其《备急千金要方》中开宗明义地提出了“大医精诚”。

他指出：凡是优秀的医生治病，一定是神志专一，心平气和，不可有其他杂念。要有一颗慈悲同情之心，决心解救人民的疾苦。如果患者前来求医，不要看他的地位高低、贫富以及老少美丑，是仇人还是亲人，是一般关系还是密切的朋友，都应一样看待，像对待自己的亲人一样替他们着想；也不能顾虑重重、犹豫不决，考虑自身的利弊，爱惜自己的性命。见着对方因疾病而苦恼，就像自己有病一样体贴他，从内心对患者有同情感，不躲避艰险，无论是白天或是黑夜，寒冷或暑热，饥渴或是疲劳，都一心一意去救治他，不装模作样，心里另有想法，嘴里借故推托。做到这些，就可以成为人民的好医生。

自从穿上白大褂的那一刻，他就立誓，要把患者的安康视为自己的幸福，做一个既有仁心又有仁术的医生。为了患者，即使顶着 40℃的高温酷暑其依然坚持出诊，并宁肯牺牲自己的休息时间也不耽误远道而来的患者。罗新彪大夫深知，自己的经验与名气都是从患者的痛苦里学得的，因此他待患者如同亲人，平和亲切地笑，真诚耐心地沟通，以患者之苦痛如同自己之苦痛，至精至诚，一心赴救。

“罗新彪大夫对待病人十分耐心，来他这里看病，我才能放心，这应该就是罗新彪大夫给患者的安全感吧。”罗新彪大夫的一位患者如是说。

“天长地久，天地所以能长且久者，以其不自生，故能长生。”罗新彪以自己的职业操守和终生不懈的无私奉献精神，诠释了“精于医，诚于心、厚于德”这九个字的内涵！这就是一名医者的正信正念，这就是一名医者的医德品质，医乃仁术、大医有魂、大医医心！